JN440810

직업병과 사고에 대한 산업사회 영국의 대응, 1750-1900

산업재해의 탄생

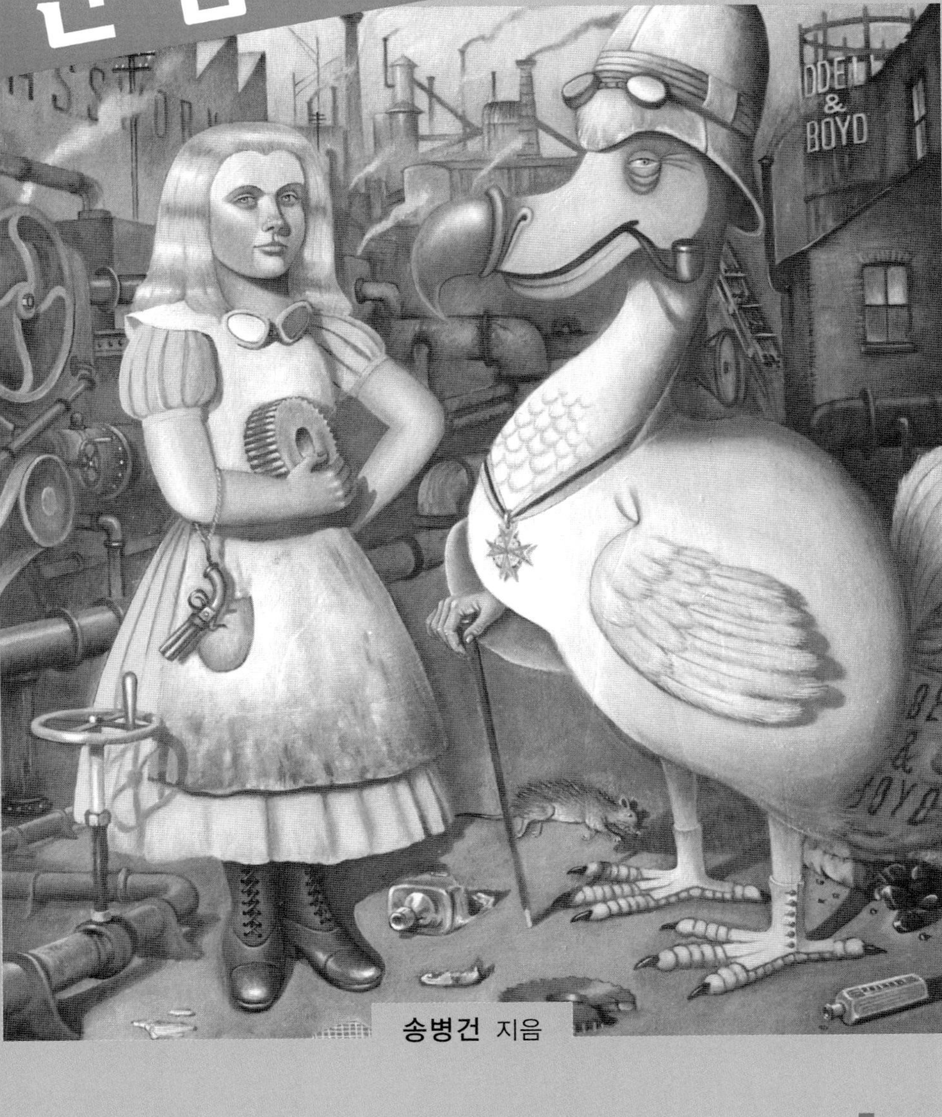

송병건 지음

산업재해의 탄생

초판1쇄 인쇄 2015년 4월 17일
초판1쇄 발행 2015년 4월 24일

저 자 송병건
발행인 노현철
발행처 도서출판 해남

출판등록 1995. 5. 10 제 1-1885호
주 소 서울특별시 서대문구 충정로 38-12(충정로 3가) 우리타워 6F
전 화 739-4822 **팩스** 720-4823
이 메 일 haenamin30@naver.com
홈페이지 www.hpub.co.kr

ISBN 978-89-6238-087-3 93320

이 저서는 2010년도 정부재원(교육부)으로 한국연구재단의 지원을 받아 연구되었음(NRF-2010-812-B00020).

들어가며

사람들은 누구나 행복한 삶을 바란다. 행복한 삶을 구성하는 요소들이 무엇일까? 사람들마다 생각이 다를 것이고 또한 개별 사회마다 구성원들의 관심사가 다를 것이므로, 이를 일률적으로 말하기는 쉽지 않을 것이다. 그러나 일반화의 위험에도 불구하고 사람들의 삶을 행복하게 만드는 핵심적 요소로서 '안전'을 꼽는 데에는 무리가 없을 것이다. 생활을 영위하는 매 순간에 각종 위험이 우리를 위협한다면, 그런 삶에서 어떻게 행복을 찾을 수 있겠는가?

안전 가운데에도 인생의 큰 부분을 일터에서 보내는 현대인들에게 업무상의 안전은 각별히 중요하다. 자신의 직업 활동이 얼마나 사고와 질병 위험에 노출되어 있는지, 사고와 질병을 최소화하는 물리적 · 제도적 장치는 마련되어 있는지, 그리고 재해를 입은 경우 치료와 재활 및 가족 부양에 필요한 경제적 · 심리적 뒷받침은 완비되어 있는지가 개인이 행복한 삶을 추구할 수 있는가를 결정하는 데 필수적이다. 이런 면에서 산업재해에 대한 사전적 대비 및 사후적 대응이 잘 갖추어진 사회를 '선진' 사회라고 말할 수 있을 것이다.

우리 주변을 돌아보자. 우리 사회는 과연 얼마나 선진적일까? 산업재해에 상대적으로 취약한 중소기업과 하도급 기업은 물론이고 세계 시장에서 주목받는 대기업들조차도 산업재해를 발생시키고 있다. 특히, 비정규직 노동자, 여성노동자, 임시직 노동자, 이주노동자는 업무상의 사고와 질병에 더욱 취약하다. 경제가 성장하고 일인당 소득이 증가해도 산업안전이 보장되지 못한다면 그 사회의 구성원들은 결코 만족스런 삶을 누릴 수 없을 것이다. 이는 산업재해의 피해를 직접 입은 사람과 그 가족에만 국한되지 않는다. 늘 잠재적 재해의 위험에 노출된 채 살아가야만 하는 사회구성원 모두에게 해당된다.

이제 지난 반 세기 동안의 '압축성장' 과정 속에서 우리 사회가 뒷전으로 밀어두었던 여러 문제점들을 더 이상 방치할 수 없는 시점에 이르렀다. 특히, 산업재해는 너무나도 현실적이고 전면적이고 긴급한 문제가 되었다. 하루에 252명이 산업재해를 당하고 다섯 명이 목숨을 잃고 있다. 산업재해 통계에 잡히지 않는 경우도 많다. 이런 안타까운 현실에도 불구하고 산업재해에 대한 우리 사회의 의식은 매우 낮다. 선진 사회로의 길은 아직 요원하게만 느껴진다.

이 책은 산업재해 문제에 대해 이해의 폭을 넓히려는 노력의 일환으로 준비되었다. 우리보다 한참 먼저 산업화의 과정을 경험하였던 영국의 사례를 탐구함으로써, 산업재해의 본질이 무엇인지, 사회적인 갈등과 논쟁이 구체적으로 어떻게 전개되었는지, 사회복지 역사의 관점에서 영국적 대응의 보편성과 특수성은 무엇이었는지, 산업재해 대응책의 발달사에 대한 다양한 역사적 해석을 어떻게 평가할지 등에 대해 차근차근 논의를 하고자 한다. 과연 안전선진국은 어떻게 만들어졌을까? 이 책은 궁극적으로 이 문제에 대한 답을 추구하는 작업의 소산이다.

이 책을 준비하는 동안 주위로부터 많은 도움이 있었다. 우선 한국연구재단에서 2010년부터 3년간 저술지원연구비를 지원해준 것이 큰 힘이 되었다. 덕분에 많은 자료를 수집하고 장서를 갖춘 도서관을 방문하고 좋은 환경에서 저술에 집중할 수 있었다. 캐나다 밴쿠버의 브리티시콜럼비아대학교(UBC)로 초청을 해준 케빈 송(Kevin Song) 교수에게 특별한 감사를 전하고 싶다. 책을 준비하는 동안 어깨가 아파 고생을 하였는데(일종의 산업재해?) 밴쿠버의 쾌적한 환경이 참으로 큰 힘이 되어주었다. 도서출판 해남에서는 늘 그래왔듯이 그림이 많아 편집하기 힘든 책을 솜씨 좋게 완성해주었다. 노현철 사장님과 편집진에게 깊은 고마움을 전한다. 마지막으로, 늘 곁에서 비판과 격려의 연타를 날려준 아내와 중2임에도 까칠하지 않은 눈빛으로 나를 대해주는 다정한 딸에게도 감사한다.

2015년 3월 28일

와룡공원 아래 연구실에서

송병건

차례

들어가며 i

차례 v

제 1부 근대화, 산업혁명, 산업재해

제 1 장 산업재해의 이해

1.1. 왜 산업재해인가? 5

1.2. 산업재해란 무엇인가? 25

1.3. 산업재해의 역사적 이해 37

1.4. 역사학, 경제학, 의학의 접점 44

제 2 장 근대화, 산업혁명, 산업재해

2.1. 근대화와 산업혁명 53

2.2. 노동자 계층의 성장 68

2.3. 전통사회의 질병과 재해 83

2.5. 사회적 대응 90

제2부 사례 연구

제3장 굴뚝청소업

3.1. 굴뚝청소업 개관 127
3.2. 제도와 관행 134
3.3. 굴뚝청소 노동자의 재해 139
3.4. 개혁의 과정과 방식 154

제4장 직물공업

4.1. 직물공업의 발달 179
4.2. 노동 과정 186
4.3. 재해와 공장법 개혁 200

제5장 탄광업

5.1. 산업혁명과 탄광업 229
5.2. 탄광의 사고와 질병 위험 247
5.3. 개혁의 전개 258

제6장 철도업

6.1. 운송혁명과 철도 271
6.2. 철도사고의 충격 278
6.3. 사회적 반응과 개혁 290

제 7 장
질병과 공중보건

7.1. 직업센서스의 분류 305
7.2. 시각장애 313
7.3. 티푸스 333
7.4. 폐질환 345
7.5. 콜레라와 공중보건 354
7.6. 결론 366

제 3 부 분석과 검토

제 8 장
산업재해의 탄생과 진화 과정

8.1. 전통적 해석들 373
8.2. 법적 해석과 사회적 담론의 변화 383
8.3. 산재보험과 복지국가 387

제 9 장
맺는 말

9.1. 근대화, 산업화, 산업재해 401
9.2. 뒤돌아보며 409

참고문헌 413
찾아보기 457

1

근대화, 산업혁명, 산업재해

제1장 산업재해의 이해
제2장 근대화, 산업혁명, 산업재해

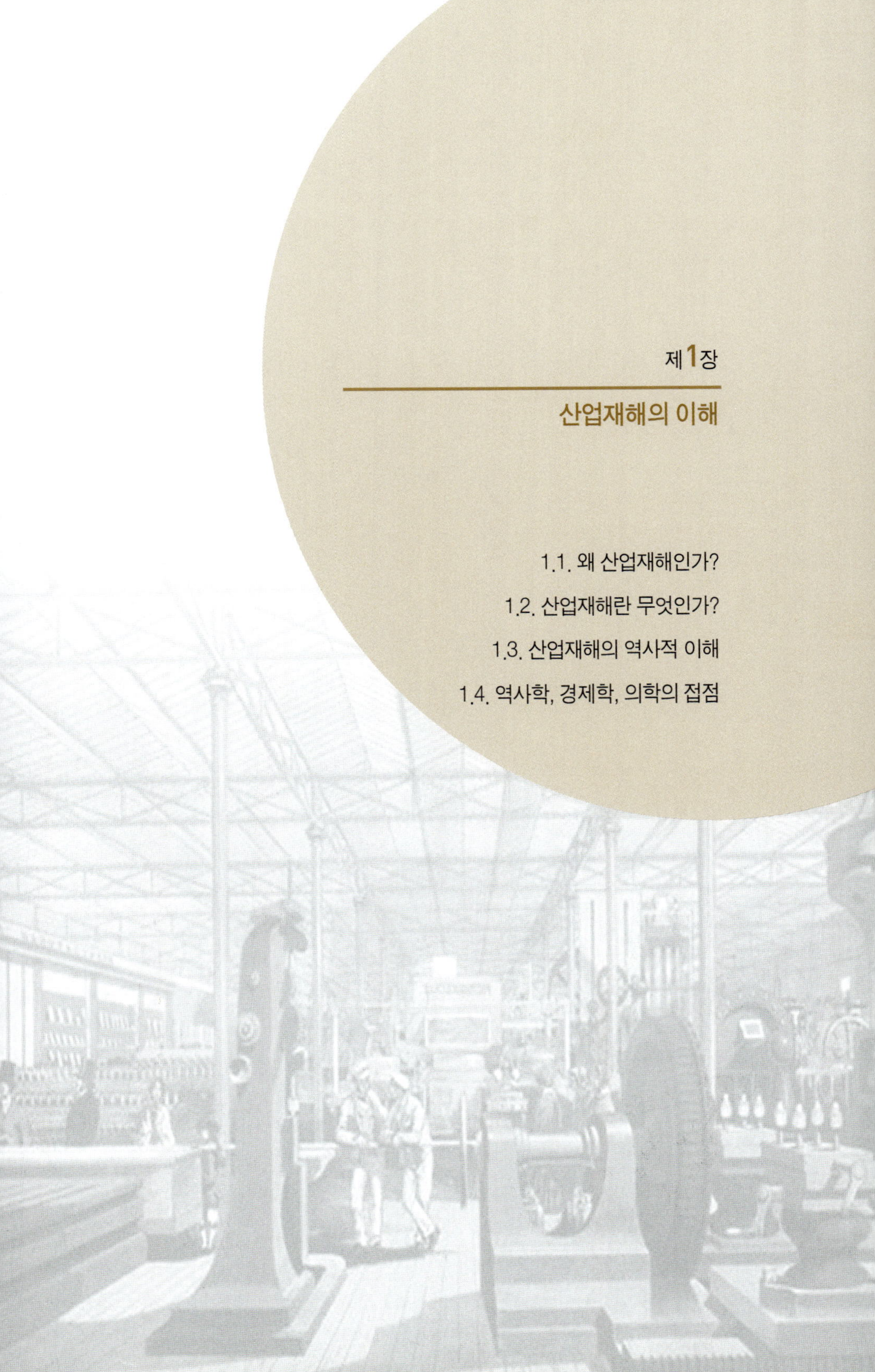

제1장

산업재해의 이해

1.1. 왜 산업재해인가?
1.2. 산업재해란 무엇인가?
1.3. 산업재해의 역사적 이해
1.4. 역사학, 경제학, 의학의 접점

1.1. 왜 산업재해인가?

산업재해와 선진국

'매 15초마다 1명의 노동자가 업무와 연관된 사고나 질병으로 사망한다. 매 15초마다 160명의 노동자가 업무와 연관된 사고를 당한다.' 국제노동기구(ILO)의 자료에 따르면, 매일 산업재해로 인해 사망하는 사람이 세계적으로 6,300명에 이르고, 해마다 일터에서 발생하는 사고가 3억 1,700만 건에 달한다.[1] 실로 어마어마한 위험을 겪으면서 사람들은 하루하루를 살아가고 있다.

인간은 지구상에 존재를 드러낸 이후 오늘날에 이르기까지 무수히 많은 위험요소에 직면하면서 살아왔다. 예측하기 어려운 자연의 변화나 식량 확보 과정에서 발생하는 위험, 생존을 위한 종족 간 혹은 사회집단 간의 투쟁으로 인류의 역사는 점철되어 있다. 그러나 모든 위험요소가 시대와 무관하게 서로 유사한 형태를 띠었던 것은 아니다. 또한 위험요소에 대처하는 방식도 일률적인 것이 아니었다. 특히, 근대사회가 형성되면서 – 즉 산업화가 진행되고, 이와 함께 도시가 팽창하고, 국가의 운영 방식이

그림 1-1 오늘날 산업안전은 직업교육의 중요한 일부를 이룬다. 그림은 직업체험관인 잡코리아에서 관람객을 맞이하는 산업안전 관련 전시물.
자료: Byung Khun Song(CC BY 2.0).

1 http://www.ilo.org/global/topics/safety.

변화하고, 사람들의 지식과 사고 방식이 달라지면서 – 위험요소에 대한 인식도 혁명적인 변화를 맞았다. 특히, 19세기 중반과 후반을 거치면서 산업재해, 즉 노동자들이 업무상 겪게 되는 사고와 질병에 대한 사회적 관심이 높아지면서 제도적 개혁이 이루어지게 되었다. 그 후 20세기와 21세기 초를 거치면서 다양한 진화 과정을 통해 오늘날의 산업재해 상황에 이르렀다. 그렇지만 아직도 산업재해는 크고 작은 규모로 여전히 계속해서 발생하고 있다. 수많은 사람들이 작업장에서 발생한 사고와 질병으로 죽거나 다치고, 재활을 위해 힘든 시간을 보낸다. 이로 인한 경제적 비용도 천문학적이다. 보상, 상실한 노동시간, 생산의 중단, 훈련과 재훈련, 의료비 등을 포함해 계산해보면, 산업재해의 경제적 비용은 대체로 매년 세계 GDP의 4% 내지 그 이상이라는 추계가 나온다.[2]

산업재해의 규모와 문제의 심각성을 더욱 뚜렷이 실감을 할 수 있도록 구체적인 사례를 살펴보자. 2008년 미국에서 약 370만 명의 민간 분야 노동자와 94만 명의 정부 분야 노동자가 부상과 질병을 경험하였다. 이들 가운데 약 절반이 일을 중단해야만 하였다. 2007년에는 약 340만 명의 노동자가 직업과 관련된 부상과 질병으로 치료를 받았다. 그리고 이들 가운데 약 9만 4,000명이 입원을 해야만 하였다. 2008년에 업무상 입은 부상으로 사망한 노동자는 총 5,214명이었다. 이와 별도로 매년 4만 9,000명이 직업과 관련된 원인으로 인해 사망한다. 부상과 질병은 엄청난 비용을 초래하기 마련이다. 2006년에 고용주가 보상보험으로 지불한 금액은 876억 달러였다.[3] 이 금액은 실제로 고

2 Alli(2008), 3-4쪽.
3 Levy(2010), 5쪽.

용주, 노동자, 사회가 부담하는 전체 비용의 작은 부분에 불과하다. 왜냐하면 비용의 많은 부분이 다른 건강보험 체제로 전가되기 때문이다. 여기에서 알 수 있듯이 선진국에서조차 산업재해가 야기하는 개인적, 사회적 비용은 엄청나게 크다.

경제발전과 정치적 민주화를 경험한 역사가 긴 국가가 산업재해의 측면에서도 선진적인 면모를 지녔을 것이라는 추측은 매우 자연스럽다. 이런 국가에서는 오래 전부터 산업재해에 대한 사회적 우려가 여론과 정치 과정에 작용하여 산업안전을 향상시키는 방향으로 제도적 및 관행적 변화가 발생하였을 것이라고 예상할 수 있기 때문이다. 또한 산업재해가 초래하는 엄청난 비용을 피하지 않고서는 지속적인 경제발전을 거두기 어렵다는 인식이 역사를 통해 무르익었을 것이라고 추측할 수 있다.

그림 1-2 산업재해 예방에 대한 인식의 역사가 긴 선진국에서는 오늘날에도 산업안전에 관해 대중의 경각심을 높이는 캠페인을 자주 볼 수 있다. 그림은 2012년 캐나다 밴쿠버에서 열린 시가행진의 모습.
자료: Byung Khun Song(CC BY 2.0).

이 추측이 신빙성이 있는지를 확인하기 위해 국제적 통계를 간략히 짚고 넘어가자. 2003년을 기준으로 할 때 매년 유럽연합 15개 회원국에서 5,000명이 업무상 사망하고 약 500만 명이 업무상 사고로 3일 이상 결근을 해야 하였다.[4] 산업재해에 대한 사회적 대응책이 상대적으로 미흡한 국가에서 산업재해의 실제 비용은 더욱 크기 마련이다. 인도와 중국에서는 업

4 European Statistics on Accidents at Work(ESAW)의 추계.

그림 1-3 산업재해는 오늘날에도 개인적 · 사회적 · 국가적으로 큰 인적 · 물적 피해를 가져온다. 특히, 개도국에서는 사고가 빈발하는 양상을 보인다.
자료: Nestor Galina(CC BY 2.0).

무상 사망이 각각 10만 명 당 10.4명과 10.5명, 그리고 업무상 사고가 각각 10만 명당 8,700명과 8,028명에 이른다. 아프리카의 사하라 이남 지역에서는 10만명당 업무상 사망이 21명, 업무상 부상이 1만 6,000명에 달한다. 달리 말해 매년 5만 4,000명이 사망하고 4,200만 명이 업무와 관련한 사고로 3일 이상 결근을 해야만 하였다. 라틴아메리카와 카리브 해 지역에서는 매년 3만 명이 업무상 사망하고 2,260만 명이 3일 이상 결근을 요하는 사고를 업무 중에 당한다. 선진국과 개도국 간에는 소득 격차보다 훨씬 큰 산업재해 격차가 존재한다는 사실을 쉽사리 확인할 수 있다.

이런 통계를 염두에 두고서, 이제 산업재해에 관한 우리의 논의를 선진국의 산업재해 현황으로부터 시작하도록 하자. 산업재해의 기준이나 통계 자료의 수집 과정이 모든 국가에서 동일하지 않기 때문에, 각국의 산업재해 현황을 동일선상에서 비교하는 것은 쉽지 않다. 그러나 최근 들어서 산업재해의 기준을 통일하는 작업이 많이 진척되었다는 점은 국가 간의 상대적 비교가 과거에 비해 더 큰 의미를 지닐 수 있음을 시사한다.

〈표 1-1〉은 2008년과 2010년을 기준으로 주요 선진 산업국들의 사

표 1-1 주요 국가의 산업재해 현황, 2008-2010년

사고성 사망 만인율(‱)	일본	독일	미국	영국
2008년	0.23	0.20	0.38	0.07
2010년	0.22	0.18	0.38	0.05

자료: e-나라지표(http://www.index.go.kr).

고성 사망의 만인율 – 연간 노동자 1만명당 업무상 사고로 인한 사망자 수 – 을 보여준다. 영국이 두 해에 각각 0.07과 0.05의 만인율을 기록하였고, 독일이 0.20 및 0.18, 일본이 0.23 및 0.22, 그리고 미국이 0.38 및 0.38을 나타냈다. 이 국가들은 국제적으로 비교할 때 산업재해에 대한 제도적 대응 체제가 최상위에 속한 국가들이다. 이 책의 연구대상인 영국이 선진국 중에서도 가장 양호한 수치를 나타낸 점이 특히 시선을 끈다.[5]

한국의 산업재해

우리나라는 1992년 선진국 경제협력기구인 OECD에 가입함으로써 선진국의 대열에 합류하였다고 자부하였다. 선진국 그룹의 문턱을 살짝 넘었다고 볼 수는 있겠지만 경제제도와 사회 체제의 여러 측면에서 아직 한국이 세계적으로 선진국 대열에 충분히 들어섰다고 평가할 수 있는가에 대해서는 의문이 있다.

한국의 산업재해는 세계적 기준으로 볼 때 어디에 위치할까? 〈표

5 그러나 국가마다 통계 산출방법과 업무상 재해의 인정범위, 산업 분포 등에 차이가 있으므로 국가 간의 직접 비교에는 주의가 요망된다.

표 1-2 한국과 주요 국가의 사고성 사망 만인율, 2007년

국가	사고성 사망 만인율(‱)
한국	1.10
캐나다	0.60
미국	0.41
프랑스	0.34
일본	0.25
독일	0.22
오스트레일리아	0.20
영국	0.07

자료: OECD(http://www.oecd.org/).

1-2〉에 제시된 통계치를 보자. 2007년 사고성 사망 만인율 자료를 놓고 살펴보면, 영국이 0.07로 세계적으로 가장 낮은 수준이었고, 오스트레일리아가 0.20, 독일이 0.22로 뒤를 이었고, 미국과 캐나다는 상대적으로 이 비율이 높아 0.41과 0.60을 기록하였다. 한국은 주요 선진국에 비해 월등히 높은 수치를 보이고 있으며, 특히 영국과 비교하면 산업재해로 인한 사망자의 비율이 무려 15배를 넘었다. OECD에 속해 있다고는 하지만 산업재해 면에서는 아직 한국을 선진국이라고 스스로 칭하기가 부끄러운 상황이다.

보다 구체적으로 우리나라의 산업재해 양상을 파악하기 위해 2007년부터 2012년까지 보고된 산업재해로 인한 사망자 통계를 살펴보자(〈표 1-3〉 참조). 우리나라의 노동자 수는 2012년 기준으로 1,554만 8,423명이었다.[6] 같은 해에 9만 2,256명이 재해를 당하였고, 그 가운데

6 산업재해보상보험법이 적용되는 사업장에 근무하는 노동자만을 말한다. 이에 속하지 않는 노동자는 산업재해에 더 취약하지만, 자료의 부족으로 인해 추계에 포함시키지 않았다.

표 1-3 한국의 재해 사망자 발생건수, 2007-2012년

항목	2007	2008	2009	2010	2011	2012
노동자 수(천 명)	12,529	13,490	13,885	14,199	14,362	15,548
사망자 수(명)	2,159	2,146	1,916	1,931	1,860	1,864
사망 만인율(‱)	1.72	1.59	1.38	1.36	1.30	1.20
업무상 사고 사망자 수(명)	1,136	1,172	1,136	1,114	1,129	1,134
업무상 사고 사망 만인율(‱)	0.91	0.87	0.82	0.78	0.79	0.73

주: 사망자 수=업무상 사고 사망자 수+업무상 질병 사망자 수; 사망 만인율=사망자 수×10,000/노동자 수; 업무상 사고 사망 만인율=업무상 사고 사망자 수×10,000/노동자 수.
자료: 고용노동부(2013), 8-9쪽.

1,864명이 사망하였다. 하루에 다섯 명의 노동자가 산업재해로 목숨을 잃은 것이다. 시기적 추이를 보면, 사망 만인율과 업무상 사고 사망 만인율 모두 감소 추세를 나타내었다.

이번에는 사망자만이 아니라 재해자 전체의 추세를 살펴보자. 〈표 1-4〉에 제시된 바와 같이 2012년에 재해자 수는 9만 2,256명이었고, 재해건수로는 9만 1,417건이었다.[7] 노동자 가운데 재해자의 비율을 나타내는 천인율은 5.93으로 보고되었다. 연근로시간 대비 재해건수를 보여주는 도수율은 2.81, 그리고 연근로시간 대비 총근로손실일수를 보여주는 강도율은 1.68을 기록하였다. 이들 세 비율은 각각의 기준에 따라 산업재해의 수준을 측량하는데, 세 비율 모두 시간이 지나면서 개선되는 양상을 보였다. 그러나 개선의 속도는 그다지 빠르지 않아 선진국과의 격차를 신속하게 해소하기에는 부족하다.

2012년 업종별 자료를 보면, 세 비율이 모두 광업에서 압도적으

7 재해자는 사망자(1,864명), 부상자(83,349명), 업무상 질병 이환자(6,742명)로 구성되어 있다.

표 1-4 한국의 산업재해 발생건수, 2007-2012년

항목	2007	2008	2009	2010	2011	2012
노동자 수(천 명)	12,529	13,490	13,885	14,199	14,362	15,548
재해자 수(명)	90,147	95,806	97,821	98,645	93,292	92,256
재해건수(건)	89,106	94,745	96,984	97,945	92,657	91,417
천인율(‱)	7.20	7.10	7.05	6.95	6.50	5.93
도수율	3.15	3.41	3.37	3.27	3.05	2.81
강도율	2.26	2.53	1.80	1.89	1.80	1.68

주: 천인율=재해자 수×1,000/노동자 수; 도수율=재해건수×1,000,000/연근로시간 수; 강도율=총근로손실일수×1,000/연근로시간 수.
자료: 고용노동부(2013), 17쪽.

그림 1-4 우리나라에서도 직장의 근무환경을 개선하려는 인식이 확대되고 있다. 사진은 한 기업이 마련한 직장 내 휴식공간인 안마실의 모습.
자료: LGERP(CC BY 2.0).

로 높았고, 다음으로 건설업, 제조업, 전산업, 운수창고통신업, 전기가스수도업의 순서를 보였다. 이를 우리나라 산업재해의 업종별 순위라고 볼 수 있다. 사업장의 규모별로 보면, 대규모 사업장에서 재해율이 가장 낮고, 사업장 규모가 작아질수록 재해율이 상승하는 양상을 보였다.[8] 예를 들어, 1,000인 이상을 고용하는 사업장에서는 평균재해율이 0.18이었지만 5인 미만을 고용하는 사업장에서는 평균재해율이 무려 1.42나 되었다.[9]

8 재해율=재해자 수×100/근로자 수.
9 고용노동부(2013), 32-33쪽.

표 1-5 한국의 산업재해로 인한 경제적 손실액, 2007-2012년

(단위: 원)

연도	산업재해로 인한 경제적 손실액
2007	16조 2,114억
2008	17조 1,094억
2009	17조 3,157억
2010	17조 6,187억
2011	18조 1,270억
2012	19조 2,564억

주: 경제적 손실액은 산업재해 보상금과 간접 손실액을 합한 금액임.
자료: 고용노동부(2013), 7쪽 등.

산업재해가 초래하는 경제적 손실도 어마어마하다. 〈표 1-5〉는 2007-2012년 산업재해로 인해 우리나라가 부담한 경제적 손실을 금액으로 보여준다. 2007년에 16조 2,114억 원이었던 손실액은 그 후 지속적으로 증가하여 2012년에는 19조 2,564억 원에 이르렀다.[10] 이와 같은 증가는 부분적으로 산업재해에 포함되는 질병과 사고의 종류가 증가한 데 기인하고, 일인당 보상액의 증가 및 사망과 부상으로 인한 소득 손실액의 증가도 역할을 한 것으로 볼 수 있다. 그러나 다른 한편 산업재해가 여전히 많이 발생하고 있으며 감소 추세가 강하게 나타나지 않고 있음을 의미하기도 한다. 또한 유사한 종류의 사고나 질병이라 하더라도 OECD의 다른 국가들에 비해 실질적으로 산업재해로 인정받는 폭이 한국이 좁은 것이 사실이다.[11] 따라서 실제로 동일한 기준을 적용한다면 한국과 다른 선진국들과의 격차는 더욱 크다

10 2012년 기준으로 보면, 산재보상금이 3조 8,513억 원, 간접 손실액이 15조 4,051억 원이었다. 간접 손실액 산정의 중요한 부분인 근로손실일수는 5,452만 일이었다.

11 예를 들어, 우리나라에서는 2011년 기준으로 업무상 질병으로 23종을 인정하고 있는데, 독일은 60종 이상, 일본은 50종 이상을 업무상 질병으로 인정하고 있다(『한국일보』, 2011년 6월 27일자).

고 볼 수 있다.[12]

한국에서 산업재해의 문제가 여전히 심각하다는 사실은 언론에 보도되는 사고 내용만 보아도 쉽게 확인할 수 있다. 수많은 공사장에서 크고 작은 사망 및 부상 사고가 매일 발생하고 있으며, 불산, 벤젠, 염산과 같은 유독물질이 공장노동자는 물론 이웃 주민들의 건강까지 위협하는 상황이 빈번하게 발생하고 있다. 중소기업은 물론이고 세계 무대에서 활동하는 굴지의 거대기업들에서도 재해가 끊임없이 발생하고 있다. 수많은 노동자가 작업 중 사고로 사망에 이르거나 병상에서 신음하며, 직업병으로 인해 장기적 후유증을 겪는 이도 많다. 이들의 가족은 산업재해로 인한 또 다른 희생자이다. 가족구성원의 부상과 질병, 그로 인한 인간적인 고통과 경제적인 부담은 우리 사회의 많은 사람을 옥죄고 있다. 또 어떤 사고와 질병이 산업재해로 인정을 받을 수 있는가를 둘러싸고 노동자와 기업과 보험사와 정부가 끊임없이 갈등을 겪고 있다.[13]

우리가 현재 경험하고 있는 높은 산업재해율은 한국 경제와 사회가 걸어온 '압축성장'의 부산물이다. 세계 최하위의 빈곤에서 벗어나 빠르게 경제성장을 추구하는 과정에서 우리 사회는 선진국이 오랜 공업화와 경제발전을 거치면서 극복해온 수많은 문제점과 갈등요소들을 부차적인 것으로 치부해 버리고 문제제기와 해결책 마련에 주

12 최근에는 선진국들을 중심으로 산업재해에 대한 고용주의 책임을 강화하는 입법이 많이 이루어져 왔다. 예를 들어, 영국에서는 약 10년에 걸친 입법 노력 끝에 2007년 Corporate Manslaughter and Corporate Homicide Act가 제정되었다. 기업과 고용주의 부주의로 인해 산업재해가 발생했다고 인정될 경우 강력한 처벌이 이루어지도록 하는 것이 법률의 핵심적인 내용이다.

13 보험회사가 평가하는 직업별 위험등급은 산업재해의 확률을 판단하는 유용한 기준을 제공해준다. 우리나라의 생명보험협회는 직업별 위험도를 1-4등급과 비위험등급 등 총 5등급으로 나누고 있다. 1등급, 즉 가장 위험도가 높은 직업군에는 종군기자, 헬기 조종사, 빌딩 외벽 청소원, 스턴트맨, 해녀 등이 포함된다. 비위험등급에 속하는 직업은 국회의원, 변호사, 기업 임원, 역술인 등이다(『조선일보』, 2011년 4월 16일자).

의를 충분히 기울이지 않아 왔다. 특히, 세계적으로 손꼽히게 긴 노동시간(2013년 기준 연 2,163시간으로 OECD 국가 중에서 2위), 산업안전에 대한 재정지출의 미흡, 산업안전 전문가의 부족과 활동 영역의 제한, 정부와 정치계의 관심 부족 등 다양한 요인들이 서로 맞물리면서, 한국은 산업재해에 관한 한 지각생이자 불성실한 학생으로 지금까지 남게 되었다.[14] 여기에 지난 20여 년 동안 신자유주의적 경제사조의 영향 하에 비정규직 노동자의 증가와 외국인 노동자의 유입 증가로 산업재해에 상대적으로 취약한 인구집단이 노동시장에서 큰 비중을 차지하게 됨으로써 사태를 더 악화시키는 방향으로 몰고 갔다. 비록 최근에 우리나라의 산업재해율이 낮아지는 추세를 보이고 있기는 하지만, 여전히 세계적 표준에는 크게 못 미치는 상황이 전개되고 있다.

그림 1-5 다른 국가들에서와 마찬가지로 우리나라에서도 중소기업은 대기업보다 높은 산업재해율을 보인다. 사진은 안성의 한 주물공장.
자료: 에디슨(CC BY 2.0).

왜 영국인가?

산업재해의 선진국이 되고자한다면, 궁극적으로 산업재해에 대한 사회적 인식의 변화와 제도적 방치의 마련이 필수적이다. 역사적으로 선진국들은 이런 변화들을 장기간에 걸쳐 경험하면서 오늘에

14 OECD(2013).

이르렀다. 이 책은 산업재해에 대한 개인과 사회와 국가의 태도와 사상이 역사적으로 어떻게 변화해왔으며, 이런 변화를 이끈 요인이 무엇인가를 탐구하려는 시도이다. 그리고 사회구성원들이 어떤 긴장과 갈등과 논의와 투쟁과 타협을 거쳐 오늘날의 법적, 사회적, 경제적, 행정적, 의료적 제도를 갖추게 되었는가를 논의하고자 한다.

이와 같은 목적에 맞추어 이 책은 영국을 연구의 대상으로 삼는다. 위에서 살펴본 바와 같이 영국은 현재 세계에서 가장 높은 수준의 산업안전을 유지하고 있다. 선진국들 간의 비교에서도 산업재해에 있어서 영국의 우위는 두드러진 모습이다. 산업안전의 문제가 결코 일인당 소득 수준과 같은 변수와 당연하게 정비례하지는 않는다는 점을 우리는 확인할 수 있다.

영국이 산업재해 선진국임은 분명하지만, 그렇다고 산업재해의 문제로부터 자유로운 수준이라고 평가할 수는 없다. 2010/2011년의 산업재해 통계를 살펴보자. 먼저 업무상 사고를 보면, 한 해에 171명이 작업 중에 발생한 사고로 사망한 것으로 집계되었는데, 이는 인구 10만명당 0.6명의 비율이다. 사고로 부상을 입은 사람의 규모는 훨씬 크다. 총 11만 5,379명의 노동자가 부상을 입은 것으로 보고되었는데, 이는 인구 10만명당 462명의 비율이었다. 이 가운데 3일 이상의 병가를 요하는 부상이 20만 건으로, 10만명당 710명에 해당하는 수치였다.[15]

질병은 더 많은 사람들을 괴롭혔다. 120만 명의 노동자가 작년에 현재 또는 과거의 업무와 관련하여 질병을 경험한 것으로 보고되었다. 이 중에서 50만 명은 1년 이내에 처음 발병한 사례였다. 새 건수

15 Health and Safety Executive(2012), 1쪽.

가운데 약 3/4은 근골격계 질환이거나 스트레스-불안-분노 증세인 것으로 나타났다. 이 밖에 1년 이상 이전에 노동자였던 70만 명이 당시의 업무로 인해 발병하거나 질병이 악화되었다.[16]

산업재해로 인한 노동일 손실은 총 2,640만 일에 이르는 것으로 추계되었으며, 이 가운데 질병 탓이 2,210만 일, 부상 탓이 440만 일이었다. 이는 업무 관련 부상이나 질병 한 건당 평균 15일에 해당하였다. 업무상 부상과 질병 - 암을 제외하고 - 이 야기한 사회적 비용이 2009/2010년에 140억 파운드(한화 약 23조 원)로 추계되었다. 특히, 만성폐쇄성질환(Chronic Obstructive Pulmonary Disease: COPD), 즉 기도폐쇄가 발생하여 기류의 속도가 감소하는 질환이 눈길을 끈다. 이 질병을 가진 환자 중에서 약 15%는 업무와 관련하여 병이 발생한 것으로 추산되었다. 이는 과거에 연기, 먼지, 화학물질에 직업상 노출된 결과로 매년 4,000명이 사망한다는 의미이다. 여기에서 우리는 산업재해의 피해가 과거의 근로환경 문제가 누적되어 장기적으로 발생한다는 사실을 알 수 있다.[17]

그림 1-6 2006년 영국 브리스톨에서 발생한 철도사고는 산업재해가 오늘날에도 여전히 중대한 문제라는 점을 보여준다.
자료: Floyd Nello(CC BY 2.0).

〈표 1-6〉은 2006/2007년부터 2010/2011년까지의 작업 중 부상과

16 Health and Safety Executive(2012), 1쪽.
17 Health and Safety Executive(2012), 2-4쪽.

표 1-6 과거 12개월 간 직업 관련 부상과 질병으로 보고된 사례

(단위: 1,000건)

질병	연도	12개월 내 신규 발병	12개월 내 총발병
전체	2006/2007	612	1,384
	2007/2008	562	1,260
	2008/2009	549	1,179
	2009/2010	554	1,265
	2010/2011	495	1,152
근골격계 장애	2006/2007	230	642
	2007/2008	178	539
	2008/2009	191	536
	2009/2010	190	572
	2010/2011	158	508
스트레스-불안-분노	2006/2007	242	455
	2007/2008	236	441
	2008/2009	229	414
	2009/2010	233	435
	2010/2011	211	400

주: 이 자료는 5만 이상의 가계를 대상으로 분기별로 실시하는 노동시장 조사로부터 도출되었다.
자료: Labour Force Survey(각 연도); Health and Safety Executive(2012), 4쪽에서 재인용.

질병 통계를 보여준다. 전체 수치와 새로운 산업재해로 중요성이 크게 인정되고 있는 근골격계 장애 및 스트레스-불안-분노의 통계를 담고 있다. 이 표를 통해 몇 가지 중요한 점을 발견할 수 있다. 첫째, 집중적 노력에도 불구하고 아직도 업무 관련 부상과 질병이 많이 발생하고 있다. 둘째, 그러나 시기적 추이를 보면 감소 추세가 확연하다. 이는 지속적인 노력이 산업재해를 크게 줄일 수 있다는 점을 잘 보여준다. 근골격계 장애 및 스트레스-불안-분노 증세가 압도적으로 비중이 높은데, 신규 발병의 경우 이 비중이 더욱 높다. 이는 과거

표 1-7 영국 직종별 사망자 및 부상자 통계, 2011/2012년

(단위: 1,000건)

직업구분	사망	중상	경상(3일 이상)	합계
관리직, 감독직, 선임공무원	5	1,126	2,322	3,453
전문직	1	1,733	5,699	7,433
부전문직, 기술직	7	1,909	7,895	9,811
행정직, 비서직	0	1,093	2,858	3,951
숙련직	37	3,199	11,676	14,912
서비스직	2	2,579	11,638	14,219
판매직, 고객관리직	1	1,441	5,882	7,324
기능직	35	4,481	18,414	22,930
기초직	27	4,575	21,495	26,097
불확실	3	297	852	1,152
전체	118	22,433	88,731	111,282

주: 기초직은 농업, 건설업 등의 분야에서 다른 구분에 포함되지 않은 직업인을 의미.
자료: http://www.hse.gov.uk/statistics/sources.

업무와 관련된 화학물질 접촉, 사고 등의 비율이 점차 낮아지고 있음을 의미한다. 즉, 산업재해 가운데 안전사고와 관련한 부분은 점차 줄어들고 있는 반면에 근골격계 장애나 스트레스-불안-분노 증세와 같은 새로운 유형의 산업재해 비중이 높아지고 있다는 점을 보여준다.[18]

〈표 1-7〉에서 영국 산업재해의 현황을 더욱 구체적으로 확인할 수 있다. 이 표는 2011/2012년 영국의 산업재해로 인한 신체적 피해를 중증도별, 그리고 직종별로 정리해 놓고 있다. 산업재해로 인해 사망에 이른 사람은 총 118명으로 세계적으로 매우 낮은 수준이다. 여기

18 영국의 또 다른 자료는 산업재해로 인한 사망률이 피고용인보다 자영업의 경우에 훨씬 높다는 사실을 보여준다. 2009/2010년에 피고용인은 104명(10만명당 0.4명)이 산업재해로 인해 목숨을 잃었으나 자영업자의 경우 43명(10만명당 1.0명)으로 높은 비율을 나타냈다. Health and Safety Executive(2012), 7쪽.

에 중상자와 경상자를 합한 수치는 11만여 명이다. 직업구분에 따라 구체적으로 살펴보면, 대부분의 사고사망은 숙련직(skilled trades occupations), 기능직(process, plant and machine operatives), 기초직(elementary occupations)에서 발생하였음을 알 수 있다. 이 직종들은 중상과 경상 환자도 많이 발생한 직업군이다. 서비스직(caring, leisure and other service occupations)은 사망자는 적지만 중상자와 경상자는 많이 발생하는 직업이었다. 공장과 작업장 내에서 발생하는 산업재해를 방지하기 위한 지속적이고 치밀한 노력에도 불구하고, 아직도 이곳에서 대부분의 심각한 산업재해가 발생하고 있다는 점도 확인할 수 있다.

영국의 산업재해가 세계적으로 낮은 수준이라는 점은 위에서 이미 언급을 하였다. 그런데 산업재해로 인정되는 사고와 질병의 종류가 국가마다 다르고 재해의 심각성을 측정하는 방법과 기준도 상이하기 때문에 국제적 비교에는 많은 문제점이 따른다. 이런 문제를 극복하기 위해서 유럽의 국가들은 유로스태트(Eurostat)라는 기구를 통해 각국의 보건안전 통계를 가능한 한 비교 가능한 형태로 작성하여 발표한다.

〈표 1-8〉은 유로스태트가 각국의 표준사고율을 측정하여 이를 유럽의 국가들 간에 비교한 자료이다. 영국이 독일, 프랑스, 이탈리아, 스페인, 폴란드 등 유럽의 주요 국가들과 비교되어 있고, 또한 EU-15 및 EU-27 그룹과도 비교가 되어 있다. 영국이 유럽에서도 가장 양호한 결과를 보여주고 있다. 더욱 상세한 자료를 보면, 2008년을 기준으로 볼 때 영국의 사망률은 유럽 주요 국가들보다 낮은 수준을 기록하였다. 사망에 이르지 않은 사고는 주요 국가들과 비슷하지만, EU-15나 EU-27보다는 나은 수준인 것으로 나타났다. 병가로 이어지는 질병

표 1-8 유럽 주요국과 EU의 표준사고율, 2009년

국가	표준사고율
영국	0.59
프랑스	2.07
독일	0.66
이탈리아	1.73
네덜란드	0.63
오스트리아	2.29
스페인	2.04
스웨덴	1.19
벨기에	1.63
폴란드	5.03
EU-15	1.61
EU-27	1.95

주: EU-15는 오스트리아, 벨기에, 덴마크, 핀란드, 프랑스, 독일, 그리스, 아일랜드, 이탈리아, 룩셈부르크, 네덜란드, 포르투갈, 스페인, 스웨덴, 영국; EU-27은 여기에 불가리아, 키프러스, 체코, 에스토니아, 헝가리, 라트비아, 리투아니아, 몰타, 폴란드, 루마니아, 슬로바키아, 슬로베니아를 더한 것.
자료: http://www.hse.gov.uk/statistics/tables/index.htm.

도 아주 낮은 수준을 보였다.[19]

마지막으로, 영국에서 산업재해가 초래하는 사회적 비용을 검토해보자. 산업재해는 엄청난 비용을 초래하는 것이 당연하다. 재해를 당한 노동자와 노동자의 가족이 즉각적인 비용을 치르지만, 고용주도 비용을 부담해야 하며, 정부 및 납세자도 비용을 분담하게 된다. 국가에 따라 보상기준, 보상 주체, 보상범위, 행정비용, 국가보험 및 개인보험 등에 따라 비용은 다양하게 나타난다. 2009/2010년을 기준으로 영국에서 산업재해가 낳은 비용을 살펴보자.

비용 담당자별로 구분해보자면, 개인이 76억 파운드의 비용을 부

19 Health and Safety Executive(2012), 14쪽.

표 1-9 영국 산업재해의 사회적 비용, 2009/2010년

(단위: 100만 파운드)

비용의 종류	개인	고용주	정부 및 납세자	총액
소득 손실	4,105–3,696	1,222	2,374	4,105
보상비	−1,033	1,756		723
비금전적 인적 비용	8,026			8,026
생산손실		120		120
건강 및 재활	126	54	712–82	810
행정 및 법적 비용	21	71	55–13	134
총비용	7,649	6,223	3,046	13,918

주: (−)로 표시된 액수는 보험이나 이전지출로 변제된 금액임. 예를 들어, 개인의 소득 손실 발생액은 4,105인데 그 가운데 3,696은 다른 부문으로부터 변제를 받은 금액임.

자료: http://www.hse.gov.uk/statistics/tables/index.htm.

담하였고, 고용주가 62억 파운드, 그리고 정부 및 납세자가 30억 파운드를 부담하였다. 비용의 종류별로 구분하면, 비금전적 인적 비용이 80억 파운드로 가장 많고, 다음으로 소득손실이 41억 파운드, 건강 및 재활에 소요되는 비용 8억 파운드, 보상비가 7억 파운드, 행정 및 법적 비용과 생산손실이 각각 1억 파운드 이상을 기록하였다. 이를 합산하면, 영국 사회가 산업재해로 지불하는 비용은 연간 139억 파운드에 이르렀다. 영국 인구가 약 6,300만 명이므로, 일인당으로 환산하면 221파운드(한화 약 37만 원)가 된다.

세계에서 산업재해가 가장 적게 발생하는 국가 가운데 하나인 영국에서 해마다 이 규모의 사회적 비용이 발생한다는 사실은 의미심장하다. 산업재해에 대한 경각심이 훨씬 낮은 국가, 산업재해에 취약한 산업에 종사하는 인구 비율이 높은 국가, 자영업과 비정규직 등 산업재해에 취약한 인구 비율이 높은 국가에서 사회가 치르게 되는 산업재해의 비용은 천문학적이라는 점을 말해준다.

산업혁명의 유산

연구 대상으로서 영국이 지닌 또 다른 장점은 산업화의 역사가 길고 산업화와 이후 역사 과정에 대한 연구와 분석의 역사가 깊다는 점이다. 세계 최초로 산업혁명을 경험하면서 영국은 어느 국가보다도 일찍 공업화, 기계화, 도시화, 익명사회화를 겪었고, 또한 노동자와 사용자 간의 갈등의 역사, 노동자 세력화의 역사, 복지정책의 역사, 정치와 행정 개혁의 역사, 공중보건의 역사 면에서도 많은 논쟁과 갈등을 거쳤다. 따라서 산업사회로 접어든 영국이 산업재해 문제에 대해 어떻게 대응하고 해결책을 마련하였는가를 살펴보면, 오늘날 우리나라에게 도움이 되는 시사점을 많이 얻을 것으로 기대할 수 있다.

그림 1-7 산업혁명은 산업재해의 문제가 본격적으로 대두한 결정적 계기였다. 그림은 콜브룩데일(Coalbrookdale) 부근의 제철소가 보여주는 공업도시 특유의 저녁 풍경이다.

영국이 이른 시기부터 산업재해의 문제를 피할 수 있었던 것은 아니다. 19세기 중반의 인기 소설가 찰스 디킨스(Charles Dickens)의 저작으로부터 당시의 모습을 쉽게 발견할 수 있다. 그가 런던의 캠든 타운(Camden Town)에서 유스턴(Euston)으로 연결하는 철도를 부설하는 현장 풍경을 묘사한 부분을 보자. 당시 산업현장이 재해에 취약하였을 것임을 상상하기에 부족함이 없다.[20]

20 Dickens(1846-1948).

집들은 헐려나갔다. 거리는 이어지지 않고 뚝뚝 끊겼다. 바닥에는 구덩이와 도랑이 깊이 파였다. 흙과 진흙이 엄청난 규모로 쌓였다. 건물들은 지반이 약화되어 흔들려서 커다란 나무기둥으로 받쳐야 하였다. 자연 상태가 아닌 비탈진 언덕에는 여러 대의 수레가 복잡하게 뒤엉킨 채 나뒹굴고 있다. 우연히 연못이 되어버린 곳에서 귀중한 철골이 물에 잠겨 녹슬어 간다. 여기저기에 다리들이 다른 곳으로 연결되지 않은 채 놓여 있다. 통로들은 통행이 전혀 가능하지 않다. 바벨탑과 같은 굴뚝들은 높이가 절반밖에 되지 않는다. 임시 목조 가옥과 마당이 생각지도 않은 곳에 자리를 잡고 있다. 낡은 공동주택의 잔해, 공사판에 쌓인 비계, 거친 벽돌, 거대한 크레인의 모습, 제대로 받쳐지지 않은 삼각대, 완성되지 않은 10만 종의 모양과 재질이 제자리를 벗어나서 마구 뒤섞인 채, 땅속으로 파고들고 공중으로 솟구쳐나고 물속에서 썩고 있다. 마치 꿈처럼 이해를 할 수 없는 상태다. 이런 현장에 뜨겁고 맹렬하게 분출되는 [것들이] … 혼란을 더한다. 끓는 물이 무너져 가는 담벼락 안쪽에서 쉭쉭 소리를 내며 부글거린다. 또한 그곳으로부터 불꽃이 번쩍이며 으르렁댄다. 그리고 잿더미들이 길을 막아서서 동제의 규칙과 관습을 완전히 바꾸어 버린다.

그림 1-8 유명한 삽화가 조지 크룩생크(George Cruikshank)가 1829년에 발표한 그림에 팽창하는 대도시가 인근 주변을 잠식하는 모습이 표현되어 있다. 왼편의 벽돌 건축기계군단이 주변 지역을 초토화하는 장면이다. 디킨스의 발췌문이 묘사하는 모습을 연상시킨다.

간단히 말해, 아직 미

완공이라 개통되지 않은 철로가 놓이고 있다. 이 모든 끔찍한 혼란의 한가운데로부터 철로는 문명과 향상이라는 강력한 경로를 따라 천천히 미끄러져 나온다.

이렇게 출발한 영국이 개인의 사고와 질병이 아니라 기업과 국가가 책임을 지는 사고와 질병으로 변화되는 역사적 과정이 왜, 언제, 어떤 이유로 어떤 과정을 거쳐 발생하였는가? 영국의 사례를 통해 본 산업재해 탄생의 역사, 이것이 이 책이 풀어가고자 하는 주제이다.

1.2. 산업재해란 무엇인가?

위험요소들

우리가 살아가면서 마주치는 위험요소는 다양하다. 레비(Barry S. Levy)의 분류법에 따르면, 위험은 크게 안전 위험(safety hazard)과 건강 위험(health hazard)으로 구분된다. 안전 위험이란 다양한 종류의 원천으로부터 출발한 에너지가 통제되지 않은 방식으로 취약한 사람에게 전달됨으로써 부상을 야기하는 위험을 말한다. 이와 달리 건강 위험은 직업 또는 환경과 관련하여 질병과 부상을 일으키는 위험을 지칭한다. 산업재해가 대상으로 하는 위험은 이와 같은 건강 위험이 대부분이다.

건강 위험은 다시 세부적으로 구분할 수 있다. 먼저 화학적 위험(chemical hazard)은 중금속, 살충제, 용해제 등이 초래하는 위험을 말한

표 1-10 위험의 종류와 정의

위험의 종류	정의	세부 종류
안전 위험	다양한 원천으로부터 에너지가 통제되지 않은 방식으로 취약한 사람에게 전달되어 부상을 야기하는 위험	
건강 위험	직업적 내지 환경적 질병과 부상을 야기하는 위험	화학적 위험, 물리적 위험, 생기계학적 위험, 생물학적 위험, 심리사회학적 위험

자료: Levy(2010), 5쪽.

다. 현재 상업적 목적으로 사용되고 있는 화학물질은 8만 종에 이르는 것으로 알려져 있으며, 그 가운데 약 1만 5,000종은 자주 사용되는 물질이다. 한 연구에 따르면 해마다 약 1,000종의 화학물질이 새로 나타나고 있다고 한다. 두 번째 건강 위험은 물리적 위험(physical hazard)으로, 과도한 소음, 진동, 온도, 압력 등으로 인한 위험을 일컫는다. 세 번째는 생기계학적 위험(biomechanical hazard)이다. 무거운 물체를 들어 올리거나 반복적으로 행하는 동작, 또는 강제적인 동작을 함으로써 근골격계에 이상을 주는 위험을 말한다. 이 종류의 위험이 지닌 심각성은 최근에 와서 크게 강조되고 있다. 한 자료에 따르면, 유럽연합에서 1992-2006년 동안에 근골격계 질환자의 수가 45배 증가하여, 매년 10%라는 엄청난 증가율을 기록하였다.[21] 네 번째 건강 위험인 생물학적 위험(biologic hazard)은 B형 간염, C형 간염, 결핵 등 세균, 바이러스, 기타 병원체가 공기, 물, 음식, 접촉 등을 통해 일으키는 위험을 지칭한다. 노동자가 근무하는 사업장의 환경에 따라 이런 위험의 크기가 결정된다. 마지막으로 심리사회학적 위험(phychosicial hazard)을 들 수 있다. 과중한 노동 부담이나 적대적 대인관계 등으로 인한 스트레

21 Delmas(2008).

스의 누적이 낳는 위험이 대표적이다. 노동자들의 일거수일투족을 감시 · 감독하기 용이한 방향으로 기술진보가 이루어지고 직장 내의 경쟁이 격화되면서, 이런 종류의 위험은 지속적으로 증가되어 왔다.

그림 1-9 산업재해의 위험요소를 제거하는 것은 쉽지 않기 때문에, 수많은 노력에도 불구하고 산업재해는 지속적으로 발생하였다. 그림은 1919년 미국 보스턴에서 발생한 당밀 보관소 폭발사고 현장.

산업재해의 범위

산업재해의 종류는 매우 다양하며, 역사적으로 종류가 지속적으로 증가해왔다. 과거에는 좁은 의미에서 업무상 사고와 그로 인한 질병을 산업재해로 규정해왔지만, 근래에는 출퇴근 중이거나 휴식시간 중의 사고 및 질병도 산업재해로 인정을 받는 경우가 늘고 있다. 또한 과로성 질병 등 과거에 산업재해에 속하는지 여부가 불투명하였던 질병들도 이제는 산업재해의 범위에 당연히 포함되는 것으로 여겨진다.

산업재해는 크게 업무상 사고와 업무상 질병 – 모두 사망을 포함하여 – 으로 구분된다. 〈표 1-11〉은 우리나라의 산업재해보상보험법에 규정된 업무상 사고와 업무상 질병의 대체적인 내용을 담고 있다. 산업재해로 구체적으로 인정되는 상세한 기준은 대통령령으로 정해져 있다.

우리나라에서 산업재해로 입은 피해에 대해 산업재해보험으로 보상을 받을 수 있는 대상자는 원칙적으로 '사업 또는 사업장에서 종

표 1-11 산업재해의 종류

종류	내용
업무상 사고	1. 근로자가 근로계약에 따른 업무나 그에 따르는 행위를 하던 중 발생한 사고 2. 사업주가 제공한 시설물 등을 이용하던 중 그 시설물 등의 결함이나 관리소홀로 발생한 사고 3. 사업주가 제공한 교통수단이나 그에 준하는 교통수단을 이용하는 등 사업주의 지배관리 하에서 출퇴근 중 발생한 사고 4. 사업주가 주관하거나 사업주의 지시에 따라 참여한 행사나 행사준비 중에 발생한 사고 5. 휴게시간 중 사업주의 지배관리 하에 있다고 볼 수 있는 행위로 발생한 사고 6. 그 밖에 업무와 관련하여 발생한 사고
업무상 질병	1. 업무수행 과정에서 물리적 인자, 화학물질, 분진, 병원체, 신체에 부담을 주는 업무 등 근로자의 건강에 장해를 일으킬 수 있는 요인을 취급하거나 그에 노출되어 발생한 질병 2. 업무상 부상이 원인이 되어 발생한 질병 3. 그 밖에 업무와 관련하여 발생한 질병

자료: 산업재해보상보험법 제37조.

사하는 모든 근로자'이다. 사용자와 사용·종속관계에 있다고 인정되면 생산직 노동자뿐만 아니라 사무직 노동자, 일용직 노동자, 아르바이트 노동자도 모두 산업재해 보상을 받을 수 있다. 예외적으로 농업과 어업 등의 일부 업종에서는 사업장에 근무하는 근로자의 수가 5인 이상인 경우에만 해당하게 되어 있다. 또한 현장실습생과 외국인 산업기술연수생도 산업재해보험의

그림 1-10 독일 베를린에서 개최된 산업재해 방지를 위한 전람회에서 전시되었던 그림. 1890년경 기계제작 공장에서 발생하는 사고를 묘사하고 있다. 산업재해는 19세기 후반 경쟁적으로 공업화를 진행하던 국가들이 공통적으로 직면한 문제였다.

대상이 될 수 있으며, 해외파견 근로자와 중소기업 사업주는 이 보험에 임의가입을 할 수 있다.

그림 1-11 1828년 런던 템스 강의 터널에서 발생한 익사사고의 모습. 노동자들은 갑작스런 물의 유입, 공사자재의 붕괴, 유독가스에 의한 중독 등 다양한 위험에 노출되어 있었다.

산업재해의 대상이 되는 업무상 사고와 질병, 그리고 산업재해를 구제받을 수 있는 대상자의 범위는 국가마다, 시기마다 차이가 있다. 일반적으로 말하자면, 선진국일수록 업무상 사고와 질병의 범위를 넓게 인정하고 산업재해 보상을 받는 자격자의 범위도 넓다. 시기적으로는 현대로 올수록 새로운 유형의 사고와 질병을 포함하고 산업재해보험의 사각 지역에 있는 사람까지 구제 대상으로 인정하는 방향으로 제도가 진화하고 있다.[22]

산업재해의 피라미드

산업재해 여부를 판별하는 일은 현실적으로 쉽지 않다. 폭발사고

22 우리나라에서도 산업재해로 인정되는 범위가 점차 확대되고 있다. 2012년 기준 산업재해보상법에서 인정하는 직업성 암은 폐암, 간암, 백혈병, 피부암 등 총 9종인데, 2013년 상반기부터는 여기에 위암, 대장암, 유방암, 갑상샘암, 난소암, 침샘암, 식도암, 신장암, 방광암, 뼈암, 비인두암, 뇌 침 중추신경계암 등 12종이 신규로 추가될 예정이다. 위암과 갑상샘암이 각각 남녀 발병률 1위인 암이라는 점에 비추어볼 때, 산업재해로 이 암들을 포함하게 된 것은 큰 진전이라고 볼 수 있다. 직업성 암 유발물질도 새로 14종이 포함되는데, 여기에는 반도체 공장의 백혈병 유발물질로 알려져 이슈가 되었던 포름알데히드, 그리고 비소니켈화합물, 카드뮴, 산화에틸렌, 엑스선과 감마선 등이 들어간다. 호흡기 질환 중에서는 새로 만성폐쇄성질환이 산업재해로 지정되었다. 호흡기 질병의 유발물질로 밀가루, 곡물분진, 포름알데히드, 아황산가스 등 14종이 추가될 예정이다. 누출사고가 발생하였던 불산도 급성중독을 야기하는 화학물질로 지정되었다. 또한 그 동안 산업재해로 인정을 받지 못하였던 외상 후 스트레스장애(PTSD)도 업무상 질환으로 포함하기로 하였다. 만성과로의 기준도 변경하여 '12주간 주당 평균 60시간 초과'하여 노동을 할 경우 산업재해로 인정하게 되었다(2013년 2월 14일 고용노동부 보도 자료).

그림 1-12 산업재해의 피라미드

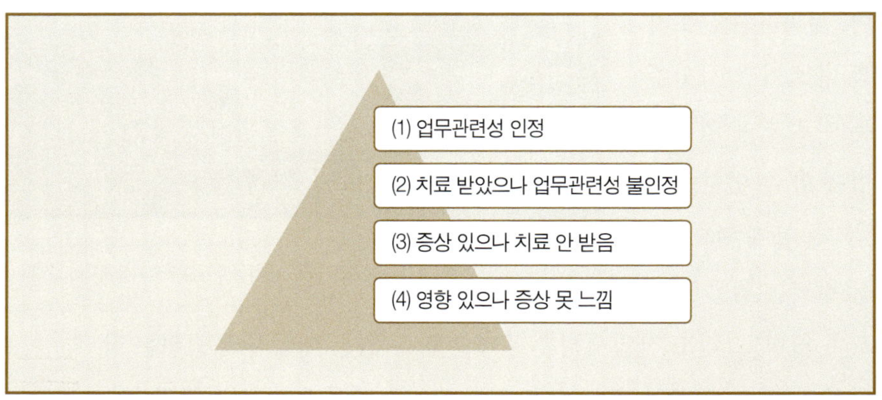

자료: Levy(2010), 12쪽.

나 추락사고, 유독물질 누출사고와 같은 가시적인 사고의 경우에는 산업재해로 인정하는 데에 문제가 없지만, 사고나 질병이 장기간에 걸친 작업이나 특정 물질에의 노출에 의해 발생하는 경우에는 산업재해로 판정을 받는 과정이 길고 까다로울 수 있다. 노동을 그만 둔 후 오랜 시간이 경과된 후에 질병이 발생할 수도 있다. 적지 않은 경우에 노동자가 치료는 받았지만 업무 관련성을 인정받지 못하곤 한다. 증상이 있지만 치료를 받지 않는 경우도 있으며, 가장 약하게는 업무가 신체에 끼치는 영향이 있으나 실질적으로 노동자가 증상을 느끼지 못하는 경우도 있다.

이를 고려하여 산업재해의 구분 피라미드를 그려보면 〈그림 1-12〉와 같다. 치료를 받고 업무관련성을 인정받은 경우(1)는 보고된 '정식' 산업재해가 된다. 그러나 치료를 받았지만 업무관련성을 인정받지 못한 경우(2), 증상이 있으나 치료를 받지 않은 경우(3), 신체적 영향이 있으나 증상을 느끼지 못한 경우(4)는 모두 '약한 종류'의 산업재해라고 볼 수 있으며, 모두 미보고되는 사례라는 공통점을 지닌다. 산업재해가 끼치는 전체 영향의 크기는 보고된 산업재해에 근거해서 계산된 개인적 및 사회적 비용을 크게 상회할 것이라는 점을 산업재해의 피라미드로부터 유추할 수 있다.

산업재해의 발생이론

산업재해가 발생하는 원인에 대해서 그간 많은 이론화 노력이 이루어져 왔다. 산업재해가 발생하기까지 어떤 물적 · 인적 · 환경적 요인들이 어떤 과정의 상호작용을 거쳐 어떤 영향을 초래하는지에 대해 학자들은 그간 다양한 이론을 발표해왔다. 그 가운데 대표적인 것들을 소개하기로 한다.[23]

가장 널리 알려진 산업재해 발생이론은 하인리히(Herbert W. Heinrich)가 주창한 이른바 '도미노이론'(Domino Theory)이다. 그에 따르면 사고는 단순히 돌발적으로 발생하는 것이 아니라, 사고에 이르기까지 관련된 여러 과정이 순차적으로 도미노 효과를 일으키기 때문에 발생한다. 그는 보험회사에 근무하면서 관찰한 사례들을 분석하고 유형화한 결과, 다음의 다섯 과정으로 도미노 효과가 발생한다고 주장하였다.

1단계: 사회적 환경과 유전적 특질(social environment and ancestry)

2단계: 개인적 결함(fault of person)

3단계: 불안전한 행동 및 조건(unsafe act/unsafe condition)

23 이 부분의 논의는 주로 다음에 의거한다. 차봉석(2007), 김병석(2010).

4단계: 사고(accident)

5단계: 손상(injury)

하인리히의 도미노이론이 보여주는 중요한 시사점은 이 연쇄반응의 인자들 중 일부를 제거함으로써 사고를 방지할 수 있다는 것이다. 이 도미노이론의 기본 모형을 받아들여 버드(F. Bird, Jr.) 등은 산업재해의 발생에 대해 새 이론을 제기하였다. 이 '신도미노이론'에 따르면 사고의 원인으로 기업의 안전관리 경영상의 문제를 포함하고 있다. 신도미노이론의 다섯 과정은 아래와 같다.

1단계: 경영통제의 상실(loss of control)

2단계: 기본적 원인(basic causes)

3단계: 직접적 원인(immediate causes)

4단계: 사고(incidence)

5단계: 손실(loss)

버드 모형의 3단계인 직접적 원인이 지나치고 모호하다고 생각한 애덤스(Edward Adams)는 직접적 원인을 운영상 에러(operational error)와 전술적 에러(tactical error)로 구분하여 논의를 구체화하였다. 운영상 에러는 사용자나 감독관에 의해 발생한 문제점을 말하고, 전술적 에러는 노동자의 작업 중에 발생한 문제점을 말한다. 이 둘을 구분함으로써 애덤스는 직접적 원인의 상당 부분이 노동자보다는 사용자에게서 비롯된다는 점을 명확히 밝혔다. 위버(D. A. Weaver)는 애덤스의 논의를 더욱 세분화하였다.

이와 같은 신도미노이론의 모형을 따라 사고조사를 진행하면, 재발 방지를 위한 권고를 쉽고 명확하게 도출할 수 있다는 장점이 있다. 그러나 근본적인 해결책을 찾기보다 사고의 희생양을 발생시킬 우려도 있다고 평가된다.

도미노이론과 신도미노이론이 지나치게 단순하다고 생각하여 대안적 이론을 제시한 이들도 있다. 예를 들어, 마누엘(Fred A. Manuele)은 사고의 핵심적 원인이 안전과 관련된 정책, 표준, 공정이 미비하기 때문이라고 지적하면서, 다양한 원인을 끌어내어 '다중요인이론'(Multiple Factor Theory)의 기초를 닦았다. 이와 같은 문제의식 하에서 피렌지(R. J. Firenzie)는 사람, 기계, 환경의 세 조건의 상호작용으로 사고가 발생한다고 주장하였다. 또한 그로스(V. L. Grose)는 사람(man), 기계(machine), 환경(media), 관리(management)의 이른바 '4M'이 사고의 기본 요인이라는 설명 틀을 제시하였다.

사고 발생의 원인으로서 사람의 과오를 강조하는 학자들도 논의를 발전시켜 갔다. '인적요인이론'(Human Factor Theory)이라고 부를 수 있는 이 주장은 인간의 실수가 과부하, 부적절한 행동, 부적절한 반응의 세 요인에 의해 발생한다고 보기도 하고, 인간의 실수를 적극적 오류와 잠재적 오류로 분류하여 논의를 전개하기도 하였다.

그림 1-13 해상 재난사고는 근대 전후를 막론하고 빈번하게 발생해온 산업재해였다. 영국의 화가 터너의 그림은 폭풍우 속에서 증기선에 발생한 재난사고의 모습을 실감나게 전해준다. 인적요인이론에 기초하여 이런 사고를 체계적으로 분석할 수 있다.

이상에서 간략히 살펴본 바

와 같이 산업재해의 발생 원인에 관해서 그간 많은 연구와 이론화 작업이 진행되어 왔다. 그리고 그 과정에서 사고를 야기하는 다양한 요인들이 무엇인지, 이 요인들이 어떤 상호작용을 거쳐 사고 발생에 이르는지에 대해 이해의 폭이 넓어져 왔다.

집단별 산업재해

지금까지 산업재해의 개념과 발생이론을 직업상 발생하는 사고와 질병을 중심으로 살펴보았다. 그런데 직업은 일의 기술적 특성만을 반영하는 것이 아니라, 사회적 요소도 반영한다. 따라서 학자들은 직업을 '사회집단'(social group)과 관련하여 분석해야 사회적 현상으로서의 직업에 대해 보다 많은 것을 파악할 수 있다고 말한다. 여러 사회적 변수들, 즉 소득, 교육, 성, 주택 사정, 생활습관(식사, 흡연, 음주, 운동 등), 지리적 위치 등의 영향을 고려해야 한다는 것이다.

산업재해도 직업 자체에 내재한 위험도만의 문제가 아니다. 사회집단에 따라 산업재해에 대한 지식이 다르고, 산업재해를 대하는 태도가 다르고, 산업재해에 대처할 수 있는 재정 상태가 다르고, 산업재해에 영향을 주는 생활습관이 다르다. 같은 업종에 종사하는 노동자라 하더라도 숙련노동자와 반숙련 및 비숙련 노동자에게 산업재해는 매우 다르게 나타난다. 따라서 사회집단에 대한 논의를 제외한 상태에서 전개되는 산업재해 논의는 결점을 지닐 수밖에 없다. 이 책에서도 곳곳에서 사회집단적 요소들을 고려할 것이다.[24]

24 Marmot(1994), Drever and Whitehead(1997), Woods(2000). 이런 문제의식을 담은 현대적 보고서의 대표적인 사례로는 The Acheson Report(1998).

또 한 가지 강조되어야 할 점은 모든 노동자 집단이 산업재해 위험에 동일하게 노출되어 있지 않다는 사실이다. 먼저 국가별 산업재해 위험도에 차이가 크다. 파키스탄의 공장노동자는 프랑스의 공장노동자에 비해 작업 중 사망할 위험이 8배가 크다. 케냐의 운송노동자는 덴마크의 운송노동자에 비해 사망률이 10배나 높다. 그리고 과테말라의 건설노동자는 스위스의 건설노동자에 비해 업무상 사망 확률이 6배에 이른다. 산업부문별로 보면, 업무상 사망 위험이 높은 산업은 농업, 임업, 광업, 건설업이다. 또한 고기포장업과 광업에서는 업무 관련한 질병의 비율이 특별히 높다. 기업규모별로 보면 대부분의 국가에서 규모가 큰 기업일수록 안전성이 높은 것으로 나타난다. 200명 이상을 고용하는 기업의 사망 및 위중한 사고는 50명 이하를 고용하는 기업에 비해 절반 수준이다.[25]

이상에서 언급한 선-후진국의 차이, 산업부문별 및 기업규모별 차이 이외에도 산업재해 위험도에 특별히 취약한 여러 노동집단들이 있다. 첫째로 여성노동이다. 어느 나라에서건 전통적으로 산업재해 방지를 위한 자원이 남성이 주로 고용되는 산업에 집중적으로 투자되어온 경향이 있다. 안전표준도 남성노동자를 기준으로 제정되어 왔으며, 업무와 장비도 남성노동자의 신체 크기와 형태를 기준으로 제작되는 경우가 많다. 둘째는 가내노동이다. 감독과 통제가 적용되는 공장의 노동자와 달리 가내노동에 종사하는 자는 안전규제에서 배제되는 경우가 많다.[26] 셋째 부류는 파트타임 노동이다.[27] 이와 관

25 World Bank의 1995년 자료, 이하 Alli(2008), 5-9쪽 참조.

26 그러나 1996년에 제정된 가정노동협약(Home Work Convention)에 가입한 국가들은 가내노동자의 산업안전에 적절한 주의를 기울여야 한다.

27 파트타임 노동자들은 1994년에 제정된 파트타임노동협약(Part-Time Work Convention)에의 가입 여부에

련성이 깊은 넷째 부류는 계약노동(임시노동)이다. 계약노동자의 사고율은 보통 정규노동자의 두 배인 것으로 알려져 있다. 하도급 노동자의 경우, 특히 사고에 취약한 것으로 보고되고 있다. 그 중에서도 운전기사가 매우 취약한 모습을 보여준다. 세계적으로 도로사고의 15-20%는 업무상 사고이며, 이런 사망 중 많은 수는 산업재해가 아니라 단순 교통사고로 처리되고 있다.

그림 1-14 여성은 남성보다 열악한 환경에서 일하곤 하였다. 사진은 19세기 말 탄광에서 일하는 여성노동자의 모습.

다섯째는 이주노동자이다. 유럽의 자료를 보면 이주노동자의 업무상 사고율은 본국 노동자의 두 배에 이른다. 언어장벽, 낯선 기술의 사용, 가족 해체, 보건에 대한 접근성 제한, 스트레스와 폭력 등이 주요 요인으로 지적된다. 여섯째로 비공식 부문을 들 수 있다. 이 집단에 속한 노동자에 대해서는 정부가 적절한 통계를 수집하기도 어렵고, 조사관이 감독을 하기도 어려우며, 해당 노동자가 적절한 정보를 획득하기도 어렵다. 일곱째는 아동노동이다. 세계적으로 아동노동자는 2000년에 1억 7,100만 명이었다가 2004년에는 1억 2,600만 명으로 감소한 것으로 추계된다. 특히, 5-14세 아동의 감소가 두드러졌다.[28] 여아보다는 남아가 노동에 종사하는 경우가 더 많으며, 남아노동자의 69%는 농업에, 22%는 서비스업에, 그리고 9%는 공업에 종사한다. 마지막 부류는 고령노동이다.[29] 연령과 무관한 동등한 처우

따라 보호를 받을 수 있다.

28 이는 1999년에 제정된 최악아동노동협약(Worst Forms of Child Labour Convention)과 그에 따른 권고사항이 영향을 끼친 결과라고 보인다.

와 보호를 목표로 삼는 국가가 많지만, 현실적으로는 차별적 처우가 관찰되는 곳이 많다.

1.3. 산업재해의 역사적 이해

초기의 산업재해 연구

일과 건강에 대한 관심은 유구한 역사를 지니고 있다. 일찍이 그리스의 저명한 의사 히포크라테스(Hippocrates)는 건강을 위해 좋은 공기를 호흡하는 것이 중요하다고 말하였다. 그렇지만 그의 언급이 노예와 같이 생산 활동에 종사하는 인구를 얼마나 염두에 둔 것인지는 의문이다. 로마시대에 플리니우스(Gaius Plinius Secundus)는 1세기에 선박을 도색하는 일에 종사하는 노예들에게 납이 해를 끼친다고 지적하였다. 이처럼 개별 직업의 노동 내용에 대해 유심히 관찰한 이들이 직업과 관련된 질병이나 사고 위험성을 인식하는 것은 불가능한 일이 아니었다. 하지만 그 후 오랜 기간 플리니우스의 지적은 잊혀졌다. 중세

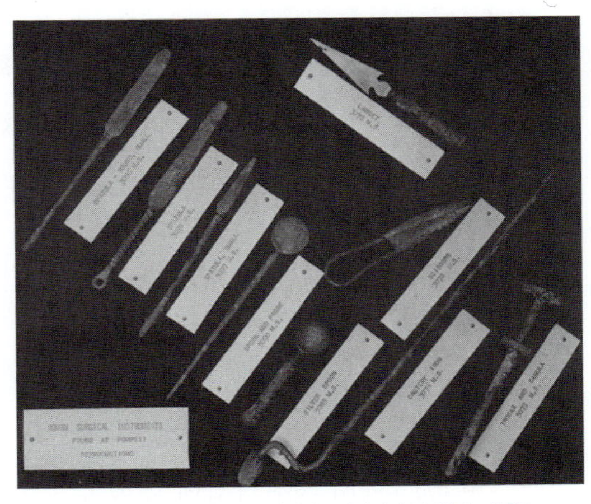

그림 1-15 이탈리아 폼페이에서 발견된 로마시대의 외과수술 기구들.
자료: Otis Historical Archives National Museum(CC BY 2.0).

29 1980년에 고령노동권고안(Older Workers Recommendation)이 제정되었다.

서양인들에게 부상과 질병은 종교적으로는 신의 뜻에 의한 것이며, 세속적으로는 기본적으로 본인의 과오에 의한 것으로 받아들여졌다. 영주는 자신이 관리하는 농노가 겪는 사고와 질병에 관심을 갖긴 하였지만, 직업병의 관점에서 바라보지는 않았고 특별한 해결책을 보여주지도 못하였다. 전통사회에서 질병과 사고를 직업과 연결해서 살펴본 사람은 많지 않았고, 세간의 관심을 끌기도 어려웠다.

르네상스와 대항해 시대를 거쳐 과학혁명의 시기에 이르는 근대 초반은 의학에 대한 관심도 고조된 시기였다. 그리고 이 시기에는 질병과 직업의 관계에 주목을 한 연구도 있었다. 16세기 전반에 이탈리아의 프라카스토로(Girolamo Fracastoro)는 전염병에 대한 연구를 진행하고 스포레스(spores)라고 부르는 미세한 가루가 질병을 전파한다는 주장을 내세웠다. 세균의 개념이 등장하기 오래 전이었으므로 미세한 화학물질을 염두에 둔 것이었을 것으로 학자들은 추측한다. 1546년에 발간한 『전염과 전염병에 관하여』(*De Contagione et Contagiosis Morbis*)에서 그는 처음으로 티푸스(typhus)에 관해 언급하였다.[30]

그림 1-16 이탈리아에서 전염병을 연구한 학자 프라카스토로. 그는 병원균의 개념이 없던 시기에 전염이 어떻게 이루어졌는가에 관해 관심을 가졌다.

직업과 질병의 관련성에 대해 더 천착한 학자도 있었다. 대표적으로 1556년 아그리콜라(Georgius Agricola)가 『금속에 관하여』(*De Re Metallica*)에서 광산작업에 대해 상세히 기술하였는데, 그 내용에는 광부의 건강과 위생 문제에 대한 것도 자세히 포함되어 있었다. '광산

30 본서 제7장 3절 참조.

학의 아버지'라고 불린 아그리콜라는 광산의 노동조건과 광부의 건강 문제를 연결하여 세심하게 관찰하고 유용한 저술을 하였다.[31] 거의 동시대에 활약한 파라셀수스(Paracelsus)는 기존의 의학을 거부하고 화학과 광물학에 기초하여 의학을 재해석하였다. 그 역시 광산노동자들의 건강에 대해 자세한 연구를 진행하였다.[32] 1656년에는 독일의 의사 슈토크하우젠(S. Stockhausen)이 납 광산의 광부들이 걸린 질병에 관해 연구를 하고 납중독에 관한 저서를 간행하였다.[33]

그림 1-17 직업병을 연구한 초창기 학자인 아그리콜라는 광산노동자의 직업병에 깊은 관심을 보였다. 그림은 그의 저서에 실린 채굴작업 그림.

16세기와 17세기에는 과거에 비해 작업장의 규모가 커지고 많은 수의 노동자가 복잡해진 분업과 협업 체제를 이룬 채 노동에 종사하였기 때문에, 노동현장에서 재해가 발생할 위험이 더욱 커졌다. 따라서 이런 변화에 주목한 학자와 의사들 사이에서 서서히 초기적인 산업재해와 직업병의 관념이 자리를 잡기 시작하였다.

그러나 18세기 초가 되어서야 직업과 질병의 관계에 대해 체계적인 관심이 생겨났다. 유럽 여러 국가들에서 이런 관심의 성과가 가시적으로 나타나기 시작하였다. 그 중에서 가장 널리 알려진 인물은 이탈리아의 라마치니(Bernardino Ramazzini)였다. 대학에서 의학부 교수로

31 http://en.wikipedia.org/wiki/De_re_metallica.
32 http://en.wikipedia.org/wiki/Paracelsus.
33 Eisinger(1982), 295쪽.

그림 1-18 직업의학의 아버지라는 칭호를 얻은 이탈리아의 라마치니.

근무하였던 그는 1713년 『노동자의 질병에 관하여』(*De Morbis Artificum Diatriba*)를 저술하였는데, 그 책에서 페인트공, 유리공, 배관공이 납을 사용하면서 연독산통(鉛毒疝痛)에 잘 걸리고, 수녀들이 유방암에 잘 걸린다고 언급하면서 직업병을 다루었다. 그가 다룬 직업은 매우 다양해서 화학공, 도공, 주석공, 유리공, 도색공, 대장공, 무두공, 치즈 제작자, 담배 제작자, 조산원, 방앗간, 석공, 세탁원, 좌식 노동자, 운송원, 운동선수, 가수, 군인, 목공, 벽돌공, 우물공, 선원, 사냥꾼, 비누공 등을 망라하였다. 특히, 금속을 채굴하는 광부에 대해서는 상세한 설명을 하였는데, 광산의 환기시설 미비, 폐질환 등의 문제를 상세히 다루어 그는 '산업의학의 아버지'라는 명칭을 얻기에 이르렀다. 그는 산업재해의 두 가지 핵심 원인으로 노동자들이 다루는 물질의 독성과 노동자들이 취하는 자세와 동작을 지적하였다. 라마치니는 노동자의 건강 유지를 위해 법을 제정할 것을 주장함으로써, 산업재해와 산업보건 분야의 발전에 선구적인 역할을 담당하였다.[34]

19세기의 산업재해

18세기 중반부터 영국에서 세계 최초로 산업혁명이 진행되면서 영국 사회는 격변을 경험하였다. 대도시가 급증하고, 산업 중심지가 성장하고, 노동이동성이 커지면서, 기존의 상대적으로 정체적이었던

34 Hunter(1962), 1장; Kirby(2013a), 61쪽.

사회와는 질적으로 차별화되는 사회가 등장하였다. 특히, 새로운 생산조직으로 등장한 공장은 이전에 보지 못한 노동환경과 생활환경을 만들어냈다. 새로운 종류의 위험은 본격적으로 공장제 생산이 진행되기 이전부터 감지되기 시작하였다. 대표적으로 석탄이 가정용 연료로서 사용되기 시작하면서 굴뚝청소부라는 새로운 직업이 탄생하였는데, 이들의 노동환경은 전례가 없는 특별한 속성을 보였다. 굴뚝청소부는 비좁은 굴뚝을 오르내리는 데에 따른 사고 위험을 가지고 있었을 뿐만 아니라, 검댕을 긁어 내고 옮기느라 늘 온몸에 검댕을 묻힌 채 지내야 하였다. 포트(Percivall Pott)는 이런 작업환경 및 생활환경이 굴뚝청소부에게 특정한 종류의 암을 야기한다는 주장을 폈다. 그의 연구는 직업과 질병의 관계에 대한 장기적인 관찰과 조사가 필요하다는 점을 연구자와 대중에게 강조하는 계기가 되었다.[35]

산업화된 사회의 새로운 환경에서 노동자들이 새로운 사고와 질병을 겪게된 것은 당연한 결과였다. 많은 수의 의사들이 산업현장에서 새로운 유형의 사고와 질병을 접하고서 그 원인을 탐구하고 치료법을 찾기 위해 고심하였다. 공장의 열악한 노동환경이 만들어내는 육체적, 정신적 해악에 대한 비판이 점차 고조되었고, 의회에서도 이 주제에 관해 체계적인 정보의 수집이 필요하다는 목소리가 높아졌다. 공장법이 개혁되면서 새로 임명된 공장감독관들은 산업현장의 실상을 면밀하게 목격하고 자료를 수집하였다. 한편, 오슬러(Richard Oastler), 채드윅(Edwin Chadwick)과 같은 개혁가들은 공장열(factory fever)이나 콜레라의 집단 발병에 직면하여 공중보건의 향상을 통해 문제의 해결을 도모하게 되었다. 이런 과정에서 의학 지식과 행정, 정치가

35 송병건(2014), 109-110쪽.

상호작용을 하는 장이 형성되었고, 산업재해에 대한 인식도 점차 구체화되어 갔다.[36] 대표적으로 태크라(Charles T. Thackrah)는 리즈(Leeds) 의과대학을 창립한 후 공업도시 특유의 환자들을 접하면서 산업의학에 대한 초석을 닦았다. 그는 직업별 질병을 조사하고 이것이 기대수명과 어떤 연관성을 지니는가를 구명하는 작업에 힘을 기울였다. 이 과정에서 그는 통계에 근거한 산업재해 분석의 초석을 닦았다.[37]

19세기 후반 서구 국가들이 경쟁적으로 산업화를 추진하면서 산업재해에 대한 관심도 고조되어 갔다. 이미 1830년대부터 철도업 등 대규모 산업 부문에서 산업재해를 더 이상 개인적 불운과 부주의의 결과로만 볼 수 없다는 인식이 성장하기 시작하였지만, 특히 1870년대부터 철강, 화학, 기계, 전기 등 대규모 장치산업이 경제의 핵심 축으로 자리를 잡아가면서 산업재해를 사회적으로 다루어야 한다는 인식이 고조되었다. 같은 시기 노동세력이 성장하고 노동조합 운동이 힘을 키워간 것도 이런 변화에 한 몫을 하였다. 직장에서 발생하는 사고와 질병이 개인적 관심에서 공적 관심으로 이전한 때가 바로

그림 1-19 1887년에 묘사된 런던의 한 직업소개소의 모습. 대규모 불황이 엄습하고 실업 문제가 심각해지면, 고용주들이 비용 절감을 위해 안전수칙을 위반하는 사례가 많아졌고, 구직자들은 위험한 현장에서 일하는 것도 마다할 수 없는 상황으로 몰리곤 하였다.

36 Rose(1971), 22-26쪽.
37 Hunter(2000); Baxter et al.(2010), 9쪽.

19세기 후반이었다.[38]

20세기의 산업재해

그림 1-20 해밀턴은 많은 질병이 직업과 밀접히 관련되어 있음을 설파함으로써 산업재해의 초석을 닦은 학자였다.

산업보건이 공중보건 및 예방의학의 한 분야로 자리를 잡기 시작한 것은 1920년대의 일이었다. 미국의 해밀턴(Alice Hamilton)이 이런 변화가 발생하는 데 큰 기여를 하였다. 해밀턴은 하버드 대학교에서 교수로 임용된 첫 여성이기도 하였는데, 독일에서 공부한 경험과 유럽에서 발간된 학술 자료들의 영향을 받아 20세기 초부터 산업의학에 관한 글을 쓰기 시작하였다. 노동자들의 유해물질 중독에 대해 많은 연구를 하였으며, 미국 정부와 국제연맹에서도 활동을 하였다.[39]

1960년대에 레이첼 카슨(Rachel Carson)이 저술한 『침묵의 봄』(*Silent Spring*)이 환경 문제에 대해 사회적 관심을 고조시키는 데에 중대한 공헌을 하였는데, 이 책은 환경보건에 대해 경각심을 높이는 역할도 하였다. 20세기 후반부터는 과학기술의 발달, 법제적 변화, 공중보건에 관한 인식의 증대 등을 배경으

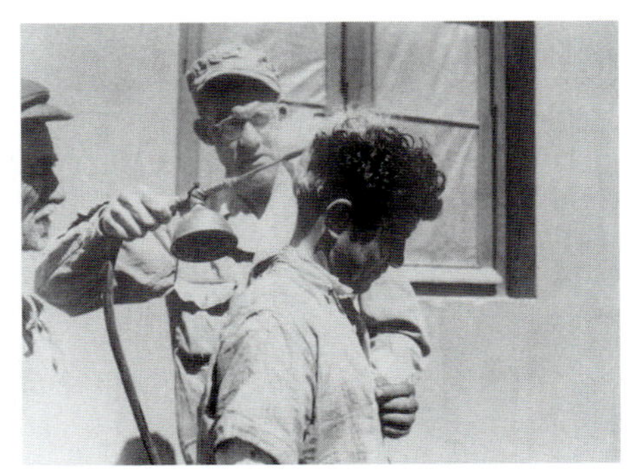

그림 1-21 제2차 세계대전 당시 살충제 DDT가 살포되는 모습. 카슨은 DDT의 유해성을 널리 알렸고, 결국 1970년대에 대부분의 국가에서 DDT를 농약으로 사용하는 것을 금지하였다.
자료: CDC(http://phil.cdc.gov/phil/details.asp).

38 Cooter(1997).
39 Hunter(2000).

로 산업재해 및 산업보건에 관한 관심이 어느 때보다 높아졌다. 산업의학이 전문적인 학술 분야로서 자리를 잡았고, 관련 학회가 조직되고 전문 학술지와 서적들이 줄을 이어 출간되었다. 기업들도 산업안전의 필요성에 공감하면서 적극적인 지원으로 방향을 잡는 곳이 크게 증가하였다.[40]

1.4. 역사학, 경제학, 의학의 접점

다학제적 탐구

이상의 논의로부터 산업재해의 탄생과 진화에 관한 분석에는 다학제적(multidisciplinary) 접근법이 필수적이라는 점을 확인할 수 있다. 재해의 원인이 되는 사고와 질병의 구체적 내용을 파악하기 위해서는 당시의 의학적 진단을 파악하는 것이 필요하고, 동시에 의학 지식의 발달을 통해 현대에 와서는 이에 대해 어떤 의학적 판단을 하는지를 통시적으로 고찰할 필요가 있다. 사고와 질병을 사전에 막기 위해 어떤 예방조치를 고안하고 갖추었으며 그 효과가 어떠하였나를 파악하기 위해서는, 당시의 지식과 관행뿐만 아니라 현대 산업의학에도 의존해

그림 1-22 19세기를 거치면서 현미경이 발달하자 미생물에 대한 과학자들의 관심이 높아져 갔다. 그렇지만 미생물과 질병과의 관계가 밝혀지는 데에는 오랜 시간이 소요되었다. 그림은 1850년 런던의 템즈강물 한 방울의 내부를 풍자적으로 묘사한 그림.

40 Levy(2010), 4쪽.

야 한다. 이렇듯 본 연구는 축적된 의학 지식에서 많은 도움을 받아야 한다.

산업재해는 재해를 입은 노동자와 그 가족에게 개인적으로 큰 고통과 희생을 강요할 뿐만 아니라, 해당 직종과 산업과 국가경제에 부담으로 작용한다. 산업재해를 예방하기 위한 방호 시설물을 설치하고, 재해방지 교육을 실시하고, 재해가 발생하였을 경우 초동대처를 하고, 부상과 질병에 대해 치료를 하고, 복귀를 위한 재활훈련을 하는 것이 모두 경제학적 관심의 대상이 된다. 산업재해가 발생하면 생산 활동에 차질이 생기고 대체인력을 확충하는 데에도 많은 비용이 따른다. 새 인력의 발굴과 선발, 기초 교육, 직장 내 교육, 숙련도 제고를 위한 훈련 등이 이런 비용을 낳는다. 또한 산업재해는 오늘날 대부분 사회보험에 의해 다루어지는데, 사회보험은 국가의 사회보장정책의 일환으로 설계되고 집행되는 것이기 때문에 산업재해는 국가의 재정 문제와 밀접한 관련을 가질 수밖에 없다. 이렇듯 산업재해는 개인과 사회와 국가 차원에서 중요한 경제적 함의를 지닌다.

그림 1-23 제1차 세계대전 시기에 재활훈련의 일환으로 재해노동자들이 자동차 수리소에서 작업을 하는 모습.
자료: Otis Historical Archives National Museum(CC BY 2.0).

산업재해의 탄생과 진화 과정에 대한 연구는 역사학적 관점을 빼놓고는 완성이 될 수 없다. 구체적인 역사 과정에서 여러 사회집단이 어떤 상호작용을 거쳐 오늘날의 산업재해에 대한 인식을 만들어냈는가를 살펴보는 것이 중요한 작업이다. 여기에는 정치적, 경제적 이해관계가 다른 집단과 계층 간의 긴장, 갈등, 충돌, 타협 과정이 포함되고, 이들이 정책과 제도를 변화시킨 과정이 포함되며, 이런 변화의 기저에 깔린 사고 방식과 행동 양태의 변화 과정이 포함된다. 법정에서 인정되는 판례의 변화, 노동조합의 성장이 초래한 노동자들의 인식 변화, 여성과 아동 노동에 대한 여론의 변화 등 다양한 요소들에 대해 역사적 분석이 필요하다.

그림 1-24 20세기를 거치면서 전통적으로 산업재해로 여겨지지 않던 질병도 산업재해의 범주에 들어오게 되었다. 그림은 각종 소음이 스트레스의 주원인이 된다는 주장을 담은 1935년 영국에서 제작된 포스터.

그 밖에도 다양한 학문 분야가 이 주제의 탐구와 관련이 된다. 예를 들어, 20세기를 거치면서 산업재해에 대한 대응은 다양하게 추구되어 왔는데, 대표적으로 물리적 안전대책의 강구, 재해방지 교육의 실시, 재해에 특별히 취약한 인력을 작업에서 배제하는 작업 등이 있다. 위에서 살펴본 의학, 경제학, 역사학적 고려 이외에, 물리적 안전대책의 강구는 공학적 지식과 기술 – 안전공학 – 을 필요로 하고, 재해방지 교육은 교육학적 연구와 관련이 되며,[41] 재해에 취약한 – 즉, 사고경향성(accident proneness)이 높은 – 인력을 배제하는 작업에는 심리학적 요소가 밀접하게 관여된다.[42]

41 Vernon(1936), 780-781쪽.

42 Farmer(1924, 1930), Farmer and Chambers(1929), Burnham(2008a, 2008b, 2009).

이와 같은 다학제적 접근의 필요성을 충분히 인식하여 본 연구는 다양한 학문 분야에서 부분적으로 상호작용을 하며 축적되어온 많은 학문적 성과들을 종합하고 융합시키고자 한다. 산업재해의 탄생과 진화에 대한 큰 그림을 그리기 위해서는 수많은 줄기의 관심과 지식과 정보와 판단이 상호작용을 해야만 한다.

연구 대상 업종들

이 연구는 산업혁명 시기부터 19세기 말에 이르는 기간에 영국에서 산업재해가 사회적 이슈로 등장하고 진화한 모습을 고찰한다. 이를 위해서는 개별적인 업종들을 선택해야 하는데, 다음의 기준들이 중요하게 작용하였다. 첫째, 산업혁명과 관련된 업종이다. 산업혁명의 중심적 시기 또는 그 전후 시기에 산업혁명과 관련을 맺으면서 성장한 업종이 주목을 끄는 것은 당연하다. 둘째, 산업재해 논쟁의 주요 대상이 되었던 업종이어야 한다. 산업재해가 실제로 많이 발생하였거나, 또는 사고와 직업병이 당시 여론의 주목을 많이 받은 업종이 적합하다. 셋째, 산업재해에 초점을 두어 다루기에 유용할 만큼의 사료 및 2차 자료가 풍부한 것이 좋다.

다행히도 이런 기준들이 중첩되는 경향이 있었고, 그 결과 네 개의 업종이 선택되었다. 첫째 업종은 굴뚝청소업(chimney sweeping)이다. 굴뚝청소업은 산업혁명의 중심을 이룬 생산직이 아니었지만, 석탄을 많이 접하는 직업이라는 점, 도시화의 진전과 관련성이 크다는 점, 그리고 당시 사람들이 사회적 문제로 자주 언급하였다는 점에서 우리의 관심 대상이 된다. 또한 굴뚝청소업은 사회의 최하층에 속하는 아동들이 담당을 하였기 때문에, 작업장의 노동환경만이 아니라 열악한 주거환경과 부족한 영양 섭취도 부정적인 요인으로 작용하였다. 산업재해가 단순히 작업장 환경의 문제가 아니라 생활양식과도 밀접하게 관련된 문제라는 점을 이 업종은 여실히 보여준다.

둘째 업종은 직물공업(textile industry)이다. 전통적 직물공업인 모직공업, 마직공업, 견직공업 등은 산업혁명을 거치면서 새로 등장한 면직공업에 우위를 내주었다. 면직공업은 대량생산에 용이할 뿐만 아니라, 기계화와 공장 체제에도 잘 맞아 빠른 속도로 성장을 하였다. 면직공업에서 나타난 많은 혁신은 면직물을 산업혁명의 대표 상품으로 만들었을 뿐만 아니라, 다른 직물들에게도 대체재로서 큰 영향을 끼쳤다. 면직공업은 또한 여러 공정에서 여성노동과 아동노동을 많이 고용하였다. 따라서 면직공장이 낯선 기계가 가득찬 장소, 여성과 아동이 저임금과 장시간 노동으로 시달린 장소, 고용주의 냉혹한 이윤 추구가 민낯으로 드러난 장소로 동시대인들에게 각인된 것은 당연하였다. 19세기를 통해 여러 차례 '공장법'(Factory Act) 제정과 개정을 거치면서 노동시간과 노동환경의 개선, 작업장 사고의 방지 등에 성과가 나타난 점을 볼 때, 직물공업 특히 면직공업은 산업재해 연구의 좋은 대상이 된다.

셋째 업종은 탄광업(coal mining)이다. 산업혁명의 가장 중요한 기술적 기반은 석탄을 이용한 증기기관의 개발이었다. 산업혁명 시기에 에너지 수요가 크게 증가하면서, 탄광업에 대한 수요도 함께 증가하였다. 초기에는 노천광에서 채탄이 이루어졌지만, 시간이 흐르면서 광산의 규모가 커졌고, 갱도는 깊고 복잡해졌다. 그에 따라 몸집이 작은 아동노동이 점점 더 많이 고용되었고, 갱내에 석탄 운반을 위한 설비들이 들어섰고, 다수의 광부가 동시에 작업을 하는 경우가 증가하였다. 이런 변화들은 모두 산업재해의 위험성을 높이는 결과를 낳았다. 또한 채탄작업에서 발생하는 분진을 오래 호흡한 광부들은 장기간에 걸쳐 각종 호흡기 질환과 암으로 시달려야 하였다. 직업병이 가장 본격적으로 드러난 업종이 바로 탄광업이었다.

그림 1-25 탄광에서 일하는 여성노동자를 묘사한 1870년대 그림. 여성노동은 일찍 보호의 대상으로 인식되었지만, 다른 한편 남성노동자에 비해 약한 위치에 있었기 때문에 산업재해에 취약한 측면도 있었다.

마지막으로 철도(railroad)산업이다. 철도를 건설하고 운영하는 데에는 엄청난 규모의 인력과 장비가 필요하였고 매일 수많은 승객과 화물이 철도를 이용하였기 때문에, 철도는 산업혁명 시대 교통혁명의 꽃이라고 불릴 수 있었다. 육중한 무게와 빠른 속도가 지배하는 작업현장은 산업재해, 특히 대규모의 참사가 발생하기에 좋은 상황을 조성하였다. 또한 다수의 인력이 상호연관된 작업에 투입되기 때문에, 전체적으로 통제가 조화를 이루지 못할 경우에 사고로 이어지는 경향이 강하였다. 19세기를 통해 빈번하게 발생한 철도사고는 철도노동자뿐만 아니라 승객들도 희생시켰기 때문에 여론의 관심도 매우 컸다. 이런 면에서 철도사고는 산업재해 연구의 주요 대상이 된다.

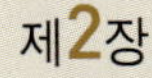

제2장

근대화, 산업혁명, 산업재해

2.1. 근대화와 산업혁명

2.2. 노동자 계층의 성장

2.3. 전통사회의 질병과 재해

2.4. 사회적 대응

2.1. 근대화와 산업혁명[1]

근대화의 정의

'근대화'(modernization)란 무엇인가? 이에 대한 원론적 정의는 '전통적 혹은 봉건적인 상태로부터 새로운 상태로 전환하는 과정'이다. 일반적으로 전통적이거나 봉건적인 것은 낡고 후진적이어서 극복의 대상이고, 그와 대조적으로 '새로운' 것, 즉 근대적인 것은 선진적이고 바람직하며 도달하기 위해 힘을 기울여야 하는 대상이라는 가치판단이 내재되어 있다. 그러나 이런 이분법적 정의에 모든 사람들이 동의하지는 않는다. 근대화가 과거 상태로부터의 진전, 개선, 진보, 긍정, 발전이라고 보는 통상의 관념을 비판하면서, 근대화의 개념을 가치중립적 관점 –즉, 사회 수준의 향상이 아니라 사회 성격의 변화로 보는 관점– 에서 정립해야 한다는 주장도 많다. 이들 가운데 어느 견해에 동조하던 간에, 근대화가 과거 사회와는 질적으로 다른 사회가 형성되는 근본적이고 구조적인 변화의 과정을 일컫는다는 점에는 별다른 이견이 없다.[2]

그림 2-1 전통사회와 근대화된 사회는 매우 다른 이미지를 지녔다. 1851년 런던에서 개최된 세계박람회는 관람객들에게 근대화의 새 이미지를 각인시켰다.

근대화는 정치, 경제, 사회, 문화 등 여러 영역에

1 이 절의 논의는 송병건(2014b), 11-12장에 크게 의존한다.
2 브리태니커의 '근대화'(modernization) 항목 참조(http://www.britannica.com).

서 때로는 동시적으로, 그리고 때로는 서로 다른 시점에 전개된다. 따라서 근대화의 개념을 역사적으로 정립하기 위해서는 어떤 부문에서 발생하는 어떤 변화를 근대화의 핵심적 내용으로 보느냐가 중요한데, 이에 대해서 학자들 간에 상이한 견해가 있다.

그림 2-2 근대화의 지표 가운데 하나인 도시화는 산업화와 더불어 가속도가 붙었다. 그림은 19세기 초에 급성장한 공업도시 맨체스터의 전경.

대표적인 내용으로는 공동체주의에서 개인주의로의 변화, 관습에 기반한 사회에서 계약에 기반한 사회로의 변화, 탈종교와 세속화, 도시화와 익명사회화, 대가족 중심에서 핵가족 중심으로의 변화, 그리고 정치권력의 시민에게로의 이양 및 농업 중심 경제에서 상공업 중심 경제로의 변화를 들 수 있다. 특히, 마지막의 두 변화, 즉 각각 '시민혁명'과 '산업혁명'이라는 중대한 역사적 대전환은 근대사회를 이해하는 데 필수적이다. 영국의 시민혁명과 산업혁명에 대해 좀 더 자세히 들여다보자.[3]

시민혁명의 전개

17세기는 영국의 역사를 바꾼 정치적 대사건이 발생한 시기였다. 1640년 찰스 1세는 의회의 승인 없이 징세와 통제 강화를 시도하였는데, 이를 계기로 절대왕정 및 이를 추종하는 왕당파와 의회의 시민세

3 송병건(2014b), 337-339쪽. 근대화를 위험사회(risk society)의 관점에서 다룬 논의로는 벡(2014) 참조.

력이 서로 대립하게 되었다. 두 세력의 대립은 결국 내전으로 이어졌는데, 여기에서 의회파가 승리하여 공화정을 수립하게 되었다. 그러나 영국의 통치 체제는 공화정에서 균형을 찾지 못하였다. 1660년 의회와 군대의 갈등이 계속되는 상황에서 네덜란드에 망명 중이었던 찰스 2세가 영국으로 돌아와 다시 왕위에 오르게 되었다. 스튜어트 왕조가 부활한 이 역사적 과정이 '왕정복고'(Restoration)였다. 절대군주와 시민세력의 권력 다툼이 마침내 해결의 실마리를 찾게된 것은 그로부터 20여 년이 더 흐른 후였다.

1685년 왕위에 오른 제임스 2세가 독단적으로 가톨릭 부활정책을 펴자, 의회세력이 네덜란드의 오렌지 공 윌리엄과 메리 부부를 불러들여 영국의 새 군주로 추대하고 제임스 2세를 추방하였다. '명예혁명'(Glorious Revolution)이라고 명명된 이 무혈혁명을 통해 마침내 왕권과 의회권 간의 분쟁이 종식되었다. 1689년 권리장전(Bill of Right)이 제정됨으로써 마침내 영국에는 입헌군주정이 자리가 확립되었다. 권리장전은 앞으로 영국에서 오래 유지될 통치 형태를 규정한 중요한 역사적 이정표였다. 이에 따라 의회의 허락 없이 국왕은 자의적으로 세금을 징수할 수 없으며, 정부의 수입, 지출, 차입에 대해 의회의 감독을 받아야만 하게 되었다. 이와 같은 일련의 변혁을 통해 영국에서는 입헌군주제가 확립되고 의회정치의 기반이 마련되었다.

그림 2-3 명예혁명은 영국 근대화의 성격을 규정한 중대한 역사적 사건이었다. 그림은 의회에서 오렌지 공 윌리엄과 메리가 왕관을 받기 전에 권리장전을 청취하는 모습.

그림 2-4 시민혁명을 통해 영국은 입헌군주국으로 재탄생하였다. 의회의 다수당이 내각을 구성하여 국정을 운영하는 제도가 정착하였다. 그림은 18세기 초 월폴(Robert Walpole) 총리와 내각의 회의 모습.

도시의 부르주아와 지방에 근거한 젠트리 계층이 중심이 된 의회세력이 변혁을 주도하긴 하였지만, 시민혁명 이후의 정치 체제는 국왕 및 작위귀족과 이들이 권력을 나누는 형태가 되었다.

이런 타협적 특성에도 불구하고 시민혁명이 역사적으로 중대한 변화를 초래하였다는 점은 분명하다. 법치주의라는 새로운 정치 · 사회 질서가 확립되었고, 사적 재산권에 대한 보호가 보다 철저하게 이루어지게 되었다. 국가의 주요 정책이 의회에서 결정되었으며, 정책 실시에 필요한 재원이 의회의 승인을 통해 조달되었다. 이를 통해 시민혁명은 봉건적 또는 절대주의적 정치 체제와 경제제도를 철폐하고 시민이 자유롭게 경제 활동을 할 수 있는 여건을 조성하였다는 의의를 지녔다. 자본주의적 경제발전은 시민혁명의 필요성을 부각시켰고, 또한 시민혁명은 자본주의가 더욱 발전하는 데에 유리한 기반을 조성하였던 것이다.

산업혁명의 본질

산업혁명은 좁게 정의하자면 18세기 중반에서 19세기 전반에 이르는 시기에 발생한 기술혁신과 생산조직의 변화를 말하고, 넓게 정의하면 이러한 경제적 변화와 함께 발생한 인구 증가, 도시화, 경제적 자유의 확대 등을 포함하는 총체적인 사회경제적 변화를 말한다. 경제와 사회에 발생한 다양한 변화들 가운데 무엇을 산업혁명의 본질로 보아야 하는지에 대해 여러 가지 견해가 존재한다. 모키어(Joel Mokyr)가 정리한 내용을 중심으로 산업혁명의 본질에 대한 학설은 다음의 다섯 종류로 구분해보자.[4]

그림 2-5 산업혁명은 생산의 핵심 단위로서 공장을 탄생시켰다. 어느 나라에서건 공장에 대한 이상적 견해는 존재하였고 실제로 그런 공장을 건설하려는 노력도 있어 왔지만, 그와 정반대의 사례가 훨씬 많았던 것이 사실이다.

(1) 우선 산업혁명의 근원적 출발점은 기술진보라고 보는 학설이 있다. 이 기술중심적 학설은 증기기관의 개발과 같은 동력원의 혁신, 기계의 발달, 다수의 산업 부문에서의 생산기술 진보 등이 산업혁명의 가장 본질적인 측면이라고 본다. 랜디스(D. S. Landes)와 같은 기술사학자들이 주로 이 학설을 지지한다.

(2) 마르크스(K. Mark)는 공업노동자가 생산의 주된 담당자로 등장하고 공장제 대량생산 방식이 지배적인 생산 형태가 된 사실에 주목하였다. 중세적인 생산양식이 근대적인 자본주의적 생산양식으로 전환하게 된 결정적인 역사적 과정이 산업혁명이었다고 그는 이해하였다. 산업조직설이라는 명명이 가능하다.

4 Mokyr(1993).

(3) 마르크스와 이론적으로 대척점에 선 로스토(W. W. Rostow)는 거시경제학적 관점에서 산업혁명을 바라보았다. 그는 국민소득, 자본량, 투자율 등과 같은 거시경제 지표의 양적 성장이 가속화되는 것이 산업혁명의 본질이라고 인식하였다. 거시경제학파라고 칭할 수 있다.

(4) 산업혁명의 역사적 의의에 관한 이론을 최초로 정립하였던 토인비(A. Toynbee)는 산업혁명의 본질이 규제 중심으로 운영되는 사회에서 시장 중심인 사회로의 전환에 있다고 파악하였다. 그의 주장은 사회변동설이라고 부를 수 있다.

(5) 산업혁명을 인간의 생활수단에 대한 접근성이 혁명적으로 증가된 것으로 인식하는 학설이 있다. 예를 들어, 퍼킨(H. Perkin)의 설명에 따르면 자연에 대한 인류의 통제력이 급속하게 증대된 것이 산업혁명이 지니는 본질적 의의다.

그림 2-6 19세기 후반에 자주 개최된 박람회는 각국의 경제발전상을 경쟁적으로 과시하는 각축장이었다. 사진은 1862년 런던에서 개최된 국제박람회에 전시된 기계들.

산업혁명의 본질에 대한 견해는 이 밖에도 많다. 예를 들어, 맬서스트랩으로부터 탈출하여 인구 증가와 소득 증가가 동시에 발생하게 되었음을 강조하는 주장이 있다. 인류가 사용하는 에너지원이 석탄과 같은 화석연료로 전환된 점이 중요하다는 견해도 있다. 이처럼 산업혁명의 본질에 대해 다양한 학설이 존재한다는 점이 산업혁명의 의의를 퇴색시킨다고 볼 이유는 없다. 여러 학설들은 서로 상충하는 것이 아니기 때문이다. 기술의 진보, 산업조직의 변화, 경제의 양적 성장, 시장경제의 발달, 자연통제력의 증대, 맬서스트랩의 탈출, 에너지원의 전환은 모두 산업혁명이 초래하였다고 평가할 수 있는 중대한 역사적 변화들인 것이다.

인구 증가와 소득 증가

산업혁명의 본질이 무엇인가에 대해서는 위에서 살펴본 것처럼 다양한 견해가 존재하지만, 산업혁명이 가져온 인류의 생활 변화에

그림 2-7 산업혁명과 일인당 소득 수준의 변화

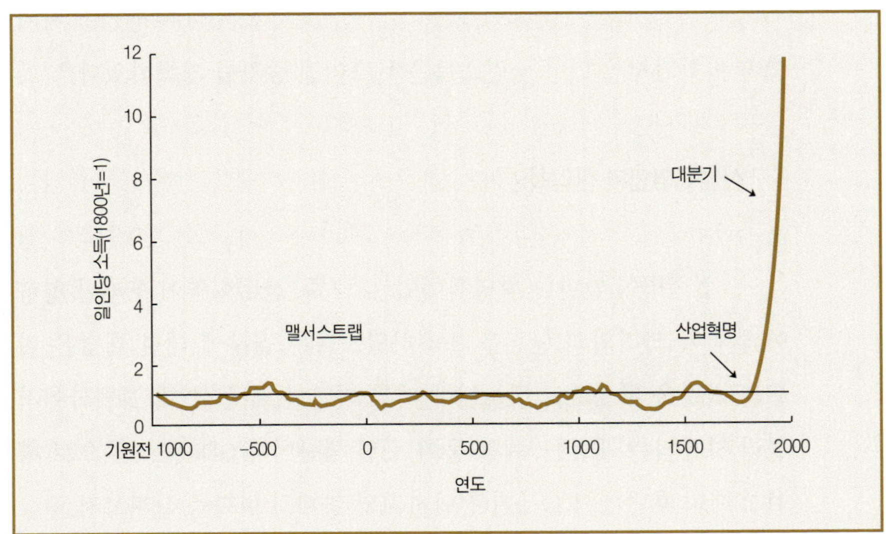

자료: 클라크(2008), 24쪽.

대해서는 중요한 공감대가 형성되어 있다. 일인당 생활 수준의 장기적 향상이 바로 그것이다. 근대 이전의 사회에서도 일인당 소득이 증가한 시기가 없었던 것은 아니지만, 이런 소득 증가는 시간이 흐르면서 인구의 증가에 의해 상쇄되어 버리곤 하였다. 즉, 경제가 맬서스트랩을 벗어나지 못하게 됨으로써 일인당 소득은 장기적으로 일정한 수준에 수렴하는 경향이 있었다. 그러나 〈그림 2-7〉이 보여주는 것처럼, 1800년 전후에 발생한 산업혁명 이후 이른바 '대분기'(Great Divergence) 시기를 맞이하면서 일인당 국민소득은 두드러진 증가를 기록하였다.[5]

그림 2-8 영국은 소득의 감소를 동반하지 않고 폭발적 인구 증가를 경험하였다. 인구 증가에 대한 관심이 고조되면서 1801년부터 인구센서스가 이루어지게 되었다. 그림은 대규모 가족의 수를 세는 데 어려움을 겪고 있는 센서스 조사관의 모습을 보여준다.

산업혁명인가 산업화인가?

산업혁명이 얼마나 혁명적이었는가? 즉, 산업혁명이 초래한 영향이 얼마나 과거와의 단절을 초래하였느냐는 질문에 대한 대답은 비교의 기준을 무엇으로 잡느냐에 따라 다르다. 우선 현대 경제학에서 널리 사용되는 개념들, 예를 들어 공업 생산이나 GDP를 기준으로 하여 18세기 후반에서 19세기 전반까지의 경제적 변화를 살펴보자.

5 대분기의 개념과 역사적 설명에 관해서는 Pomeranz(2001)를 보라.

표 2-1 영국의 시기별 연간 증가율, 1700-1870년

시기	일인당 소득		공업 생산			
	딘과 콜	크래프츠	딘과 콜	크래프츠	쿠엔카	할리
1700-1760	0.44	0.30	0.74	0.62	–	–
1760-1800	0.52	0.17	1.24	1.96	2.61*	1.6**
1800-1830	1.61	0.52	4.4	3.00	3.18	3.2***
1830-1870	1.98	1.98	2.9	–	–	–

주: *1770-1801, **1770-1815, ***1815-1841.
자료: Cuenca(1994), Harley(1998), Mokyr(2004)에서 재인용.

〈표 2-1〉은 연간 일인당 소득 증가율과 연간 공업 생산 증가율을 시기별로 보여준다. 전통적 견해를 취하였던 딘(P. Deane)과 콜(A. Cole)의 일인당 소득 추계를 보면 1760년에서 1830년에 이르는 시기에 수치가 높았다. 반면에 수정주의적 입장을 취하였던 크래프츠(N. F. R. Crafts)의 추정치는 이에 비해 상대적으로 낮았다. 오랜 기간 통념으로 받아들여졌던 것보다 실제 경제 변화의 속도가 느렸다는 수정주의적 견해가 더 타당한 것으로 대다수의 경제사학자들은 판단한다. 그들 가운데 일부는 산업'혁명'이라는 용어의 사용에 부정적인 입장을 보이고 '산업화'라는 용어로 대체할 것을 주문하기도 한다. 연간 공업 생산 증가율을 보면, 딘과 콜의 추계와 마찬가지로 크래프츠, 쿠엔카(J. Cuenca Esteban), 할리(C. K. Harley)의 추계가 모두 1800-1830년 기간이 앞선 시기에 비해 증가율이 높은 것을 보여주었다. 특히, 1800년 이후의 증가율이 두드러졌다. 이런 현상은 어떻게 설명할 수 있을까? 산업혁명이 모든 경제 부문에서 동시적으로 발생한 것이 아니라 초기에 규모가 작았던 근대적 부문을 중심으로 발생하여 점차적으로 확산된 탓이었다. 즉, 근대적 부문의 규모가 커진 후반기에 공업 생산이 빠르

게 증가한 것으로 나타나기 때문인 것이다.

산업혁명을 경제 전체의 산업구조 측면에서 바라보는 것도 유익하다. 농업의 비중이 줄어들고 그 자리를 공업과 일부 서비스업이 차지한 점이 주목을 끈다. 성인 남성노동력 중 농업에 종사하는 인구의 비율이 1700년에는 61%나 되었지만, 이 비율이 1760년에는 53%, 1800년에는 41%, 그리고 1841년에는 29%로 급속한 감소 추세를 보였다. 산업혁명 시기를 거치면서 경제의 중추가 농업에서 공업으로 전환한 점은 중대한 의의를 지닌다.

그림 2-9 면공업의 생산성을 크게 향상시킨 하그리브스(James Hargreaves)의 제니방적기. 이런 다양한 기술진보가 축적되어 영국 면공업은 폭발적인 성장세를 기록하게 되었다.

경제 전체의 산업구조만이 아니라 공업 분야 내부의 구조 변화도 살펴볼 필요가 있다. 〈표 2-2〉는 산업혁명 기간에 공업 분야에 속한 각 세부 산업이 얼마나 빠른 성장을 하였는가를 보여준다. 1841년을 100으로 놓았을 때 1770년과 1815년에 산업별 생산 수준을 담고 있다. 구(舊)공업이라고 볼 수 있는 모, 린넨 등의 직물공업과 가죽공업, 그리고 식품공업은 1770-1841년 동안에 겨우 두 배를 약간 상회하는 성장을 하였을 뿐이다. 같은 기간에 인구가 많이 증가하였고 일인당 소득도 다소 증가하였다는 점을 놓고 본다면, 이 산업들의 성장률은 부진하였다고 평가할 수 있다. 이와 대조적으로 신(新)공업의 대표격인 면공업은 같은 기간에 무려 125배의 성장을 기록하였다. 그 뒤를 이어 금속

표 2-2 1770-1841년간 산업별 생산지수(1841=100)

산업	1770	1815	1841
면	0.8	19	100
모	46	65	100
린넨	47	75	100
실크	28	40	100
의류	20	43	100
가죽	41	61	100
금속	7	29	100
음식	47	69	100
제지 및 인쇄	17	47	100
광업	15	46	100
건축	26	50	100
기타	15-50	40-60	100

자료: Harley(1993), 181쪽.

공업(14배), 광업(7배) 등도 눈부신 성장세를 보이면서 산업혁명을 이끈 성장동력 산업임을 과시하였다. 이 산업들의 성장 모습은 혁명적이라 부르기에 부족함이 없다.

그림 2-10 19세기 초반 잉글랜드 북부 노섬벌랜드(Northumberland)의 광산에서 납을 캐내는 작업을 하는 노동자들의 모습.

산업혁명이 시작된 시점에서 보면, 영국 경제는 농업 중심의 산업구조를 가졌고, 공업 부문에서는 전통적 업종이 주종을 이루고 있었다. 그 후 산업혁명이 새로운 업종 중심으로 진행되면서 경제는 전통 부문과 근대 부문으로 나뉜 이중구조로 발전하였고,

후자가 전자를 점차 압도하는 추세가 되었다. 다시 말하면, 산업혁명은 비중이 극히 작았던 근대 부문이 경제에서 차지하는 비중을 높여가는 형태로 진행되었던 것이다. 산업혁명 시기에 경제 전체의 성장률이 생각보다 높지 않았던 이유는 바로 이런 상황 때문이었다. 근대 부문만을 떼어놓고 보면, 1770-1815년 동안에 매년 면공업은 7%, 제철공업은 3%, 석탄공업은 2.5%의 높은 성장률을 기록하였다. 경제 전체의 성장률을 논하는 것보다 근대 부문의 발전에 초점을 두고 논의를 하는 것이 바람직하다는 주장은 이런 점에 바탕을 두고 있다.

일부 학자들은 더 나아가서 변화의 혁명성을 논함에 있어서 경제적 변화의 양적 계측만으로는 부족하다고 지적한다. 산업혁명이 직접적, 간접적으로 초래 또는 유도한 사회경제 체제가 과거와는 질적으로 차별화된다는 것을 이들은 강조한다. 계약에 기초한 경제적 관계가 지배적인 상황이 되었고, 공업도시가 성장하여 많은 인구가 익명적이고 개인주의적인 도시생활에 적응해야 하였으며, 증가하는 인

그림 2-11 1851년 런던에서 개최된 세계 최초의 박람회는 산업화된 영국의 위상을 국제적으로 확인한 대사건이었다. 사진은 박람회가 열린 일명 '수정궁'(Crystal Palace)에 전시된 대형 기계들.

구를 지속적으로 부양하면서도 일인당 소득 수준의 저하를 낳지 않을 만큼의 생산력을 갖게 되었으며, 농업 중심의 산업구조가 공업 중심으로 재편된 점 등은 거시경제적 변수의 계측으로서는 포착하기 어렵지만 세계사적 의미가 막대하다는 것이 이들의 주장이다. 산업혁명의 혁명성 논의의 초점은 변화의 속도가 빨랐는가가 아니라 변화가 얼마나 근본적이고 구조적이었나에 맞춰져야 한다는 것이다.

결론적으로 말하면, 통상 산업혁명기라고 일컬어지는 시기의 경제성장률이나 공업 생산의 증가율은 이전 시기보다는 높았지만 현재의 기준으로 본다면 그리 높다고 보기 어려운 수준이었다. 그러나 산업혁명 시기를 거치면서 영국 경제와 사회의 구조와 운영원리가 변화된 모습을 본다면 산업혁명이 세계사에 남긴 영향이 심대한 것이었다는 데에 동의할 수 있을 것이다.

근면혁명의 역할

소득의 증가는 소비의 증가만을 초래한 것이 아니었다. 소득이 늘어나면서 소비자의 기호도 변화하였다. 과거에 존재하지 않았거나 구매력의 부족으로 소비할 수 없었던 상품에 대한 소유욕이 소비자들의 마음을 흔들었다. 특히, 해외에서 수입되는 물품에 대한 소비욕이 눈에 띄게 커져갔다. 아시아와 아메리카로부터 소개된 차, 커피, 설탕 등 기호품들을 찾는 인구가 기하급수적으로 증가하였다. 상류층의 소비양식과 생활 방식을 중산층이 모방하였고 다시 소득 수준이 더 낮은 계층까지 전파되었다. 고소득층은 자신만의 유행을 끊임없이 창조해내면서 다른 사람들과 차별화되고자 하였다. 한때 사치

품이었던 상품이 수요의 증가에 따라 대중적 소비재로 변모하기도 하였다.

이렇듯 소비욕구에 자극을 받은 대중들은 이전에 가졌던 가치관을 대신하여 새로운 노동윤리를 갖게 되었다. 소비의 열망은 더 많은 돈을 벌기 위해 오랜 시간 힘든 작업을 하는 것을 마다하지 않는 노동자를 양산해냈다. 〈표 2-3〉은 잉글랜드에서 추계된 시기별 연간 노동일수를 보여주는데, 1600년에서 1700년에 이르는 시기에 노동일수가 약 20일 증가한 것을 확인할 수 있다. 동시대의 유명한 작가 디포(Daniel Defoe)는 요크셔의 웨스트라이딩(West Riding) 지역을 여행하고 모직물 생산이 활발하였던 그 지역에 대해 다음과 같은 묘사를 남겼다.[6]

> 그때는 거의 모든 집에서 물레가 돌아가고 모든 창문에 모직물이며 모사가 걸려 있는 것을 볼 수 있다. 면직공, 실감기공, 소모공, 염색공, 마무리공 등 이들 모두가 바쁘게 일한다. 부녀자뿐 아니라 어린이도 언제나 일을 한다.

높은 소비 수준을 향유하기 위해서는 자급자족적인 가내소비용 생산이 아니라 시장판매용 생산이 필요하였다. 이에 따라 개인과 가계는 보유한 자원과 노동을 시장판매를 목적으로 한 생산에 배분하였다. 학자들은 이런 변화를 '산업혁명'(Industrial Revolution)과 비교되는 용어로서 '근면혁명'(Industrious Revolution)이라는 개념을 사용하여 설명하였다. 산업혁명의 진전은 분명히 노동과 자본, 천연자원, 기술혁신 등 공급 측면에 의해서만 추동된 것이 아니었다. 소비의 즐거움을 느

6 Defoe(1968), 1권, 235쪽; 이영석(2012), 64쪽.

표 2-3 잉글랜드의 연간 노동일수, 1560-1771년

기간	연간 노동일수
1560-1599	257
1600-1649	266
1650-1699	276
1700-1732	286
1771	280

자료: Clark and van der Werf(1998), 838쪽; Allen and Weisdorf(2011), 721쪽.

끼고 이를 위해 고된 노동을 감내할 용의가 있는 인구의 증가라고 하는 수요 측면의 변화도 산업혁명을 가져온 중요한 견인차였던 것이다. 산업혁명이 본격적으로 전개된 18세기 후반과 19세기 전반에도 근면혁명의 여파는 계속되었다.

근면혁명이 이 책의 논의에서 중요한 이유는 노동시간의 증가와 노동강도의 증가가 자연스럽게 사회에 확산되었다는 점 때문이다. 과거에 주로 가정 내의 노동을 주로 수행하였던 여성과 아동이 임금을 받는 업종에서 노동을 하게 되는 사례도 크게 증가하였다. 이런 변화는 산업혁명으로 인해 등장한 새 산업들 뿐만 아니라 전통적인 산업들에서도 산업재해의 위험이 커졌을 개연성을 시사한다. 과거보다 높은 소비 수준을 유지하기 위해서 여가를 줄이고 노동을 더 많이 하기로 선택하는 행위는 노동자의 피로도를 높이고 휴식의 기회를 감소시킴으로써, 그리고 작업 중에는 집중력과 근력을 떨어뜨려 사고에 취약하게 만들고, 작업장 밖에서는 부상과 질병으로부터 회복을 어렵게 하였을 것이다. 그리고 여성과 아동을 임금노동의 범주에 편입시키고 장시간 노동의 대상이 되도록 한 변화는 이들을 산업재해에 매우 취약한 노동집단으로 만들었다.

2.2. 노동자 계층의 성장

공장의 확산

산업혁명은 새로운 기계, 새로운 생산조직, 새로운 노동 과정을 낳았다. 산업혁명으로 성립하게 된 공장제는 이런 변화들을 종합한 결정판이었다. 산업혁명이 사람들의 생활상을 어떻게 바꾸었는가에 대해서 파악하기 위해서는 산업혁명의 중심지였던 잉글랜드 북부 지방이 산업화 전후에 경험한 변화를 보는 것이 유용하다. 18세기 후반 랭커셔 농촌 지역의 모습에 정통한 저술가 개스컬(Peter Gaskel)의 묘사로부터 출발해보자. 그는 1836년 저작 『장인과 기계』(*Artisans and Machinery*)에서 가내공업이 지배적이던 산업혁명 이전 시기에 가내수공업자 가족이 생활한 여건에 대해 다음과 같이 묘사한다.[7]

> … 가내수공업자의 자식은 나은 위치에 있었다. 사춘기에 이르는 기간 부모와 한지붕 아래 살면서 그 열정과 사회성을 적절하게 개발하였으며, 신체적인 힘도 너무 이른 나이에 활용하지 않았다. 그들은 초원과 맑은 대기와 자연의 쾌적함을 누렸으며, 식사도 담백하면서 실속있었다. 이 같은 좋은 환경 아래서 그들은 건실하게 성장하였고 건강한 체질을 갖게 되었으며, 신체의 여러 부분도 잘 균형잡혀 잘 어울렸다. 그들은 청춘의 신선함을 가졌으며

7 Gaskel(1836), 15쪽; 이영석(2012), 50-51쪽.

동물적 힘과 활력이 넘쳤다.

개스컬은 공장과 기계가 도입되면서 소생산자가 몰락한 데에 대한 아쉬움을 이렇게 표현하였다. 실제로 산업혁명 이전에 가내수공업자와 그 자녀의 생활이 이렇게 만족스러웠는지에 대해서는 의문이 많다. 당시의 생활 수준이나 이를 반영하는 척도로 알려진 신체조건(키, 몸무게, BMI 등)과 같은 변수를 보았을 때, 산업화 이전 시기가 그 이후 시기에 비해 평균적으로 나은 생활여건을 보였다는 명확한 증거를 찾기는 어렵다. 다만 공장이 들어서고 다양한 지역 출신들이 새로 형성된 주거지에서 밀집되어 생활하면서 건강에 대한 위해요소가 증가한 점은 지적할 수 있다.[8]

그림 2-12 공업화 이전에도 재해의 위험이 반드시 낮았다고만은 볼 수 없다. 어린 아이와 엄마가 칼을 가는 작업을 가까이에서 지켜보고 있다. 롤랜드슨(Thomas Rowlandson)의 그림.

새로 등장한 공장은 어떤 모습이었을까? 19세기 전반에 활약하였던 저술가 유어(Andrew Ure)는 영국 산업혁명 시기에 공장제의 확산이 가져올 효과를 낙관적으로 이해하였다. 그가 1835년에 쓴 책의 일부를 읽어 보자.[9]

> 제조업의 과학적 진보는 늘 목표와 효과에 있어서 박애주의적이다. 왜냐하면 노동자의 마음을 지치게 하고 노동자의 눈을 피로하게 하는 세밀한 조정작업으로부터,

8 Kirby(2013a), 1-60쪽.
9 Ure(1835).

또는 신체를 변형시키고 마모시키는 고통스런 반복적 작업으로부터 노동자를 해방시키기 때문이다.

(중략)

나는 최근에 … 공업 지역들을 돌아보았다. 과거의 작업양식으로는 밥벌이를 하기 어렵던 수천 명의 허약한 노인, 젊은이, 중년의 남녀가 이제는 충분한 식량과 의복과 숙소 비용을 벌고 있었다. 이들은 땀 한 방울도 흘리지 않고, 한여름의 뙤약볕과 한겨울의 서리로부터 차단된 채로 일하였다. 이들의 건물은 우리 국회의원들과 멋드러진 귀족들이 모인 대도시의 건물보다도 환기가 잘 되고 건강에 좋았다.

이 넓은 방 안에서 자애로운 증기 동력이 중심이 되어 수많은 소소한 기계 부분 각각에게 적절한 작업을 할당한다. 증기기관의 엄청난 팔에서 나오는 에너지가 근육을 써서 고통스럽게 행하던 노동을 대체한다. 그리고 대신에 작업장에서 통상 발생하는 사소한 불량에 주의를 기울이고 세밀하게 손을 본다. 동력의 움직임은 아주 부드러워서 레이스 기계의 조그만 실패(bobbin)를 아주 정교하고 빠르게 작동시킨다. 극히 숙달된 손동작이나 극히 날카로운 눈으로도 흉내낼 수 없는 수준이다. … 아시아나 이집트나 로마의 전제정이 자랑하던 기념물보다도 숫자와 가치와 유용성 면에서 앞서는 놀라운 건축물들이 불과 50년이라는 짧은 기간에 우리 왕국에서 건립되었다. 자본과 산업과 과학이 얼마나 국가의 자원을 늘리는지, 그리고 동시에 국민의 여건을 향상시키는지를 여실히 보여준다. 이렇듯 공장제는 역학과 정치경제의 혁신으로 가득 차 있다. 공장제는 미래의 성장을 통해 세계에 문명을 가져다줄 것을 약속한다. 그리고 그 중심에 있는 이 나라가 아직도 '죽음의 그림자'에 누워 있는 수많은 사람들에게 통상과 더불어 과학과 종교의 생명피를 전파할 수 있게 할 것이다.

그러나 실제로 공장에서 일하는 노동자의 처우와 근로조건은 유어의 낙관적인 전망과는 거리가 멀었다. 긴 노동시간, 분진과 소음으로 가득 찬 공장환경, 날카로운 날을 빠르게 회전시키는 위협적인 기계, 억압적인 노동감독, 저임금 등으로 인해 노동자들은 고통을 받았다. 특히, 새로운 노동공급원이 된 아동과 여성의 노동 실태는 본인들은 물론 많은 목격자들에게 비참함과 절망감을 안겨주었다. 공장제의 폐해를 지적하고 개선을 도모했던 사회개혁가 오슬러(Richard Oastler)의 글을 통해 아동노동에 대한 비판적 반응을 살펴보자.[10]

수천의 남녀 어린이들이, 특히 7-14세 사이의 소녀들이 매일 아침 6시부터 저녁 7시까지 오직 1/2시간의 식사 및 휴식시간만을 허용받은 채 줄곧 강제노동을 하지 않으면 안 됩니다. 영국인이라면 이를 읽고 얼굴을 붉힐 것입니다. 가엾은 아이들아! 너희는 흑인노예의 안락조차 없이 탐욕의 성채에서 희생당하는구나! 너희들은 자유계약자란다. 탐욕스러운 너희 부모가 필요로 하는 대로, 또는 야만적인 마스터보다 더 악독한 공장주의 냉혈한 같은 탐욕이 요구하는 대로 작업하지 않으면 안 되는구나! 너희는 자랑스러운 자유의 땅에 살면서도 자신이 노예라는 것, 흑인노예가 누리는 그 안락마저 없는 노예임을 절감하고서 한탄하는구나!

그림 2-13 빅토리아 여왕의 남편인 앨버트 공(Prince Albert)이 마련한 이상적인 노동자의 주거건물. 1851년에 발표된 삽화이다. 현실에서 이런 생활 수준을 향유할 수 있는 노동자는 극히 드물었다.

오슬러는 비탄어린 어조로 공장에서 일하는 아동노동

10 이영석(1994), 127쪽.

자의 처지를 흑인노예의 처지와 비교하고 있다. 이런 비교는 오슬러에게 국한되었던 것이 아니었다. 당시의 공장법 개혁운동가들이 발표한 여러 글, 그리고 개혁에 동조하는 사람들을 모으기 위해 사용한 여러 그림 자료에서 영국의 '백인노예'를 흑인노예와 비교하는 내용을 어렵지 않게 찾을 수 있다. 〈그림 2-14〉는 이런 자료의 한 사례이다. 실제로 아동노동의 고용관행을 개선하거나 아동노동 자체를 금지하자고 주장한 개혁가들 가운데에는 노예제 금지운동에 적극적이었던 인물도 있었다. 노예무역 금지를 이끈 저명한 정치가 겸 개혁가 윌버포스(William Wilberforce)가 대표적인 사례였다.[11]

그림 2-14 면공장에서 일하는 아동과 여성들의 열악한 환경을 비판하는 방식으로 이들의 처지를 노예에 비유하는 사례가 많았다.

공장노동자는 어떻게 공급되었을까? 북부 지역의 거주자들이 공장노동자가 되기도 하였고, 이 지역 인구의 자연적 증가도 간접적으로 기여를 하였다. 이와 동시에 타지역으로부터의 인구이동도 노동공급의 중요한 원천이 될 수 있었다. 농촌에서 인클로저가 진행되고 토지소유의 집중화가 발생하고 농업생산성이 증가하는 과정을 통해 도시로 빠져나갈 수 있는 유휴노동력의 규모가 커진 사실이 중요하였다. 당시에 도시노동자의 임금은 농업노동자의 임금보다 20% 가량 많았다. 그러나 이런

11 윌버포스의 생애와 활동에 관해서는 Brown(2006), Hague(2007).

임금격차가 농촌으로부터 공업 지역으로 인구를 대규모로 흡인하였다고 볼 수는 없다. 낯설고 험한 도시에서 열악한 근로조건과 주거환경을 감수하면서 지내는 삶에 대한 선호도는 전통적 유대관계와 안정적 생활환경에 비해 낮았다.

〈그림 2-16〉은 영국의 여러 지역에서 추계한 출생 시점의 기대수명을 보여준다. 19세기 전반 내내 농촌 지역이 가장 높은 기대수명을 기록하였고, 런던, 소도시, 대도시의 순으로 기대수명이 짧아졌다. 농촌의 기대수명은 43세로, 대도시의 기대수명 32세를 크게 앞질렀다. 특히, 신흥공업도시의 기대 수준은 최하 수준으로서, 1841년에 리버풀과 맨체스터의 기대수명은 26세에도 미치지 못한 것으로 나타났다. 도농 간의 임금격차는 이러한 생활 수준 차이를 반영한 보상적 임금격차로 보는 게 타당하다.

많은 노동인구에게 공업도시는 분명 이성적 진보라는 이미지로서가 아니라 낯선 공장과 도시환경, 질병과 저임금이라는 야만의 이미지로 비쳐졌다. 수많은 히트작을 낸 당대의 유명 소설가 찰스 디킨스(Charles Dickens)가 소설『어려운 시절』(*Hard Times*)에서 묘사하였던 가상의 공장도시의 모습은, 많은 당대인이 보기에 실제 상황과

그림 2-15 1851년 런던에서 세계 최초의 박람회가 열리기 직전에도 수많은 노동자들이 거친 환경에서 힘든 노동에 시달렸다는 이미지를 담은 그림.

그림 2-16 영국의 출생시 기대수명

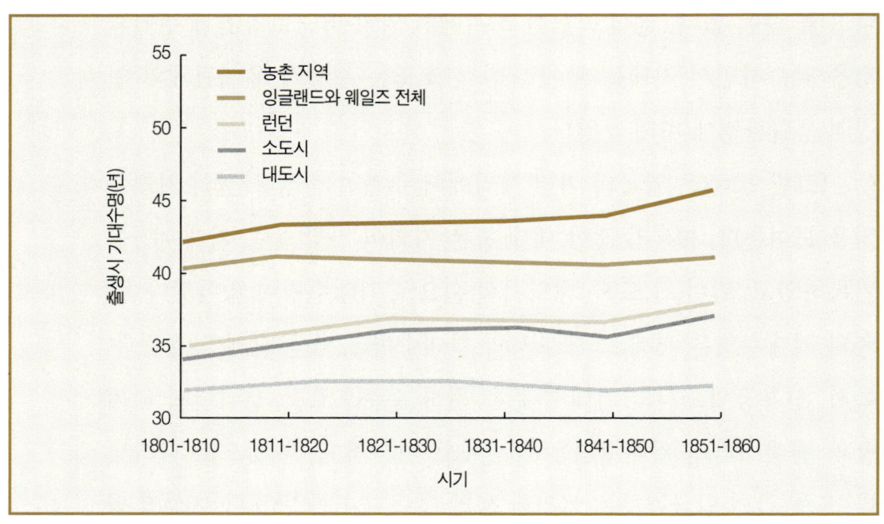

자료: Woods(2000), 365, 369쪽.

크게 다르지 않았을 것이다. 영국의 노동인구가 생활 수준의 향상을 경험하는 데에는 적지 않은 시간이 소요되었으며, 지역이나 업종에 따라서는 '어려운 시절'이 장기간에 걸쳐 지속되기도 하였다. 디킨스는 이 소설에서 산업화 시대의 공리주의적 가치관에 대해 많은 풍자를 하였다. 개인의 생각과 감정은 무시되고 측정이 가능한 효용에만 주목하는 사회적 경향에 대해 비판적 시각을 드러내었던 것이다. 코크타운(Coketown)이라는 공업도시에 대한 묘사를 통해 산업혁명이 초래한 변화에 대한 디킨스의 묘사를 소개한다.[12]

그것은 붉은 벽돌의 도시, 만약 공장연기와 재가 허락하였다

12 디킨스(1994), 35-37쪽.

면 붉은색이었을 벽돌로 이루어진 도시였다. 그러나 사실은 야만인의 물감 칠한 얼굴처럼 부자연스런 붉음과 검정의 도시였다. 그것은 기계와 높은 굴뚝의 도시였는데, 그 높다란 굴뚝으로부터 연기의 뱀이 끊임없이 영원히 기어나와서 결코 풀어지지 않았다. 도시 안에는 검은 운하가 하나 있고 고약한 악취를 풍기는 염료 때문에 자줏빛으로 흐르는 강이 하나 있었다. 창으로 꽉 찬 거대한 건물더미가 있는데 거기서는 하루 종일 덜컹거리고 덜덜 떠는 소리가 들렸고, 우울한 광증에 사로잡힌 코끼리의 머리 같은 증기기관의 피스톤이 단조롭게 상하운동을 하였다. 서로 똑같이 닮은 큰 길이 몇 개 있었고 한층 더 닮은 작은 거리가 많이 있었다. 그 거리에는 마찬가지로 꼭 닮은 사람들이 같은 시간에 같은 포도에서 같은 소리를 내며 같은 일을 하기 위해 출퇴근하면서 살고 있었다. 그들에게 매일은 어제나 내일과 똑같았고 매해는 작년이나 내년과 똑같았다.

그림 2-17 산업혁명은 대도시의 팽창을 낳았지만, 정부는 급증하는 도시인구에 대해 실효성 있는 대책을 제시하지 못하였다.

…

도시의 모든 공적 안내문은 살벌하게 하얀 바탕에 검은 글자로 똑같이 쓰여있었다. 감옥이 병원일 수도 병원이 감옥일 수도 있었으며, 시청 역시 둘 중의 하나일 수도 있었고 둘 다일 수도 있었으며 또는 다른 무엇이 되더라도 안 될 만한 무슨 건축상의 장식이란 아무것도 없었다. 도시의 유형적인 면 어디나, 무형적인 면 어디나 사실, 사실, 사실뿐이었다. 맥초우컴차일드 학교도, 디자인 학교도, 주인과 고용인 사이의 관계도 온통 사실뿐이었으며 산부인과 병원에서 공동묘지에 이르기까지도 사실만이 있었다.

그리고 숫자로 서술할 수 없거나 가장 싸게 사서 가장 비싸게 팔 만한 것으로 증명할 수 없는 것은 존재하지 않는 거고 존재해서도 안 되는 거였다. 영원히, 아멘.

산업별 고용구조

영국의 산업별 고용구조 변천사에 관해서는 그간 많은 자료의 수집과 추계작업이 진행되어 왔다. 이 과정에서 연구자들 간에 대체적인 합의가 도출되었다. 그 예를 통해 영국 고용구조의 시기적 변화 추이를 살펴보자.

〈표 2-4〉는 1700년경의 산업별 고용구조를 보여준다. 근래에 많은 연구자들이 인정하듯이 영국 경제는 산업혁명이 본격적으로 시동을 걸기 이전부터 지속적인 변화 과정을 경험해왔다. 이 표에서도 공업의 비율이 남녀 평균 34.0%로 상당히 높음을 보여주며, 서비스업도 27.2%라는 높은 비율을 나타냈다. 다른 대부분의 동시대 유럽 국가들과 달리 농업에 종사하는 인구의 비율은 38.9%에 머물렀고, 남성만을

그림 2-18 1835년경에 묘사된 맨체스터의 면공장의 모습. 물길을 옆에 둔 건물들에서 검은 연기가 뿜어나오는 공업도시의 분위기가 생생하게 나타나 있다.

표 2-4 1700년경의 영국 산업별 고용구조

산업	남성	여성	평균
농업	46.0	22.3	38.9
공업	32.3	37.8	34.0
서비스업	21.7	39.9	27.2
합계	100.0	100.0	100.0

자료: Broadberry, Campbell and Leeuwen(2013), 19쪽.

표 2-5 1801년경의 영국 산업별 고용구조

산업	남성	여성	평균
농업	35.7	22.3	31.7
공업	35.9	37.8	36.4
서비스업	28.4	39.9	31.9
합계	100.0	100.0	100.0

자료: Broadberry, Campbell and Leeuwen(2013), 21쪽.

보아도 상대적으로 매우 낮은 수준인 46.0%를 기록하였다.

1801년경의 자료를 보여주는 〈표 2-5〉로부터 18세기의 100년 동안 영국 경제의 산업별 고용구조가 그다지 크게 변화하지 않았다는 사실을 확인할 수 있다. 비록 농업 부문의 비율이 31.7%로 줄었고 공업과 서비스의 비율이 각각 36.4%와 31.9%로 늘었지만, 변화의 폭은 그리 크지 않다고 평가할 수 있다. 특히, 공업의 비율은 1700년에 비해 2.4%p의 증가에 머물렀다는 점이 눈에 띈다.

〈표 2-6〉은 19세기의 네 시점에 측정된 남녀별 고용구조를 보여준다. 1813-1820년에서 1871년에 이르는 시기에 남녀 전체적으로 농업의 비율이 31.4%에서 16.9%로 대폭 축소되었다는 점을 알 수 있다. 그러나 이런 감소는 대부분 서비스업 비율의 증가(24.1%에서 36.0%로)로

표 2-6 19세기의 영국 산업별 고용구조

성별/산업		1813-1820	1851	1861	1871
남성	농업	35.4	27.2	24.4	19.8
	공업	47.4	50.1	49.6	52.6
	서비스업	17.2	22.7	26.0	27.6
여성	농업	22.3	15.6	12.6	11.2
	공업	37.8	36.4	38.3	35.8
	서비스업	39.9	48.0	49.1	53.0
전체	농업	31.4	23.5	20.6	16.9
	공업	44.5	45.7	45.9	47.1
	서비스업	24.1	30.9	33.5	36.0

자료: Shaw-Taylor(2009).

채워진 것으로 나타났으며, 공업 비율의 증가폭은 2.6%p에 머물렀다. 이를 볼 때 영국의 산업혁명이 고용 면에서 농업의 비율을 감소시킨 것은 분명하지만 공업의 비율을 극적으로 증가시키지는 않았다는 결론에 도달할 수 있다.[13]

신산업의 고용구조

그렇지만 공업의 비율이 대체로 일정하였다는 사실이 고용구조에 발생한 변화가 크지 않았다는 해석으로 이어지는 것은 곤란하다. 앞에서 언급한 것처럼, 공업 부문 내에서 전통공업 부문이 축소되고 신공업 부문이 확대된 측면을 위의 표들은 보여주지 못하기 때문이다. 특히, 면공업과 같은 신흥 핵심 산업에서 발생한 변화들에 대해

13 송병건 · 김재호 · 리쇼테일러(2007).

표 2-7 영국 신산업의 노동자 수, 1841-1901년

연도	탄광업	철도업	직물업	기타
1841	–	2,000	883,000	–
1851	216,217	29,000	1,296,000	–
1861	282,473	60,000	1,288,000	3,899,000
1871	370,881	96,000	1,310,000	4,126,000
1881	495,477	158,000	1,299,000	4,458,000
1891	668,000	213,000	1,388,000	5,136,000
1901	806,700	320,000	1,352,000	5,222,000

주: 기타에는 금속, 도기, 벽돌, 유리, 화학, 피혁, 종이, 의류, 담배 등 포함. 건설 중인 철도는 포함시키지 않음.
자료: Bartrip and Burman(1983), 45쪽.

우리는 주목할 필요가 있다.

〈표 2-7〉은 산업혁명기 신산업의 대표라고 볼 수 있는 탄광업, 철도업, 직물업에 종사한 노동력의 규모를 보여준다. 주로 전통적 산업이라고 볼 수 있는 '기타' 산업에 비해 이들 세 업종에서 일하는 노동자의 수는 제한적이었다. 특히, 직물의 경우에는 신산업인 면공업 이외에 전통적 산업인 다른 직물이 포함되어 있으므로, 순전히 신산업만을 보자면 1901년에도 노동자가 200만 명 내외였을 것이다. 그러나 신산업의 고용 확대가 진행된 속도는 매우 인상적이었다. 탄광업의 경우 19세기 후반 50년 동안에 노동자 수가 20만 명에서 80만 명으로 급증하였다. 1830년대에 처음 출현한 철도업 종사자는 1901년이 되면 30만 명을 돌파하였다. 이 수치는 철도 부설에 종사한 노동자 수를 제외한 것이었다. 직물업도 면공업만을 분리해본다면 앞의 두 업종과 마찬가지로 매우 빠른 속도의 팽창을 기록하였다.

노동자의 특성도 주목할 필요가 있다. 19세기 중엽에 50만 명 이상의 인력을 고용하였던 면공업에서는 기술적 특성상 남성노동보다 여성노동과 아동노동이 더 요긴하게 쓰였다. 여성과 아동은 기계 사이를 민첩하게 오가거나 자세를 구부리는 작업 등 제한된 공간에서 일하기에 신체적으로 적합하였다. 탄광업에서도 갱도가 깊어지면서 점차 몸집이 작은 어린이가 많이 고용되었다. 이런 특성과 부합하도록 고용 방식에도 변화가 발생하였다. 가족고용 형태 또는 하도급제가 널리 확산되어 노동 과정의 관리에 독특한 위계 체제가 자리를 잡게된 것이다.

노동운동의 성장

영국이 '세계의 공장'(workshop of the world)으로 부상하면서 노동자의 수가 많아짐에 따라 노동자 고유의 계급의식이 점차 강화되었다. 그리고 그에 따라 단체교섭과 노동운동의 움직임도 가시화되었다. 정부는 1799년 '결사금지법'(Combination Act)을 제정하여 이와 같은 움직임에 제동을 건 바 있지만 노동자 세력의 성장을 원천적으로 막는 것은 불가능하였다. 결국 1824년에는 노동조합의 결성이 합법화되었고, 노동조합운동은 추동력을 얻었다. 그러나 노동자들의 세력화에 반대하는 움직임도 강력한 힘을 발휘하였기 때문에 노동조건을 개선하고 임금을 올리고 노동조합의 협상력을 강화하는 등의 목적이 쉽사리 달성되기는 어려웠다.

기존의 정치적, 사회적 틀을 그대로 유지하는 상태에서 노동자의 권익을 증진시키기 어렵다고 인식하는 노동자의 수가 증가해갔다. 이에 따라 1830년대부터 노동자들은 정치적 지위 향상이 노동자의 권리를 강화하는 지름길이라고 파악하고 참정권 쟁취운동 – 차티스트 운동(Chartist Movement) – 을 노동운동의 중심축으로 삼고 활발하게 활동을 전개해 나아갔다. 차티스트운동은 1830년대 말부터 노동자 계층이 주체로 하여 전개된 영국의 대중운동으로, 보유한 재산에 따라 선거권을 차등화하였던 기존 제도의 철폐를 주장하였다. 이를 통해 성인 남성노동자 가운데 점차 많은 수가 선거권을 얻게 되었다.[14] 결국 19세기 후반을 거치면서 요구사항의 많은 부분을 이루게 되었다.

영국의 노동조합운동은 전면적인 사회 개혁을 목표로 하기보다는 노동자의 경제적 지위를 개선한다는 실용적인 목표를 추구하였다. 이것이 1850년대부터 영향력이 본격화된 이른바 신형조합(New Model)이었다. 숙련공이 주도하여 결성한 신형조합은 조합원의 상호부조 역할을 강조하고, 파업보다는 우호적인 협상을 선호하며, 입법을 통해 노동자의 지위를 점진적으로 향상시키고자 하였다는 특징을 뚜렷하게 나타냈다.

그림 2-19 노동조합운동에 반대하는 1830년 그림. 비도덕적이고 사회적 책임이 없는 이들이 노동조합을 통해 자신의 이익을 추구한다는 메시지를 담고 있다. 조합비를 담아두는 함이 텅 빈 채로 열려 있는 모습이다.

온건한 노동운동은 지속되지 못하였다. 1870년대부터 불황이 이어지자, 온건한 기존의 노동조합 대신에 투쟁적 성격이 강한 조직에 대한 기대가 커졌다. 이

14 성인 남성의 보통선거권, 비밀투표, 선거구 개정, 의원 출마자의 재산자격 철폐, 의원의 보수 지급 등이 주요 주장이었다.

에 따라 새로운 노동운동 사조인 신조합주의(New Unionism)가 등장하였다. 이후 노동조합원의 수가 빠르게 증가하여 1900년에는 200만 명, 1912년에는 300만 명에 이르게 되었다. 이 시기 노동세력의 성장과 더불어 사회주의운동도 본격적으로 등장하였다. 1880년대에 설립된 페이비언협회(Fabian Society)와 1900년대에 창립된 노동당(Labour Party)은 선거를 통한 민주적인 사회주의 체제의 실현이라는 영국적 사회주의 운동의 특징을 드러냈다.[15]

노동조합과 노동운동의 역사에서 나타난 영국적 특징 가운데 하나는 동일 업종 내에서도 직급과 숙련도에 따라 노동자 사이에 차별화가 많이 이루어졌다는 점이다. 신형조합 체제에서 숙련노동자는 비숙련노동자와 동류의식을 갖기보다는 차이를 강조하는 경향이 강하였고, 이것이 영국 노동조합이 상대적으로 약한 집단적 결속력을 갖도록 하였다는 것이다.[16]

그림 2-20 영국 노동자들은 1830년대부터 점차 정치적 힘을 얻는 것이 자신의 권익 향상에 중요하다고 인식하게 되었다. 사진은 1848년 선거권 쟁취를 위한 차티스트 군중집회에 운집한 군중들이 연설을 청취하고 있는 모습.

19세기 중반에 노

15 신조합주의는 반숙련 · 비숙련 노동자를 포함한 폭넓은 노동집단에게 문호를 개방한 노동조합운동이었다. 페이비언협회는 점진적인 사회주의를 주장한 영국의 정치단체로서, 조지 버나드 쇼, 시드니 웨브 등이 소속되어 있었으며, 대중 강연, 토론회, 교육 등을 통해 대중에게 사회주의 사상을 널리 알리고자 활동하였다.

16 이런 경향은 노동귀족(labour aristocracy)의 형성으로 이어졌다고 인식된다. Lummis(1994), 조용욱(1997).

동조합이 약화 내지 보수화되었다고 지적하면서 그 원인으로 기술발달에 따른 탈숙련화의 진행을 드는 연구도 있다. 예를 들어, 조이스(Patrick Joyce)는 면방직공장에 자동뮬방적기가 도입되면서 숙련 방적공에 대한 수요가 감소하였고, 이런 여건에서 방적공은 고용주에게 순응할 수밖에 없었다고 논하였다.[17] 어떤 요인에 기인하였든 간에 노동조합이 보수적이고 분단적인 특징은 영국 노동조합이 산업재해의 문제에 대해 통일된 목소리로 해결책을 요구할 수 있는 능력을 제한하였다.

그림 2-21 1909년에 발행된 한 삽화에 자유당 지도자 로이드 조지(Lloyd George)가 복지정책을 위해 부자들에게 큰 타격을 주려고 하는 모습으로 묘사되어 있다.

2.3. 전통사회의 질병과 재해

고대와 중세의 산업재해

사람이 일과 관련하여 질병과 사고를 당한 것은 근대 사회가 처음이 아니다. 오랜 역사를 통해 사람들은 끊임없이 고통을 당해왔다. 이 절에서는 초보적인 형태의 산업재해가 어떤 과정을 통해 근대적

17 Joyce(1980), 60-82쪽; 이영석(2003), 139-140쪽.

산업재해로 진화를 해왔는지 살펴보기로 한다.

인류의 초기 역사는 인류가 생존을 위해 먹을거리를 찾고 자신을 보호하고 추위를 피하는 활동으로 시작되었다. 이런 활동들은 각종 부상과 질병의 위험을 동반하였는데, 이것이 인류 초기의 산업재해라고 볼 수 있다. 특히, 제한된 수준의 기술만을 보유한 초기 인류가 재해에 맞설 수 있는 능력에는 한계가 있었다.

초기에 산업재해를 초래한 원인 중 많은 부분은 자연환경에 의한 것이었다. 특히, 기후에 의해 재해가 발생하는 경우가 많았다. 구석기 시대에 예상하기 힘든 패턴으로 발생한 추위와 더위, 홍수와 가뭄, 갑작스런 기후의 변화는 인간이 극복하기 어려운 재난으로 이어지기 일쑤였다. 이와 더불어 험난한 지형, 들짐승과 독충의 위협도 수렵과 채집 활동에 수반된 피치 못할 위험요소였다. 다른 집단과의 충돌, 무기와 채집도구의 제작과 사용 과정에서 발생하는 사고도 무시하지 못할 요인이었다.

신석기 시대가 시작되어 사람들이 한 곳에 정착하여 농경과 목축에 종사하게 되면서 수렵과 채집보다는 덜 위험한 방식으로 식량을 확보할 수 있게 되었다. 그러나 근래의 연구에 따르면 신석기인들은 구석기인들에 비해 더 긴 시간 일을 하였고 더 단조로운 식단을 가졌기 때문에, 건강 면에서 불리한 측면이 있었다.[18]

신석기 시대는 문명의 형성으로 이어졌다. 문명은 청동기의 사용에 기초하여 발달하였는데, 시간이 지나자 더 강력한 도구와 무기를 제작할 수 있는 철기가 개발되었다. 금속기의 사용은 두 가지 측면에서 재해의 위험성을 높였다. 첫째는 금속으로 만든 도구가 날카로우

18 리비-바치(2009), 50-60쪽; 송병건(2014b), 41-44쪽.

며, 이런 도구가 힘을 많이 받는 작업에서 널리 사용되었다는 것이고, 둘째는 금속의 원료를 획득하기 위해서 광산의 개발이 활발하게 이루어졌다는 것이다. 한편, 금속기가 생산 활동에 사용되면서 수확량도 증가하였는데, 이렇게 해서 발생한 잉여는 사회적 위계의 성립과 분업의 진전을 가져왔다. 신전과 궁궐과 묘지를 건설하기 위해 대규모 토목공사와 건축공사가 진행되었는데, 이런 공사들은 다수의 인력이 협업을 하는 방식으로만 진행될 수 있었다. 따라서 동원된 인력은 본인의 부주의와 실수만이 아니라 동료의 부주의와 실수에 의해서도 사고를 당할 위험을 안고 일을 하였다. 한편, 유리, 도기, 장신구 등을 제작하는 인력은 분업 체계 속에서 특정한 작업을 반복적으로 행하게 되었고, 특정한 물질에 반복적으로 노출되게 되었다. 그럼으로써 고대 사회에서 직업 특유의 사고와 질병에 취약한 양상, 즉 작업 중 사고와 직업병의 전형적인 모습이 점차 나타나게 되었다.

중세 사회에서도 직업의 분화는 계속되었다. 도시를 건설하고 교회를 건축하고 농사를 짓고 무역을 위해 항해를 하는 작업에는 모두 재해의 위험이 도사리고 있었다. 특히, 직물을 염색할 목적으로 명반(alum)의 사용이 증가함에 따라 사고의 위험이 증가하였고, 아시아에서 이슬람 세계를 통해 유입된 화약이 점차 널리 사용됨에 따라 폭발사고의 위험도 커졌다. 이런 위험에 공동으

그림 2-22 고대 이집트에서 피라미드를 건설하는 작업 중인 사람들의 모습. 경사로 구축에 사용할 진흙 벽돌을 찍어내고 나르는 등의 일을 하고 있다. 이런 대형 공사에서는 사고 위험이 컸다.

로 대처하기 위해 상공업에 종사하는 사람들은 길드를 형성하여 상호부조 체제를 갖추었다. 중세 유럽의 대표적인 고용 및 직업훈련은 도제제도를 통해 이루어졌는데, 도제제도는 길드 체제와 유기적으로 결합되어 작동하였다. 지방분권적인 중세 유럽 사회는 공공재의 공급이 제대로 이루어지기 어려운 여건이었으므로, 개별 행동 주체가 공동체적 조직의 결성을 통해 산업재해의 위험에 대비하는 체제를 가졌던 것이다. 재해가 발생하면 길드 이외에 병자와 빈자에 대한 사회적 구호 체제가 재해노동자의 치료와 재활, 그 가족의 생계 유지에 큰 도움이 되었다. 종교적 색채를 강하게 띤 다수의 기관들을 통해 당시에 가용한 치료와 요양과 재활의 기회를 가질 수 있었다.

그림 2-23 염색작업을 하는 중세 인부들의 모습. 착색을 위해 명반에 옷을 담갔다가 원하는 염료가 든 더운 물에 넣었다. 화학물질의 독성과 냄새가 노동자들을 괴롭혔다.

근대 사회로의 이행

근대 초기는 봉건적이고 분권적이고 종교적이고 농업 중심적이었던 중세 사회를 대신하여 국민국가적이고 중앙집권적이고 세속적인 속성이 강하고 중상주의적인 사회가 들어서는 시기였다. 화약무기가 발달하면서 기사 계급은 더 이상 사회의 중심축이 되지 못하게 되었고, 대신 정부 주도의 상비군 체제와 거액의 군사

비 지출이 보편화되는 시기가 되었다. 절대주의 왕정들이 분권적 체제를 극복하고 국민국가 형태로 국가 체제를 재편하는 과정이 경쟁적으로 진행되었다. 구텐베르크의 금속제 활판인쇄술은 사람들의 문해율을 높였을 뿐만 아니라 종교 개혁이라는 거대한 시대적 조류에 힘을 보탰다. 과학적 사고와 합리성의 확산이 사람들의 사고 방식과 세계관을 변화시켰고, 대항해 시대가 개막하여 미지의 세계가 지식의 범주 내로 속속들이 들어오게 되었다.[19]

앞서 제1장에서 언급한 것처럼, 직업과 질병에 관해 관심이 고조되고, 특히 이들의 관계에 대해 보다 과학적인 이해가 시작된 것이 바로 이 시기였다.[20] 이탈리아와 독일의 광산에서 일하는 노동자들이 가장 많은 주목을 받았지만, 다른 직업들도 산업재해에 노출되어 있었다. 기계와 동력이 작업현장에 등장하기 이전이므로 사고의 규모가 크거나 사고현장이 세간의 관심을 야기할 만큼 특별히 강한 인상을 남기지 않은 사례가 대부분이었다. 그러나 사고와 질병은 지속적으로 발생하였고, 대부분 재해노동자 개인의 부주의와 태만과 숙련 미숙 탓으로 여겨졌다.

그림 2-24 작업 중 사고 위험은 공업화가 진행되기 이전에도 많은 부문에서 상존하였다. 그림은 16세기 스웨덴의 일꾼들이 어두운 실내에서 일을 하기 위해 횃불을 입으로 물고 있는 장면이다.

앞으로 도래할 산업화 시대를 앞두고 이 시기에는 전통적인 방식이지만 경제 규모가 확대되고 경제 활동 범

19 송병건(2014b), 199쪽.
20 1.3절 참조.

그림 2-25 19세기 초반까지도 도로교통은 많은 위험을 안고 있었다. 열악한 도로 사정으로 마차가 전복되고 승객이 부상을 입는 모습을 묘사한 롤랜드슨의 그림.

위가 넓어졌다. 그에 따라 재해의 가능성도 점차 커져 갔다. 예를 들어, 도로환경은 아직 중세 이래의 거칠고 불규칙한 모습을 유지하였지만, 그 위를 달리는 마차의 수는 지속적으로 증가하였다. 수많은 사람과 재화와 우편물을 나르기 위해 바퀴들이 지나갈 때마다 도로는 더욱 많이 손상되었지만, 이를 보수하는 작업에 충분한 예산이 편성되기는 어려웠다. 특히, 영국과 같이 지방분권적인 재정 체제를 갖춘 국가에서는 한 지역 내의 도로 사정이 양호하더라도 주변 지역의 도로 사정이 열악한 경우가 다반사였는데, 이런 경우 마차사고가 발생할 위험이 컸다. 산업화 시대가 도래하여 새 도로포장법이 개발되고, 턴파이크(turnpike)와 같은 민자도로가 새로 놓이고, 지방정부의 재정이 투입되어 도로 보수가 이루어질 때까지 이런 전통적 재해는 계속 발생하였다.

신규 공업의 재해

산업혁명은 새로운 직업군의 도래를 알리는 신호탄이었다. 영국의 산업화를 전 세계에 알리고 전파시킨 면공업을 필두로 해서 기계공업, 석탄공업, 철공업 등이 전례 없는 속도로 성장을 거듭하였다. 새 포장법을 도입한 도로, 강줄기를 잇는 운하, 하천과 바다를 오가며 사람과 화물을 나르는 증기선, 그리고 동력과 제철, 토목공사 부문의 기술을 결합하는 철도가 도시와 도시, 지역과 지역을 연결하는 교통망을 혁신시켰다. 이런 변화의 중심에는 증기기관으로 대표되는 동력의 혁신과 이를 이용하는 기계의 도입, 그리고 한 장소에 모여 기계와 동력을 함께 사용하도록 설계된 공장이 있었다.

그림 2-26 탄광에서 일한 아이들은 과도한 노동과 미흡한 안전장치로 인해 늘 사고와 질병의 위험에 노출되었다. 왼편에 쭈그리고 앉아 있는 아이는 갱도 내에서 문을 여닫는 역할을 하는데, 문에 끼어 사고를 당하는 경우가 많았다.

새로운 작업환경은 그에 익숙하지 않은 노동자들이 사고를 당할 위험성을 증가시켰다. 특히, 19세기 초반까지는 기계의 날카로운 날이나 톱니바퀴, 빠르게 회전하는 벨트 등을 안전하게 감싸 사고를 방지해야 한다는 개념이 희박하였다. 물론 이런 안전장치의 설치는 고용주에게 법적으로 아무런 강제조항이 아니었다.

새로운 노동환경의 대두, 안전규제의 미비, 안전감독의 부재, 안전의식의 부족, 안전교육의 부재, 과도한 노동시간, 부족한 휴식 등이 상호작용을 하면서 신흥 공장 지역에서는 재해가 끊이지 않고 발생하였다. 사고를 당한 노동자는 손발이 잘리고

그림 2-27 동력장치가 벨트로 연결된 기계에는 노동자의 머리카락이나 옷자락이 끼어 사고가 발생하는 사례가 잦았다.

피부가 찢기는 고통을 당한 것은 물론이고, 노동능력의 영구적 혹은 일시적 상실을 감내해야 하였다. 대부분의 사고는 여전히 개인의 책임으로 여겨졌기 때문에 고용주로부터 치료와 재활에 충분한 보상을 받는 것은 애초에 기대하기 어려웠다. 결국 재해를 당한 노동자는 온갖 개인적 비용을 치러야 하였고, 그 가족들은 생계의 어려움에 직면하곤 했다. 그러면서도 산업재해를 줄이려고 적극적인 노력을 기울이는 고용주는 찾아보기 어려웠다.

2.4. 사회적 대응

공장법 개혁운동

산업혁명 시대에 등장한 새로운 노동환경과 생활환경을 목격하면서 사회구성원들은 우려의 목소리를 내기 시작하였다. 과연 공장이라는 낯선 환경에서 일하는 노동자는 최소한의 안전을 보장받을 수 있을 것인가? 인구가 과밀한 도시에서 먹고 자는 노동자는 질병과 공해의 공포에서 벗어날 수 있을 것인가? 재해가 발생하면 누가 어떤 기준에 의해 경제적 부담을 져야 하는가? 이런 우려가 점차 사회적으로 공론화되면서 영국 사회는 크게 세 갈래로 개혁을 모색하게 된다. 첫째는 공장의 노동환경을 개선하는 것이었고, 둘째는 공중보건을 향상시키는 것이었으며, 셋째는 사회보험제도를 도입하는 것이었다. 먼저 공장법 개혁운동에 대해 간략히 살펴보자.[21]

21 자세한 논의는 제5장 참조.

그림 2-28 오언은 1800년에 스코틀랜드에 자신의 공장을 신축하여 노동자에게 좋은 노동조건과 생활환경, 적절한 교육을 제공하면서도 기업주가 이윤을 얻을 수 있음을 입증하고자 하였다. 유어의 낙관론은 오언의 이상과 상통하는 것이었다.

19세기 초부터 잉글랜드 북부의 공업 지역에서 공장노동의 환경을 규제해야 한다는 여론이 형성되기 시작하였다. 특히, 맨체스터의 면직공장에서 일하는 아동들의 열악한 노동환경을 목격한 인도주의적 인사들의 청원이 중요한 역할을 하였다. 이어서 1810년대에는 공장의 긍정적 역할을 신뢰한 오언(Robert Owen)과 같은 계몽된 공장주가 변화를 모색하였다. 그러나 대부분의 공장주는 노동환경의 개선에 소극적이었고, 때때로 발생하는 재해는 사람들의 경각심을 높이긴 하였지만 구체적 입법으로 이어지는 경우는 드물었다. 1820년대에는 일부 개혁가의 노력에 힘입어 공장법의 일부 조항이 개정되기도 하였지만 그 효과는 제한적이었다.[22]

본격적으로 공장법 개정이 이루어진 시기는 1830년대 초였다. 이 시기 공장 개혁에 앞장을 선 토리(Tory)당은 공유하는 이념을 가지고

22 이영석(2012), 203쪽.

있었음이 분명하였지만, 다른 한편으로는 여러 사상적 갈래를 지니고 있었다. 대별하자면 첫째는 1815-1830년 리버풀 경(Lord Liverpool)의 내각에 적극적으로 참여하였던 자유파 토리(Tory Liberal)였고, 둘째는 온정주의적 가치를 강조하는 복고적 토리파였으며, 셋째는 사회 개혁의 필요성에 가장 적극적으로 공감을 표시하는 급진파 토리(Tory Radical)이었다.[23]

자유파 토리는 산업화를 대체로 인정하였으며, 산업화가 초래한 사회적 문제에 대해서 국가가 적극적으로 나서는 것을 원하지 않았다. 복고적 토리파는 농촌사회에 기초한 전통적 질서와 가치를 부활해야 한다는 믿음이 강하였다. 마지막으로 급진파 토리는 공장제도에 대해 반감이 강하였으며 전통적 질서로의 회귀보다는 노동자 계급과 연대하여 당면한 사회 문제에 대한 해결책을 적극적으로 찾고자 하였다. 따라서 급진파 토리는 공장법 개혁에 관해서도 가장 능동적인 입장을 취하였다. 이런 차이점에도 불구하고 이들은 공장제가 노출한 문제점들에 대해 대처할 방안을 찾는 것이 필요하다는 데에 대체적인 의견의 일치를 보았다. 1833년 공장법 제정의 기초가 된 왕립위원회의 공장법 보고서는 특히 급진파 토리의 견해를 풍부하게 담고 있다.[24]

1833년에 제정된 공장법은 연소자의 야간노동 금지와 12시간 노동, 9세 미만 아동의 고용 불법화, 아동에 대한 교육, 감독관제의 도입 등을 규정하였다.[25] 공장제 개혁의 역사에 금자탑을 이룬 것으로 평

23 Berg(1980), 255-256쪽.
24 1830년대 의회조사사의 역할과 의의에 대한 구체적인 논의는 아래 제8장 1절을 참조할 것.
25 이영석(2012), 206쪽.

가되는 성과였다.

1844년 공장법은 기존 법률의 결함을 보완하고 규정을 명확하게 손보았다. 또한 여성과 아동노동에 대한 보호를 강화하였다. 산업재해의 측면에서는 위험한 기계에 대해 방책을 설치할 것을 공장주에게 권고하도록 규정하였다.[26]

1847년의 공장법은 부분적이나마 10시간 노동의 원칙을 도입하였다. 1850년과 1856년에 제정된 공장법은 노동시간 축소 및 어린이와 여성의 노동시간 제한을 내용으로 하였다. 1878년 공장법은 그간의 공장규제 규정들을 정비함으로써 통일성을 제고하였다. 이에 따라 10세 미만 어린이는 고용이 불가하며, 10세까지는 의무교육을 시행하며, 10-14세는 반일 노동만 시킬 수 있으며, 여성은 주 56시간 넘게 노동을 할 수 없도록 명시하였다. 1891년의 공장법은 출산을 한 후 4주가 지나지 않은 여성을 고용하지 못하게 금지하였고, 어린이의 최소 고용연령을 10세에서 11세로 높였다. 1901년 공장법은 이 연령을 12세로 상향조정하였다.[27]

이처럼 공장법은 한 세기에 걸친 점진적이고 지속적인 노력을 통해 서서히 내용을 갖추어갔다. 세계 최초의 산업사회라는 특수성을 반영하여 영국에서는 가장 일찍 공장 개혁이 시작되었지만, 다른 여러 개혁과 마찬가지로 변화의 속도는 후발공업국들에 비해 상대적으로 느렸고, 개혁 과정에서 국가가 담당한 역할은 상대적으로 작았다는 특징을 보였다. 공장법 개혁은 영국적 개혁의 특색을 특히나 잘 보여준 사례라고 볼 수 있다.

26 이영석(2012), 206-207쪽.
27 Wikipedia 'Factory Act' (http://en.wikipedia.org/wiki/Factory_Acts).

공중위생 캠페인

이번에는 공중위생 개선 움직임에 대해 살펴보자.[28] 도시화와 산업화가 개인적 대응이 아니라 집단적 대응을 필요로 하는 새로운 사회 문제를 양산하자, 이 문제에 대처하기 위해 각종 개혁운동이 전개되었는데, 그 중에서 1830년대 후반에 시작된 공중보건 개선운동은 이 책의 논의와 관련하여 매우 중요한 역사적 움직임이었다. 이 운동의 대표적인 지도자는 채드윅(Edwin Chadwick)이었다. 그는 그레이 경(Lord Grey)이 이끈 정부에 의해 1834년 설립된 빈민법위원회(Poor Law Commission)의 비서로 맹활약함으로써 영향력 있는 인물로 이름을 올렸다. 이어서 그는 1838년부터 공중위생 개선운동을 전개해 나갔는데, 특히 센서스와 사망률 자료를 통해 공중의 질병을 설득력 있게 설명하고 이를 의회 보고서를 통해 발표함으로써 큰 사회적 반향을 불러일으키는 데 성공하였다. 채드윅은 이를 위해 여러 사회조사를 주도하였는데, 그의 조사는 건축, 도시 설계, 하수도, 상수도, 묘지, 주택 문제 등 매우 광범위하였다.

그림 2-29 19세기 중반 공중보건에 대한 사회입법을 이끈 개혁가 채드윅. 개혁운동가들의 지칠 줄 모르는 노력에 힘입어 19세기 후반에 영국은 공중보건의 질이 지속적으로 향상될 수 있었다.

28 구체적 사례에 대해서는 제8장 참조.

채드윅이 이룬 가장 중요한 성과는 1842년 『영국 노동인구의 위생여건에 관한 보고서』(*Report on the Sanitary Conditions of the Labouring Population of Great Britain*)를 발간한 일이었다. 이 보고서에서 노동자들의 위생 상태에 대해 그는 매우 상세한 기록을 남겼다. 한 부분을 보면 다음과 같다.[29]

> 우리의 도시 가운데 일부에는 도시경제가 전혀 존재하지 않기 때문에, 청결에 관한 상황이 야영을 하는 무리나 훈련되지 않은 군인들만큼이나 형편없다. 주택과 거리와 마당과 골목과 개울이 오염되어 질병의 온상이 되는데도, 도시 관리들은 보통 아주 야만적인 임기응변 방식에 만족하거나, 아니면 공해 한복판에 가만히 앉아서 터키의 운명론자처럼 체념한 채 널리 퍼져 있는 무지와 태만과 불결함을 그냥 받아들인다.
>
> 공업도시에 사는 노동자의 가족들은 모두 일찍 일어난다. 겨울에는 해가 뜨기 전에 일어나 일터로 간다. 그들은 열심히 일을 하고, 밤늦게 집으로 돌아간다. 춥거나 비가 오거나 눈이 오거나 상관없이 물이 필요할 때마다 문 밖에 멀리 떨어진 우물이나 강으로 물을 찾아가는 것은 그들에게 매우 힘들고 불편한 일이다. 물을 구하는 데 드는 즉각적 불편함에 비해 깨끗함이 주는 편안함이 훨씬 작기 때문에, 그들은 씻기를 포기한다. 오직

그림 2-30 19세기 초에 그려진 크룩생크(Cruikshank)의 삽화에는 공장에서 일하는 아이들이 노예에 비유되고 있다. 공장법 개혁의 움직임은 이런 사회운동에 힘입은 바 컸다.

29 Hunter(1962), 89-90쪽.

어린아이가 숨쉬기를 시작한 때와 사람이 숨쉬기를 멈췄을 때(출생과 사망 시점)에만 잘 씻을 뿐이다.

공중위생 개혁의 전개

채드윅이 주도한 공중위생 개선운동은 1848년 '공중보건법'(Public Health Act)이 제정됨으로써 중요한 결실을 거두었다. 이 법은 인구가 많은 지역의 공중위생을 개선하는 것을 목적으로 하였으며, 구체적으로는 상하수도의 개량과 도로 청소의 의무를 지방정부에 부과하는 정책을 핵심적 내용으로 하였다. 이 법의 제정에 의해 공중보건 문제를 총괄하는 기관으로 총보건위원회(General Board of Health)가 신설되었으며, 채드윅은 세 명의 위원 가운데 한 명으로 선출되었다. 각 지방에는 지방보건위원회(Local Board of Health)가 구성되어 구체적 실무를 담당한 감독관과 서기 등의 직원을 고용하고, 상하수도와 도로 포장과 유지, 도살장, 공중화장실, 묘지 등 위생 취약시설에 대한 감독을 실시하였다.

1858년에는 '지방정부법'(Local Government Act)이 제정됨에 따라 공중위생을 관할하는 행정 체계에 변화가 생겼다. 총보건위원회가 해체되고, 대신에 지방정부위원회(Local Government Board)가 설치되었고 그 위원장직을 통상 내각의 각료가 맡도록 하였다. 지방보건위원회는 지방위원회(Local Board)로 명칭이 변경되었으며, 이 기구의 관할구역은 지방정부구역(Local Government District)으로 개명되었다.

1875년의 공중보건법은 지방정부구역을 도시위생구역(Urban Sanitary District)으로 개편하였으며, 1894년 지방정부법은 다시 도시위

생구역을 도시구역(Urban District)으로 변경하였다.[30]

직업과 사망률

산업혁명기의 재해 문제에 대한 사회의 또 다른 대응은 사회보험의 등장이라는 형태로 나타났다. 공장법과 공중보건이 사고와 질병을 방지하고 피해를 최소화하는 것을 목적으로 하였다면, 사회보험은 산업재해의 비용을 누가 부담하는가에 대한 새로운 해결책이었다. 사회보험의 관념이 자리를 잡기 위해서는 우선 직업별로 산업재해의 위험도가 얼마나 차이가 있는가에 대한 논의가 필요하였다. 이 주제로부터 사회보험의 등장에 대한 우리의 논의를 시작해보자.

산업혁명을 거치면서 신공업 부문에서 뿐만 아니라 전통적 공업 부문에서도 산업재해의 위험성이 확대되었다는 점을 우리는 위에서 보았다. 산업혁명이 직업과 산업재해의 관계에 대해 사회적 관심이 고조되는 계기가 되었다는 점도 확인하였다. 이런 배경을 바탕으로 영국 정부는 직업별 위험도에 대해 체계적인 조사의 필요성을 절감하게 되었는데, 10년 단위로 이루어진 직업센서스가 가장 기본적인 자료수집 경로였다. 직업센서스의 자료를 기초로 하고 그 밖의 다양한 자료들로 보충을 하여 영국에서는 1850년대 이후 직업별 사망률을 구성할 수 있었다. 후대의 인구사학자들은 이 자료를 현대적 인구 통계 자료로 전환시키는 노력을 경주하였고, 그 결과 19세기 후반 직업별 사망률에 대해 비교 가능한 수준의 자세하고 정확한 통계를 가질

30 Wikipedia 'Local Board of Health'(http://en.wikipedia.org/wiki/Public_Health_Act_1848). 그 밖의 자세한 입법례는 'Public Health Act' 항목을 참조하라.

수 있게 되었다.

〈표 2-8〉은 1860-1861년과 1871년의 자료 및 1900-1902년의 자료를 이용하여 작성한 기대여명 표이다. 총 71개 직업에 종사하는 남성노동자를 대상으로 하여 20세 시점에 예상할 수 있는 기대여명을 측정하여 기대수명이 긴 직업순으로 나열하였다. 기대여명이 긴 직업은 대체로 산업재해의 위험이 낮은 직업이라고 볼 수 있다.[31]

기대여명이 가장 긴 직업은 성직자로, 20세 시점에 1860년대에는 향후 46.35년, 1900년경에는 향후 48.99년을 살 수 있는 것으로 측정되었다. 그 뒤를 정원사(두 시점에 각각 45.90년, 49.49년), 농부(45.67년, 48.37년), 잡화상(44.58년, 45.49년), 어부(44.43년, 42.80년), 수레바퀴 제작자(42.98년, 44.56년) 등이 따랐다. 이와 반대로 기대여명이 가장 짧은 직업은 여관 사환으로서, 두 시점에 각각 31.00년과 33.90년의 향후 기대여명을 기록하였다. 그 밖에 기대여명이 짧은 직업으로는 굴뚝청소부(31.30년, 37.75년), 줄 제작인(31.87년, 33.35년), 도공(32.65년, 35.36년)의 순서였다. 71개 직업의 평균은 두 시점에 각각 40.31년과 41.85년이었다. 직업에 따라 최대 15년까지 기대여명에 차이가 나타났음을 확인할 수 있다.[32]

〈표 2-8〉이 직업을 개별적으로 나열하였다면, 직업을 사회집단별로 구분하여 기대여명을 비교할 수도 있다. 〈표 2-9〉는 71개 직업을 다섯 개의 사회집단으로 구분하고, 각 사회집단 내에 대표적인 직업을 세부적으로 표시하고 있다. 전문직, 화이트칼라, 숙련 육체노동, 반숙련, 미숙련의 사회집단 구분은 단지 일의 특성에 따른 직업의 종

31 물론 20세 이전의 산업재해는 반영을 하지 못한다는 점에 유의하자.
32 Woods(2000), 224-226쪽.

표 2-8 남성 직업별 20세 시점의 기대여명

(단위: 년)

직업	1860-1861, 1871	1900-1902
성직자 clergyman, priest, minister	46.35	48.99
정원사 gardener, nurseryman, seedsman	45.90	49.49
농부 Farmer, grazier, farmer's son	45.67	48.37
잡화상 Grocer	44.58	45.49
어부 Fisherman	44.43	42.80
수레바퀴 제작자 Wheelwright	42.98	44.56
실크 제조인 Silk, satin, crape manufacturer	42.82	43.02
맥아 제조인 Maltster	42.76	45.20
종이 제조인 Paper manufacturer	42.51	44.87
톱질꾼 Sawyer	42.45	46.09
석탄 판매인 Coal merchant, coal burner	42.34	45.66
목수 Carpenter, joiner	42.20	44.16
문구 제조인 Stationery manufacturer	41.81	43.83
자가용 마부 Domestic coachman, groom	41.75	44.28
변호사 Barrister, solicitor	41.71	45.26
제화공 Shoemaker	41.48	42.13
모직공 Wool, worsted manufacturer	41.44	41.78
철물상 Ironmonger	41.03	46.16
교사 Schoolmaster, teacher	40.78	47.15
양철공 Tin, tinplate manufacturer	40.45	41.12
카펫 제작자 Carpet, rug, felt manufacturer	40.31	41.89
미술가 Artist, engraver	40.27	44.76
과일장수 Fruiterer, greengrocer	39.94	42.84
가구 제작자 Cabinet maker, French polisher	39.86	43.09
제혁공 Currier	39.75	42.67
담배가게 주인 Tobacconist	39.70	42.88
기계공 Engine, machine, boiler maker, millwright	39.68	43.14
방앗간 주인 Miller, cereal food manufacturer	39.62	42.96
시계공 Watch, clock maker	39.58	44.32
제빵사 Baker, confectioner	39.35	43.60
마구 제작자 Saddler, harness maker	39.35	42.43
의사 Physician, surgeon, general practitioner	39.34	43.16
무두장이 Tanner, fellmonger	39.30	45.24
총기 제작자 Gunsmith	39.30	40.30
도배장이 Paperhanger, plasterer, whitewasher	39.29	41.99
공공배달원 Civil service messenger, workman	39.26	44.81
재단사 Tailor	39.26	41.63

표 2-8 계속

(단위: 년)

직업	1860-1861, 1871	1900-1902
배 건조인 Shipbuilder, shipwright	39.15	45.16
염색공 Textile dyer, bleacher, finisher	39.13	40.45
약사 Chemist, druggist	38.89	42.16
밧줄 제작자 Rope, twine, card maker	38.85	43.53
철도원 Railway official, clerk	38.66	45.45
수지 제조인 Tallow, soap manufacturer	38.36	44.35
면직공 Cotton, flax manufacturer	38.28	40.29
석탄 광부 Coal miner	38.27	43.73
마차 제작자 Coach, carriage, railway coach maker	38.09	45.71
화공인 Chemical manufacturer	37.80	42.09
슬레이트공 Slater, tiler	37.79	39.45
포목상 Draper, linen draper	37.76	44.34
정육점 주인 Butcher	37.67	39.68
철광석 광부 Ironstone miner	37.47	45.32
여행업자 Commercial traveller	37.37	41.66
서기 Commercial clerk	37.11	42.56
인쇄업자 Printer	36.95	42.30
모자 제조인 Hatter	36.71	41.97
생선장수 Fishmonger, poulterer	36.57	42.14
유리 제조인 Glass manufacturer	36.57	39.07
사공 Bargeman, lighterman	36.16	37.42
제본업자 Bookbinder	36.07	43.64
미용사 Hairdresser	36.00	39.68
운송업자 Carman, carrier	35.56	39.93
석탄 운반부 Coal heaver	35.33	39.26
여관 주인 Innkeeper, publican	34.49	34.10
주석 광부 Tin miner	33.96	32.01
음악가 Musician, music master	33.50	39.70
법률서기 Law clerk	33.02	43.23
양조업자 Brewer	32.71	37.78
도공 Potter, earthenware manufacturer	32.65	35.36
줄 제작인 File maker	31.87	33.35
굴뚝청소부 Chimney sweep, soot merchant	31.30	37.75
여관 사환 Inn, hotel servant	31.00	33.90
71개 직업의 전체 남성	40.31	41.85
모든 남성	40.40	40.94

자료: Woods(2000), 224-226쪽.

표 2-9 사회집단과 직업별 20세 시점의 남성 기대여명

(단위: 년)

사회집단과 직업	1860-1861, 1871	1900-1902
25-64세의 모든 남성	40.40	40.94
25-64세의 71개 직업 남성 전체	40.31	41.85
A. 전문직 Professional	42.59	45.49
성직자 Clergyman, priest, minister	46.35	48.99
변호사 Barrister, solicitor	41.71	45.26
의사 Physician, surgeon, GP	39.34	43.16
B. 화이트칼라 White collar	37.66	42.76
법률 서기 Law clerk	33.02	43.23
교사 Schoolmaster, teacher	40.78	47.15
여행업자 Commercial traveller	37.37	41.66
서기 Commercial clerk	37.11	42.56
철도원 Railway official, clerk	38.66	45.45
C. 숙련 육체노동 Skilled manual	40.70	42.50
줄 제작인 File maker	31.87	33.35
목수 Carpenter, joiner	42.20	44.16
총기 제작자 Gunsmith	39.30	40.30
수레바퀴 제작자 Wheelwright	42.98	44.56
시계공 Watch, clock maker	39.58	44.32
슬레이트공 Slater, tiler	37.79	39.45
마구 제작자 Saddler, harness maker	39.35	42.43
인쇄업자 Printer	36.95	42.30
제본업자 Bookbinder	36.07	43.64
가구 제작자 Cabinet maker, French polisher	39.96	43.09
D. 반숙련 Semi-skilled	38.78	39.73
자가용 마부 Domestic coachman, groom	41.75	44.28
운송업자 Carman, carrier	35.56	39.93
사공 Bargeman, lighterman, waterman	36.16	37.42
어부 Fisherman	44.43	42.80
톱질꾼 Sawyer	42.45	46.09
화학공 Chemical manufacturer	37.80	42.09
염색공 Textile dyer, bleacher, finisher	40.31	40.45
E. 미숙련 Unskilled	35.31	37.70
공공배달원 Civil service messenger, workman	39.26	44.81
여관 사환 Inn, hotel servant	31.00	33.90
석탄 운반부 Coal heaver	35.33	39.26

자료: Woods(2000), 234쪽.

류만이 아니라 숙련도와 사회적 평가까지 반영하고 있다. 동일한 재료를 사용하고 동일한 도구를 써서 일하는 사람들이라도 숙련도나 소득 수준 등의 변수에 따라 재해 위험도가 다르다는 점을 염두에 둔다면, 이 분류가 매우 유용한 분석을 제공한다는 데에 동의하게 된다.

비교의 결과, 1900년경을 기준으로 할 때 20세 시점에서 남성노동자의 기대여명이 가장 긴 집단은 전문직이며, 그 뒤로 화이트칼라, 숙련 육체노동, 반숙련, 미숙련의 순서였다. 전문직은 1860년대와 1900년경에 각각 42.59년과 45.49년의 기대여명을 보였다. 전문직 내부에서는 성직자(46.35년, 48.99년)가 기대여명이 가장 길었던 반면에, 의사(39.34년, 43.16년)는 기대여명이 짧았다. 화이트칼라는 두 시점에 37.66년과 42.76년의 기대여명을 보였는데, 교사(40.78년, 47.15년)가 기대여명이 길었고, 여행업자(37.37년, 41.66년)는 기대여명이 짧았다.

육체노동자 사이에서는 숙련(40.70년, 42.50년)이 반숙련(38.78년, 39.73년)과 미숙련(35.31년, 37.70년)에 비해 두드러지게 기대여명이 길었다. 같은 육체노동자 사이에서 숙련 집단과 미숙련 집단 사이에는 약 5년의 기대여명 차이가 있었다. 숙련노동자 가운데에는 수레바퀴 제작자(42.98년, 44.56년)와 목수(42.20년, 44.16년)가 기대여명이 길었고, 반대로 줄 제작인(31.87년, 33.35년)과 슬레이트공(37.79년, 39.75년)이 기대여명이 짧았다. 반숙련노동자 중에서는 톱질꾼(42.25년, 46.09년)과 자가용 마부(41.75년, 44.28년)가 긴 기대여명을 보였고, 운송업자(35.56년, 39.93년)와 화학공(37.80년, 42.09년)이 기대여명이 짧았다. 마지막으로 미숙련노동자 중에서는 공공배달원(35.31년, 37.70년)은 기대여명이 긴 편이었지만, 여관 사환(31.00년, 33.90년)과 석탄 운반부(35.33년, 39.26년)의 기대여명은 매우 짧았다.

이상에서 우리는 개별 직업별, 그리고 사회집단별로 산업재해의 척도 가운데 하나로 볼 수 있는 20세 기준 기대여명을 비교해보았다. 전체적으로 보면 1860년대에서 1900년경에 이르는 기간에 직업의 종류와 사회집단을 막론하고 기대여명이 증가하였음을 알 수 있다. 그러나 직업별 편차는 20세기가 시작되는 시점에서조차 여전히 상당한 크기로 남아 있었다는 사실도 확인된다. 전문직과 공장이 아닌 실내에서 일하는 직업이 대체로 긴 기대여명을 보인 반면에 공장, 광산, 저임금 사업장에서 일하는 노동자, 특히 미숙련노동자의 기대여명은 짧은 것으로 나타났다. 산업재해 예방과 치료 측면에서 19세기 후반에 많은 향상이 있었지만, 동시에 이런 향상이 직업별 편차를 확실하게 줄여주는 수준에는 이르지 못하였다는 결론에 도달할 수 있다.

사회보장과 사회보험

산업안전의 증진과 더불어 산업재해의 피해자를 어떻게 보호하느냐가 산업재해 역사에서 중요하게 다루어질 내용이다. 산업재해의 피해를 관리하는 제도는 국가마다 다르지만, 크게 본다면 대부분 사회보장(social security)의 일환으로 마련된 사회보험의 영역에서 파악할 수 있다. 사회보장이란 노령, 장애, 실업 등으로 인한 사망, 부상, 질병에 대해 당사자 및 가족에게 경제적 보장을 해주는 프로그램을 광범위하게 일컫는다. 일반적으로 사회보장은 사회보험, 공공부조, 사회복지 서비스로 구분된다.

사회보험은 위험의 분산을 본질로 하는 보험의 특성과 사회적 보호라고 하는 사회보장의 특성이 결합된 것이다. 전형적인 사회보험은 사적 보험과 마찬가지로 가입자들이 위험에 대해 공동부담을 함으로써 위험의 비용을 분산하지만, 사적 보험과는 달리 가입이 강제적으로 이루어지며 가입자에게는 법적인 권리로 인정된다는 차이점을 지닌다. 우리나라의 사회보장기본법에는 사회보험을 '국민에게 발생하는 사회적 위험을 보험 방식에 의해 대처함으로써 국민건강과 소득을 보장하는 제도'라고 규정하고 있다.[33]

〈표 2-10〉은 사회보험과 사적 보험의 차이점을 요약하고 있다. 사회보험이 강제적 적용을 원칙으로 하는 반면에 사적 보험은 자발적인 참여에 기초한다. 보호 수준의 측면에서는, 사회보험이 최저 수준의 소득 보호를 기본적 목적으로 하는 것과 달리 사적 보험은 가입자 개인의 지불능력과 의지에 따라 차이를 보인다. 보험가입자가 향유하는 권리는 사회보험의 경우 법률에 입각한 권리이지만 사적 보험의 경우에는 계약에 기초한 권리라는 점에서 차별화된다. 마지막으로 운영 체제상의 특징을 보면, 사회보험은 정부에 의해 독점적으로 운영되는 것이 원칙이지만 사적 보험은 보험회사 간의 자유로운 경쟁 방식으로 운영된다.[34]

표 2-10 사회보험과 사적 보험의 차이점

기준	사회보험	사적 보험
강제성	강제적 적용	자발적 참여
보호 수준	최저 수준의 소득 보호	개인의 지불능력과 의지에 따라 차이
권리	법률에 입각한 권리	계약에 기초한 권리
운영 체제	정부 독점	자유 경쟁

자료: 이인재 · 류진석 · 권문일 · 김진구(2010), 37쪽에서 작성.

33 사회보장기본법 제3조.

현재 우리나라를 포함한 대부분의 국가들은 연금보험, 건강보험, 산업재해보상보험, 고용보험을 4대 사회보험으로 인정하고, 이들을 전부 혹은 부분적으로 제도화하고 있다. 이 가운데 연금보험과 건강보험은 국민 전체를 대상으로 하는 데 반해, 산업재해보상보험과 고용보험은 노동자만을 주 대상으로 한다는 데에 차이점이 있다. 우리나라는 1963년에 산업재해보상보험을 도입하였고, 이어서 1976년에 의료보험, 1988년에 국민연금제도를 시작하였으며, 마지막으로 1995년에 고용보험제도를 도입함으로써 4대 보험제도를 모두 보유하게 되었다. 그 후 수차례의 제도 변화를 통해 보험의 대상범위가 확대되어 오늘날의 사회보험 체제에 이르게 되었다.[35]

이제 역사적 발달 과정으로 논의의 초점을 돌려보자. 산업재해를 담당하는 보험은 초기에 사회보험이 아니라 사적 보험의 형태로 발전하였다. 프랑스, 네덜란드 등에서 상인, 군인 등을 위한 초기 보험이 이미 16세기부터 존재하였다. 이 보험들은 중상주의 시기 상시적으로 위험에 노출되면서 활동한 무역과 군사 부문의 인력을 보호하기 위하여 마련된 것이었다. 한편, 영국에서는 18세기부터 우애조합(friendly society)이 구성원들의 상호부조에 중요한 역할을 하였다. 특히, 구성원에게 재해가 발생하면 질병보상금(sick benefit)과 장례비용 등을 제공함으로써 재해의 위험을 분산하는 보험 역할을 하였다.[36]

재해노동자에 대한 보상이 당연시되기 이전에 작업장에서 발생한 사고에 대한 사회적 비용은 이후보다 훨씬 폭넓은 계층에 의해 부

34 Rejda(2011).
35 주요 국가들이 4대 보험 중 채택하고 있는 보험과 보험을 도입한 시기는 아래를 참조할 것.
36 McNeill(1900), 7-8쪽.

담되었다. 고용주가 개인적인 도움을 제공하기도 하였고, 공공모금의 형태로 도움의 손길이 모아지기도 하였고, 우애조합 등 상호부조의 형태로 위험을 분산하기도 하였으며, 아래에서 살펴볼 것처럼 사적 보험을 이용하기도 하였다. 또한 보상방법도 치료비, 장례비, 건강회복 후의 후속 고용, 재해노동자의 가족구성원에 대한 고용 등 매우 다양하였다. 이는 작업장에서의 사고를 우연적 사고(mishap)로 취급하는 경향과 맞물려 있었다. 산업재해가 경영과 생산의 불가피한 요소라고 여기게 되는 시기가 도래할 때까지 고용주에게 공식적 책임을 묻는 일은 흔하지 않았다.[37]

19세기 중반까지 영국에서는 사적 보험이 산업재해 문제를 처리하는 제도로 기능하였다. 예를 들어, 1845년에 영국에는 철도사고의 위험에 대비하여 보험 업무를 담당한 회사가 세 개 있었다. 그 해에 설립된 레일웨이 패신저스(Railway Passengers)가 그 중 하나였는데, 이 회사의 규정에 따르면 1등급 보험은 고객이 1파운드를 내고 사고로 사망할 경우 1,000파운드를 수령하도록 되어 있었다. 치명상이 아닌 덜 위중한 상해에 대해서는 따로 보상규정을 두었다. 1850년에 다른 보험회사인 액스던트 데스 컴퍼니(Accidental Death Company)는 최초로 사망사고 이외의 사고에 대한 상해보험 상품을 출시하였다. 직업의 특성상 특별한 위험요소가 없는 경우, 1파운드의 보험료 납부로 사망시에 1,000파운드를 받게 되며, 3파운드 10실링을 내면 사망시에 1,000파운드, 장애시에 주당 5파운드, 그리고 의료비로 5파운드 이하를 수령하도록 규정하였다.[38]

37 Bronstein(2008).
38 McNeill(1900), 8-9쪽.

이와 같은 사고보험들은 초기에는 사기(fraud)를 방지할 수단을 마련하는 데에 별다른 주의를 기울이지 않았다. 그런데 실제로 보험을 운영하는 과정에서 이 비용이 매우 크다는 점이 명확해졌다. 이 비용이 경영에 막대한 지장을 주는 규모였다는 사실은 액시던트 데스 컴퍼니가 주로 이 비용에 기인하여 기업 활동을 접게되었다는 점에서 확인된다. 결국 이 회사는 타기업에 인수되는 운명에 처하였다.[39]

이런 선례가 알려진 후 보험업계에서는 직업에 대한 상세한 규정을 마련하게 되었다. 1등급은 전문직, 2등급은 육체노동을 하지 않는 상인(master tradesmen), 3등급은 기계공 등 위험을 다소 동반하는 직업, 4등급은 위험한 직업으로 분류하여, 위험도에 따라 상이한 보험료와 보상금이 규정되었다. 특히, 1866년 한 잉글랜드 회사는 보험 보상에 관한 상세한 기준을 마련함으로써 다른 보험회사들이 참조할 수 있는 기준을 제공하였다. 예를 들어, 단순골절과 복합골절, 탈골 등에 대해 매우 상세한 기준이 작성되었다.[40]

그림 2-31 공장지대는 연기와 먼지와 오염된 물로 가득한 지역이었다. 각종 공해물질과 밀집한 주거환경은 질병이 발생하고 전염되기 용이한 환경을 제공하였다.

미국에서도 영국의 사례를 참조하여 다수의 보험회사가 사고

39 McNeill(1900), 9쪽.
40 McNeill(1900), 10-12쪽.

그림 2-32 19세기 말 미국의 사고보험의 신체 구분과 보험 보상액

DIAGRAM 1.

AMOUNT	No.	
$ 131.76	4	Head, Back
326.40	15	Eye, Rt.
117.15	4	Nose.
4.28	1	Ears
15.00	1	Lips
27.86	2	Chin
30.00	1	Neck
1,165.06	30	Chest
992.86	4	Spine
1,192.07	31	Shoulder, Rt.
1,573.50	23	Arm, Rt.
1,543.42	57	Back
128.21	7	Elbow, Rt.
616.32	19	Wrist, Rt.
2,832.17	103	Fingers, Rt. H.
1,773.17	51	Hand, Rt.
215.36	6	Hands, Both
910.15	8	Hip, Rt.
600.36	4	Thigh, Rt
1,440.78	31	Knee, Rt.
908.60	36	Leg, Lower Rt.
1,226.52	21	Ankle, Rt.
362.21	14	Foot, Rt.
261.82	10	Toes, Rt.
1,445.60	52	Sole of Foot

	No.	AMOUNT
Head, Top	8	$ 208.43
Frontal Bone	6	122.60
Eye, Left	23	735.28
Face and Cheeks	16	582.37
Throat	3	48.75
Clavicle	14	423.00
Ribs	22	643.86
Shoulder, Lt.	23	978.54
Arm, Lt.	21	583.97
Elbow, Lt.	8	159.94
Wrist, Lt.	17	537.00
Fingers, Lt. H.	78	1,807.60
Hand, Lt.	31	1,248.21
Abdomen	8	223.77
Privates	5	227.85
Coccyx	1	40.00
Thigh, Lt.	6	127.93
Hip, Lt.	1	73.00
Knee, Lt.	28	1,455.67
Both Knees	3	64.29
Lower Leg, Lt.	38	1,870.34
Ankle, Lt.	41	1,044.53
Heel, Lt.	1	35.71
Foot, Lt.	10	278.90
Toes, Lt.	16	380.46

자료: McNeill(1900), 29쪽.

보험을 운영하였다. 그리고 운영 과정에서 직업별, 지역별, 사고부위별로 많은 통계가 수집되어 다음 번 보험 상품을 기획하는 데에 기초자료로 사용되었다. 〈그림 2-32〉는 19세기 말 미국 보험회사들에게서 집계된 자료의 한 예이다. 100여 개의 직업에서 발생한 1,000건의 보험청구건을 대상으로 하여 신체의 어느 부분이 손상을 입었으며, 그에 따라 지불된 금액이 얼마인가를 보여준다. 보험업계 내에서는 이런 방식으로 산업재해에 관한 지식과 정보가 축적되었고, 현실성 있는 재해보험의 틀을 설계하는 능력을 키워갔다.

산업재해보험제도의 발전

산업재해보험제도가 마련되기 전에는 산업재해를 당한 노동자가 사적 보험에 의존하거나 사법적 소송을 통해 피해보상을 구할 수 밖에 없었다. 노동자로서 사적 보험에 가입한 사람은 매우 제한적이었으므로, 실제로는 소송이 보상을 구할 수 있는 가장 중요한 채널이었다. 불문법 체제를 지닌 영국과 미국은 보통법(common law)에 의거하여, 그리고 성문법 체제를 가진 프랑스, 독일 등 유럽 대륙의 대부분 국가들은 민법(civil code)에 따라 소송이 이루어졌다. 재해를 입은 노동자는 고용주의 부주의나 과실을 입증해야만 소송에서 승리할 수 있었다. 그러나 고용주에게는 노동자와 그 가족에게 영향력을 행사할 수 있는 여지가 많았고, 증인으로 나설 노동자들에게도 유무형의 압력을 미칠 수 있었다. 법률적 지식과 변호사를 고용할 능력에서도, 지역공동체의 협조를 이끌어낼 수단에서도 고용주는 재해를 입은 노동자보다 월등하게 유리한 위치에 있곤 하였다.

또한 법률적으로도 고용주에게 유리한 측면이 많이 있었는데, 특히 보통법에서 통용되는 몇몇 법적 원칙은 고용주가 책임을 피하는 데에 결정적인 도움이 되었다. 〈표 2-11〉에 이런 세 원칙이 담겨 있다. 첫째, 기여부주의의 원칙(rule of contributory negligence)은 재해를 입는 노동자가 부주의나 과실을 범하였다면 고용주는 피해보상의 책임을 면하였다. 즉, 피해보상은 고용주의 부주의나 과실이 있을 뿐 아니라 재해노동자의 부주의나 과실이 없어야만 성립하였다. 둘째, 동료 책임의 원칙(fellow servant rule)은 재해의 원인이 동료 노동자의 부주의나 과실에 있을 경우 고용주는 피해보상 책임을 지지 않는다는 것이다. 셋째, 위험전제의 원칙(rule of assumption-of-risk)은 재해를 입은 노동자가 자신의 업무에 고유한 위험에 대해 사전에 인지를 하고 있었다면 고용주에게 보상 책임을 물을 수 없다는 것이다.

표 2-11 피해보상에 대한 보통법상의 원칙

보통법상의 원칙	내용
기여부주의의 원칙	재해노동자의 부주의나 과실이 있으면 피해보상을 받을 수 없다.
동료 책임의 원칙	동료 노동자의 부주의나 과실로 재해가 발생하면 재해노동자는 피해보상을 받을 수 없다.
위험전제의 원칙	재해노동자가 자신의 업무에 고유한 위험에 대해 미리 인지하고 있다면 피해보상을 받을 수 없다.

자료: 이인재 · 류진석 · 권문일 · 김진구(2010), Rejda(2011).

이 세 가지 원칙을 종합하면, 재해노동자가 고용주에 대해 승소하기 위해서는 ① 고용주의 부주의나 과실이 있고, ② 재해노동자는 부주의나 과실을 범하지 않았고, ③ 동료 노동자의 과실이 재해의 원인이 되지 않았으며, ④ 재해노동자가 업무 특유의 위험에 대해 사전에 인지하고 있지 못하였어야 한다. 이 모든 기준을 통과할 수 있도록 자료를 모아 법정에서 고용주의 보상 책임을 입증하는 일은 지극히 어려웠다. 사회적 인식의 변화에 따라 이 원칙이 약화되고, 노동조합 등 소송을 체계적이고 전문적으로 지원해줄 수 있는 단체가 성장한 시기가 되어야만 재판이 승소로 귀결될 실질적 가능성이 확립되는 것이다.

그림 2-33 산업화 초기에 산업재해를 입은 노동자가 고용주에게 보상을 받기는 매우 힘들었다. 또한 산업재해를 일반재해와 구분하는 것이 쉽지 않은 경우도 많았다.

선진 산업국들에서는 19세기 후반을 거치면서 변화

가 전개되었다. 1871년에 독일에서는 '고용주보상책임법'(Reichschaftpflichtgesetz)이 제정되었고, 뒤를 이어 1880년에 영국에서 '고용주책임법'(Employers' Liability Act)이 입법화되었다. 미국에서는 1885년에서 1910년에 이르는 시기에 주별로 고용주책임법이 제정되었다. 그러나 위에서 살펴본 세 원칙을 포함하여 고용주에게 유리한 조항과 판례가 여전히 많았고, 재해노동자가 상대적으로 약한 위치에 서 있었던 탓에 소송을 기피한 경우도 많았다. 이런 문제가 근본적으로 해결되기 위해서는 국가 주도의 산업재해보상제도가 마련되어야만 하였다.

비스마르크가 지도력을 발휘한 독일이 산업재해보험제도를 도입하는 데에 가장 앞섰다. 1884년 독일은 '재해보상법'을 제정하여, 산업재해에 대해 해당 기업의 고용주가 아니라 관련 지역의 관련 산업에 종사하는 고용주들이 집단적으로 연대책임을 지도록 규정하였다. 처음에는 제조업과 광업만이 재해보상법의 대상이었지만 곧 다른 산업들로 적용범위가 확장되어 갔다. 이 재해보상법은 무과실책임에 입각한 고용주 책임의 원칙을 법적으로 구현한 것이며, 이후 세계적으로 이루어진 산업재해보상제도 입법화 움직임에 중요한 역사적 선례를 남겼다.

그림 2-34 영국 북부의 공업도시 셰필드(Sheffield)는 쇠붙이 생산으로 이름이 높았다. 그림은 1860년 이 도시에서 여러 노동자들이 금속 날을 갈고 있는 모습을 보여준다. 보호 장구와 시설의 미비로 인해 이런 산업에서는 재해가 발생하기 쉬웠다.

산업화에 상대적으로 늦

게 뛰어든 독일에서 산업재해에 대한 제도가 일찍 도입된 데에는 독일 산업화의 특징이 반영되었다. 독일은 19세기 중반부터 철강, 기계, 화학, 전기 등 중화학공업을 중심으로 산업화를 추진하였는데, 이 과정에서 노동자의 수가 빠르게 증가하였다. 이에 따라 노동조합도 눈부신 성장세를 보였다. 당시 '압축성장'을 하였던 독일 사회에서는 각계각층으로부터 쏟아져 나오는 요구들로 소란스러웠다. 특히, 노동자 세력의 급성장을 정부는 혁명 위협의 증대로 받아들였다. 보수적 진영에서 포용적 정책을 적극적으로 펴지 않는다면 사회적 불안 요소는 더욱 커질 것이라고 정치권은 판단하였다. 산업재해 관련 입법이 후발공업국 독일에서 일찍 이루어진 데에는 이런 요인이 작용하였다.

〈표 2-12〉는 독일의 사례가 대표적으로 보여주는 산업재해보험의 형태적 특징을 설명하는 데 편리하다. 보상/배상의 범위를 업무상 재해로 한정하느냐 모든 재해를 포괄하느냐에 따라 구분하고, 운영 주체를 국가와 민간으로 구분하여 작성한 표이다. 산업재해가 사회보험의 대상으로 다루어지기 이전에는 일반 사적 보험(4), 즉 강제 가입의 의무가 없는 사보험이 모든 재해를 다루었다. 국가가 일반 사회보험(3)의 형태로 운영을 하는 것도 가능하

그림 2-35 1852년에 나온 기계공들의 조합증서. 노동계급의 성장은 노동자들이 산업재해의 책임을 둘러싼 논의의 틀을 바꾸는 결과로 이어졌다.

표 2-12 산업재해보험의 형태적 특징

보상/배상의 범위	운영 주체	
	국가	민간
업무상 재해로 한정	(1) 국가 강제산재보험	(2) 민간 강제산재보험
모든 재해 포괄	(3) 일반 사회보험	(4) 일반 사적 보험

자료: 이인재 · 류진석 · 권문일 · 김진구(2010), 245쪽.

였다. 그러나 산업재해가 독립된 항목으로 인정을 받게되면서 보험 가입은 강제화될 수밖에 없었다. 이 경우 민간이 운영을 하면 민간 강제산재보험(2)이 되고 국가가 운영 주체가 되면 국가 강제산재보험(1)이 된다. 독일은 전형적으로 국가 강제산재보험을 채택한 사례이다.

한편, 영국에서는 국가가 주도하는 방식의 강제적 산재보험 대신에 자율적 행동의 여지를 고용주에게 부여하였다. 1897년에 제정된 '노동자보상법'(Workmen's Compensation Act)은 무과실책임주의를 천명하고, 업무 중에 발생한 업무상 인적 재해에 대해 고용주의 책임을 명확히 하되 보험 가입을 강제하지는 않았다. 당시 다수의 대형 기업들은 민간보험에 가입하였던 것으로 나타났다. 이 노동자보상법은 영국 복지국가 체제의 기초가 된 베버리지보

그림 2-36 19세기 말부터 중화학공업이 성장함에 따라 산업재해의 양상도 크게 달라졌다. 재해의 빈도는 과거에 비해 낮아졌지만 재해의 규모는 엄청나게 확대되었다. 1921년 독일에서 발생한 바스프(BASF) 공장 폭발사고는 500명 이상의 사망자와 2,500명 가량의 부상자를 냈다.

고서(Beveridge Report)에 따라 '국민보험법'(National Insurance Act)이 제정되는 1946년까지 영국에서 산업재해에 관한 핵심적 입법례로 남아 있었다.[41]

산업재해보험제도의 확산

19세기 말에서 20세기 중반에 이르는 시기에 많은 국가들이 산업재해보험제도를 도입하였다. 개별 국가들이 산업재해보험제도를 도입한 이유나 역사적 환경, 산업재해보험의 방식, 산업재해보험의 실효성과 영향력에 차이가 있어 일률적으로 비교하여 논의하기는 어렵다.[42] 그렇지만 각 국가의 산업재해보험제도가 서로 타국의 제도를 모방하거나 참조하여 이루어지는 사례가 많았고, 시간이 경과하면서 시행착오를 거치는 과정에서 국가 간의 제도적 유사성도 점차 증가하는 사례가 많았다. 따라서 산업재해보험제도의 도입 시점을 국제적으로 비교하는 것은 역사적 추이를 파악하는 데에 유익한 측면이 있다.

그림 2-37 부상을 입은 환자의 재활에는 긴 시간과 지속적인 노력이 필요하다. 사진은 20세기 초반 부상당한 손목이 얼마나 펴지는가를 측정하는 장면.
자료: Otis Historical Archives National Museum(CC BY 2.0).

독일을 필두로 한 유럽 대륙의 국가들, 특히 독일에

41 이인재 · 류진석 · 권문일 · 김진구(2010), 230-231쪽.
42 국가별 주요 차이점에 대해서는 신태식 · 김병석(2008), 49-52쪽.

표 2-13 산업재해보험제도 입법 시기

입법시기	국가	국가 수
1884-1890	독일, 폴란드, 오스트리아, 체코슬로바키아	4
1891-1900	벨기에, 노르웨이, 핀란드, 영국, 아일랜드, 프랑스, 이탈리아, 덴마크	8
1900-1910	스페인, 스웨덴, 네덜란드, 룩셈부르크, 헝가리, 오스트레일리아, 미국, 뉴질랜드	8
1911-1920	스위스, 일본, 포르투갈, 그리스, 캐나다	5
1921-1930	타이완	1
1931-1940	싱가포르	1
1941-1950	멕시코, 터키	2
1951-1960	한국, 아이슬란드	2

자료: 신태식 · 김병석(2008), 30쪽.

인접한 폴란드, 오스트리아, 체코슬로바키아가 가장 이른 시기인 1880년대에 이 제도를 도입하였다. 1890년대 이후 20년 동안 유럽 대륙의 여러 국가들과 더불어 영미식 법체계를 보유한 국가들이 뒤를 이어 산업재해보험제도를 도입하였다. 일본은 아시아에서 가장 앞서 산업화를 경험한 국가로서, 서구보다는 늦지만 다른 아시아 국가들보다는 이른 시점인 1910년대에 산업재해보험제도를 받아들였다. 산업화가 상대적으로 늦었던 우리나라는 1950년대에 이르러서야 산업재해보험제도를 처음으로 도입하기 시작하였다. 1953년 근로기준법을 제정하면서 사업주의 재해보상책임을 규정한 것이 처음인데, 사업주가 지불능력을 갖지 못한 경우 노동자가 실질적으로 재해보상을 받을 수 없다는 한계점이 있었다. 우리나라에서 본격적으로 사회보험제도로서 산업재해보험제도가 도입된 것은 1964년의 일이었다. 경쟁국인 아시아의 네 마리 용 가운데 타이완이나 싱가포르보다도 훨씬 늦은 시점이었다.

노동규제와 산업재해

산업재해보험과 같은 재해보상제도의 역사만을 보지 않고 노동에 관련된 규제의 역사와 함께 국제적 비교를 하는 것도 전체적인 사회복지 역사의 그림을 그리는 데에 유용할 수 있다. 공장의 규제, 아동과 여성의 노동에 관한 규제 등은 국가별로 기준이 달라 정확하게 비교하기는 어렵지만, 국가 간의 제도적 수렴 과정도 존재하였던 만큼 논의의 유용성은 적지 않다. 또한 노동규제와 산업재해보상제도가 활발히 도입된 시기라고 할 수 있는 1900년을 기준점으로 삼아 해당 국가들의 일인당 GDP를 함께 고찰하는 것도 흥미로운 작업이다.

〈표 2-14〉는 서구 각국이 산업재해보상제도를 도입한 시점과 공장규제를 도입한 시점, 여성노동자와 아동노동자에 대한 고용과 노동시간 규제의 실시 시점을 기록하고, 이를 1900년의 일인당 GDP와 함께 보여준다. 위에서 이미 논의한 바와 같이 공식적인 산업재해보상제도의 도입은 영국이 다른 나라들에 비해 특별히 빠르지는 않았다. 특히, 일인당 GDP 수준을 고려할 때 이런 지체는 더욱 두드러진다. 영국보다 산업재해보상제도를 더 일찍 도입한 독일, 오스트리아, 핀란드, 노르웨이 등 네 국가는 모두 1900년을 기준으로 할 때 일인당 GDP가 3,000달러 미만이었다. 반면에 같은 시점 영국의 일인당 GDP는 4,500달러에 육박하는 수준이었다. 영국보다 늦게 산업재해보상제도를 도입한 다른 모든 국가들도 1900년에 일인당 GDP가 영국의 수준에 이르지 못하였다.

다른 노동규제에서는 국가 간의 편차가 더욱 크게 나타났다. 산업혁명의 과정에서 공장제의 폐해를 일찍 경험한 영국은 이미 1833년

표 2-14 각국의 노동시장 규제와 산업재해보상제도의 도입 시점

국가	재해보상	공장규제 도입	12세 이하 노동 금지	여성 야간 노동 금지	여성 11 시간 노동	일인당 GDP* (국제$)
독일	1884	1853	1853	1891	1891	2,985
오스트리아	1887	1883	1885	1895	1895	2,882
핀란드	1893	1889	1889	–	–	1,668
노르웨이	1894	1892	1892	1909	–	1,877
영국	**1897**	**1833**	**1901**	**1844**	**1850**	**4,492**
덴마크	1898	1873	1901	–	–	3,017
프랑스	1898	1874	1871	1892	1892	2,876
이탈리아	1898	1906	1907	1907	–	1,785
스페인	1900	1907	–	1909	–	1,789
스웨덴	1901	1889	1881	1909	–	2,561
네덜란드	1901	1895	1889	1889	1889	3,424
벨기에	1903	1889	1889	1909	–	3,731
러시아	1903	1882	1907	1905	–	1,237
헝가리	1907	1893	1884	1909	–	1,682
불가리아	1908	1905	1905	1909	1913	1,223
미국	1911	1893	1889	1913	1892	4,091
스위스	1911	1877	1833	1894	1894	3,833
포르투갈	1913	1893	–	1909	–	1,302
오스트레일리아	1914	1885	1885	1896	1873	4,013

주: 일인당 GDP는 1900년 기준.
자료: Huberman and Meissner(2010), 660쪽.

에 공장법 제정을 통해 규제를 도입하였다. 독일이 1853년으로 뒤를 이었고, 다른 국가들은 1870년대에 이르러서야 공장규제를 도입하기 시작하였다. 12세 이하 아동노동의 고용 금지는 영국이 매우 늦은 편이었다. 아동노동자의 노동시간을 제한하는 입법은 19세기 전반에 이루어졌지만 아동노동의 전면적인 금지는 1901년에 와서야 실시되

그림 2-38 공장과 탄광의 규모가 커지고 작업들 간의 상호연관성이 커짐에 따라 산업재해를 개인의 과실로 보기 어려운 상황이 점차 증가하였다. 이에 따라 산업재해의 관념도 점차 강화되었다.

었다. 독일(1853년), 프랑스(1871년), 스웨덴(1881년) 등에 비해 뒤처진 양상이었다. 여성의 야간노동 금지와 11시간 이하 노동에 있어서는 영국이 앞선 모습을 보였다. 여성의 야간노동은 1844년부터 금지되어 다른 국가들보다 50년 가량 앞섰고, 여성의 11시간 노동도 1850년에 이미 실시되어 후발국들과 약 40년의 격차를 보였다.

산업재해보상제도만 놓고 보면, 영국은 법제화가 빠르지 않았을 뿐만 아니라 재해보상의 규모에서도 두드러지지 않았다. 1910년을 기준으로 볼 때, 임금 대비 산업재해 보상비용의 비율이 0.73%를 기록하였다. 이는 같은 시점 벨기에의 3.10%, 프랑스의 2.10%, 노르웨이의 1.63%, 미국의 1.56%, 스페인의 1.50%, 스위스의 1.21%, 독일의 1.08% 등에 비해 낮은 수준이었다.[43]

한국의 산업재해보험

우리나라의 산업재해 관련 제도의 역사는 매우 짧다. 현재 우리나라에서는 산업재해를 대상으로 하는 제도적 안전장치로서 안전보건제도와 산업재해보상제도를 두고 있다. 안전보건제도란 산업재해

43 Huberman and Meissner(2010), 664쪽.

를 미연에 방지하기 위해 필요하다고 생각되는 기준을 마련하고 이를 위반할 경우 부과하는 법적 책임의 범위를 규정하는 제도이고, 산업재해보상제도는 일단 발생한 재해를 어떻게 처리할 것인가에 대한 제도적 방안을 담는 제도이다.

1980년대 말까지 우리나라의 안전보건제도는 근로기준법을 기초로 하고 그 부속법령으로 사용자가 지켜야 하는 산업안전보건조치의 최저 기준을 규정한 데에 불과하였다. 1981년 산업안전보건법이 제정되어 작업환경의 관리에 대한 고용주의 책임을 명기하였지만, 여전히 산업안전제도의 현실적 유용성에 대해서는 의문이 있었다. 특히, 기술 변화에 따른 새로운 재해의 빈번한 발생, 중첩적 하도급제도에 따른 안전 문제의 대두, 새로운 화학물질의 사용과 새로운 작업환경에 따른 신종 직업병의 출현, 해외 산업안전보건 기준의 강화 등의 시대적 변화 속에서 안전보건제도의 확충을 요구받게 되었다. 그에 따라 1990년 근로기준법과 산업안전보건법이 개정되어 산업안전보건법의 단일 체제로 통합 운영되게 되었다.[44]

사회보험으로는 산업재해보상보험이 있다. 산업재해보상보험은 노동자가 업무상 입은 재해를 신속하고 공정하게 보상하는 것을 일차적 목적으로 한다. 또한 재해근로자가 치료와 재활을 통해 사회생활에 원활하게 복귀할 수 있도록 다양한 보험시설을 설치하여 운영하고 근로복지사업을 실시한다.

〈표 2-15〉는 우리나라 산업재해보험제도의 특징을 정리하고 있다. 한국의 산업재해보상보험은 전형적인 국가 주도의 강제형 사회보험제도로서, 기업주는 보험 가입을 임의로 결정할 수 없고 의무적

44 김수복(2010), 33-36쪽.

표 2-15 우리나라 산업재해보험제도의 특징

특징	내용
무과실책임주의와 사회보험 방식	1953년 근로기준법으로 과실책임주의에서 무과실책임주의로 전환 1964년 산업재해보상법 제정으로 사용자와 노동자 간의 직접보상을 대신하여 국가와 노동자 간의 보험급여 지급 체제로 전환
정률보상주의	현물급여인 요양급여를 제외하고 연령, 근무기간 등과 무관하게 평균임금을 기초로 법률이 정한 비율에 따라 보험급여 지급
현실주의	사실혼 관계 인정, 노동자의 생사 확인이 불가능한 경우 단기 3월의 사망 추정 인정, 불법취업자에 대한 보험급여 지급 등

자료: 신태식 · 김병석(2008), 48쪽.

으로 가입을 해야 한다. 산업재해보상보험은 재해의 발생으로 인해 고용주가 뜻하지 않게 큰 부담을 한꺼번에 짊어지게 되는 것을 막음으로써 기업 활동의 안정을 보호한다는 면에서 기업주에게도 도움이 되는 제도이다. 산업재해보상보험은 무과실책임의 원칙을 명확히 하였다는 점에서도 19세기 후반 이래 선진국들에서 이루어진 사회보험 강화 내용과 맥을 같이 한다. 사용자의 과실 여부와 무관하게 영리 활동 과정에서 발생한 재해에 대해서는 당연히 보상을 하도록 제도적으로 강제하는 체제를 갖춘 것이다. 무과실책임주의와 사회보험 방식이라는 특징은 1953년 근로기준법과 1964년 산업재해보상법 등을 통해 서서히 확정되었다.

보상액의 정률화도 특징적이다. 노동자가 입은 재해의 종류와 강도에 대해 일정하게 정해진 보상액을 받도록 특정함으로써 노동자와 사용자 모두에게 예측성을 높여주었다. 또한 산업재해보험에 따른 보험액의 실질수령자의 폭을 확정하였는데, 형식적 법률관계보다 현실에서의 사실관계에 더 강조점을 두었다. 예를 들어, 노동자가 사실혼관계에 있는 경우 혼인관계로 인정하고, 노동자의 생사 확인이 어려울 경우 단기 3월의 사망 추정을 인정하며, 불법취업자에게도 보험급여가 지급되도록 하였다.

2
사례 연구

제3장 굴뚝청소업
제4장 직물공업
제5장 탄광업
제6장 철도업
제7장 질병과 공중보건

제3장

굴뚝청소업

3.1. 굴뚝청소업 개관

3.2. 제도와 관행

3.3. 굴뚝청소 노동자의 재해

3.4. 개혁의 과정과 방식

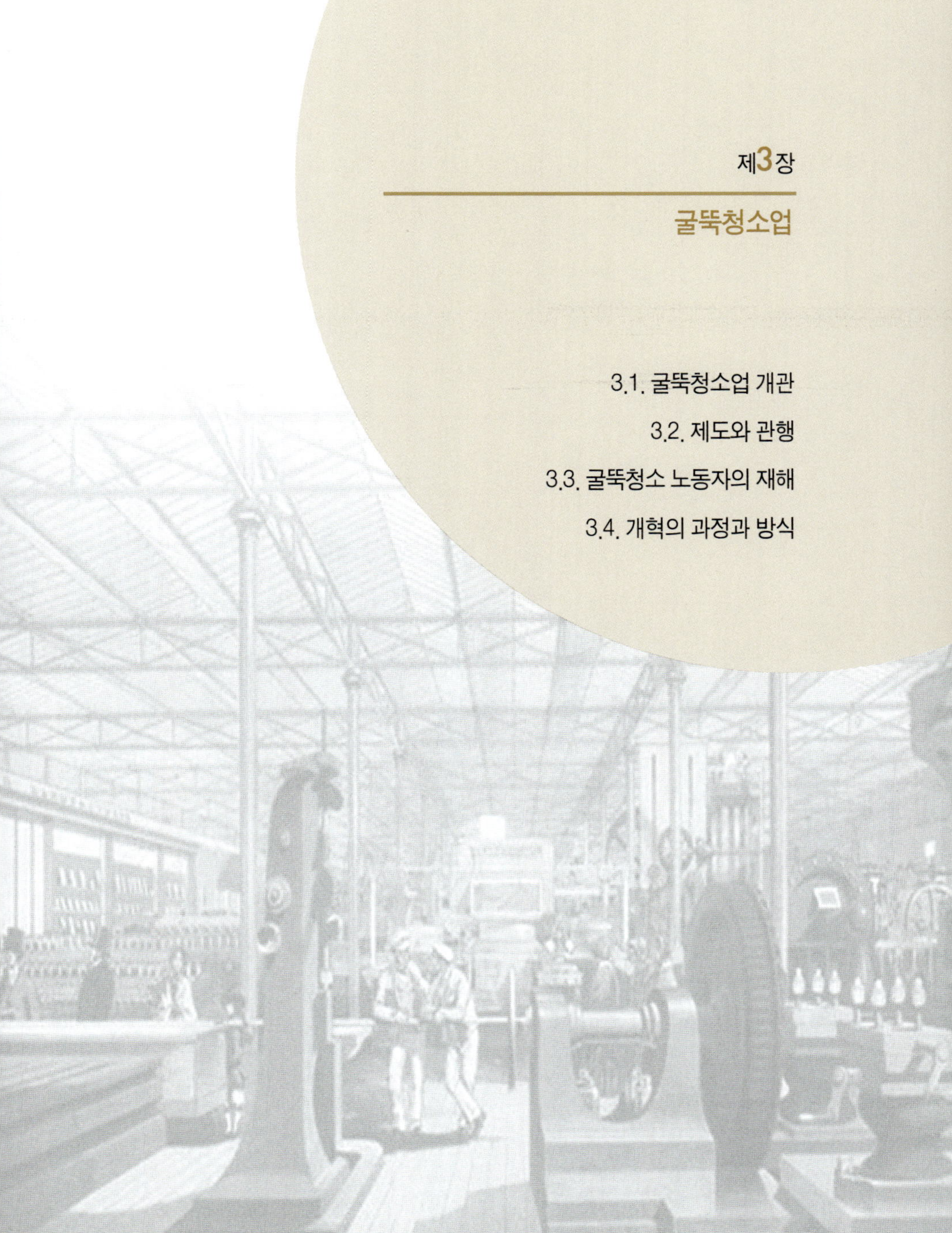

3.1. 굴뚝청소업 개관[1]

시대적 배경

도시화와 산업화는 모두 근대화의 내용을 이루는 개념이며, 많은 경우 서로 밀접한 관련을 맺으며 진행된 것이 사실이다. 그러나 과거의 통계를 자세히 들여다보면, 도시화와 산업화가 반드시 발을 맞추어 전개된 것은 아니라는 점을 알 수 있다. 영국의 경우 이 점이 매우 뚜렷하게 나타난다.

그림 3-1 저소득층이 거주하는 도시환경은 좁은 공간과 불결한 환경 및 공해로 인해 매우 열악하였다. 이런 주거환경은 질병을 유발하기도 하였고 작업 중 얻은 질병을 악화시키기도 하였다.

예를 들어, 영국의 17세기는 산업화가 본격적으로 시작되지 않은 시기였지만, 도시는 빠른 속도로 크기와 수를 늘려간 시기였다. 〈표 3-1〉은 1600년경, 1700년경, 그리고 1801년을 기준으로 잉글랜드의 도시들을 규모 순으로 정리하고 있다. 앞의 두 시점에는 인구가 5,000명 이상인 도시를, 그리고 마지막 시점에 대해서는 인구가 1만 5,000명 이상인 도시를 나열하였다. 전 기간을 걸쳐 부동의 1위를 고수한 것은 런던이었다. 런던은 영국 정치의 중심지로 정치가와 관료들이 생활하는 도시이자 많은 상인, 금융업자, 제조업자들이 활동하는 터전이었다. 또한 수많은 저임금 노동자와 하녀와 부두 막노동꾼들이 사회의 중상류층의 안락한 생활을 뒷받침하기 위해 비지땀을 흘리는 도시이기

1 이 장의 주요 내용은 송병건(2014)에 실려 있다.

표 3-1 잉글랜드 도시의 성장, 1600-1801년

(단위: 천 명)

순서	1600년경		1700년경		1801	
	도시	인구	도시	인구	도시	인구
1	London	200	London	575	London	959
2	Norwich	15	Norwich	30	Manchester	89
3	York	12	Bristol	21	Liverpool	83
4	Bristol	12	Newcastle	16	Birmingham	74
5	Newcastle	10	Exeter	14	Bristol	60
6	Exeter	9	York	12	Leeds	53
7	Plymouth	8	Gt Yarmouth	10	Sheffields	46
8	Salisbury	6	Birmingham	8-9	Plymouth	43
9	King's Lynn	6	Chester	8-9	Newcastle	42
10	Gloucester	6	Colchester	8-9	Norwich	36
11	Chester	6	Ipswich	8-9	Portsmouth	33
12	Coventry	6	Manchester	8-9	Bath	33
13	Hull	6	Plymouth	8-9	Hull	30
14	Gt Yarmouth	5	Worcester	8-9	Nottingham	29
15	Ipswich	5	Bury St Edmunds	5-7	Sunderland	26
16	Cambridge	5	Cambridge	5-7	Stoke	23
17	Worcester	5	Canterbury	5-7	Chatham	23
18	Canterbuty	5	Coventry	5-7	Wolverhampton	21
19	Oxford	5	Gloucester	5-7	Bolton	17
20	Colchester	5	Hull	5-7	Exeter	17
21			King's Lynn	5-7	Leicster	17
22			Leeds	5-7	Gt Yarmouth	17
23			Leicester	5-7	Stockport	17
24			Liverpool	5-7	York	16
25			Nottingham	5-7	Coventry	16
26			Oxford	5-7	Chester	16
27			Postsmouth	5-7	Shrewsbury	15
28			Salisbury	5-7		
29			Shrewsbury	5-7		
30			Sunderland	5-7		
31			Tiverton	5-7		

자료: Wrigley(1985), 686쪽.

도 하였다. '부자는 성채에 있고, 빈자는 대문에 있다'(The rich man in his castle, the poor man in his gate)라는 빅토리아 시대의 유행어가 지극히 잘 어울리는 환경이었다. 이렇듯 런던은 생산 기반은 탄탄하지 않았지만, 소비를 중심으로 국제적 대도시로서 명성을 굳건하게 유지하였다. 인구가 1600년경에 20만 명이던 런던은 1600년경에는 57만 명을 넘고, 1801년에는 96만 명에 육박하였다.[2]

다른 도시는 런던보다 규모가 훨씬 작았다. 1600년경에는 잉글랜드에 인구 5,000명 이상의 도시가 총 20개였는데, 이 가운데 인구가 1만 명에 이른 도시는 입스위치, 요크, 브리스톨, 뉴캐슬 등 총 네 개에 불과하였다. 1700년에 이르면 5,000명 이상의 인구를 가진 도시는 총 31개로 증가하였다. 인구가 1만 명이 넘는 도시의 수도 증가하였고, 그 이하의 도시도 눈에 띄게 많아졌다. 1801년에는 인구가 5,000명 이상인 도시는 너무 많아 표에 넣지 않았다. 대신 인구가 1만 5,000명 이상인 도시만 하여도 그 수가 27개에 이르렀다. 국제적 대도시 런던 이외에 맨체스터, 리버풀, 버밍엄, 브리스톨, 리즈 등 주로 신흥 상공업 도시들이 5만 명이 넘는 인구를 과시하였다.

그림 3-2 1666년 런던의 대화재를 계기로 많은 건물이 석탄을 연료로 사용하는 굴뚝을 가지게 되었다.

이러한 도시의 성장은 건물의 수가 크게 증가하였음을 의미하고, 이는 다시 주기적인 청소를 필요로 하는 굴뚝의 수가 빠르게 증가하였음을 의미하였다. 특히, 17세기 후반과 18세기에는 많은 집이 새로 지어졌는데, 집을 벽돌로 짓는 방식

2 Landers(1993), 40-88쪽; McKellar(1999), 71-92쪽; Porter(2011), 제5장.

이 유행하였다. 특히, 런던에서는 1666년 발생한 대화재로 수많은 집이 유실되었는데, 그에 따라 재건축을 관리하는 법이 제정되기도 하였다. 이 법에 따라 벽돌의 두께, 천정의 높이 등이 새로 정해졌다. 건축의 증가는 석탄을 연료로 사용하는 사례의 증가로 이어졌다. 땔나무를 대신해서 석탄을 사용하는 집의 비율이 빠르게 증가하였다. 숲이 줄어들면서 나무는 점차 희소성이 커져 가격이 상승하는 추세를 보였는데, 이와 달리 새로운 연료로 등장한 석탄은 적은 비용으로 대량 공급이 가능하였기 때문이다. 그리하여 굴뚝청소부가 도시의 유지를 위해 필수불가결한 직업으로 등장하게 되었다.

기술적 요인

석탄을 연료로 쓰려면 연기가 실내로부터 잘 빠져나가는 구조가 필요하였는데, 그에 맞게 연통의 크기가 전보다 줄어들었다. 그런데 작아진 연통은 검댕으로 막히기 쉽고, 이는 굴뚝의 효율성을 떨어뜨릴 뿐만 아니라 화재로 이어질 위험성도 높였다. 따라서 정기적으로 굴뚝을 청소하는 작업이 반드시 필요하였다.

굴뚝은 집의 모양이나 위치, 집안 구조에 따라 크기와 수와 모양이 다양하였다. 어떤 굴뚝은 내부에 있는 연통이 좁은 경우가 많았다. 당시의 기록을 보면 어떤 연통은 크기가 9(인치)×14(인치)밖에 되지 않을 정도로 좁았다.[3] 많은 굴뚝이 성인 굴뚝청소부가 일을 할 수 없는 크기였기 때문에, 아동에게 굴뚝청소의 역할이 점차 많이 맡겨지게 되었다. 아동노동은 임금이 저렴할 뿐만 아니라 열악한 노동환경

3 약 23cm×36cm. Waldron(1983), 390쪽.

에서도 고용주에게 저항하기 어려웠다는 점이 이들의 고용을 촉진시키는 요인으로 작용하였다.

기술적으로 보면, 아동노동이 당시 굴뚝청소에 필수불가결한 요소였다고는 볼 수 없다. 초기에는 아동노동에 대한 대체재가 별로 없었지만, 점차 굴뚝청소 기구가 개발되면서 대체의 여지가 커졌다. 특히, 19세기 초반에는 좁은 연통을 청소할 수 있도록 고안된 청소기구가 시장에 본격적으로 등장하였다. 1803년에 이런 청소기구를 개발한 스마트(George Smart)는 유사한 개발의 물꼬를 튼 것으로 평가된다. 그러나 스마트의 청소기구는 직선 연통에만 적당할 뿐이고, 각이 진 연통에 쌓이는 검댕은 긁어내지 못하는 한계를 지녔다. 따라서 규모가 큰 공공건물이나 궁전에는 사용할 수가 없었다. 이후 많은 개량이 이루어지면서 점차 다양한 장비가 개발이 되고 동시대의 신문과 잡지에 광고가 되었다.[4]

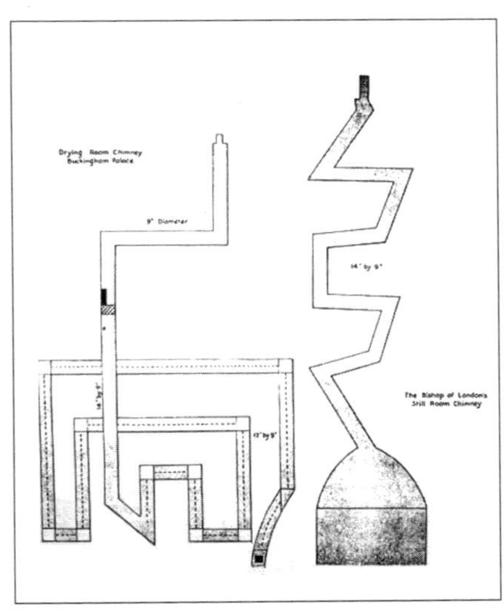

그림 3-3 여기에 소개되어 있는 두 사례처럼 어떤 굴뚝은 청소하기 매우 어렵게 설계되어 있었다. 특히, 왼편에 그려진 버킹엄 궁의 건조실 굴뚝은 새로 개발된 기구로도 청소가 불가능하였다.

1830년대 초 존 그래스(John Grass)라는 청소기구 개발자는 자신이 개발한 기구로 상원의 모든 굴뚝과 버킹엄 궁의 대부분의 굴뚝을 성공적으로 청소함으로써 기구청소 주장의 설득력을 높였다. 예외적으로 〈그림 3-3〉의 왼편에 그려져 있는 버킹엄 궁의 건조실은 용도에 맞도록 연통이 15군데에서 꺾인 매우 복잡

4 Strange(1982), 6-7쪽.

한 모양이어서 도구로 청소하기가 불가능한 것으로 판명되었다.[5] 그러나 이런 최악의 굴뚝은 아동이 직접 들어가 청소하기에는 더 부적합하였다.[6]

1826년 정부의 토목 및 공공건물국(Office of Works and Public Buildings)의 수석 조사역인 히오트(J. W. Hiort)는 『굴뚝 건축에 관한 실용적 논의』(*A Practical Treatise on the Construction of Chimneys*)라는 저작에서 굴뚝청소에 아동을 고용하는 것은 불필요하다고 주장하였다. 적절히 설계된 9×9인치 크기의 굴뚝은 기구를 이용해 효과적으로 청소할 수 있으며, 그 밖에 굴뚝에 '괴상한 장치'를 설치하는 것은 별 도움이 되지 않는다고 서술하였다.[7]

그러나 모든 사람이 기구청소에 찬성한 것은 아니었다. 앞으로 살펴보겠지만, 아동의 노동이 굴뚝청소에 필수적이라는 주장을 완강하게 펴는 이들이 있었다. 특히, 굴뚝청소 장인들 중에는 아동노동을 유지하기 위해 반개혁운동을 조직적으로 전개한 이들이 있었다. 개혁이 실제보다 더 일찍 이루어질 수 없었던 데에는 이런 반개혁운동에 적극적 혹은 암묵적으로 지지를 표명한 사회지도자층과의 의회 구성원들이 있었기 때문이다.[8]

굴뚝청소 아동의 규모

18세기 후반과 19세기에 굴뚝청소 작업을 맡은 아동의 수는 얼마

5 연통의 폭도 가장 좁은 곳이 9(인치)x9(인치)로 매우 좁았다.
6 Strange(1982), 63-64쪽.
7 약 23cm×23cm에 해당함.
8 본장 4절 참조.

표 3-2 굴뚝청소 장인과 아동의 수 추계치, 1785-1862년

연도	출처	내용
1785	J. Hanway	런던에서 굴뚝청소 장인 100명이 직인 200명과 아동 400명을 고용 그 밖에 떠돌이 굴뚝청소부 50명과 아동 150명
1792	D. Porter	런던에 굴뚝청소 장인 200명, 직인 200명, 아동 500명
1817	W. Tooke 의회 위원회	런던에 굴뚝청소 장인 200명, 도제 500명 전국적으로 아동 2,000명
1841	H. Mayhew	런던에 20세 이상 굴뚝청소부 남성 619명, 여성 44명, 20세 미만 도제 370명
1862	Children's Employment Commission	전국적으로 5-14세 아동 수천 명, 여아도 다수

자료: Strange(1982), 18-19쪽에서 작성.

나 될까? 직접적인 조사에 의한 통계가 존재하지 않기 때문에 정확히 산정하기는 어렵지만, 당시의 여러 증언들, 특히 의회 보고서에 기록된 증언과 개인적 조사를 통해 개략적인 규모를 파악할 수 있다.

굴뚝청소를 위해 아동을 고용하는 관행을 고치는 데에 중요한 역할을 한 한웨이(Jonas Hanway)의 1785년 추정에 따르면, 런던에 굴뚝청소를 하는 장인이 100명 있었고, 이들이 평균 한 명의 직인(journeyman)과 4명의 도제(apprentice)를 두고 있었다. 이와 별도로 고정된 업장을 갖지 않은 떠돌이 굴뚝청소부가 50명, 그리고 이들이 데리고 다니는 아동이 150명 가량되었다. 1792년 포터(David Porter)는 런던에만 굴뚝청소 장인이 200명, 그리고 이들과 함께 일하는 직인이 200명, 아동이 500명 규모였다고 추정하였다. 1817년 의회에 구성된 위원회에 나와 증언한 투크(William Took)도 런던에 굴뚝청소 장인 200명이 도제아동 500명과 함께 활동하고 있다고 말하였으며, 전국적으로는 굴뚝청소에 종사하는 아동의 수가 2,000명에 달할 것이라고 추정하였다.

그림 3-4 굴뚝청소에 나서는 아동의 모습. 어깨에 검댕 부대를 매고 왼손으로는 청소용 솔을 들고 있다. 이마에는 굴뚝청소부 마크를 부착하였다.

1851년 『런던 노동자와 런던 빈민』(*London Labour and London Poor*)을 저술한 저명한 개혁가 매이휴(Henry Mayhew)는 1841년 런던에 20세 이상 굴뚝청소부는 남성 619명, 여성 44명, 20세 미만의 도제 370명이 활동하고 있었다고 발표하였다. 성인의 수가 더 많아진 대신에 도제아동의 수는 줄어든 것으로 나타났는데, 아동노동에 반대하는 개혁의 목소리가 부분적으로 반영된 결과라고 생각된다. 마지막으로 1862년 아동노동에 관한 의회의 위원회는 전국적으로 '수천 명의' 5-14세 아동이 굴뚝청소를 위해 고용되어 있으며, 그 중에서는 여아도 적지 않게 있다고 언급하였다.[9]

3.2. 제도와 관행

굴뚝청소 도제

굴뚝청소에 동원되는 아동은 대부분 굴뚝청소 장인의 감독 하에 있었다. 영국의 도제제도는 유럽의 다른 국가들과 마찬가지로 중세적 기원을 가지고 있으며, 유럽의 다른 어떤 국가들보다 산업화 직전

9 Strange(1982), 18-19쪽.

까지 효과적으로 운영되었다. 이런 특징은 어디에서 유래하는 것일까?

도제제도는 중세의 길드 체제(Guild System)를 통해서 전성기를 누렸고 이후 시간이 흐르면서 서서히 중요성이 약화되었다. 그러나 중세의 종언과 함께 도제제도가 곧바로 소멸한 것은 아니었고, 18세기까지도 숙련공을 배출하는 역할을 담당하고 있었다. 특히, 다른 국가들에 비해 영국이 도제제도가 원활하고 효과적으로 작동하기에 유리한 조건을 갖추고 있었다는 점이 중요하다. 도제제도가 잘 운영되기 위해서는 그 사회의 사법 및 행정 체제가 잘 갖추어져 있어야 한다. 도제계약을 파기하는 사람에게 불이익이 확실하게 돌아가고 선의의 계약자는 손해를 피할 수 있다는 확신이 사회적으로 인정을 받아야 제도적 안정성을 기할 수 있다. 미국의 경우 국토가 넓고 조직적 통제력이 미약해 훈련 과정을 완료하지 못한 도제가 다른 곳으로 도망을 가서도 고용기회를 잡을 가능성이 높았기 때문에 도제제도가 제대로 운영될 수 없었다는 사실은 중요한 시사점을 준다. 미국과 달리 영국에서는 법치주의가 일찍이 자리를 잡았고 국가와 상공업자 조직의 관리망이 촘촘하게 짜여 있었다.[10]

영국의 도제제도가 지닌 또 하나의 장점은 다른 유럽 국가들과 달리 영국에서는 도제제도가 빈민법과 결합되어 운영되었다는 데에 있었다. 도제가 훈련 과정을 제대로 완료하였을 때 얻을 수 있는 경제적 가치가 다른 나라에서보다 컸다는 의미이다. 7년간의 도제 훈련을 완료한 청소년은 장인이 소재한 교구로 소속을 옮기게 되기 때문에, 도제는 이 이점, 즉 과거보다 재정적으로 나은 교구로 옮기는 경우 더

10 송병건(2008b), 46쪽.

나은 복지혜택을 누릴 수 있다는 이점을 향유하였던 것이다. 이런 이유로 영국에서는 도제가 되고자 하는 수요가 높았고, 숙련기술자가 안정적으로 공급될 수 있었던 것이다.[11]

통상 도제계약을 통해 아동의 부모는 장인에게 도제교육에 대한 대가로 수업료(premium)를 지불한다. 도제를 받는 아동은 장인을 받들고, 장인의 비밀을 누설하지 않으며, 장인의 명령에 따르기로 약속한다. 또한 장인의 물건을 낭비하거나 타인에게 무단으로 빌려주지 않는다. 장인에게 어떤 종류이든 해를 가하지 않으며, 술집과 도박장에 드나들지 않고, 장인을 밤낮으로 떠나지 않고 받든다. 장인은 아이의 부모로부터 수업료를 받는 대신 자신이 보유한 기술을 아이에게 전수한다. 그리고 아이에게 음식과 숙소와 작업복과 작업도구 및 재료를 제공한다.

그림 3-5 굴뚝청소 장인과 도제의 모습을 묘사한 19세기 말 삽화. 굴뚝청소 도제는 도제 업종 가운데 가장 인기가 낮은 업종 가운데 하나였다.

그러나 도제와 장인 간의 관계가 늘 순탄하였던 것만은 아니었다. 기본적으로 장인은 어른이었고 도제는 아동 내지 청소년이었다는 사실이 양자의 권력관계를 비대칭적으로 만들었다. 더욱이 도제제도가 계약관계에 기초한다고 하지만 장인은 고용주로서의 지위를 갖기 태문에 상하 간의 권력관계가 나타나는 것이 일반적이었다. 체벌이 자연스럽게 받아들여지던 당시의 훈련 관행도 양자의 관계가 불균형을 갖도록 만드는 요인이었다.

11 송병건(2008b), 46-47쪽.

1793년에 도제 일반에 대해 장인이 가혹한 행위를 하지 못하도록 하는 입법이 있었으나, 현실에서 가혹행위를 없애지는 못하였다. 어떤 장인들은 가혹행위가 도제교육을 수행하는 데에 필수적이라고 여겼다. 아이들로서는 강압에 저항하기 힘든 처지이기도 하였고, 반항을 하였다가는 부모에게 야단을 맞거나 더 힘든 경제적 곤궁에 처해야 할지도 모른다고 염려하기도 하였다.[12]

굴뚝청소도 마찬가지여서 장인이 도제를 받아들이고 굴뚝청소 기술을 전수하도록 계약이 맺어졌다. 그러나 실제 운영 방식은 전형적인 도제제도와는 몇 가지 중요한 차이를 보였다. 첫째, 빈민법 하에서 양육의 능력을 지닌 부모가 없는 경우 해당 교구가 아동에게 도제 기회를 찾아주는 이른바 교구도제(parish apprenticeship)제도가 굴뚝청소 부분에서도 자주 사용되었다. 교구도제는 일반 도제보다 수업료도 적고(교구가 지불), 부모만큼의 관심도 기울이지 않기 때문에, 주로 힘들고 거칠고 저임금의 업종에서 도제 기회가 있었는데, 굴뚝청소도 당연히 그 가운데 하나였다.[13] 둘째, 굴뚝청소 아동의 경우 출신 측면에서도 특징을 보였다. 이들은 주로 하층 출신이고, 일부는 중류 및 상류층의 혼외출산아동(illegitimate children)이었다. 셋째, 일부 굴뚝청소 아동은 정상적인 도제계약에 의해서가 아니라 빈곤한 부모가 굴뚝청소부에게 일정한 돈을 받고 넘겨주는 대상이 되기도 하였다. 이 경우 부모가 수업료를 지불하는 도제제도와 달리 부모가 아이를 내보낸 대가로 돈을 지급받았다. 1817년 의회에 증인으로 출석한 런던의 굴뚝청소 장인 쿡(John Cook)은 아이의 부모에게 보통 2-3파운드를 제공

12 Strange(1982), 10-34쪽.
13 송병건 · 김재호 · 리쇼테일러(2007), 107-140쪽.

하였고, 몸이 가느다란 아이를 선호하였다고 증언하였다.[14] 굴뚝청소부가 빈민가의 아이를 몰래 끌고갔다는 언론 보도도 심심치 않게 있었다.[15]

그림 3-6 굴뚝청소부에게 자신의 아이를 팔아넘기는 가난한 엄마의 모습. 이렇게 강제로 팔려간 아이는 곧 오른편 앞쪽에 누워 있는 굴뚝청소 아이의 신세가 될 것이다.

〈그림 3-6〉은 가난한 과부가 자신의 아이를 검은 피부로 그려진 굴뚝청소부에게 팔아넘기는 안타까운 장면을 묘사하고 있다. 오른편 뒤쪽으로 굴뚝에서 청소작업을 하는 사람의 모습이 보이고, 오른쪽 앞에는 검게 칠해진 외모의 굴뚝청소 도제가 길바닥에 웅크리고 누워서 주변을 킁킁대는 개를 무시하고 있다. 더 눈에 띄는 것은 왼편 뒷면으로 보이는 고급스런 마차와 마부들, 그리고 거기에 탑승한 귀부인의 모습이다. 이 삽화는 가진 계층과 가지지 못한 계층의 차이를 극명하게 드러내고 있는데, 당시 이런 차이를 보여주는 직업으로 굴뚝청소부가 제격이었음을 말해준다.[16]

굴뚝청소 아동의 실상

굴뚝청소에 아이들이 투입되는 경우는 기본적으로 연통이 좁아 어른이 작업할 수 없는 상황에서였다. 아동이 굴뚝을 오르내리며 연통에 붙은 검댕을 떼어내고 가루를 쓸어 담아 밖으로 꺼내는 작업은 무척 고될 뿐만 아니라 늘 위험을 안고 있었다. 공기가 통하지 않아

14 Cullingford(2003), 3쪽에서 재인용.

15 예를 들어, *Morning Post*, 1824년 12월 4일자; *The Times*, 1832년 7월 19일자 등.

16 Strange(1982), 56쪽.

질식하기도 하고, 옷가지가 엉켜 목이 조이기도 하였다. 더욱이 작업하는 연통이 뜨거운 상태일 때도 있었고, 굴뚝이 약해서 무너지는 경우도 있었다.

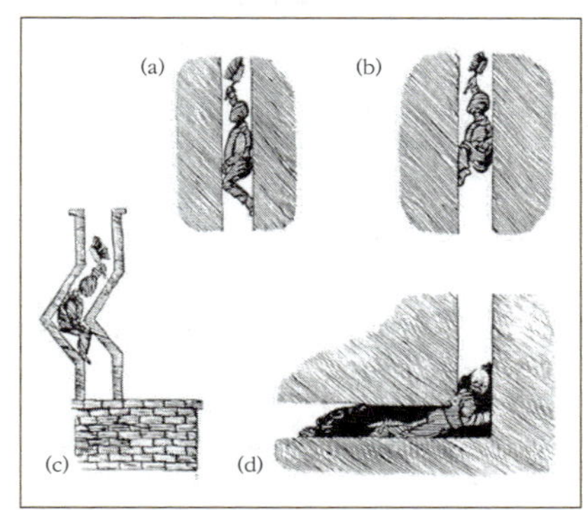

그림 3-7 아이들이 굴뚝을 청소하는 방법. (a) 기본 자세, (b) 오르내리는 방법, (c) 구부러진 굴뚝을 오르내리는 방법, (d) 연통이 직각으로 꺾인 곳에는 검댕이 쌓여 사고가 날 위험이 크다.
자료: Strange(1982), 15쪽.

〈그림 3-7〉은 굴뚝을 청소하는 아동의 작업 모습을 보여준다. 수직인 굴뚝을 오르내리기 위해서는 어깨와 팔꿈치와 허리와 무릎과 발끝에 순차적으로 힘을 주고 빼기를 반복하면서 움직일 공간을 확보하는 동작이 필수적인데, 이 동작을 익히려면 고된 반복적 훈련이 필요하였다. 연통이 굽은 경우에는 몸을 이동시키는 데에 더욱 고도의 기술이 필요하였다. 연통이 직각으로 꺾인 부분은 특히 위험하였다. 오랜 기간 쌓인 검댕 또는 청소 중에 떨어져 쌓인 검댕이 모퉁이를 막아버려 굴뚝청소 아동에게 치명적인 작업환경이 될 수 있었던 것이다.[17]

3.3. 굴뚝청소 노동자의 재해

굴뚝청소의 위험

굴뚝청소를 하다가 사고를 입은 아동의 참상은 자주 신문에 보도되었고, 박애주의적 개혁가들은 물론 일반인들의 공분을 자아냈다.

17 Strange(1982), 14-16쪽.

당시에 발간된 한 팸플릿에 굴뚝청소를 하다가 사고를 당해 사망에 이른 아동의 상황이 상세하게 묘사되어 있다.[18]

> 굴뚝을 통과해서 연통의 두 번째 모퉁이로 내려가던 아이는 연통이 검댕으로 완전히 막힌 것을 알게 된다. 연통 윗부분의 벽에 붙은 검댕을 떨어낸 것이 쌓였기 때문이다. 아이는 연통을 통과하려고 기를 쓴 끝에 어깨 부분까지 빠져나가는 데에 성공한다. 하지만 그가 몸부림을 치는 과정에서 검댕이 자신의 온 몸을 꽉 짓누르게 되었음을 알게 된다. 그는 더 이상 아래로 내려갈 수 없다. 이제 그는 앞으로 나아가려고 해본다. 하지만 이런 시도도 가능하지 않다. 연통의 수직 부분을 돌이 덮고 있는데, 돌의 뾰족한 부분이 아이의 어깨를 세게 누르기 때문이다. 아이는 뒤통수 때문에 … 어느 방향으로도 조금도 나아갈 수 없게 된다. 아이의 얼굴은 굴뚝청소용 덮개에 이미 덮여 있는데, 아래의 검댕이 심하게 눌러 숨을 쉴 수 없다. 이 절박한 상황에서 아이는 거칠게 몸을 빼려 시도하지만 힘이 부족해 어쩔 수 없다. 아이는 울부짖고 신음을 한다. 몇 분이 지나자 아이는 질식하였다. 그때서야 깜짝 놀라 벽돌공을 불러온다. 벽돌공은 연통에 구멍을 뚫어 아이를 끄집어내지만, 이미 아이는 숨이 끊어진 상태다. 얼마 후에 조사가 이루어지고, 검시배심원단(Coroner's Jury)은 '사고사'(accidental

그림 3-8 굴뚝을 청소하다 사고로 연통에 갇힌 아이들을 끄집어내는 장면. 오른편의 남자가 굴뚝을 허무는 데에 사용한 곡괭이를 들고 있다.

18 Waldron(1983), 391쪽.

death)라고 평결을 내린다.

다른 예를 보자. 1836년 익명의 팸플릿에 등장하는 사례이다. 10세의 남자애가 글로스터(Gloucester)의 한 여인숙 건물 굴뚝에 올라가라는 명령을 굴뚝청소 장인으로부터 받았다. 연통에 들어간 아이가 아래쪽으로 내려오지 않자, 장인은 다른 도제를 연통으로 올려보내 아이의 한쪽 다리에 묶어 끌어내리게 하였다. 이것이 실패하자, 장인은 연통에 유황성냥을 켰고, 위에서 아래로 물을 한 양동이 부으라고 시켰다. 그 다음으로 긴 막대기로 아이를 아래로 눌렀는데, 이 때문에 아이는 목에 상처를 입혔다. 열두 시간이 지난 후 석공이 뚫은 구멍으로 아이를 끄집어냈다.[19]

1842년의 팸플릿은 그간의 여러 사고를 다음과 같이 종합하였다.[20]

> 연통 안에서 질식하는 것이 굴뚝청소 아동이 사망하는 핵심적 원인이다. 아동이 연통의 각진 부분에 쌓인 검댕을 통과해야 하기 때문이다. … 1800년부터 지금까지 23명의 아동이 그렇게 질식사하였다. 이와 더불어 7명이 굴뚝 안에서 불에 데어 사망하였다(최근 사례는 1840년 11월 29일 맨체스터에서 증기기관 연통 안에서 발생). 1800년 이래 14명이 일을 하다가 다른 방식으로 목숨을 잃었다. 총 44명이다.

유사한 사례는 끊임없이 이어졌다. 사망에 이르지 않더라고 굴뚝

19 Strange(1982), 28쪽.
20 Strange(1982), 67쪽.

청소 아동은 늘 크고 작은 사고를 접하면서 지냈고, 온 몸에 상처를 안고 살았다. 상처가 나을 틈도 없이 새로 작업에 투입되었기 때문에, 상처가 덧나서 더 큰 병으로 이어지기 일쑤였다. 굴뚝청소 아이들의 참상은 『굴뚝청소 소년의 옹호자』(*Chimney Boy's Advocate*)에 자주 실렸는데, 그 편집장은 노팅엄 조합(Nottingham Union)의 의료직원(medical officer)의 다음 진술을 인용하였다.[21] 5살 내지 6살인 어린 아이 제임스 하트(James Hart)의 사례였다. 그 어린이는,[22]

> … 통탄할 만한 상태였다. 그는 팔꿈치와 양쪽 무릎, 등, 손가락, 발가락, 발등 및 신체의 다른 여러 부분이 헐어 있었다. 뒤통수는 부어 있었는데, 굴뚝 위로 밀어넣다 생긴 것으로 보이는 화상으로 헐어 있었다. 그 아이는 또한 등에 긁힌 자국이 있고 머리에 타박상이 있었는데, 이것은 맞아서 생긴 것이었다. 그 애가 굴뚝청소 아동이라는 것을 몰랐다면 나는 누군가가 그를 죽이려고 굴뚝에 밀어넣은 것이었다고 생각하였을 것이다.

외과의사 라이트(Richard Wright)는 1817년 의회에서 행한 증언을 통해 굴뚝청소 아동이 겪는 다양한 사고와 질병을 나열하였다. 굴뚝을 오르내리고 무거운 검댕가방을 지고 다니느라 기형이 발생하고, 사타구니에 주로 발생하는 암도 언급을 하였다. 그는 칼을 쓰는 수술을 꺼려 굴뚝청소 아이들이 병원에 오지 않는다고 증언하였다. 발육부진, 화상, 궂은 날씨에 노출되어 발생하는 가슴 통증, 영양 부족으로 인한 쇠약증, 괴혈병, 사고로 인한 팔다리 절단 등 수많은 산업재해에

21 '조합'은 1834년 빈민법 개정으로 새로 편성된 지역행정구역을 말한다.
22 Strange(1982), 29쪽.

대해 라이트는 상세한 증언을 남겼다.[23] 개혁가 한웨이(Jonas Hanway)도 아이들이 뼈가 충분히 단단해지지 않은 다섯 살 이전에 일을 시작하기 때문에 다리가 휘는 기형이 발생한다고 지적하였다.[24]

굴뚝청소 아동은 산업재해 자체와 함께 지냈다고 말할 수 있다. 사고로 인한 사망의 위험이 컸던 것은 물론이고, 각종 부상과 질병에 노출된 채로 살아가는 처지였다. 굴뚝을 오르내리는 과정에서 목과 등뼈에 심한 압력이 가해졌으며, 벽돌이 무너져 아래로 추락하기도 하였다. 작업 도중 옷이 말려서 목을 조르는 바람에 질식을 하기도 하였고, 연통의 뜨거운 열기에 화상을 입거나 기절을 하기도 하였다. 검댕이 눈에 들어가 눈이 붓고 시력에 장애가 생기는 사례도 빈번하였다.

가혹한 처우

때로는 가혹한 처우 때문에 굴뚝청소 아동이 사고나 질병을 얻기도 하였다. 성인노동자의 인권이라는 개념도 희미한 시기였으므로, 아동에 대한 인권은 전혀 기대할 수 없었다. 가혹행위의 예로 1817년 의회의 특별위원회(Select Committee)에게 보고된 사례를 보자. 피셔(John Fisher)라는 굴뚝청소 장인은 아이들이 굴뚝에 오르도록 발바닥을 뾰족한 물체로 찌르거나 짚단을 깔고 불을 붙였다.

굴뚝청소 아동의 고용을 금지하자는 운동에 적극적이었던 의사 러싱턴(Dr. Lushington)은 위의 위원회에서 아동에게 무자비한 학대와 폭력이 가해지고 있다고 증언하였다. 그는 아동을 납치하거나 팔아

23 Strange(1982), 49-50쪽.
24 Kirby(2013), 62쪽.

버리는 행위가 만연해 있다고 언급하였으며, 각종 사고와 질병에 대해서도 증언을 하였다. 특히, 그는 굴뚝청소를 할 아동들의 무릎과 팔꿈치에 소금물을 뿌리고 비벼 굳은살이 생기도록 하는 행위에 대해 언급하였다.[25] 이 행위에 대해서는 1863년 의회에 조직된 '아동고용위원회'(Children's Employment Commission)에 보고된 한 굴뚝청소 장인의 증언이 자세하다. 노팅엄에 거주하는 러프(George Ruff)라는 장인의 증언에서 굴뚝청소 아동들이 얼마나 가혹한 처우를 받았는지 확인할 수 있다.[26]

> … 아무도 소년이 배우기 위해 거쳐야 하는 가혹행위를 알지 못한다. 살갗이 단단해져야만 한다. 그러기 위해서 살갗을 문지르는데, 주로 돼지고기 집에서 파는 아주 진한 소금물을 뜨거운 불가에 두었다가 팔꿈치와 무릎을 문지른다. 당신은 아이들 곁에 작대기를 들고 지켜보거나, 몇 차례 더 문지르는 것을 참으면 반 푼(halfpenny)을 주겠다고 꾀어야 한다.
>
> 처음에 아이들이 일을 하고 돌아오면 팔과 무릎에서 피가 흐르고, 마치 무릎에서 슬개골이 떨어져 나간 것처럼 보인다. 이때 그들을 다시 소금물로 문지르고서 즉시 다른 굴뚝으로 보내야 한다. 어떤 아이들의 경우 여러 해 동안 피부에 딱지가 지지 않은 것을 보기도 하였다.
>
> 아이들을 가르치기 가장 좋은 나이는 여섯 살이다. 그 때가 훈련을 하기 좋은 시점이다. 하지만 나는 적어도 내 이웃의 두 아이가 다섯 살에 시작한 것을 안다. 한 번은 장터에서 검댕이 가득한 옷을 입고 손에 솔을 든 네 살 반짜리 아이를 보았다.

25 Strange(1982), 50쪽.
26 Strange(1982), 14쪽.

1856년 『굴뚝청소 소년의 옹호자』(*Chimney Boy's Advocate*)에는 다음과 같은 사연이 실렸다. 1848년에 열 살 나이의 한 소년이 다섯 번에 걸쳐 다섯 굴뚝청소부에게 팔렸다. 결국 이 아이는 치안판사들 앞에 불려나와 조사를 받았다. 그 아이는 걸을 수가 없어서 의사가 법정에서 그를 살펴보았다. 의사가 붕대를 걷어내자 치안판사들은 상처를 보고 큰 충격을 받았고, 이 연약한 아이가 지난 토요일에 여기저기에서 열두 번이나 굴뚝에 오르도록 강요를 받았다는 사실에 또 한 번 충격을 받았다. 시장은 이렇게 외쳤다. '세상에 이런 노예제는 없다.'[27]

굴뚝청소 아동의 처지를 흑인노예와 비교하는 수사는 드물지 않게 등장하였다. 굴뚝청소에 아동을 고용하는 것을 '합법화된 노예제'(legalized slavery)라는 묘사가 자주 사용되었다.[28] 노팅엄의 또 다른 굴뚝청소 장인인 클라크(Thomas Clarke)는 위원회에 다음과 같이 증언을 하였다.

> 그것[도제제도]은 깜둥이 노예제도만큼이나 나쁘다. 단지 그만큼 알려져 있지 않을 뿐이다. … 나 스스로도 예전에 다섯 살 반인 아이들을 받았었지만, 그들을 좋아하진 않았다. 걔들은 너무나 약하였다. 나는 아이들이 죽을까 봐 걱정이 되었다. … 걔들은 여러분이 화롯가에서 의자에 앉아 잠이 드는 것처럼 스르르 죽어 버린다.

뒤에 언급할 개혁가 셰프티스베리 경(Lord Shaftesbury)의 말처럼 '발육이 지체되고, 검댕으로 눈이 흐려지고, 뼈가 연할 때에 [굴뚝에]

27 1856년 10월 1일자. Strange(1982), 29쪽.

28 예를 들어, Hodder(1886).

오르느라 무릎이 꺾인' 아이들에게 사망률은 높을 수밖에 없었다.[29]

검댕의 접촉과 암

1775년 포트(Percivall Pott)는 굴뚝청소업에 종사하는 노동자의 건강을 직업병의 관점에서 파악한 작업으로 알려져 있다. 그의 연구는 오늘날 산업의학의 선구적 작업 가운데 하나로 평가되고 있다. 런던의 성 바르톨로뮤 병원(St Bartolomew's Hospital)에서 근무하는 의사였던 그는 굴뚝청소 노동자의 비참한 상황을 목격하고 비탄어린 어조로 다음과 같이 기술하였다.[30]

> 이 사람들의 운명은 무척이나 험한 것으로 보인다. 그들은 어렸을 때 엄청나게 잔인한 처우를 자주 받는다. 그리고 추위와 굶주림으로 거의 죽을 지경이다. 그들은 비좁은, 그리고 때로는 뜨거운 굴뚝 속으로 밀쳐지는데, 거기에서 그들은 재에 묻히고 화상을 입고 거의 질식하기에 이른다. 사춘기에 접어들 때 쯤이면 그들은 가장 역겹고 고통스럽고, 치명적인 질병을 얻게 된다.

포트는 굴뚝청소에 종사하는 아이들이 특히 음낭암(scrotal cancer)에 잘 걸린다고 지적하였다. '굴뚝청소부의 암'(chimney-sweepers' cancer)이라고 불리기도 한 이 질병은 애초에 일반적으로 건강한 상태였던 젊은이에게서 주로 발병한다는 점 때문에 주목할 가치가 있었다.[31]

29 Strange(1982), 30쪽.
30 Pott(1775); Waldron(1983), 390쪽에서 재인용.
31 1794년 벨(Bell)은 음낭암이 굴뚝청소부만이 아니라 검댕을 자주 접하는 제조업 종사자들에게서도 발생한다고 말하였다. 1808년 얼(James Earle)은 정원사에게 발생하는 상피종(上皮種)에 주목하였다. 정원사

포트는 대개 사춘기에 이른 이후에 발병을 하였기 때문에 의사나 환자 자신이 성병으로 오인하기도 한다는 점도 밝혔다. 당시에 성병은 주로 수은으로 처방하였는데, 이것이 병을 악화시킨다고 그는 주장하였다. 1830년대의 한 조사에 따르면 음낭암은 30대에 가장 많이 발병하는 것으로 나타나 노동 시점부터 평균 15년 격차를 보였으며, 그 후의 조사도 비슷한 결과를 보였다.[32]

암으로 발전하기 이전에 당시 굴뚝청소부들이 '검댕사마귀'(soot wart)라고 부른 병변이 환부에 생기는 경우가 많았는데, 굴뚝청소 아동들이 이를 대수롭지 않게 생각하고 칼로 없애기도 하였다. 이들은 대부분 병원에 가서 외과 치료를 받기를 꺼렸기 때문에, 상황이 극히 악화되고 나서야 의사를 찾는 사례가 많았다. 의사들은 주로 외과 수술을 통해 환부를 절개하는 방법을 썼다. 어떤 의사는 비소 산화물을 환부에 바르는 처방을 내리기도 하였는데, 훗날 비소는 음낭암을 초래하는 물질로 규정되었다.[33]

포트는 음낭의 주름에 낀 검댕이 자극을 일으키고 이것이 악화되어 암으로 발전한다고 보았다. 이런 해석을 19세기 중반까지 많은 의사들이 받아들였다. 그러나 이에 대해 비판적인 견해도 있었다. 검댕을 늘 접하고 사는 굴뚝청소부 중에서도 이 병에 걸리지 않는 사람이 훨씬 많았다는 이유에서였다. 이에 따라 기존에 이미 악성 경향을 지닌 사람에게서만이 검댕이 암으로 이어진다는 주장도 대두되었다.[34]

들은 민달팽이를 죽이기 위해 검댕이 담긴 단지를 왼손에 매달고 일하곤 하였는데, 이 왼손에서 발병을 한다는 것을 알아냈다. 그는 음낭암 외에 다른 피부암도 검댕에 의해 발생할 수 있음을 알아냈다. Boyland(1975), 170쪽.

32 Earle(1832), 6-8쪽; Waldron(1983), 391-392쪽.

33 Huchinson(1888), 356-361쪽.

34 Waldron(1983), 393-394쪽.

음낭암이 잉글랜드의 굴뚝청소부에게서만 발견되고 스코틀랜드, 유럽 대륙, 미국 등의 굴뚝청소부에게서는 드물었다는 점도 의문점이었다. 이 의문점에 대해서는 보다 본격적인 탐구가 이루어졌다. 저명한 외과 의사였던 버틀린(Henry Butlin)은 해답을 구하기 위해 유럽의 대륙으로 건너가 그 곳의 굴뚝청소부들을 직접 만나 조사를 하였다. 버틀린은 중요한 원인으로 대륙의 굴뚝청소부들은 보호 의복을 잘 착용하였다는 점을 들었다. 손목 부분이 조여지는 긴팔 상의를 바지 안에 넣어 입고 허리띠로 조였으며, 각반과 구두를 입고 발목을 조였다. 그리고 작업을 할 때 머리에 후드를 뒤집어쓰고 목 주변에 밀착시켰다. 검댕이 피부와 접촉하는 것을 최대한 방지하도록 고안된 복장이었다. 헐렁한 복장을 한 영국의 굴뚝청소부와 뚜렷한 대조를 이루는 부분이었다.[35]

그림 3-9 1851년 영국 굴뚝청소 아동의 전형적인 모습. 길게 연결되는 막대기 끝에 솔이 달린 청소 기구를 메고 있고, 검댕을 쓸기 위한 빗자루를 들고 있다. 복장은 일반적이고 특별한 보호장구는 없었다.

버틀린과 다른 분석도 있었다. 로슨(George Lawson)은 음낭암의 주된 원인이 굴뚝에 들어가 작업하는 것 자체가 아니라고 주장하였다. 우선 그는 발병이 대부분 성인이 되어 발생하므로 아동 때의 굴뚝청소가 암의 원인이 아니라고 추정하였다. 그는 굴뚝청소부들이 굴뚝청소 때 모은 검댕을 내다팔아 부수입을 올렸다는 점에 주목하였다. 검댕을 팔기 전에 조각들을 제거하여 고운 가루만 모으기 위해 체를 치는 작업을 하는 것이 보통이었는데, 이때 음낭이 검댕으

35 Butlin(1892); Waldron(1983), 394쪽.

로 뻣뻣해진 바지와 마찰하면서 상처가 나는 것이라고 그는 주장하였다. 그런데 검댕의 가격이 19세기 후반에 하락하였기 때문에 더 이상 체질을 할 필요가 없었고, 이에 따라 음낭암의 발병이 줄었다는 것이다.[36] 로슨의 주장에 따르면 아래에서 살펴볼 1840년의 개혁 – 아동이 굴뚝에 오르지 못하게 금지한 입법 – 이나 굴뚝청소 아동이 과거보다 청결해진 것은 발병률의 변화와 별로 관계가 없다.

19세기 후반에 영국 굴뚝청소부 사이에 음낭암이 뚜렷하게 감소되는 추세에 있지 않았다는 주장도 있다. 호적본서장관(Registrar General)이었던 오글(William Ogle)은 1880-1882년 자료를 분석하고 이 질병이 감소 추세에 있지 않았다고 판정하였다. 그는 굴뚝청소 기술의 발달이나 관련된 관습의 변화가 발병률 감소를 가져오지 않았다고 결론을 내렸다.[37]

그림 3-10 독일에서는 굴뚝청소부가 보호 의복을 잘 갖추었는데, 이것이 영국에서와 달리 독일에서 질병이 적었던 이유였던 것으로 보인다. 그림은 1785년 독일 굴뚝청소부의 복장.

여러 자료들을 종합해보면 19세기 말에 굴뚝청소부의 음낭암은 다소 감소하는 추세에 있었던 것으로 보인다. 그러나 어떤 요인이 감소를 가져왔는지에 대해서는 아직도 명확한 답을 제시할 수 없다.[38] 논쟁에 참여한 인물들은 당시에 가진 의학적 지식을 총동원하여 최선을 다하여 이 질

36 Lawson(1878), 576-577쪽.

37 Ogle(1885), 56쪽.

38 음낭암이 굴뚝청소부에게서는 점차 축소되었지만, 랭카셔 면직공장에서는 1887년에 첫 사례가 발생한 이후 계속 증가하였다. 이 '뮬방적공 암'(mule spinners' cancer)은 20세기에 들어서 발암물질인 기름의 사용이 줄고, 뮬방적기를 링방적기가 대체하면서, 그리고 이 분야의 노동자가 감소하고 위생 상태가 개선되면서 줄어들었다. Boyland(1975), 170-171쪽.

병을 구명하고자 하였다. 비록 현대의 병리학 지식 수준과는 거리가 먼 의학 지식이지만, 날카로운 관찰과 체계적인 논리를 갖추고서 나름대로 근거가 상당히 있는 예측을 제시하였던 것이다.

현대적 연구들

굴뚝청소와 암의 연관성에 관해서는 많은 연구가 진행되어 왔다. 20세기 초반에서 후반에 이르는 기간에 일을 하였던 5,442명의 스웨덴의 굴뚝청소부를 대상으로 한 방대한 연구에 따르면, 굴뚝청소에 종사한 사람은 각종 폐암(lung cancer)에 걸리는 비율과 그로 인해 사망에 이르는 비율이 유의하게 높았다. 특히, 귀리세포 폐암(oat cell lung cancer)의 발생이 눈에 띄게 많았다. 굴뚝청소부가 폐암에만 취약한 것은 아니어서, 전립선암(prostate cancer)과 각종 혈액암(haematolymphatic cancer)의 비율도 높았고, 방광암(bladder cancer)과 식도암(oesophageal cancer)도 이 직업군에서 높은 발생률을 보였다. 허혈성 심장질환(ischaemic heart disease)으로 인한 사망률도 높았다.[39]

또 다른 연구는 노동환경이 아닌 다른 발암요인들이 미칠 수 있는 효과를 통제하기 위해 흡연과 음주 여부를 조사하였다. 이 변수들을 통제하여도 굴뚝청소부에게서 암 발생률과 사망률이 높게 나타났으며, 굴뚝청소에 종사한 기간과 암 발병률 간에는 유의한 양의 상관관계가 존재하였다. 근본적인 원인은 굴뚝청소를 하는 과정에서 지속적으로 접촉하게 되는 검댕이 발암물질인 다환 방향족 탄화수소(polycyclic aromatic hydrocarbons: PAHs)를 다량 포함하고 있기 때문이었던

39 Evanoff, Gustavsson and Hogstedt(1993).

것으로 나타났다.[40]

오늘날 다환 방향족 탄화수소는 대표적인 발암물질로 알려져 산업재해의 관점에서 주의를 끌고 있다. 화학적으로는 둘 이상의 벤젠 고리를 가지는 방향족 탄화수소를 말하는데, 벤젠고리가 2-4개인 물질은 기체나 고체에 흡착한 형태로 존재하고, 벤젠고리가 5개 이상인 물질은 주로 고체에 흡착한 형태로 존재한다. 이 물질에 자주 노출되는 업종으로는 타르 증류업, 코크스 오븐을 이용하는 산업, 알루미늄 제련업, 고무산업, 지붕 설치 및 수리업, 수송업 등이 있다. 이 물질이 체내에 흡수되는 경로는 흡입과 접촉시에 피부를 통해 흡수되는 것이 일반적이며, 유입된 물질은 간과 신장에 축적된다. 이 물질에 노출된 사람은 급성적으로는 피부, 눈, 점막에 자극을 일으키며, 이것이 광과민성 피부염, 피부백반증, 모낭염, 건성피부염 등으로 발전한다. 만성적으로는 피부암, 폐암, 음낭암, 방광암, 신장암, 백혈병, 뇌종양 등을 일으킨다.[41]

주거환경의 위험

검댕의 상시적 접촉이 암으로 이어질 수 있다는 점은 19세기 중반에도 이미 적지 않은 사람들이 인정을 하고 있었다. 다만 검댕과 함께 생활하면 왜 암이 걸리는지를 정확히 이해하지 못하고 있었다. 그런데 굴뚝청소부가 검댕을 접하는 상황은 일터에만 국한되지 않았다. 굴뚝청소 아동의 주거 여건이 얼마나 열악한가를 목격한 당시의

40 Evanoff, Gustavsson and Hogstedt(1993).
41 http://blog.naver.com/cjddhkeo2000?Redirect=Log&logNo=150151067777.

관찰자들은 하나같이 충격을 받았다. 몇 가지 사례를 통해 충격을 공유해보자.

맨체스터에 사는 스탠스필드(Richard Stansfield)는 다섯 살부터 굴뚝청소 도제로 일하였다. 그는 자신이 거주한 숙소에 대해 이렇게 증언을 하였다.[42]

> 우리는 5 내지 6명이 지하실에서 검댕 부대를 덮고 함께 잤다. 때로는 그것이 상처에 달라붙기도 하였다. 그리고 약간의 지푸라기가 침대이자 침대보였다. 검댕 부대는 비가 오건 맑건 우리가 매일 사용하던 바로 그것이었다.
>
> 아이들은 습관적으로 더러웠다. 소년들은 종종 셔츠 한 장만 입고 닳아 떨어질 때까지 그냥 계속 입었다. 나는 15개월 동안 비를 맞은 걸 제외하고는 한 번도 씻지 않았다. 정말로 나는 늘 벌레와 함께 살았다.

이와 비슷한 증언은 무수히 많다. 1829년에 발간된 개혁 성향의 인쇄물에는 다음과 같은 사례가 등장한다. 교구 직원(parish officer)이 두 명의 굴뚝청소 아동이 자는 숙소를 조사하였는데, 그들이 검댕 옷과 검댕 부대를 유일한 이불로 여기고 있다는 것을 발견하였다. 실내에는 돼지들도 함께 키우고 있었는데, 왜 돼지를 비좁은 실내에 두느냐고 물으니 돼지들이 아파 추운 곳에 둘 수 없다고 그들은 대답을 하였다.[43]

굴뚝청소 도제만이 아니라 나이가 더 많고 소득도 조금이나마 있

42 Strange(1982), 16쪽.
43 Strange(1982), 27쪽.

는 굴뚝청소 직인도 불결함 면에서는 별로 다르지 않았던 것 같다. 앞에서 등장한 바 있는 노팅엄의 굴뚝청소 장인 러프의 증언에 따르면, 자신이 두 명의 직인을 고용해서 숙소를 제공하였다. 그들이 침대보를 기대하지 않았고 씻을 준비도 되어 있지 않아 놀랐다. 그들은 1년에 단 세 번 – 성령강림절(Whitsuntide), 구스축제일(Goose Fair), 크리스마스(Christmas) – 씻었다고 한다.

굴뚝청소 아동의 생활 방식은 분명 질병과 밀접한 관련이 있었다. 당시의 관찰자들은 음낭암을 주로 '검댕암'(sooty cancer)이라는 이름으로 불렀다. 굴뚝청소 장인 클라크는 자신이 이 '검댕암'으로 목숨을 잃은 굴뚝청소 아이를 여덟 내지 아홉 명 알고 있다고 증언하였다. 그에 따르면 '암이 퍼진 국부는 완전히 헐어버리는데, 이것은 전적으로 '검게 자고'(sleeping black) 밤새 검댕을 호흡한 탓이다.'[44] '검게 잔다'는 것은 굴뚝청소를 할 때 검댕을 받아내기 위해 사용하는 담요를 덮고 자는 것을 말하는 것이었다.[45]

그림 3-11 굴뚝청소 아동들의 거주환경과 식사는 당시 하층 노동자의 기준으로 보아도 매우 열악하였다. 검댕을 씻어내지 않고 지내는 경우가 비일비재하였으며, 위생에 대한 고려는 전혀 찾아볼 수 없는 수준이었다.

일반인들은 대개 굴뚝청소 아동이 잠을 자는 동안 검댕을 호흡한 것이 암이 발생한 결정적인 이유라고 보았다. 의학계에서조차 검댕이 어떤 경로로 암

44 Strange(1982), 15쪽.
45 Strange(1982), 18쪽.

을 유발하는지에 대해 상의한 견해들을 보여주던 시기였으므로, 일반인들의 질병에 대한 인식이 그보다 더 부족하였다는 점은 당연하다고 말할 수 있다. 그렇지만 일반인들의 이런 인식이 질병 퇴치에 무용지물이었거나 심지어 방해가 되었다고 볼 수는 없다. 불결한 주거환경이 발병과 밀접하게 관련되어 있다고는 인식을 하였으므로, 다양한 조치에 의해 위생 상태가 개선되면 굴뚝청소 아동의 암 발생도 줄어들 것이었기 때문이다.

3.4. 개혁의 과정과 방식

초기의 개혁운동

18세기 후반 굴뚝청소를 둘러싸고 발생하는 많은 문제에 대해 여론을 환기하고 입법운동을 이끈 대표적인 인물은 한웨이(Jonas Hanway)였다. 그는 1765년부터 런던 소재 구빈원(workhouse)의 실태를 조사하는 일을 담당하였는데, 그 곳에서 목격하고 수집한 자료를 보고서 큰 충격을 받았다. 빈민들의 열악한 생활환경과 영양 상태에 그는 경악하였고, 특히 구빈원 내의 아동이 높은 사망률을 나타낸다는 사실을 발표하여, 이에 대해 의회 조사가 이루어지는 계기를 마련하였다.[46] 결국 새로 관련법이 개정되어 아동이 3주 이상 구빈원에서 생활해서는 안 되며 반드시 외부에서 기숙해야 한다는 규정을 갖추게 되었다.[47]

46 Hanway(1773); Strange(1982), 35쪽.

빈민법에 대한 조사 과정에서 소외계층에 대한 관심을 키우게 된 한웨이는 다음 과제로 굴뚝청소 도제에 대한 조사에 착수하였다. 굴뚝청소 장인들이 몸집이 작은 도제를 원한다는 점을 그는 발견하였다. 가난한 아동, 특히 교구가 구호의 책임을 맡은 아이들을 고용하는 것이 장인, 아동 자신, 납세자에게 모두 이익이라고 굴뚝청소 장인들은 주장하고 있었다.[48] 한웨이는 자신의 조사를 바탕으로 1773년에 『굴뚝청소부의 어린 도제들의 상태』(*State of Chimney Sweepers' Young Apprentices*)를 출간하였다.

〈표 3-3〉은 굴뚝청소와 굴뚝청소 아동에 관련된 대표적인 개혁운동과 법률 제정 및 개정 내용을 보여준다. 이 가운데 1830년대 이전의 개혁에서는 한웨이의 역할이 매우 중요하였다. 그가 이끈 개혁 그리고 개혁에 뜻을 함께 한 다른 운동가들의 주요 활동 내용을 살펴보기로 하자.

굴뚝청소와 관련된 여러 문제점에 대해서는 이미 18세기 후반에 전문가의 제안이 있어 왔다. 여기에 한웨이의 조사 결과가 힘을 보탠 결과, 1774년에 '건물법'(Building Act)이 제정되어 다양한 건축물과 굴뚝을 규제하기 시작하였다. 그러나 굴뚝청소 장인들의 반응은 대체로 냉담하였다. 1773년 한웨이는 런던에서 활동하는 모든 굴뚝청소 장인에게 편지를 보냈으나 반응을 거의 얻지 못하였다.

한웨이는 여론의 변화를 모색하기로 하고, 이를 위해 책을 출간하고, 언론에 글을 기고하고, 굴뚝청소 아동의 여건 개선을 목적으로 하는 조직의 결성을 후원하기로 결심하였다. 그리하여 그는 1774년과

47 Hanway(1785); 빈민법의 개정 과정에 관해서는 송병건(2008b), 175-217쪽.
48 Strange(1982), 36-37쪽.

표 3-3 굴뚝청소 및 아동노동 관련 주요 입법

연도	의회청원과 법률제정
1774	Building Act 제정, 굴뚝 구조에 대한 권고 포함
1788	Chimney Sweepers' Act 제정
1802	Act on Health and Morals of Apprentices 제정
1816	Society for Superseding이 의회에 청원
1817-1819	굴뚝청소 아동 조사를 위한 Select Committee 법안 하원 통과, 상원 통과 실패
1819-1833	아동노동을 규제하는 여러 Factory Act 제정 및 개정
1834	Chimney Sweep Act 제정. 도제는 자발적이어야 한다고 규정 Building Act(1774) 개정. 굴뚝 구조에 관한 규제
1840	Act for Regulation of Chimney Sweeps and Chimneys 통과, 1842년에 발효
1842	Chadwick의 노동계급에 관한 위생보고서 출간 Mines Act 제정. 10세 미만 아동의 광산노동 금지
1846	Public Baths and Washhouses Act 제정
1847	Ten Hours Act 통과, 아동은 하루 10시간 이상 노동 금지
1848	Public Health Act 제정
1856	청소기구로 굴뚝청소를 하도록 규제
1864	Chimney Sweeps Regulation Act 제정. 16세 이하 고용 금지
1870	Education Act 제정. 모든 아동에 대한 의무교육 규정
1874-1875	Public Health Act 개정
1875	Lord Shaftesbury의 법안 통과, 굴뚝청소 매년 허가제 실시

자료: Strange(1982), xii-xiv쪽에서 작성.

1780년에 이러한 조직을 구성하는 데에 힘을 보탰으며, 1785년에는 『런던과 웨스트민스터 굴뚝청소부의 슬픈 역사』(*Sentimental History of Chimney Sweeps in London and Westminster*)를 출간하였고, 여러 언론에 수차례의 기고를 통해 문제를 세상에 알렸다. 치안판사들에게는 따로 편지를 보내 동조를 구하는 등 왕성한 활동을 벌였다. 한웨이는 부랑하는 처지의 고아와 빈민 상태의 혼외출산아가 팔려나가 굴뚝청소에 종사하게 되는 경우가 많다고 보았고, 여아가 굴뚝청소에 투입되는 경우도 목격을 하였다.[49] 그는 단번에 거대한 개혁을 이루려고 하기보다 현실성이 있는 권고를 하고자 노력하였다. 즉, 불을 피우고 있는 상태의 굴뚝에 들어가지 못하도록 금지할 것, 굴뚝청소 아동이 먹고 씻고 쉴 곳과 교육을 제공할 것, 그리고 기독교 정신에 입각하여 일요학교(Sunday School)를 조직할 것을 권고하였다.[50]

그림 3-12 한웨이의 1785년 저서에 수록된 삽화.

한웨이의 노력은 1788년 의회에 조사위원회(Commission of Inquiry)가 구성됨으로써 결실을 거두기 시작하였다. 여기에서 굴뚝청소에 종사하는 아동들의 열악한 노동조건과 가혹한 처우에 대해 조사가 이루어졌다. 같은 해에 버튼(Robert Burton)이 제출한 법안이 마침내 의회를 통과하여 '굴뚝청소부법'(Cimney Sweepers' Act)이 제정되었다.[51] 이 법에 따라 8살이 되기 이전에는 굴뚝청소 도제계약을 맺지 못하게 되었다. 아동의 부모가 반드시 도제계약에 명시적으로 동의를 해야 하며, 장인은 도제아동에게 적절한 의복과 주거여건을 마련해 주고 일요일에 교회에 나갈 수 있도록 해야 한다고 규정하였다. 이 입법은 굴뚝청소 아동의 후생을 향상시키는 데 매우 중요한 성과였다. 그러나 이 법이 얼마나 실효를 거두었는지는 의문이다. 무엇보다 8세 미만의 굴뚝청소 도제 금지 조항을 현실적으로 위반하는 사례가 많았다. 법집행이 엄밀하게 이루어

49 Strange(1982), 41쪽.
50 Strange(1982), 37-40쪽. 영국에서 보통교육은 1870년 이전에 존재하지 않았다.
51 조지 3세 28년, 법률 48호.

지지 않는다면 입법만으로는 현실사회에 영향을 미치는 데에 한계가 있을 수밖에 없었다. 한웨이는 입법의 실효성을 높이기 위해 굴뚝청소 장인이 공식적인 자격증(licence)을 받도록 의무화하자는 조항을 법안에 넣었으나 상원에서 거부되었다. 이 역시 법의 강제력이 약해지는 데에 일조하였다.[52]

그림 3-13 굴뚝청소 아동에게 교육의 길은 실현이 불가능한 꿈과 같이 느껴졌다.

1792년에는 한웨이의 친구이자 자신이 굴뚝청소 장인이기도 하였던 포터(David Porter)가 팸플릿을 발간하였다. 거기에서 포터는 런던에서 일하는 굴뚝청소 도제의 수가 약 500명이라고 추산하였다. 그는 굴뚝청소 아동의 여건을 개선하기 위해 의복을 자주 갈아입을 수 있게 하고, 목욕시설이 제공되어야 하고, 독립된 침구를 주어야 하고, 1주일에 한 번은 제대로 된 식사를 제공해주어야 하고, 읽고 쓰기를 가르쳐야 한다고 주장하였다. 하지만 초기의 운동가들과 마찬가지로 그 역시 반복된 좌절을 경험해야 하였다. 그러나 포터의 주장은 많은 동조자를 낳았고, 1796년 설립된 '빈민의 여건 개선과 편의 증진을 위한 협회'(Society for Bettering the Condition and Increasing the Comforts of the Poor)의 창립 멤버들도 그의 영향을 많이 받았다. 조지 3세도 이 조직의 후원자 가운데 한 명이었다. 이 조직은 여론을 환기시키는 데에 크게 공헌을 하였다.[53]

52 Strange(1982), 41쪽.

1803년에는 '굴뚝청소 아동 고용의 필요성 대체를 위한 런던 협회'(London Society for Superseding the Necessity for Employing Climbing Boys)가 투크(William Tooke)에 의해 설립되었다. 이 협회의 핵심 구성원은 더럼 주교(Bishop of Durham)와 저명한 노예해방론자 윌버포스(William Wilberforce)였다. 윌버포스는 노예제 폐지론과 비슷한 맥락에서 '어린 검은 노예들'(little black slaves)을 영국 땅에서 없애야 한다고 설파하였다. 런던 협회를 뒤이어 다른 도시들에서도 유사한 기구가 순차적으로 설립되었다.[54]

새로 결성된 조직들은 우호적인 굴뚝청소 장인들을 확보하여 아동노동 고용 관행에 관한 유용한 정보를 많이 얻었다. 효율성이 높은 굴뚝청소 기구에 대한 정보 확산에도 공을 들였다. 대표적인 청소기구는 스마트(George Smart)가 개발한 것이었다. 조직의 구성원들은 아이들을 '인간 솔'(human brush)에 비유하면서 기구로 이를 대체하는 것이 바람직하다는 데에 뜻을 모았다. 이들은 계속해서 아동노동 고용을 주장하는 장인들과 대립구도를 형성하게 되었다.[55]

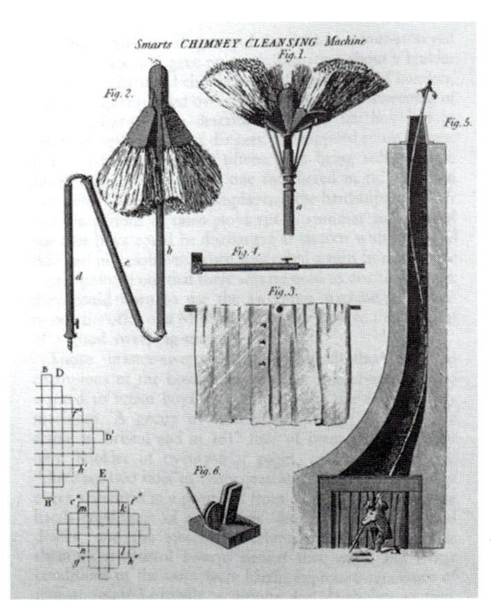

그림 3-14 스마트가 개발한 굴뚝청소 도구. 연통이 길거나 굽은 굴뚝에서도 사용할 수 있도록 고안되었다.

53 Strange(1982), 42-43쪽.

54 Strange(1982), 43쪽. 그렇지만 나중에 부유한 건축업자이자 지주로 변신한 투크는 훗날 상원 위원회(House of Lords Committee)에서 아이들을 고용하는 것이 기구를 사용하는 것보다 더 효율적이라고 주장하였다.

1816년 굴뚝청소 아동 고용의 필요성 대체를 위한 협회는 1788년의 법을 대체하는 입법을 위해 청원서를 의회에 제출하였다. 이 청원서에서 아동노동을 굴뚝청소에 사용하지 못하도록 전면적인 금지를 해야 한다는 요구가 실린 것이 알려지자, 새로운 입법에 반대하는 목소리도 본격적으로 조직화되기 시작하였다. 다수의 굴뚝청소 장인들이 참여한 이런 조직들에 의해 기구를 사용하면 검댕이 흩어져 지저분해지고 굴뚝이 막히기 쉽다는 주장이 확산되어 나갔다. 브리스톨(Bristol)에서는 개혁에 비판적인 굴뚝청소 장인의 활동이 특히 활발하게 이루어졌다. 그들은 1817년에 자신들의 주장을 담은 팸플릿을 발간하여, 아동의 노동조건과 거주여건이 그다지 나쁘지 않으며, 질병, 기형, 성장미숙의 사례도 거의 없고, 암도 별로 발생하지 않았다고 주장하였다. 그리고 기구가 청소할 수 없는 굴뚝이 있다면서 그런 구조를 그림으로 제시하였다.[56]

1817년 의회에 구성된 특별위원회는 굴뚝청소의 실태에 관해 상세한 내용을 담은 보고서를 작성하였다. 이 보고서에는 청소기구 개발자인 조지 스마트 및 여러 의사, 건축가, 굴뚝청소 장인 등의 증언이 포함되었다. 보고서의 발간과 발맞추어 즉각적인 굴뚝청소 아동노동 폐지를 담은 법안이 의회에 상정되었으며, 굴뚝청소 아동 고용의 필요성 대체를 위한 협회는 곳곳에서 공공모임을 개최하고 법안에 찬성하는 분위기를 고조시켰다. 의회는 반대 목소리도 청취하였다. 그러나 의사, 건축가, 화재보험업 종사자, 소방관 등은 대개 법안에 찬성하는 입장을 보였다.[57] 이 법안은 하원을 통과하였지만 개혁

55 Strange(1982), 43-44쪽.
56 Strange(1982), 46-47쪽.

론자들의 기대와 달리 상원에서는 받아들여지지 않았다. 청소기구가 충분히 효과적이지 않다는 주장과 교구 직원들이 빈민아동을 도제로 보낼 수 없게 되어 문제가 된다는 주장이 받아들여졌기 때문이었다.[58]

개혁에 반대하는 진영이 만만치 않은 영향력을 지녔다는 점이 이로써 입증되었다. 이들은 굴뚝청소 아동이 작업에 동의했는지 명시적으로 확인하는 절차를 확립함으로써 폐해를 막을 수 있다고 주장하였다. 치안판사가 아동을 직접 만나보고 고용을 승인하는 방안도 제시하였다. 그리고 아동의 고용연령 제한에 관해서는 유연한 태도를 보였다. 이런 내용은 모두 굴뚝청소 장인들이 스스로를 '훌륭한'(respectable) 굴뚝청소부로 규정하고 '뜨내기'(itinerant) 굴뚝청소부들과 구분하려는 목적을 내포한 것이었다. 아무 아동이나 고용하고 함부로 처우하는 후자와 달리 자신들은 아동을 적절하게 뽑고 노동조건도 보장한다는 차별화 전략이었던 것이다. 반대 개혁파는 또한 청소기구로 작업이 불충분하게 이루어지면 화재의 위험이 커진다고 주장해 거주자들의 불안감을 자극하는 전략을 취하였다. 이런 주장들의 타당성에 대해서는 아래에서 다시 논하기로 한다.[59]

1824년에는 몽고메리(James Montgomery)라는 개혁가의 활동이 두드러졌다. 그는 공업도시 셰필드(Sheffield)를 거점으로 하여 굴뚝청소 아동 고용에 반대하는 캠페인을 전개하였다. 몽고메리도 한웨이 및 윌버포스와 마찬가지로 흑인노예와 검댕으로 검게 된 굴뚝청소 아동의

57 Strange(1982), 48-49쪽.
58 Strange(1982), 50-51쪽.
59 Honeyman(2013), 101-103쪽.

그림 3-15 굴뚝청소 아동이 입법에 관여하는 의원에게 법의 개정을 간청하는 모습.

유사성을 강조함으로써 대중의 공감을 얻고자 하였다. 그는 굴뚝청소 아동의 실상에 관해 많은 자료를 수집하여 『굴뚝청소부의 친구와 굴뚝청소 아동의 앨범』(*Chimney-Sweeper's Friend and Climbing Boy's Album*)이라는 책을 출간하였다. 이 책에는 유명 삽화가 크룩생크(Issac Robert Cruikshank)가 그림을 담당하였다.[60]

〈그림 3-15〉는 이 책에 실린 크룩생크의 한 삽화를 보여준다. 굴뚝청소 아이가 법을 제정하는 고상한 의원에게 간절히 청을 하는 그림이다. 의원의 사회적 지위를 말해주듯이 시종과 두 마리의 사냥개가 잘 훈련된 모습을 보이고 있다. 아이의 옆에는 굴뚝청소 장인이 거위 목을 맨 채 사다리를 오르고 있는 모습이 보인다. 거위를 이용해 굴뚝을 청소하면 된다는 세간의 주장을 반영하고 있다.[61]

수차례에 걸친 좌절에도 불구하고, 굴뚝청소 아동의 개혁을 위한 움직임은 계속되었다. 개혁적 협회들은 홍보 책자를 발행하여 돌리고, 청소기구에 관한 정보를 유통시키고, 공공 모임을 주관하고, 새 협회의 창설을 지원하는 등 다양한 활동을 하였다. 청소기구 중에서는 스마트의 기구가 가장 널리 알려졌으며, 1828년에는 새로 개발된

60 Strange(1982), 53-57쪽. 그는 가장 유명하였던 삽화가 조지 크룩생크(George Cruikshank)와 형제 간이었다.

61 Strange(1982), 58-59쪽.

조셉 글래스(Joseph Glass)의 청소기구가 화재보험회사의 추천을 받아 홍보가 되었다.[62]

개혁의 노력이 다시 결실을 본 것은 1834년의 일이었다. 서덜랜드 공작(Duke of Sutherland)이 의장을 맡은 특별위원회가 작성한 법안이 하원을 통과한 데에 이어 상원까지 무난하게 통과하였다.[63]

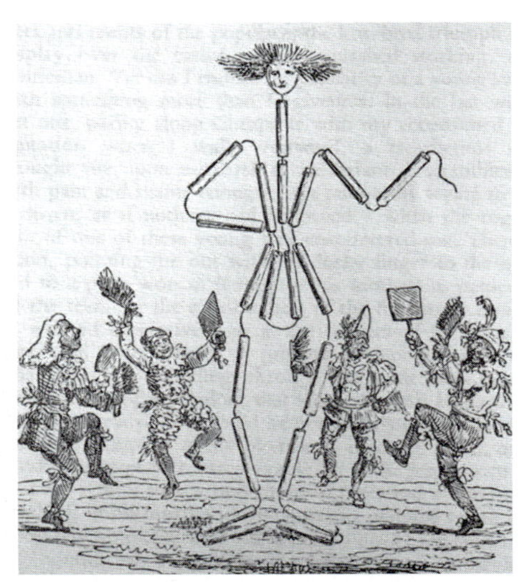
그림 3-16 1820년대에 발행된 유인물에 '최후의 굴뚝청소부'라는 이름으로 묘사된 청소기구.

서덜랜드 공작은 이미 150개의 공공건물에 대해 기구로 굴뚝청소가 이루어지고 있으며, 기구청소가 아동의 물리적 고통을 줄여주는 이득을 가져다주는 이외에도, 화재보험 자료로부터도 기구청소의 도입에 의해 사회적 비용이 감소한다는 것을 확인할 수 있다고 강조하였다. 특히, 글래스는 자신이 개발한 청소기구로 상원 건물의 모든 굴뚝과 버킹엄 궁의 대부분의 굴뚝을 성공적으로 청소함으로써 서덜랜드 공작의 주장에 설득력을 높여주었다. 그는 기구로 청소가 불가능한 극소수의 굴뚝은 아동이 직접 들어가기에 부적합하다는 점도 언급하였다.[64] 투크의 증언도 개혁의 필요성을 강조하였다. 굴뚝청소 장인들이 좁은 굴뚝을 청소하기 위해 필요에 따라 어린 도제를 서로 빌려주기도 한다고 그는 지적하였다. 또 가난한 부모들이 4-6세의 자녀를 3-5기니에 팔아넘기는

62 Strange(1982), 60쪽.
63 윌리엄 4세 4-5년, 법률 35호.
64 Strange(1982), 62-65쪽.

사례가 많이 있다고도 증언하였으며, 굴뚝청소 장인이 자신의 아이에게 일을 시켜 연령 제한을 피하기도 한다고 언급하였다. 투크에 따르면 굴뚝청소업은 사양된 산업 중 하나였다. 굴뚝청소 장인이 너무 많아 이윤이 낮고, 이에 따라서 아동이 피해를 입게 된다고 그는 주장하였다. 소수의 각성한 장인들만이 아동을 법이 규정한 대로 일요학교에 보내기 때문에, 아이들은 16살이 되면 다른 직종에 고용이 불가능한 상태로 전락하여 범죄와 부정에 휩쓸리기 쉽게 된다고 그는 강조하였다.[65]

1834년의 입법은 굴뚝청소 아동의 개혁에 새로운 이정표를 세운 것으로 평가할 수 있다. 이 법에 따라 굴뚝청소 장인은 14세 미만의 아이를 도제로 둘 수 없으며, 한 시점에 6명을 넘는 도제를 둘 수 없게 되었다. 또한 아동이 도제수업을 받는 데에 동의해야만 도제계약이 이루어질 수 있으며, 치안판사 앞에서 도제계약을 확정해야만 하게 되었다. 비록 굴뚝청소 아동의 노동을 전면금지하는 데까지는 갈 길이 멀었지만, 과거의 법률에 비해서는 확실히 진일보한 내용을 담고 있었다.[66]

1840년 이후의 개혁

개혁운동의 전반기를 한웨이가 주도하였다면, 1840년 이후인 개혁 후반기는 쿠퍼(Anthony Ashley Cooper), 즉 1851년 작위를 받아 섀프티스베리 경(Lord Shaftesbury)이 된 인물이 가장 중요한 역할을 하였다. 그

65 Strange(1982), 63-65쪽.
66 같은 해에 1774년에 제정되었던 건물법도 개정되어 굴뚝의 구조에 관한 규제가 강화되었다.

가 수행한 역할과 역사적 의의는 해먼드 부처가 1923년 저술한 『섀프티스베리 경』(*Lord Shaftesbury*)에 상세히 기록되어 있다.[67]

그림 3-17 아동의 굴뚝청소 방지를 위한 입법운동의 일환으로 발간된 책자의 삽화. 법률 제정이 아이들의 미래에 유일한 희망이라고 보았다.

1832년 32세의 나이에 섀프티스베리 경은 아동복지에 관한 의회 자문위원이 되었고, 1837년에는 모든 아동의 10시간 이상 노동을 금지하자고 촉구한 바 있다. 그가 굴뚝청소 아동에 대해 본격적으로 관심을 가지게 된 것은 1834년부터였다. 1830년대까지 그와 다른 개혁가들이 진행한 부단한 개혁운동의 결과로 1840년에 새로운 법안이 의회를 통과하여 1842년에 발효를 하게 되었다. '굴뚝청소부와 굴뚝의 규제에 관한 법률'(Act for Regulation of Chimney Sweeps and Chimneys)이 제정됨으로써, 굴뚝이 기구로 청소하기에 적당한가를 집주인이 확인할 의무가 법으로 규정되었다. 또한 21세 미만은 굴뚝에 오를 수 없고, 16세 미만은 굴뚝청소 장인을 도울 수 없게 되었다. 이를 어기고 아동에게 위험한 작업을 시키는 장인은 처벌을 받도록 하였다.[68] 그러나 여전히 법망의 허점이 존재하였다. 아동이 굴뚝청소를 할 때 장인이 현장에 없었다고 하면 처벌이 실질적으로 불가능하였던 것이다. 위법 행위는 특히 개혁운동을 전개하는 협회가 조직되지 않은 곳에서

67 Hammond and Hammond(1923).
68 빅토리아 3-4년, 법률 85호.

그림 3-18 1878년에 제작된 삽화에 가난한 구두닦이 아이들이 섀프티스베리 경의 초상화를 존경어린 마음으로 가리키는 모습이 표현되어 있다.

많이 일어났다.

개혁가들이 주목한 또 하나의 개혁 방향은 굴뚝청소 아동들의 주거환경과 생활 방식을 개선하는 일이었다. 1842년 채드윅(Edwin Chadwick)이 노동계급의 위생 상태에 관한 보고서를 출간하자, 영국 사회는 위생 문제, 특히 공중위생에 관해 큰 경각심을 갖게 되었다. 이 보고서의 여파가 전국적으로 확산되어 보건위생의 필요성이 강조되면서, 1846년 '공중목욕탕과 세신소법'(Public Baths and Washhouse Act)이 제정되었다.[69] 그리고 새 입법을 통해 1847년부터는 목욕에 관한 규정이 점차 강화되었다.[70]

1849년에 런던의 매릴본(Marylebone)에서 새 법에 입각한 공중목욕탕이 문을 열었다. 남탕은 1급탕 24개와 2급탕 57개, 다림질 건조실, 세면기 240개로 구성되었고, 여탕은 이보다 수가 적어 1급탕 12개와 2급탕 14개였다. 건축비는 2억 3,671만 파운드가 소요되었다. 입욕비는 6펜스에서 1펜스까지 다양하였는데, 대다수의 입장객은 값이 싼 옵션을 선택하였다. 내방객이 가장 많았던 주에는 1만 2,000명이 입장하였고, 하루 최고기록은 3,429명이었다.[71]

69 빅토리아 9-10년, 법률 74호.
70 공중목욕탕 설치운동의 전개 과정에 관해서는 Melcalfe(1877), 1-22쪽; Rosen(1958), 195쪽. 피부 상태가 건강에 미치는 영향에 대한 당시 사람들의 인식에 관해서는 Metcalfe(1877), i-xx쪽을 보라.
71 1875년까지의 기록을 검토해보면, 개장 이래 소요된 총운영비가 7만 49파운드였고 입욕비 총수입이 8만 987파운드여서 10만 938파운드의 수익이 발생하였다. Metcalfe(1877), 26쪽.

표 3-4 런던의 초기 공중목욕탕 개점 상황, 1849-1856년

연도	위치	건축비(파운드)	탕수(개)
1849	St Marylebone	23,671	107
1851	St Margaret & St John, Westminster	15,000	68
1852	St James', Westminster	21,000	104
1852	Poplar	11,500	48
1854	St Giles & St George, Bloomsbury	20,857	73
1854	Bermondsey	16,500	65
1855	St George, Hanover Squire	33,861	94
1856	St Martin's in the Field	21,000	66

자료: Metcalfe(1877), 41쪽.

이 공중목욕탕을 시작으로 런던에서는 거의 매년 새 공중목욕탕이 문을 열었다. 〈표 3-4〉에 이들의 목록이 제시되어 있다. 1849-1856년에 총 8개의 공중목욕탕이 평균 2만 423파운드의 건축비를 들여 개점하였다. 각 목욕탕에는 평균 78개의 욕탕이 설치되었다. 곧 런던뿐만 아니라 수많은 다른 도시에서도 공중목욕탕이 개장을 하였다. 노팅엄(Nottingham), 버밍엄(Birmingham), 브리스톨(Bristol), 선더랜드(Sunderland), 헐(Hull), 리버풀(Liverpool), 뉴캐슬(Newcastle-on-Tyne) 등이 이에 속하였다.[72]

그림 3-19 리버풀의 프레데릭 스트리트(Frederick Street)에 있는 공중목욕탕. 1842년에 처음 세워졌다가 2년 후 다시 지어졌다.

72 Metcalfe(1877), 90-95쪽.

섀프티스베리 경만큼의 명성을 얻지는 못하였지만, 수많은 저술가와 언론인이 개혁의 흐름에 동참하였다. 1851년 『런던 노동자와 런던 빈민』(*London Labour and the London Poor*)을 출간한 매이휴(Henry Mayhew)도 굴뚝청소 개혁의 역사에 중요한 위치를 차지하는 인물이었다. 그의 저작은 당시 런던 하층민의 참상을 사회적 이슈로 공론화하는 데에 지대한 공헌을 하였다. 당시에 인기를 끌었던 잡지 『펀치』(*Punch*)도 사회적 관심을 이 주제로 모으는 데에 중요한 역할을 하였다. 매이휴의 묘사를 보자.[73]

그림 3-20 굴뚝청소 아동들은 외모 면에서 다른 이들과 구분이 되었고, 특유의 검댕과 냄새로 인해 다른 집단과 공간적으로도 차별화되었다. 공중목욕탕에서도 이들은 한쪽 구석에서 몸을 씻는 경우가 많았다.

많은 굴뚝청소부가 거주하는 지역은 '가장 열악한' 장소이다. 내가 목격한 바로는 하급의 굴뚝청소부들은 황폐하고 더러운 환경에서 살고 있다. … 굴뚝청소부가 특수한 계급이 된 데에는 많은 이유가 있다. 그들은 노동자 중에서 가장 낮은 지위라고 천시를 받아왔으며, 그들보다 별반 나을 것도 없는 이들로부터도 멸시를 받아왔다. 그들의 업무가 지닌 특별한 속성 때문에 그들은 더러운 외양을 띨 뿐만 아니라, 지독한 냄새를 풍기며, 스스로 다른 노동자와 어울리지 못하게 길들여져 왔다.

의회에 제출한 증언을 통해 나는 어떤 굴뚝청소 아동들은 여섯 달에 한 번 씻었고, 다른 아이들은 1주

73 Strange(1982), 70-71쪽.

> 일에 한 번, 또 다른 아이들은 두세 달에 한 번 목욕을 하였다고 말하였다. 목욕을 전혀 하지 않는다는 사례를 나는 듣지 못하였다. 하지만 증언의 취지를 놓고 보자면 그런 경우도 있었다고 결론을 내릴 수 있다.

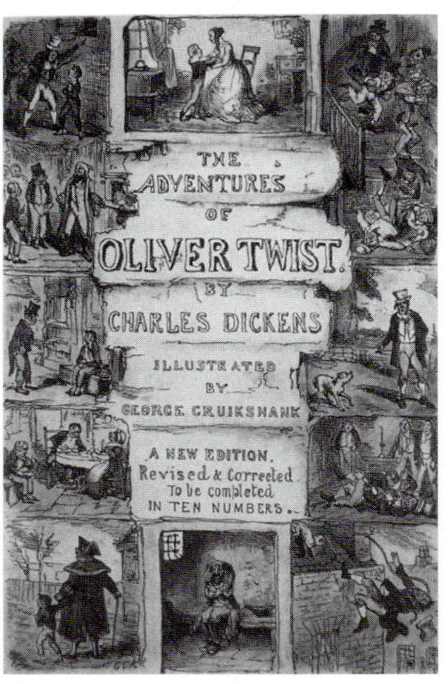

그림 3-21 인기 작가로 명성이 높았던 찰스 디킨스는 굴뚝청소에 아동을 고용하지 못하게 금지하는 법안의 열렬한 지지자였다. 그의 작품에는 교구도제들의 열악한 생활상이 자주 등장하였다.

동시대에 큰 대중적 인기를 끌고 있었던 작가 디킨스(Charles Dickens)도 개혁에 적극적으로 공감을 표시하였다. 그는 여러 강연을 통해 청결의 중요성과 관련 입법의 필요성을 강조하였다.[74] 개혁가들은 여러 신문에 기고를 하면서 여론에 영향을 미치고 동조 세력을 규합하였다. 특히 일부 신문들, 예를 들어 『더 타임스』(*The Times*), 『리즈 인텔리젠서』(*Leeds Intelligencer*), 『셰필드 아이리스』(*Sheffield Iris*), 『카운티 헤럴드』(*County Herald*), 『리버풀 머큐리』(*Liverpool Mercury*) 등의 지면에는 개혁을 목소리로 담은 기사가 자주 실렸다.

1856년부터는 아동노동을 대신하여 청소도구를 써서 굴뚝을 청소하도록 규제가 강화되었다. 1864년 섀프티스베리는 굴뚝청소에 대한 규제를 더욱 강화하자는 법안을 제출하였다. 이 법안은 '굴뚝청소부규제법'(Chimney Sweeps Regulation Act)이라는 이름으로 의회를 통과하

74 Strange(1982), 73-75쪽.

였다. 이 법에 따라 16세 이하의 아동을 굴뚝청소를 위해 고용하지 못하도록 전면적으로 금지되었다. 지치지 않는 열정을 가지고 계속 개혁운동을 전개한 끝에 그는 1875년에 이 주제에 관한 마지막 법안을 제출하였다. 굴뚝청소는 매년 새로 허가를 받아야 하는 제도로 바뀌었고, 굴뚝청소는 공식적 감독의 대상이 되도록 하였으며, 아동은 굴뚝청소를 하지 못하도록 규정한 법안이었다. 그의 마음속에 있는 해결책은 반 세기 전에 몽고메리가 말하였듯이 '간단하고, 명백하며 확실'(simple, obvious and certain)하였다.[75] 이 법이 통과됨으로써 1세기 동안 끊임없이 사회적 논쟁의 대상이 되어온 굴뚝청소 아동고용의 문제는 최종적으로 사라지게 되었다. 1875년에 11살 된 아이가 굴뚝청소를 하다 사망하였는데, 이것이 직접 굴뚝청소를 하다가 죽은 마지막 아동의 사례였다.[76]

개혁의 효과

굴뚝청소 아동노동을 규제하는 개혁들은 얼마나 큰 효과를 거두었을까? 1830년대에서 1860년대에 이르는 시기의 관련 통계를 통해 그 효과를 가늠해볼 수 있다. 이 시기에 진행된 중요한 개혁은 두 가지였다. 첫째는 1840년에 제정되고 1842년에 발효한 법에 따라 일정한 연령이 되지 않은 아동은 굴뚝청소를 할 수 없도록 한 조치였고, 둘째는 1856년부터 아동의 굴뚝청소를 대신해서 청소도구의 사용을 명령한 조치였다.

75 Strange(1982), 77-81쪽.
76 *The Times*, 1875년 3월 24일자.

이 조치들이 굴뚝청소 아동의 산업재해를 줄였을 것이라는 점은 자명하다. 아동이 굴뚝청소에 나서지 못하도록 규제를 강화해간 것이기 때문이다. 따라서 이 책에서는 당시에 논쟁의 일부를 이루었던 주장, 즉 굴뚝청소를 아이가 하지 않고 도구로 하였을 경우 검댕이 남아 화재 위험이 크다는 반개혁론자 진영의 주장을 중심으로 자료를 검토해보기로 한다.

〈표 3-5〉는 런던소방서(London Fire Engine Establishment)의 경정(Superintendent) 쇼(Eyre M. Shaw)가 1863년 의회의 아동고용위원회에 보낸 서신에 포함된 통계표이다. 그는 화재건수가 근래에 증가하였느냐는 질문에 대해 대답을 하였는데, 그에 따르면 정확한 통계는 없지만 전체 화재건수는 주택 수의 증가와 대체로 비례해서 증가해왔다. 그러나 연통에서 발생한 화재에 국한해서는 지난 30년에 대해 정확한 통계를 제시할 수 있다고 하였다.[77]

이 표를 통해서 연통에서 발생한 화재건수가 총화재건수에 비해 증가율이 낮았음을 알 수 있다. 총화재건수에서 연통에서 발생한 화재건수가 차지하는 비율은 1830년대에는 10%를 초과하였지만, 그 후 1840년대 중반에는 상당히 낮아진 양상을 보였다. 이 비율은 1850년대 및 1860년대 초에는 6-9% 수준을 유지한 것으로 나타났다. 1856년부터는 새 법률에 따라 굴뚝청소에 아동노동이 금지되고 기구를 이용한 굴뚝청소만이 허용되었는데, 그 이후 시기가 이전 시기에 비해 낮은 연통 화재율을 기록하였다. 즉, 아동을 굴뚝청소 작업에 고용하지 않고 기구를 사용하더라도 반개혁파가 주장한 바와는 달리 연통에서 화재가 발생할 확률은 높아지지 않았으며 오히려 전반적인 감

77 PP(1863) [3170], 314쪽.

표 3-5 런던의 총화재건수와 연통에서 발생한 화재건수, 1833-1862년

연도	총화재건수	연통에서 발생한 화재건수	비율(%)
1833	458	71	15.5
1834	482	64	13.3
1835	471	67	14.2
1836	564	79	14.0
1837	501	55	10.9
1838	568	59	10.4
1839	584	61	10.4
1840	681	72	10.6
1841	696	69	9.9
1842	769	70	9.1
1843	749	102	13.6
1844	762	86	11.3
1845	707	72	10.2
1846	834	75	9.0
1847	836	61	7.3
1848	805	55	6.8
1849	838	75	8.9
1850	868	90	10.4
1851	928	91	9.8
1852	923	75	8.1
1853	900	75	8.3
1854	953	71	7.4
1855	982	91	9.3
1856	957	73	7.6
1857	1,110	75	6.8
1858	1,114	80	7.2
1859	1,089	90	8.3
1860	1,056	70	6.6
1861	1,183	76	6.4
1862	1,303	96	7.3

자료: PP(1863) [3170], 314쪽.

표 3-6 레스터 시의 화재건수, 1850-1861년

연도	청소방법	총굴뚝화재
1850	아동노동	61
1851		73
1852		114
1853		65
1854		69
1855		37
소계		419
1856	기구	39
1857		38
1858		39
1859		32
1860		42
1861		29
소계		219

자료: PP(1863) [3170], 220쪽.

소세를 보였음을 확인할 수 있다.

위와 유사한 추세는 다른 지역의 자료에서도 확인된다. 레스터(Leicester)의 자료는 아동이 굴뚝청소를 담당한 1855년까지의 기간과 기구가 아동노동을 대체한 1856년 이후의 상황을 비교하고 있다. 경정으로 경찰서에 근무하는 차터(Robert Charters)가 작성한 자료이다. 1850-1855년까지의 6년 동안 레스터의 화재건수는 총 419건으로 연평균 70건에 육박하였는데, 1856-1861년에는 총 210건으로 35건으로 떨어졌다. 다른 요인도 작용을 하였을 수 있기 때문에 정확한 분석은 어렵지만, 적어도 청소기구만을 사용하게 된 변화가 1856년 이후에 화재위험을 감소시켰을 것이라고 추정을 할 수 있다.

결론

굴뚝청소는 산업혁명 이전부터 광범위하게 존재하였던 전통업종이었다. 수많은 굴뚝의 청소를 담당한 것은 아동노동이었다. 특히, 연통이 좁고, 구부러지고, 굴뚝의 구조가 약한 경우 아동노동의 투입은 오랜 기간 필수적이라고 여겨졌다. 저소득층의 아동, 또는 중산층이나 상류층의 혼외출산아가 굴뚝청소에 자주 고용되었으며, 교구도제의 형태로 이 직종에 뛰어들게 된 아동도 많았다. 아동노동자들은 힘들고, 위험하고, 지겨운 일들을 맡았다. 그들은 영양 부족에 시달렸고, 편안한 숙소를 갖지 못하였고, 교육을 받지 못하였고, 필요한 휴식과 여가가 지극히 부족하였다. 이들은 질식, 화상, 낙상 등의 업무 중 재해에 취약성을 드러냈고, 가혹한 처우 탓에 사고와 질병에 더 노출되었으며, 생활습관과 주거환경 탓에 질병이 악화되는 사례가 빈번하였다. 이 시기는 아동노동과 관련하여 아무런 사회적 감시 · 보호 체계가 존재하지 않는 기간이었다. 조사관도 없고 사회복지사도 없는 상황, 노동환경과 처우에 관해 어떤 문제가 있는지 찾아낼 주체도 없고 어떠한 조언이나 협조도 구할 수 없는 거친 시절이었다.

당시 굴뚝청소 아동들에게서 많이 발견된 질병들에 대해 동시대인들의 진단과 처방은 다양하였다. 현대 의학의 관점에서 보면 이런 진단과 처방은 부분적으로만 인정받을 수 있는 종류였다. 그렇지만 이런 의학적 지식의 문제와 별도로, 공중위생의 개선과 같은 동시대인들의 권고는 실질적인 효과를 거둘 수 있는 조치였다.

개혁가들은 굴뚝청소를 할 수 있는 노동자의 연령을 제한하거나, 굴뚝을 효과적으로 청소할 수 있는 기구를 개발하고 보급하거나, 굴뚝과 건물의 형태를 규제하거나, 공중목욕시설을 갖추거나, 감독관이 굴뚝청소를 관리하게 하거나, 규정을 위반하는 굴뚝청소 장인과 청소 의뢰인에게 책임을 묻는 등의 개선방안을 추진하였다. 개혁의 효과를 높이기 위해 그들은 언론에 기고를 하고, 해당 주제의 서적과 팸플릿을 발간하고, 협회를 조직하여 운영하고, 친개혁적 인사의 도움을 받아 공공집회를 열었다. 이런 다채로운 활동을 통해 개혁가들이 궁극적으로 달성하고자 한 목표는 아동노동 고용의 전면 금지였다. 이 목표는 수많은 노력과 시행착오와 좌절의 과정을 통해 개혁운동이 시작된 후 1세기가 지난 1875년에 와서야 도달될 수 있었다.

제4장

직물공업

4.1. 직물공업의 발달
4.2. 노동 과정
4.3. 재해와 공장법 개혁

4.1. 직물공업의 발달

면직공업의 급성장

직물공업은 영국에서 오랜 전통을 가진 산업이었다. 18세기에도 곡물 생산을 제외하고는 직물공업이 영국 경제에서 가장 큰 비중을 차지하고 있었다. 그 중에서도 가장 핵심적인 직물공업은 모직공업이었다. 또한 마직공업과 견직공업도 일정한 규모의 시장을 형성하고 있었다. 그러나 18세기를 통해 새로 면직공업이 등장하면서 직물공업의 판도에 중대한 변화가 발생하였다. 1721년에 제정된 법은 각종 면직물의 직조를 금지하는 것을 내용으로 하였는데, 이는 해외에서 수입되거나 국내에서 생산되는 면직물에 의해 모직공업이 위협을 받는다는 모직물 생산자들의 청원에 따른 것이었다. 그러나 시대는 규제 중심의 중상주의적 질서를 대신해 경쟁이 강조되는 환경으로 접어들고 있었다. 1736년에 제정된 이른바 '맨체스터법'(Manchester Act)은 1721년 법이 부과하였던 면직물에 대한 제한을 철폐하였다. 이에 따라 면직공업이 도약해 나갈 제도적 기반이 마련되었다.[1]

면직공업의 발달을 통해 기존의 직물공업에서는 볼 수 없었던 기계화와 분업체계가 나타났고, 이를 기반으로 면직공업이 대량생산의 총아로서 떠오르게 되었다. 모직물과 비교할 때 면직물은 대중 소비재의 성격이 강해서 수요의 가격탄력성이 크다는 장점이 있었다.

이런 특성에 힘입어 면직공업은 영국 경제의 중심으로 자리를 잡았다. 〈표 4-1〉에 1794-1856년 동안의 수출구조가 제시되어 있다. 영국

1 'The growth of textile manufacturing' 항목(http://www.parliament.uk).

그림 4-1 영국의 일인당 직물소비량, 1798-1861년

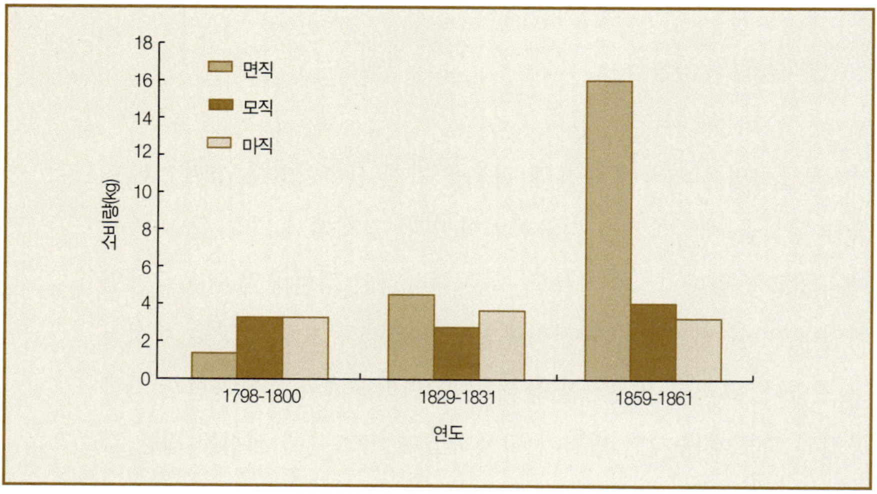

자료: Ellison(1886), 120쪽.

표 4-1 수출에서 각 부문이 차지하는 비중, 1794-1856년

(단위: %)

부문	1794-1796	1814-1816	1834-1836	1854-1856
제조업/경제 전체	86	82	91	81
면직/제조업	18	49	53	42
모직/제조업	27	21	17	15
철/제조업	11	2	2	7

자료: Temin and Voth(2013), 154쪽.

경제 전체 수출액 중에서 제조업이 차지하는 비중이 81-91%를 차지하였다. 제조업 수출 가운데 면직물의 비중은 1794-1796년에는 18%였으나, 1814-1816년에는 49%, 그리고 1834-1836년에는 53%에 이르렀다. 이와 대조적으로 모직물의 비중은 1794-1796년에는 면직물보다 높은 27%였으나, 1814-1816년에는 21%, 그리고 1834-1836년에는 17%로 감

소하였다. 철제품의 수출은 전 시기를 통해 직물공업에 비할 수준이 되지 못하였다.[2]

그림 4-2 18세기와 19세기에 고급 직물에 대한 영국인들의 수요는 매우 컸다. 그림은 상류사회의 소비 양태를 풍자하는 호가스(William Hogarth)의 1746년 삽화.

18세기까지 세계 면직물 시장의 주인공은 인도였다. 인도가 수출하는 생산품인 캘리코(calico)와 모슬린(muslin)은 유럽 전역에서 특히 큰 인기를 끌었다. 유럽 국가들은 앞을 다투어 인도산 면제품을 수입하였고, 특히 영국의 동인도회사는 인도산 제품을 유럽에 공급하는 중요한 무역 주체였다. 영국의 면직공업 발달은 이런 인도산 면직물의 수입을 국내 생산으로 대체하려는 노력이 낳은 결실이었다.

면직공업의 기술진보

면직공업이 핵심 산업으로 부상한 데에는 다수의 중요한 기술진보가 이루어진 영향이 컸다. 우선 16세기 말 구교의 종교적 박해를 피해 앤트워프를 떠나 영국으로 건너온 이주민들은 발달된 기술을 이전시켰다. 이들은 영국에 정착한 후 면사와 린넨을 혼합해서 퍼스티안(fustian)을 만들었고, 이를 이용하여 직물을 짠 후 인도 직물의 패턴을 모방하여 프린팅을 하였다. 인도산에 비해 품질이 부족한 이 생산품은 주로 서아프리카 해안과 아메리카 플랜테이션에서 노예를 대상

2 Temin and Voth(2013), 154쪽.

그림 4-3 하그리브스가 개발하여 딸의 이름을 붙인 방적기 –제니방적기– 의 모습.

으로 판매되었다. 영국 면직공업은 이렇게 시작되었다.

본격적인 기술진보는 18세기에 이루어졌다. 1730년대에 발명된 비사(flyshuttle)는 1750년대부터 빠르게 보급되었다. 이 기구는 씨실을 넣은 북이 자동적으로 날실 사이를 건너지르게 한 것인데, 방직작업의 속도를 높이고 직물의 폭을 확대시킬 수 있게 해줌으로써, 생산성을 세 배나 증가시켰다.

비사의 도입으로 면사가 부족해지자, 기술혁신의 초점은 방적으로 집중되었다. 1760년대에 하그리브스(James Hargreaves)가 제니방적기(spinning jenny)를 발명하였고, 아크라이트(Richard Arkwright)는 수력방적기(waterframe)를 발명하였다. 수동기계인 제니방적기는 기계당 추의 수를 8개에서 100개 이상으로 늘렸고, 수력방적기는 수력을 동력원으로 하여 대규모 공장이 들어서게 만들었다. 또한 1770년대에 크롬프턴(Samuel Crompton)은 이 두 방적기의 장점을 결합하여 가늘면서도 강한 면사를 뽑아낼 수 있는 뮬방적기(mule spinning frame)를 개발하였다. 그리하여 영국산 면직물이 인도산과 경쟁할 수 있는 기반이 마련되었다. 1825년에는 뮬방적기가 수동에서 자동으로 개량되어 더욱 높은 성능을 가지게 되었다.

방적기술이 발달하자 기술혁신의 초점은 다시 방직 공정으로 향하였다. 1780년대에 카트라이트(Edmund Cartwright)가 발명한 역직기(power loom)는 이런 노력의 결과물이었다. 역직기는 1810년대부터 본격적으로 전파되었다. 마지막으로 미국에서는 휘트니(Ely Whitney)가

조면기(cotton gin)를 발명하여 면화 수확작업의 생산성을 크게 향상시켰다. 이 기계의 등장으로 원료인 면화의 공급이 원활하게 이루어지게 되었다.

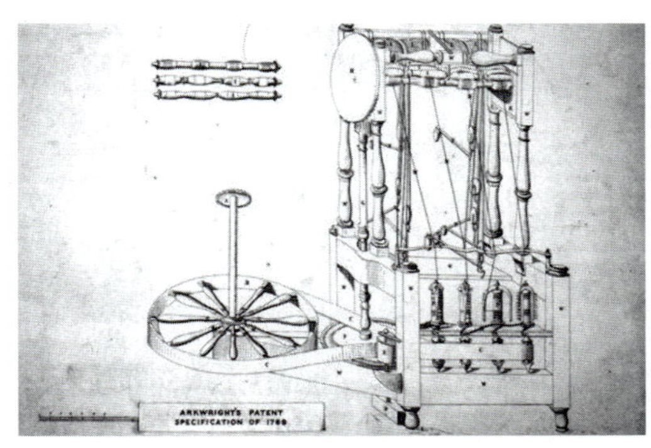

그림 4-4 아크라이트가 발명한 방적기는 산업혁명 시기에 기술혁신을 가져온 중요한 성과 중 하나였다. 그림은 아크라이트가 특허를 얻은 수력방적기.

이와 같은 기술진보 과정을 거쳐 면직공업은 산업혁명의 핵심 산업으로 재탄생하였다. 전체 공정 가운데 병목현상이 발생하는 특정 공정에 기술자들의 혁신 노력이 집중되고, 그 결과 병목현상이 해소되면 다음으로 병목현상을 일으키는 공정으로 혁신의 초점이 옮겨가는 기술진보의 전형적인 양상을 면직공업에서 뚜렷하게 확인할 수 있었다.

공장의 확산

공장이 새로운 생산 형태로 등장한 것은 면직공업의 발달에 크게 힘을 입었다. 특히, 아크라이트의 수력방적기는 처음부터 공장을 염두에 두어야만 설치가 가능하였다. 아크라이트는 1771년에 크롬포드 공장(Cromford Mill)을 설립하고 자신이 개발한 수력방적기를 설치하였다. 역사상 최초의 근대적 공장을 지은 후 그는 다시 두 번째와 세 번째 공장을 건설하였다. 이 공장들을 기본 모델로 해서 수력을 이용할 수 있는 여러 지역에 방직공장에 들어서게 되었다.

방적공장은 1780년대부터 증기기관을 기계의 동력으로 사용하면

그림 4-5 아크라이트가 크롬포드에 세운 첫 방적공장.

서 확산이 본격화되었다. 1815년에는 방적과 방직 공정이 단일한 공장에서 이루어지게 됨으로써, 공장의 규모도 커지게 되었다. 이미 1810년대에 1,000명 이상의 노동자를 고용하는 공장이 들어섰고, 600명 이상을 고용하는 공장이 열 개나 되었다. 1825년에 뮬방적기가 자동화되면서 공장의 기계 체제가 더욱 발달하였다. 역직기는 19세기 초에는 수직포공의 반대와 부정적인 여론 탓에 보급이 빨리 이루어지지 못하였는데, 1830년대에 들어서는 확산이 본격화되었다. 그리하여 1840년대에는 역직기의 수가 수직기의 수를 능가하게 되었다.[3]

공장이 들어선 곳 가운데에는 기존에 도시나 마을이 형성되어 있지 않았던 곳이 많았다. 특히, 수자원이 필수인 아크라이트의 수력방적기는 입지에 있어서 선택의 폭이 좁았다. 새로운 공장 부지를 찾아 건설을 하는 것이 지대 측면에서도 유리하였다. 그리하여 동력원이나 지하자원이 풍부한 지역 –특히, 잉글랜드의 북부 및 중부, 웨일스의 남부 등– 에서는 다수의 공장이 들어서 공장촌을 형성하는 사례가 많았다.

그렇지만 외딴 곳에 새로 지은 공장은 노동력 확보에는 불리한 측면이 많았다. 도시나 주변 농촌에서 노동력을 공급 받기 어려우므로 이런 곳에서는 멀리서 노동자를 유치해 데려오거나 계약을 통해 대도시의 교구도제를 집단으로 데려오는 방안을 강구하였다. 사적인

3 김종현(2007), 298-299쪽.

도제와 달리 교구도제는 빈곤한 아동이 속한 – 즉, 정주권(settlement right)을 가진 – 마을(교구)이 해당 아동에게 기술교육 기회를 제공하는 방식으로 운영되었다. 통상의 도제는 해당 아이의 부모가 직업교육을 위해 장인을 찾아 도제계약을 맺고 수업료를 납부함으로써 교육훈련을 시작하게 된다. 아이를 부양할 능력과 의사를 가진 부모가 존재하지 않는 경우, 교구 당국이 부모를 대신해서 아이에게 도제 기회를 찾아주었는데, 이것이 바로 교구도제였다. 그런데 교구는 이런 아동에게 구호를 해주는 비용을 절감하기 위해 가급적이면 교구 밖에 있는 장인에게 기술교육을 위탁할 유인이 있었다. 그러나 반대로 장인은 빈민아동을 도제로 받을 이익이 별로 없었다. 현실적으로 교구가 도제를 보낼 수 있는 곳은 처우가 열악하지만 고용 기회는 주는 곳이었는데, 이런 곳이 바로 새로 조성된 공장촌이었다. 찰스 디킨스의 소설 『올리버 트위스트』(*Oliver Twist*)가 들려주는 암울한 이야기가 당시 교구도제에 대한 대중적 이미지를 잘 보여준다.[4]

그림 4-6 1810년대 기계화에 대한 반대 운동이 발생하였다. 러다이트운동(Luddite Movement)이라고 불린 기계파괴운동은 직물공장에서 가장 자주 발생하였다.

19세기 전반 역직기의 보급은 면직공장의 입지에 큰 영향을 주었다. 과거와 달리 석탄이 많이 생산되는 지역의 도시가 각광을 받았다. 연료는 물론이고 노동력의 공급에 있어서도 유리하였기 때문이다. 교구도제 대신에 주변에 거주하는 아이들이 새로 공장에 들어왔고, 공장주는 이들을 개별적으로 관리하기보다 가족이 관리하는 것을 선

4 교구도제에 대한 자세한 논의는 송병건(2007) 참조.

호하였다. 부모가 아동과 함께 일을 하도록 함으로써 감독 및 교육의 역할을 담당시킬 수 있었기 때문이다. 이 당시 영국 공장에서 특징적이었던 가족고용의 관행은 이런 이유에 따라 형성되고 고착화되었다. 가족의 입장에서도 아이와 공장에서 함께 일하는 것이 나은 경우가 적지 않았다. 특히, 부모가 모두 장시간 노동을 하는 경우 집에서 아이를 돌볼 여력이 부족하였기 때문이다.[5]

4.2. 노동 과정

면직공장의 공정

기계화된 면직공장에서는 어떤 형태로 노동이 이루어졌을까? 공장의 기계화 수준에 따라, 그리고 개별 공장이 갖춘 구체적 설비에 따라 차이가 있다. 그러나 노동이 이루어지는 대체적인 형태는 오늘날까지 전해 내려오는 그림 자료들을 통해 확인할 수 있다.

먼저 원료인 면화 솜을 공장으로 실어와 솜틀작업(willowing)을 한다. 〈그림 4-9〉에 묘사된 것처럼 섬유를 뜯어 부풀리는 과정을 통해 섬유를 부풀리는 작업이다. 한 남성노동자가 면화 솜을 큰 통에 담아서 옮겨오면 기계를 다루는 노동자가 이를 받아 솜틀작업에 들어간다. 기계 왼편으로 솜틀작업이 끝난 솜이 기계에서 나오고 있다.

솜틀작업을 거친 솜은 실잣기, 즉 방적(spinning) 공정에 투여될 준

5 Kirby(2013: 46쪽)는 집에 홀로 방치된 아이가 각종 사고를 당할 위험이 컸다는 점에 기초해서, 아이가 부모와 함께 공장에 가는 것이 더 안전하였을 것이라고 주장하였다.

비를 한다. 수직으로 서 있는 길다란 통에 적당한 굵기로 대중하여 다듬은 솜을 넣는다. 이 솜의 한쪽 끝을 방적기에 연결하면 솜을 꼬아 실로 만드는 작업 준비가 완료되는 것이다(〈그림 4-8〉).

그림 4-7 노동자들이 솜틀작업을 하는 모습.

다음 장소는 본격적인 방적 공정이 이루어지는 공간이다. 성인 남성노동자가 약 100개의 실패를 다루었다. 여성노동자는 주로 끊어진 실을 이어 붙이는(piecing) 작업을 한다. 그림에서 보듯이 이 작업에는 남성노동보다 여성노동이 더 적합하였다. 이 작업을 위해 많은 수의 여성 인력이 고용되었다. 몸집이 작은 아이들은 기계 아래로 들어가 실밥을 모아 버리고 필요한 장구들을 나르는 등의 잡일을 맡았다(〈그림 4-9〉).

그림 4-8 면섬유를 통에 넣어 실잣기 준비를 한다.

그림 4-9 실잣기 공정이 이루어지고 있다. 남성과 여성의 역할에 차이가 있었다.

이렇게 해서 실패에 감긴 실은 길고 고르게 늘려지는 소면작업(carding)을 맞게 된다. 〈그림 4-

그림 4-10 여성노동자들이 소면작업을 통해 실을 고르고 늘려 직기에 넣는다.

그림 4-11 역직기로 천짜기 작업을 하는 모습.

그림 4-12 직조된 천에 인쇄를 하는 공정.

10〉에 나타난 것처럼 주로 여성노동자들이 이 공정을 담당하였는데, 이들은 섬세한 손길로 엉킨 섬유를 한 가닥씩 분리하고 짧은 섬유와 불순물을 제거하였다. 이렇게 정리된 실은 직기에 차곡차곡 넣어져 다음 공정을 맞게 된다.

〈그림 4-11〉은 면사를 이용하여 본격적으로 천을 짜는 방직(weaving) 공정을 보여준다. 그림에 나온 방직공장은 기계화된 역직기를 이용하고 있다. 방직 공정은 기계화가 많이 이루어져 있고 방적 공정만큼 추가적인 일손이 많이 필요하지는 않다. 성인 남성이 보통 다섯 대 이상의 역직기를 통제하였다.

마지막으로 〈그림 4-12〉는 직조된 옷감에다 패턴을 인쇄하는 프린팅(printing) 공정을 보여준다. 과거에 손으로 인쇄할 때보다 기계가 80배 이상의 효율을 보여주었다고 한다. 이 공정은 주로 남성노동자들에 의해 이루어졌다. 이렇게 해서 완성된 직물은 포장작업을 거쳐 창고에 쌓이고 이후 수요처로 보내지게 된다.

노동자의 성별, 연령별 구성

이상에서 본 것처럼 기계화된 공장에서는 공정에 따라 남성, 여성, 아동 노동의 쓰임이 달랐다. 그런데 18세기 후반-19세기 전반에 직물공업 부문에서 공장제가 도입되는 과정은 매우 불규칙하였다. 면직, 모직, 마직, 견직 부문이 기계화된 시기가 차이가 있었을 뿐만 아니라, 개별 부문 내에서도 공장별로 각 공정이 기계화된 정도에 차이가 있었다. 따라서 영국 전체 직물공업에서 남성, 여성, 아동 노동이 얼마나 고용되었는가를 확인할 필요가 있다.

〈그림 4-13〉은 1834년 의회 보고서에 보고된 일부 지역의 자료를 통해 작성한 당시의 방직공장 고용구조를 보여준다. 남녀를 불문하고 모두 11세에서 20세가 가장 높은 비중을 차지하였다. 여성노동자의 경우 11세에서 30세까지 남성노동자의 수를 앞질렀다. 특히, 15-20세 구간에서는 여성노동자의 수가 남성노동자의 수보다 두 배 이상 많았다는 점이 눈길을 끈다. 앞에서 언급한 것처럼 특정 공정에서는 여성노동자의 쓰임이 많았다. 여성노동자와 아동노동자는 성인 남성노동자에 비해 임금이 상대적으로 낮고, 규율하기가 용이하다는 장점도 작용하였다. 이제 일부 개별 업종을 대상으로 연령구조와 성별, 그리고 임금을 살펴보자.

〈표 4-2〉는 면직공장이 1830년대에 밀집되어 있던 지역인 랭커셔(Lancashire)의 사례를 보여준다. 면공업 부문에 고용된 노동자는 남성 3,700명과 여성 3,844명으로 총 7,544명이었다. 먼저 남성을 보면, 11-

그림 4-13 영국 면직, 모직, 마직, 견직 등 직물공장 노동자의 연령별, 성별 구조

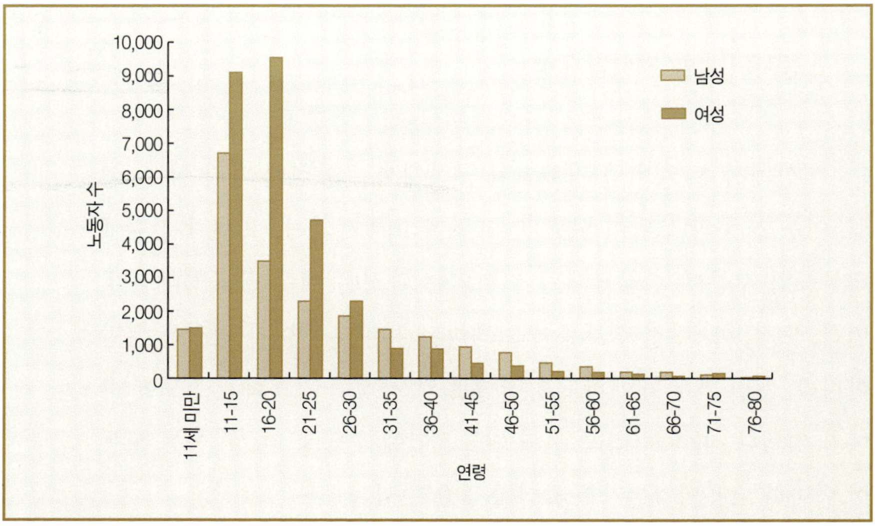

자료: PP(1834) (167), 33쪽.

16세가 가장 많았고 다음으로 16-21세, 21-26세, 26-31세, 그리고 11세 미만의 순이었다. 임금은 31-36세가 주급 22실링 $8\frac{1}{2}$펜스로 절정에 이르렀고, 그 전후로 임금이 점차 줄어드는 구조였다.[6]

가장 수가 많은 11-16세의 경우 주급이 4실링 $1\frac{3}{4}$펜스로, 성인에 비해 30%에도 미치지 못하였다. 여성의 경우 16-21세가 가장 많고 11-16세가 근소한 차이로 뒤를 이었다. 다음으로는 21-26세, 26-31세, 그리고 11세 미만의 순서를 보였다. 임금은 36-41세가 주급 9실링 $8\frac{1}{4}$펜스로 가장 높았고, 이를 정점으로 전후로 임금이 점차 줄었다. 남성에 비해 임금이 정점을 찍은 연령대에 차이가 있다는 점이 눈에 띈다. 11-16세 여성의 임금은 20-40대에 속한 여성의 임금에 비해 절반 내지

6 71-76세에 속한 한 명의 남성노동자가 18실링의 높은 주급을 받은 것은 예외적인 경우로 보인다.

표 4-2 랭커셔 면공업 부문의 고용구조, 1832년

연령	남성			여성		
	노동자 수(명)	주급(s. d.)		노동자 수(명)	주급(s. d.)	
11 미만	246	2	$3\frac{1}{2}$	155	2	$4\frac{3}{4}$
11-16	1,169	4	$1\frac{3}{4}$	1,123	4	3
16-21	736	10	$2\frac{1}{2}$	1,240	7	$3\frac{1}{2}$
21-26	612	17	$2\frac{1}{2}$	780	8	5
26-31	355	20	$4\frac{1}{2}$	295	8	$7\frac{3}{4}$
31-36	215	22	$8\frac{1}{2}$	100	8	$9\frac{1}{2}$
36-41	168	21	$7\frac{1}{4}$	81	9	$8\frac{1}{4}$
41-46	98	20	$3\frac{1}{2}$	38	9	$3\frac{1}{2}$
46-51	88	16	$7\frac{1}{4}$	23	8	10
51-56	41	16	4	4	8	$4\frac{1}{2}$
56-61	28	13	$6\frac{1}{2}$	3	6	4
61-66	8	13	7	1	6	0
66-71	4	10	10	1	6	0
71-76	1	18	0	–	–	–
76-81	1	8	8	–	–	–
합계	3,770			3,844		

자료: PP(1834) (167), 33쪽.

그 이하로 낮았고, 16-21세 여성도 20-40대 여성보다 10-20% 낮은 임금을 받았다. 또한 대부분의 연령대에서 여성이 남성에 비해 절반 내지 그 이하의 임금을 받았다는 점을 확인할 수 있다.

그림 4-14 역직기가 돌아가는 미국 공장의 모습. 영국에서 이주해온 기술자 슬레이터(Samuel Slate)가 세운 면직공장의 내부 모습으로 영국의 공장과 유사하였을 것이다. 남자가 끊어진 동력 벨트를 살펴보고 있는 모습이 묘사되어 있다.

〈표 4-3〉은 산업혁명으로

표 4-3 윌트셔 모직공업의 고용구조, 1832년

연령	남성			여성		
	노동자 수(명)	주급(s. d.)		노동자 수(명)	주급(s. d.)	
11 미만	115	1	9	35	2	3
11-16	569	2	10 3/4	135	2	9 1/4
16-21	309	6	4 3/4	136	4	9
21-26	142	11	6 3/4	95	6	0 1/4
26-31	161	13	10 1/2	86	5	1 3/4
31-36	136	15	5 1/2	87	6	11 3/4
36-41	123	13	7 3/4	93	6	2
41-46	102	14	8 1/2	44	6	0 1/4
46-51	73	14	10	54	5	9
51-56	61	14	10 1/2	28	5	8 3/4
56-61	36	12	2	20	5	6
61-66	30	11	2	8	5	3 1/2
66-71	8	7	5 3/4	4	5	1 1/2
71-76	6	6	6	1	4	0
76-81	–	–	–	–	–	–
합계	1,871			826		

자료: PP(1834) (167), 34쪽.

새로 등장한 산업이 아니라 오랜 역사를 가진 전통산업의 예로서 윌트셔(Wiltshire)의 모직공업을 분석한다. 이 부문에서도 기술진보가 발생하였지만 면직공업에 비하면 전통적 요소가 강하게 남아 있는 업종이라고 볼 수 있었다. 남성과 여성 모두 11-21세가 가장 많은 것으로 나타났는데, 이것은 면공업과 대체로 비슷한 연령구조임을 의미한다. 대부분의 연령대에서 남성 임금이 여성 임금의 두 배 가량 되었다는 점도 공통적이다.

그러나 몇 가지 차이점도 찾을 수 있다. 우선, 남성노동자의 수가 여성노동자의 수를 크게 상회한다는 점이다. 둘째로, 50대를 넘는 노동자의 비율이 면공업에 비해 높은 편이다. 역사가 길고 숙련의 가치가 인정되는 전통산업으로서의 특징이라고 볼 수 있다. 50대 중반까지도 임금 수준이 절정기에 비해 별로 떨어지지 않는다는 점도 동일한 맥락에서 이해할 수 있다. 면공업과의 가장 중요한 차이점은 전반적인 임금 수준이 모직공업에서는 낮았다는 것이다. 임금이 정점에 이르렀을 때 면공업의 남성노동자가 22실링 $8\frac{1}{2}$펜스의 주급을 받은 반면에, 모직공업의 남성노동자의 주급은 15실링 5펜스에 머물렀다. 여성노동자도 마찬가지로 면공업에 비해 모직공업에서 임금이 낮았다. 북부 공업 지역과 달리 농업과 전통적 공업이 혼재한 서부 지역에서는 노동력이 수요에 비해 상대적으로 많았음을 암시한다. 제2장에서 논의한 것과 같이 임금격차는 부분적으로 보상적 성격에서 발생한다는 점도 기억해야 한다.

그림 4-15 1800년경에 묘사된 영국 북부의 도시 리즈에서 운영된 마직 공장. 기계화된 설비에서 대부분이 여성인 노동자들이 작업을 하고 있다. 면직공업뿐 아니라 다른 직물공업도 공장제를 순차적으로 도입하였다.

마지막으로, 비교를 위해 직물공업이 아닌 다른 산업의 고용구조도 살펴보자. 〈표 4-4〉는 스태퍼드셔(Staffordshire)에서 가장 발달하였던 도기공업의 고용구조를 보여준다. 이 업종에서도 모직공업과 마찬가지로 남녀의 고용차이는 두드러졌다. 연령구조는 대체로 앞의 두 업종과 유사하였다. 임금 면에서는 몇 가지 특징적 양상이 나타난다. 우

표 4-4 도기공업의 고용구조, 1832년

연령	남성			여성		
	노동자 수(명)	주급(s. d.)		노동자 수(명)	주급(s. d.)	
11 미만	35	1	6 $\frac{1}{2}$	13	1	1
11-16	148	2	10	105	2	2
16-21	137	8	5 $\frac{3}{4}$	146	5	8 $\frac{1}{4}$
21-26	97	16	2 $\frac{1}{2}$	72	8	0 $\frac{1}{2}$
26-31	95	17	4	34	6	8 $\frac{1}{2}$
31-36	57	20	2 $\frac{3}{4}$	25	6	9 $\frac{3}{4}$
36-41	62	21	1 $\frac{1}{2}$	7	7	4 $\frac{1}{2}$
41-46	38	22	5 $\frac{1}{2}$	7	7	9 $\frac{3}{4}$
46-51	22	28	11 $\frac{1}{2}$	1	8	0
51-56	12	16	10	2	6	0
56-61	10	16	10	1	7	0
61-66	3	20	4	-	-	-
66-71	4	30	2	-	-	-
71-76	-	-	-	-	-	-
76-81	-	-	-	-	-	-
합계	720			413		

자료: PP(1834) (167), 36쪽.

선 이 업종의 남성 임금은 면공업에서보다도 조금 높은 수준이었다. 그러나 여성 임금은 모직공업에서보다는 높지만 면공업에서보다는 낮은 수준에 머물렀다. 이는 도기공업에서 남성노동에 대한 상대적 수요가 커서 남녀의 임금격차가 매우 크게 유지되었음을 의미한다. 둘째, 연령이 높아져도 임금이 떨어지는 양상이 뚜렷하게 나타나지 않고 남성의 경우 오히려 증가하는 모습도 보인다. 이는 숙련도가 높이 평가되는 도기공업의 특성을 반영한 것이라 볼 수 있다.

이상에서 살펴본 바와 같이, 성별 및 연령별 고용구조는 지역과 직종에 따라 부분적으로 공통점을 보이고 부분적으로는 차이점을 보였다. 산업혁명 시기를 거치면서 각 지역에서 상이한 업종에 종사한 노동자들은 각각 다양한 고용구조의 변화를 경험하였다. 이런 다양성 속에 산업재해와 관련된 상황도 지역별, 직업별로 다양하게 전개될 수밖에 없었다.

아동노동과 여성노동의 고용

이제 아동노동과 여성노동이 고용된 사정에 대해 좀더 살펴보자. 산업혁명 시기에 영국의 공업 부문은 수많은 아동노동을 고용하고 있었다. 아동노동자들은 힘들고, 위험하고, 지겨운 일들을 맡았다. 그들은 저임금으로 인해 영양 부족에 시달렸고, 편안한 숙소를 갖지 못하였고, 교육을 받지 못하였고, 휴식과 여가는 지극히 부족하였다. 또 공장감독관(factory inspector)으로부터 학대를 받는 사례도 많았다. 1833년 의회의 공장조사위원회에서 증언한 일하는 여공 구드(Hannah Goode)의 이야기를 들어보자. 그녀는 노팅엄(Nottingham)의 직물공장에서 일하고 있었다.[7]

> 저는 윌슨 씨의 공장에서 일해요. 내 생각에 가장 어린 아이는 일곱 살 가량이었어요. 9살 아래인 아이들이 분명히 스무 명은 있었어요 … 집에서 대략 다섯 시 반에 출근하고 공장에서 일곱 시에 나왔어요.
>
> …
>
> 윌리엄 크룩스(William Crookes)가 우리 작업실을 감독하였어

7 PP(1833) (450).

요. 그는 이따금씩 성격이 불같았어요. 그는 저를 때리지는 않았어요. 하지만 아이들이 일을 제대로 하지 않으면 걔들을 때렸어요. … 가끔씩 어린 아이들이 지쳐서 잠이 든 걸 봤어요. 요즘은 아니지만요. 잠든 게 발견되면 걔들은 채찍을 맞았어요.

아동노동의 수는 매우 많았다. 1835년 보고서에 따르면 면직공장에 일하는 총 22만 명의 인력 가운데 13세 미만의 아동이 2만 8,000명이었다. 모직공장에는 총 5만 5,000명의 인력 가운데 9,000명이 아동이었고, 소모사공장에는 총 1만 6,000명 가운데 4,000명이 아동노동이었다. 이들 중에서 대부분은 10세 이상이었고, 그보다 어린 아이들은 그다지 많지 않았다.[8]

이렇듯 아동노동이 많이 고용된 데에는 교구도제제도가 영향을 끼쳤다. 여러 이유로 자녀에게 충분한 경제적 부양을 제공할 부모가 없는 경우에 해당 아동이 속한 교구가 아동에게 기술교육을 시킬 기회를 만들어주어야 하였다.[9] 그런데 대다수의 교구는 이런 아동의 직업훈련을 위해 많은 비용을 지불할 의사가 없었다. 그저 빈민 아동을 구호하지 않게만 된다 해도 교구 재정에 도움이 되리라 판단하였다. 특히, 온정주의(paternalism) 정서가 남아 있는 농촌 지역과 달리 런던과 같은 대도시에서는 빈민 아동에 대한 시선이 매우 차가웠다. 상황이 이렇다보니 장인들도 이런 빈곤 아동을 선뜻 자신의 도제로 받으려

8 의회 보고서나 신문에는 6-8세 가량의 아동이 공장에서 힘겹게 일하는 상황이 적지 않게 보고되었는데, 이는 나이가 어린 아이일수록 더욱 충격적으로 느껴지기 때문이었을 것이다. 실제 비율을 보면 동시대인들이 자주 기록하였던 것보다는 나이가 좀 더 위인 경우가 많았다. Nardinelli(1980), 741-743쪽; Strange(1982), 3쪽.

9 부모의 사망, 질병과 사고로 인한 노동능력 상실 등이 작용하였다. 또한 아이가 아홉 살 내지 열 살이 되면 교구가 구호를 줄이거나 중단하는 관행도 중요한 요인이었다. Humphries(2010), 191-196쪽; Kirby(2013a), 42쪽.

하지 않았다.[10] 그러므로 교구는 열악한 환경의 도제훈련 기회만을 해당 아동에게 제공할 수 있었다. 아동노동이 필요한 북부 공업지대가 이런 상황에 부합하였다. 이해관계가 맞은 북부 지방 공장주와 다른 지방의 교구 당국은 계약을 맺었다. 교구 당국은 소액을 받고 교구 도제들을 아무런 연고도 없고 생활환경도 낯선 머나먼 공장촌으로 강제로 떠나보냈다.[11]

도제교구의 정확한 규모는 알기 어렵다. 단편적인 자료만을 본다면, 런던의 50여 개 교구에서 19세기 초 10년 동안 총 5,815명이 교구 도제로서 타지역으로 떠났으며, 이들 가운데 2,026명은 멀리 떨어진 공장으로 향하였다. 공장으로 간 교구도제 중에서 1,519명이 면직공업 부문으로 들어가 가장 큰 비중을 차지하였으며, 모직공업에 172명, 마직공업에 167명, 그리고 견직공업에 144명이 들어간 것으로 나타났다.[12] 다른 추계는 1800년에 약 2만 명의 도제가 면직공장에서 노동을 하였다고 보여준다.[13] 또 다른 추계에 따르면, 초기 공장노동자 중에서 1/3 이상이 교구도제였으며, 어떤 곳에서는 그 비율이 80-90%에 이르렀다고 한다.[14]

아일랜드 출신들도 아동을 데리고 잉글랜드와 웨일스로 찾아와 공장에 취업을 시키는 경우가 많았다. 소득 수준이 상대적으로 떨어지는 아일랜드 인들이 자신이 아이를 공장으로 보내는 이유는 분명하였다. 1833년 의회의 공장조사위원회에서 방적공 레드먼(John

10 송병건(2008b), 7-8장.
11 Honeyman(2007).
12 1815년 의회 의사록 자료. 이영석(2012), 132쪽.
13 'Early factory legislation' 항목(http://www.parliament.uk).
14 Rule(1981); 양동휴(19980), 34쪽에서 재인용.

Redman)은 그 이유를 이렇게 증언하였다.[15]

> 맨체스터에도 자식들로부터 기계 보조금이 없으면 자신과 가족이 생활을 영위할 수 없는 그런 부모들이 많습니다. 아일랜드 사람들은 무수하게 맨체스터로 왔어요. 그들이 자식을 데리고 온 유일한 목적은 그 애들을 공장에 집어넣어 임금 덕을 보려는 데 있지요. 춘궁기에 건너온 아일랜드 이민 부모들은 자식의 노동에서 거두어들인 것 외에는 아예 생계수단이 없거나 있다고 하더라도 보잘 것 없습니다. 어느 경우든지 어린이의 노동은 가계에 큰 보탬이 됩니다. 나는 자식이 아홉인데 이런 식의 보탬이 되기를 바라고 있답니다. 자식들을 공장에 집어넣지 않았다면 또 다른 직종으로 보냈을 겁니다.

경제적 요인이 노동을 공급하는 측의 의사결정에서 가장 중요하였다는 점은 여성노동에 있어서도 마찬가지였다. 가사와 육아를 주로 담당하였던 전통적인 여성의 역할에 애착을 버리지 못한 사람들도 많았지만, 남성 가장의 소득이 가계 운영에 충분하지 않거나 실업과 같은 힘든 상황이 닥쳤을 때 여성이 소득벌이를 위해 가외 노동에 나서는 일은 전혀 드물지 않았다. 가장 대표적인 사례가 수직포공의 몰락이었다. 기계의 도입에 적응하지 못하고 수직기에 매달리다가 대량 실직 사태에 이르게 된 수직포공이 현실적으로 선택할 수 있었던 길은 기계파괴운동을 도모하거나, 다른 소득원을 찾는 것뿐이었다. 이 시기에 전통적인 수직포공으로서의 자부심만 마음에 간직한 채 새로운 일자리를 찾는 데에는 무기력하였던 가장을 대신해 많은

15 이영석(2012), 137-138쪽.

여성이 공장에 발을 들여놓게 되었다.[16]

여기에 근면혁명의 바람, 즉 구매력을 증대시키고자 하는 욕망의 확대가 여성 및 아동의 임금노동 참여를 늘리는 계기로 작용하였다. 주변에서 여성과 아동이 고용되어 가계소득을 늘리는 것을 목격한 노동가족들은 이런 새로운 변화를 받아들이는 데에 점차 거부감이 약해졌다.

그림 4-16 1870년대 초 성냥갑을 만들고 있는 런던의 하층 가족을 묘사한 그림. 지극히 낮은 임금에도 불구하고 필요한 재화를 소비할 구매력을 갖기 위해 열악한 환경에서 남녀노소 모든 일손이 일에 참여하고 있다. 여성과 아동노동은 중요한 소득원이었다.

물론 아동노동과 여성노동이 널리 고용되게 된 데에는 이들 노동이 요긴하게 사용될 수 있다는 기술적 요인이 작용하고 있었다. 방직공장에서 기계의 도입이 여성과 아동노동의 유용성을 증대시켰다는 사실이 결정적이었다. 또한 거의 같은 시기에 탄광에서는 갱도가 깊어지면서 몸집이 작은 아동을 더 많이 고용할 필요가 생겼다.[17] 게다가 여성과 아동은 임금이 저렴하고 규율을 강제하기에 용이하였다는 특성까지 있으니, 고용주로서는 마다할 이유가 없었다.

16 이영석(2012), 138쪽.

17 커비(Peter Kirby)와 험프리스(Jane Humphries)는 탄광에서 일하는 아동들의 키의 변화가 생활 수준의 차이를 보여주는 것인가 아니면 고용주가 선호한 다른 기준들에 의한 것인가를 놓고 논쟁을 벌였다. 적어도 당시에 수많은 아동들이 탄광노동에 종사하였다는 사실만은 둘 다 인정하고 있다. Kirby(1995, 1997), Humphries(1997).

5.3. 재해와 공장법 개혁

초기 공장의 산업재해 기록

공장제 초기에 산업재해가 얼마나 빈번하게 발생하였는지는 불분명하다. 특히, 아동과 여성노동자의 재해 상황에 대해서 체계적으로 조사된 기록은 거의 없다. 하지만 당시의 개별 기록을 통해 이들의 산업재해가 드물지 않았음을 확인할 수 있다. 1780년대와 1790년대에 영국 북부의 면직공장에서 열병이 발생하였고, 그 원인 가운데 하나로 비좁은 노동환경과 주거환경이 지목되었는데, 이것이 시기적으로 매우 이른 사례에 해당한다.[18] 산업재해에 대한 기록은 19세기에 들어서 본격적으로 찾아볼 수 있다. 1815년 개혁 공장주 오언(Robert Owen)은 공장지대를 돌아보고 목격한 바를 훗날 이렇게 묘사하였다. "일부 대형 공장에서는 1/4 내지 1/5의 아동들이 지나친 노역이나 때로는 가혹한 학대에 의해 불구이거나 기형이거나 영구적 부상을 입는다."[19] 1818년에 굴드(N. Gould)는 자신이 발간한 신문에서 다음과 같이 보다 상세한 기록을 남겼다.[20]

> 예전에 기계가 충분히 제대로 싸여 있지 않았기 때문에, 면직공장에서 일하는 아이들에게 사고가 빈번하게 위해를 초래하였다. 아이들의 손가락과 손이 종종 부러지거나 찢겨졌고, 이따금씩은 피부와 근육이 갈라져 뼈가 보이기도 하였다. 지난 일요일에

18 Innes(2002), 230-255쪽. 당시에는 개인적 나태와 불결이 질병의 원인이라고 지적하는 사례가 많았다. Hamlin(1992), 43-70쪽; Kirby(2013a), 17쪽.

19 Owen(1854), 102쪽.

20 Bartrip and Burman(1983), 9쪽.

표 4-5 면직공장 노동자 중 환자의 비율, 1818-1819년

구분	숫자	전체 중 비율(%)	환자 중 비율(%)
건강	1,008	55.3	0.0
불특정 일반질환	359	19.7	44.0
폐질환	226	12.4	27.7
근골격계 질환	90	4.9	11.0
기타 질환	78	4.3	9.6
감염성 질환	63	3.5	7.7
합계	1,824	100.0	100.0

자료: Freudenberger, Mather and Nardinelli(1984), 1088쪽; Kirby(2013), 50쪽.

레버 가(街)(Lever-street)에 있는 학교에서 내가 목격한 것으로 볼 때, 이런 큰 문제가 여전히 발생하고 있다고 나는 믿는다.

굴드는 맨체스터에 있는 한 학교의 학생 가운데 106명이 면직공장에서 일을 하는 상태였는데, 그들 가운데 47명이 크고 작은 부상을 입고 있었다는 목격담을 실었다.[21]

1818-1819년 면공업에 종사하는 노동자들에 대한 의회 보고서의 기록도 흥미롭다. 1819년 상원의 보고서에 수록된 자료로부터 도출된 이 통계에 따르면, 전체 조사 대상 노동자 1,824명 가운데 무려 44.7%가 질병을 앓고 있다고 답하였다.[22] 환자 중에서 44%는 불특정 일반질환 – 허약, 발열, 저체중, 분비샘 비대 등 – 을 앓고 있었고, 27.7%는 폐질환, 11.0%는 근골격계 질환, 7.7%는 감염성 질환을 나타냈다. 감염성 질환 가운데 연주창(scrofula)은 환기가 되지 않는 실내에서 일하

21 Bartrip and Burman(1983), 9-10쪽.
22 PP(1819) (24).

고 운동이 부족한 노동자 집단에게서 흔하게 발병한다고 알려져 있다.[23] 덥고 습한 실내에서 일하다가 차가운 바깥 공기를 쐴 때 병에 걸리기 쉬우며, 특히 땀이 식지 않은 채로 귀가하는 과정에서 새 환자가 많이 발생한다고 당시 의사들은 지적하였다. 따라서 공장의 노동환경이 환자를 양산한 주된 원인 가운데 하나라고 볼 수 있다.[24]

이렇게 예외적으로 자세한 기록이 존재하기도 하지만, 전반적으로 보자면 초기 공장에서 실제 사고가 얼마나 자주, 얼마나 큰 규모로 발생하였는지를 보여주는 통계는 드물다. 이런 한계로 인해 우리의 논의는 주로 자료가 풍부한 1830년대와 그 이후 시기에 대해 이루어진다. 물론 이 시기에도 산업재해에 대한 자료가 모두 일관성을 보이는 것은 아니다. 예를 들어, 공장제에 대해 낙관적인 이해를 하였던 유어(A. Ure)는 산업재해를 입은 노동자가 극소수에 불과하다고 1835년에 말하였다. 반면에 산업도시의 어두운 측면을 상세히 조사한 엥겔스(F. Engels)는 1843년에 맨체스터 병원(Manchester Infirmary)이 사고로 인한 부상자 2,426명을 치료하였는데 그 중 962명이 기계에 의한 부상이었다고 보고하였다.[25] 이런 차이가 가져오는 혼동을 완전히 피하기는 어렵다. 우리의 논의는 의회에 의한 동일한 조사가 여러 업종에 대해 이루어진 1830년대에 집중하기로 한다.

면직공업의 산업재해

이제 위에서 고용구조를 살펴본 본 세 업종 – 면직공업, 모직공

23 림프샘의 결핵성 부종인 갑상선종이 헐어서 터지는 병.
24 Kirby(2013a), 49-51쪽. 또한 Brown(1990), 591-614쪽.
25 Bartrip and Burman(1983), 10쪽.

업, 도기공업 – 을 대상으로 1830년대에 얼마나 많은 산업재해 피해가 있었는가를 살펴보기로 하자. 먼저 면직공업과 도기공업의 사례를 통해 산업재해의 수준과 유형을 비교해보기로 한다.

면직공장에서 발생한 사고는 다양하지만, 주요 사고는 기계와의 접촉을 통해 일어났다. 각 공정에서 기계들은 동력을 전달하는 벨트에 의해 연결되었는데, 빠른 속도로 돌아가는 이런 기계에 손이 끼거나, 머리카락이나 옷자락이 말려들어가 사고를 입는 경우가 많았다. 또한 기어가 맞물리는 장치에서도 사고가 빈번하게 발생하였다. 〈표 4-6〉은 랭커셔의 면직공장 노동자를 대상으로 조사한 병가일수에 관한 자료를 보여준다. 1834년 의회 보고서에 실린 이 자료에는 연령대별 및 성별로 조사가 이루어졌고, 노동자 일인당 병가일수와 사고를 입은 환자 일인당 병가일수가 기록되어 있다.

남성의 경우 노동자 일인당 병가일수는 2.5일 내지 12.7일이었는데, 연령별 특징을 일반화하기는 어렵지만 대체로 20대와 40대 이상에서 사고를 당해 얻는 병가일수가 많았다. 환자 일인당 병가일수도 유사한 양상을 보였다. 이런 양상을 어떻게 설명할 수 있을까? 첫째 가능성은 10대 또는 그보다 어린 노동자가 맡은 작업이 사고위험이 상대적으로 덜한 업무였으리라는 것이다. 기계장치와 동력을 작동하는 작업은 주로 성인이 담당하고 아동은 보조적 업무를 맡은 경우가 많았기 때문이라고 생각할 수 있다. 둘째, 아동노동자의 노동시간이 더 짧았을 것이라는 추측이다. 1833년 공장법이 제정되면서 노동시간에 제한이 만들어졌다. 13세 이하의 아동은 9시간, 14-18세 청소년은 12시간이 노동시간 상한선으로 설정되었으며, 18세 미만은 야간작업이 금지되었다. 하지만 위의 조사가 이루어진 시점은 1833년 공장법

표 4-6 랭커셔 면직공장 노동자의 병가일수, 1832년

연령	남성		여성	
	노동자 일인당 연간 병가일수	환자 일인당 연간 병가일수	노동자 일인당 연간 병가일수	환자 일인당 연간 병가일수
11 미만	2.46	13.04	8.03	-
11-16	3.81	14.58	4.25	11.98
16-21	4.42	16.43	5.56	12.63
21-26	4.91	18.27	6.85	16.42
26-31	6.88	22.14	8.62	18.51
31-36	3.85	12.19	9.29	21.77
36-41	4.13	13.75	6.16	19.19
41-46	5.09	14.25	14.67	14.41
46-51	7.18	30.31	20.34	26.43
51-56	3.47	13.10	15.75	21.00
56-61	12.68	11.50	15.75	21.00

자료: PP(1834) (167), 59쪽.

이 제정되기 이전이다. 또한 연구에 따르면 1835년이 되어야 1833년 공장법이 본격적으로 적용되었다고 한다.[26] 다만 1833년 이전에도 공장법 개혁의 움직임이 점차 힘을 받고 있었으므로, 고용주의 정책에 따라 아동노동이 상대적으로 적은 노동시간을 가진 공장이 있었을 수는 있다. 그러나 이 요인을 강조하기는 어려워 보인다. 셋째, 나이가 많은 노동자는 동일한 사고와 질병에 대해서도 더 많은 병가일수가 필요하였을 수 있다. 회복에 드는 시간이 더 길 뿐만 아니라, 과거에 이미 부상을 입은 부위에 다시 사고를 당할 수도 있기 때문이다. 당시 작업이 같은 동작을 쉼 없이 반복하는 측면이 많았다는 점이 이런 추측을 강화시킨다.

26 Nardinelli(1980).

표 4-7 스태퍼드셔 도기공장 노동자의 병가일수, 1832년

연령	남성		여성	
	노동자 일인당 연간 병가일수	환자 일인당 연간 병가일수	노동자 일인당 연간 병가일수	환자 일인당 연간 병가일수
11 미만	4.84	14.07	-	-
11-16	3.66	14.71	6.86	21.83
16-21	10.61	31.91	6.51	19.65
21-26	8.96	27.66	9.86	32.26
26-31	4.89	19.10	13.12	38.86
31-36	6.16	19.39	14.29	46.98
36-41	9.33	30.17	9.90	16.25
41-46	6.80	29.91	27.25	60.25
46-51	13.53	32.22	1.50	21.00
51-56	7.91	24.90	3.93	8.50
56-61	25.51	44.80	50.50	60.50

자료: PP(1834) (167), 59쪽.

여성의 경우 모든 연령대에서 남성보다 더 많은 병가일수를 보였다. 특히, 40대 이상에서는 병가일수가 두드러지게 많은 양상을 나타냈다. 이런 양상이 왜 발생하였는가를 확인하기는 쉽지 않다. 남성보다 더 반복적인 일을 담당해서 집중도가 쉽게 떨어졌을 수 있다. 또한 여성노동자의 옷자락과 머리카락이 남성보다 사고를 유발하기 쉬워서였을 수도 있다. 그리고 남성과 동일한 부상을 입었더라도 여성의 상대적 임금이 낮았으므로 더 오래 쉬면서 소득손실을 감내하기로 선택을 하였을 수도 있다. 40대 이상 여성의 각별히 많은 병가일수에 대해서도 유사한 설명이 적용될 수 있을지 모른다.

다음으로 〈표 4-7〉은 도기공장이 모여 있었던 스태퍼드셔의 통계를 보여준다. 전반적으로 면직공장 노동자보다 도기공장 노동자가

일인당 많은 병가일수를 보였고, 환자 일인당 병가일수도 더 많았다. 이는 뜨거운 도가니 주위에서 작업을 하고 무거운 흙과 도기를 옮겨야 하는 도기공업의 특성이 반영된 것이라고 설명할 수 있다. 나이가 많을수록 병가일수가 늘어나는 양상이 뚜렷하지 않다는 점도 면직공장과 차이를 보인다. 재해가 반복적이기보다 일회적인 경우가 많았다는 추측을 가능하게 한다.

전통 직물업의 산업재해

산업재해는 신규 공업에 고유한 것은 아니었다. 산업혁명 이전부터 존재해왔던 직종, 산업혁명 시기에도 기계화와 동력화가 본격적으로 진행되지 않은 직종에서도 사고와 질병은 드물지 않게 발생하였다. 또한 여성과 아동 노동이 전통 직물업에서도 많이 고용되었다는 점도 기억해야 한다. 대표적으로 선대제(Putting-Out System) 가내수공업의 형태로 농촌 지역에서 광범위하게 이루어졌던 전통적 방적 및 방직작업에서 이들은 재료를 운반하고, 물레를 돌리고, 실패를 감는 등의 작업을 계속해왔다. 또한 식사를 마련하거나 청소를 하는 등의 가내작업도 직물 생산의 보조 역할이라고 볼 수 있었다.

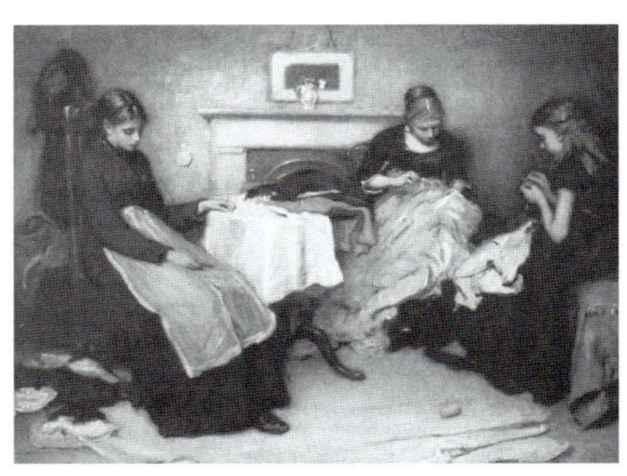

그림 4-17 19세기 후반에도 다수의 여성노동자들은 재봉과 같은 전통적인 업종에서 힘들게 일을 하였다. 홀(Frank Holl)이 그린 이 그림보다 노동환경이 열악한 경우도 비일비재하였다. 19세기 이전에는 노동조건이 더 나쁜 경우가 많았다.

이제 모직공업의 사례를 살펴보자. 〈표 4-8〉은 잉글랜드 북부 지방의 모직공장 노동자를 대

표 4-8 잉글랜드 북부 지방 모직공장 노동자의 병가일수, 1832년

연령	남성		여성	
	노동자 일인당 연간 병가일수	환자 일인당 연간 병가일수	노동자 일인당 연간 병가일수	환자 일인당 연간 병가일수
11 미만	2.01	11.75	8.90	35.32
11-16	3.59	11.04	6.40	14.84
16-21	5.31	17.14	6.98	19.96
21-26	7.42	19.97	13.70	29.34
26-31	10.03	25.25	13.54	30.53
31-36	7.91	21.85	22.52	50.58
36-41	5.43	15.37	15.21	24.75
41-46	10.56	23.88	8.42	26.90
46-51	12.90	35.46	19.16	40.83
51-56	7.49	21.76	12.00	22.00
56-61	5.19	41.80	126.00	126.00

자료: PP(1834) (167), 59쪽.

상으로 한 병가일수 조사 결과를 보여준다. 당시 북부 지방의 모직공장은 부분적으로 기계화가 진행된 상태였다. 이 곳에서의 병가일수의 추세는 면직공장 노동자의 추세와 상당히 유사한 것으로 나타났다. 남녀를 막론하고 중장년층 노동자의 병가일수가 청소년과 아동의 병가일수보다 많은 경향이 있었으며, 여성이 남성보다 많은 병가일수를 보였으며, 40대 중반 이후의 여성은 특별히 병가일수가 많았다. 업종의 차이가 실제로 산업재해의 양상에 차이를 가져올 만큼 크지는 않았음을 말해준다.

제2장에서 언급한 것처럼 산업혁명 시기는 근면혁명, 즉 사람들이 더 많은 소비를 위하여 더 많이 일하는 태도를 취한 시기이기도 하였다. 근면혁명이 산업재해의 관점에서 중요한 이유는 이런 변화가

그림 4-18 봉제업은 전통적 직업의 대표적인 사례였다. 1870년대를 묘사한 이 그림에는 작업반장이 자정이 넘도록 여공들에게 작업을 독려하면서 잠을 쫓기 위해 카페인이 든 음료를 돌리는 모습이 담겨 있다.

업무상 사고와 질병의 위험성을 높일 수 있기 때문이다. 산업혁명의 도래는 더 많은 재화의 생산을 낳고 더 다양한 물품이 해외로부터 수입되는 상황을 가져왔는데, 이런 환경에 직면한 개인은 소비 수준을 높이고자 하는 욕망을 더 많이 갖게 되었다. 이 소비 욕구를 충족시키기 위해 과거보다 노동시간을 늘리고 노동의 강도를 높이기를 마다하지 않는 인구가 증가하는 것이다. 그런데 이런 인구들은 신규 산업뿐만 아니라 전통산업에서도 근무를 하였다. 따라서 산업혁명과 동시대적으로 발생하는 근면혁명의 효과는 신규 산업에만 영향을 끼치는 것이 아니라 동시대에 존재하였던 전통산업에도 마찬가지로 영향을 끼쳤을 것이다. 그리고 그 결과로써 산업재해의 위험성이 증가하는 것이다. 이 문제는 제7장에서 보다 자세히 다루기로 한다.

공장법의 개혁 과정

공장제도에 대해 국가가 개입한 본격적 역사는 1802년 '도제의 건강 및 덕성 보호법'(Health and Morals of Apprentices Act)의 제정에서 시작되었다. 18세기 말부터 맨체스터에서 면직공장 아동의 실태에 대해 인도적인 의사들의 조사가 있어 왔는데, 이에 영향을 받아 자신이 면직공장주였던 필(Robert Peel)이 법안을 상정해 입법화한 것이었다. 이 법은 기존의 교구도제제도에 대해 제한을 가해 하루에 식사시간을 제외하고 12시간 이상 노동을 시키지 못하게 하였으며, 밤 9시 이후의 야간작업도 금지를 하였다.[27] 그러나 이 법은 교구도제에 대해서만 제한하여 규정을 하였을 뿐만 아니라, 강제 규정이 미비해서 실질적으로 별 효과를 거두지 못하였다.[28]

면직공장에서 증기기관의 사용이 늘면서 점차 많은 공장들이 도시에 세워졌다. 도시에는 쉽게 고용할 수 있는 아동이 많았다는 사실도 공장이 도시에 건설되게 하는 유인으로 작용하였다. 1810년대에 다시 공장제도의 개혁에 관한 의견이 높아졌는데, 여기에는 오언(Robert Owen)과 같은 계몽된 공장주의 역할이 컸다. 그는 노동자들이 마치 기계처럼 하찮게 취급되는 상황을 목격하고, 고용주들에게 태도 변화를 주문하였다.[29]

> 만약에 생명 없는 기계들의 상태를 적절히 돌보는 것이 그렇게 유익한 결과들을 만들어낸다면, 당신들이 훨씬 더 훌륭하게 구성되어 있는 살아 있는 기계들에게 동등한 주의를 기울일 때 기대하지 못할 것이 무엇이 있겠는가? … 당신들이 이 기계들에 대해, 그들의 기이한 장치와 스스로 조정하는 힘에 대해 올바른 지식을 얻게 될 때, 그리고 적절한 동인을 그들의 다양한 움직임에 적용할 때, 당신들은 그들의 진짜 가치를 의식하게 되고 당신들의 생각을 생명 없는 기계들에서 살아 있는 기계들로 보다 더 자주 돌리도록 유도될 것입니다. … 영국의 제조공장들에 생명 없는 기계

27 조지 3세 42년, 법률 73호.
28 양동휴(1997), 53쪽; Fraser(2009), 3장; 이영석(2012), 200쪽.
29 Owen(1816), 5-6쪽; 윤혜준(1997), 106쪽에서 재인용.

들이 일반적으로 소개된 뒤로, 사람은 거의 예외 없이 2차적이고 열등한 기계로 취급을 받아왔습니다.

1815년 오언의 지지를 바탕으로 필은 다시 한 번 공장법 제정을 시도하였다. 10세 미만의 아동을 면직공장이 고용하는 것을 금지하고, 16세 이하의 모든 노동자들에게 하루 16시간 이내로 노동시간을 제한한다는 내용이었다. 그러나 아직 공장법 개혁 움직임이 입법화라는 결실을 얻을 만큼의 힘을 갖지는 못하였다.

때때로 대규모의 공장에서 사고가 발생하면 공장 개혁에 대한 여론의 관심이 높아지기도 하였다. 예를 들어, 1818년 1월 맨체스터 면직공장에서 발생한 화재로 17명의 여성노동자들이 사망하자 법안이 상정되고 우여곡절 끝에 입법화되어 비록 제한된 수준이나마 규제를 강화하는 성과를 거두었다. 즉, 면직공장에서 일하는 9-16세 아동의 하루 노동시간을 12시간으로 제한하고 식사시간을 따로 규정하였다. 하지만 이 법도 강제 규정을 두지는 않았으므로, 실제로 큰 효과를 거두기는 어려웠다.[30] 이후 1819년, 1825년과 1831년에도 공장법이 제정되었지만 영향력은 제한적이었다.[31] 이러한 초기의 공장법들이 관여한 주요 내용은 작업조건의 개선, 고용연령과 노동시간의 제한, 아동에 대한 교육 및 종교의 범위, 공장주의 의무와 처벌, 그리고 준법을 위한 감독 체계 등이었다.[32] 1830년대 초가 되면 면직공장에서 일하는 아동은 노동시간이 12시간으로 법적인 제한을 받았지만, 실제로

30 양동휴(1997), 54쪽; 이영석(2012), 202-203쪽.

31 Cotton Mills and Factories Act(1819), 조지 3세 59년, 법률 66호; Cotton Mills Regulations Acts(1825), 조지 4세 6년, 법률 63호; Labour in Cotton Mills Act(1831), 윌리엄 4세 1-2년, 법률 39호.

32 이영석(2012), 203쪽.

는 제대로 지켜지지 않는 경우가 많았다. 또한 이런 제한이 면직공장에 대해서만 규정되었다는 점도 한계였다.

더욱 전면적인 형태로 공장개혁운동이 이루어진 것은 1830년대 초의 일이었다. 토리(Tory)당의 선도에 따라 개혁이 이루어졌다. 당시 개혁을 주도한 토리 인사들은 당명은 공유하였지만 실제 마음에 품었던 사상에는 서로 상당한 차이가 있었다. 자유파 토리와 복고파 토리, 그리고 급진파 토리는 개혁에 대해 서로 다른 인식을 하였지만, 공장법 개혁이 자신들이 추구하는 사회관에 가까이 접근하는 길이라고 파악한 점에서는 공통적이었다. 1831-1832년에 발간된 새들러(Richard Sadler)의 의회 보고서 「공장규제법 특별위원회 보고서」는 공장노동을 하는 아동들의 참상을 널리 알리는 데에 큰 기여를 하였다. 총 682쪽에 기록된 87명의 증언은 엄청난 사회적 반향을 불러일으켰다. 증언의 한 예를 들어보자.[33]

> 문: 당신 아이들 중 채찍질을 당한 이가 있습니까?
>
> 답: 네. 모두입니다. 큰 딸의 경우 두 주일 전에 내가 랭카셔에 갔다 돌아와 어깨의 매 자국을 보고 "앤, 무슨 일이냐"고 묻자 "감독님이 채찍으로 때렸어요. 그러나 제발 감독님에게 가지 마세요. 그러면 우리는 일자리를 잃게 되요"라고 대답하였습니다. … 앤은 등이 흐물흐물해지도록 맞았다고 합니다.

그러나 1830년대 초의 정치적 격변 속에서 새들러가 지역구 리즈

33 PP(1831-1832) (706), 192-193쪽; 양동휴(1997), 50쪽에서 재인용. 새들러의 보고서는 공장의 폐해에 대해 과장된 자료를 많이 담고 있다는 비판이 있다. Nardinelli(1980), 740쪽.

(Leeds)에서 낙선하면서 그의 입법 노력은 물거품이 되었다. 정권이 토리에서 휘그(Whig)에게로 넘어간 상황에서 애쉴리 경(Lord Ashley)이 1833년에 발의한 이른바 '10시간 법안'도 어려움에 봉착하였다. 이 법안은 이전 법안들과 마찬가지로 노동시간의 문제에 집중하였지만, 공장 내 안전 문제에 대해서도 규정을 마련하였다. 최초로 공장법이 안전 문제를 포함한 사례였다. 하지만 이 법안이 휘그당이 주도하는 의회를 통과하는 것은 불가능하였다. 실제로 애쉴리의 법안은 의회에서 맹렬한 반대에 직면하였다. 다행히도 휘그당의 지도자 앨토프 경(Lord Althorp)이 온건해진 공장법안을 마련하였고, 이것이 입법화에 성공하였다. 이렇게 우여곡절 끝에 마련된 1833년 공장법은 공장노동에 대해 다음과 같은 조항들을 담고 있었다. 18세 미만 연소자의 야간노동 금지 및 12시간 노동, 9세 미만 어린이의 고용 금지, 9-12세 아동의 8시간 노동의 단계적 실시, 아동에 대한 교육, 공장감독관의 임명 등이었다.[34]

이 규정으로 인해 고용주들은 아동을 채용하여 일을 시키기 위해 과거보다 높은 비용을 부담해야 하였다. 1835년부터 공장감독관이 이 공장법을 강제하기 시작하였고, 그에 따라 직물공업에 고용된 아동의 수는 5만 6,000명에서 3만 3,000명으로 축소되었다. 〈표 4-9〉에서 확인할 수 있듯이, 아동 수의 축소는 비율로 보면 15.9%에서 7.9%로의 감소를 의미하였다.[35]

공장노동을 하는 아동 중에서도 특히 여아에 대해서는 보호의 필

34 Labour of Children in Factories Act, 일명 Althorp's Act, 윌리엄 4세 3-4년, 법률 103호. 이영석(2012), 206쪽도 참조하라. 4명의 공장감독관은 각각 연 1,000파운드의 연봉을 받았고, 8명의 보조인력을 두게 되었다.

35 Nardinelli(1980), 743-744쪽.

표 4-9 직물공장 노동자의 연령 및 성별 구성, 1835-1890년

(단위: %)

연도	8-12세 남녀	13-17세 남자	13세 이상 여자	18세 이상 남자
1835	15.9	12.2	47.3	25.5
1838	7.9	15.3	54.0	22.8
1847	7.9	11.8	54.9	25.4
1850	6.8	11.4	55.3	26.3
1856	7.7	10.3	56.2	25.8
1861	9.0	9.2	55.8	26.0
1867	10.0	8.7	56.1	25.1
1871	8.9	9.0	56.0	26.1
1874	12.5	8.4	54.4	24.7
1878	11.3	7.4	55.6	25.7
1885	8.9	7.9	56.2	27.1
1890	7.8	8.2	56.3	27.6

자료: Nardinelli(1980), 744쪽.

요성이 더 강조되었다. 이는 여아의 노동이 육체만이 아니라 정신까지도 타락시킨다는 당시의 관념에 기초를 두었다. 대표적인 개혁론자 채드윅이 언급하듯이, 여아의 노동은 도덕 붕괴라는 중대한 결과를 낳는 것으로 인식되었다. 빅토리아 초반기에 강조된 도덕 관념을 여기에서 확인할 수 있다.[36]

> 여성들은, 어린 가족구성원들의 벌이가 가족을 뒷받침하는 데 기여하는 고로, 필요에 의해 어릴 적부터 작업장에서 자라게 된다. 여자아이들의 생각과 도덕은 타락하게 되고, 그들은 남편의 집안을 안락하고 행복하게 만들어줄 모든 습성에 대해 전혀 무지한 상태에서 결혼을 한다.

36 윤혜준(1997), 118쪽에서 인용.

1833년의 공장법은 근대적 복지국가의 초석이 되었다고 평가된다. 법에 실린 개별적인 조항이 특별하였다기보다는 현실에서 공장법이 강제적으로 적용되어 공장에서의 고용 실태가 실질적으로 변화하게 되었다는 점이 중요하였다.

1844년에 제정된 공장법은 이전 법률의 결함을 보완하고 규정을 명확하게 하여 논란의 여지를 제거하였다.[37] 동시에 이 법은 18세 이상의 여성노동자에 대해서도 연소자와 마찬가지로 보호 대상으로 규정을 하였다. 그리고 어린이의 고용제한 연령을 8세로 낮추는 대신 반나절 노동을 규정함으로써 학교수업을 받을 수 있는 실질적 길을 터주었다. 고용제한 연령은 이후 서서히 높아져 1874년에는 10세, 1902년에는 12세가 된다. 1844년 공장법은 산업재해의 측면에서도 매우 중요한 내용을 담았다. 공장감독관이 위험성을 인정하는 기계에 대해 공장주에게 방책(fence)을 설치하도록 권고하게 하였으며, 이렇게 통보 대상이 된 기계에서 사고가 발생하는 경우 벌금이 부과되도록 규정하였다.[38]

1847년 공장법에서는 10시간 노동의 원칙이 부분적으로 도입되었다. 18세 미만 연소자와 성인 여성의 노동을 하루 10시간으로 제한하도록 규정함으로써 향후 노동자 일반에 대한 법률 제정으로 나아가는 길을 열었다고 평가된다.[39] 이 법률이 제정될 수 있었던 데에는 오슬러(Richard Ostler), 필든(John Fielden), 그리고 섀프티스베리 경(Lord Shaftesbury)의 공헌이 컸다.

1850년 공장법은 어린이와 여성의 노동시간을 여름에는 오전 6시

37 Factories Act, 일명 Graham's Factory Act, 빅토리아 7-8년, 법률 15호.

38 양동휴(1997), 56-58쪽; 이영석(2012), 206-207쪽.

39 Factory Act, 빅토리아 10-11년, 법률 29호.

에서 오후 6시까지, 그리고 겨울에는 오전 7시에서 오후 7시까지로 못을 박았다. 토요일에는 모든 노동이 오후 2시까지 종료되어야 하며, 주간 노동시간이 60시간으로 조정되었다. 9-18세의 노동시간은 하루 10.5시간으로 정해졌다. 1856년도에는 9-18세의 노동시간을 하루 10시간으로 축소하였다.[40]

이후에도 공장법의 개정은 계속되었다. 1864년과 1867년에 제정된 '공장법확대법'(Factory Acts Extension Act)은 공장법의 적용 대상을 확대하였다. 1878년의 공장법은 그간의 공장 규제 규정들을 한데 묶고 통일성을 높였다. 이에 따라 10세 미만은 고용될 수 없고, 10세까지는 의무교육이 시행되며, 10-14세는 반일 노동만 가능하며, 여성은 주 56시간 이상을 노동할 수 없는 것으로 확정되었다. 1891년 공장법은 분만 후 4주 이내의 여성을 고용하는 것을 금지하였으며, 고용 가능한 아동의 연령을 10세에서 11세로 높였다. 이 연령은 다시 1901년 공장법에 의해 12세로 올라갔다. 1901년의 법은 교육과 식사시간 등에 대한 규제도 강화하였다.[41]

이와 같은 과정을 거쳐 면직공장을 포함한 직물공장은 점차 엄격한 공장법의 규제를 받게 되었다. 공장법의 규제는 고용주에게 고용비용의 증가를 의미하였다. 특히, 아동노동에 대해서는 고용시간 제한과 교육 의무화와 같은 다양한 규제가 동시적으로 작용하게 되었으므로, 아동노동 고용에 대하여 암묵적 과세(implicit tax)가 이루어진 것과 같은 효과가 발생하였다. 이와 동시에 기술의 향상도 아동노동 및 여성노동에 대한 수요를 감소시켰다. 기계의 성능이 개선되어 실

40 Factory Act(1850), 빅토리아 13-14년, 법률 54호.

41 Wikipedia 'Factory Acts' 항목(http://en.wikipedia.org/wiki/Factory_Acts).

이 끊어지는 횟수가 줄어들었기 때문에 실잇기(piecing)에 필요한 인력이 적어졌다. 앞에서 살펴본 〈표 4-9〉로 돌아가보면, 1844년 공장법이 아동노동을 큰 폭으로 줄이지 않은 것처럼 보인다. 그러나 실제로는 아동의 노동시간이 반나절로 제한되었으므로, 전체 노동에서 아동노동이 차지하는 비중은 크게 감소되었다.

공장법과 산업재해 방지

이제 공장 내 사고에 대처하는 개혁에 초점을 맞추어보자. 위에서 살펴본 것과 같이 공장법은 주로 여성과 아동노동의 노동조건과 노동시간 규제를 내용으로 하였다. 그러나 이러한 사실로부터 공장법과 산업재해가 별 관계가 없다는 결론이 도출되지는 않는다. 열악한 노동조건과 장시간 노동이 작업장 내 사고를 초래하는 중요한 요인이었기 때문이다. 또한 부상을 입어도 충분히 쉴 수 없는 노동 강제와 저임금 상황이 산업재해를 악화시켰으리라는 점도 쉽게 상상할 수 있다. 또한 일부 공장법은 직접적으로 작업장 안전의 문제를 다루기도 하였다.

가장 먼저 공장 내 안전 문제를 다룬 법안은 1833년 애쉴리 경이 입안한 '10시간 법안'이었다. 이 법안은 다음과 같은 안전 관련 조항을 포함하고 있었다. 방책이 세워지지 않은 기계로 인해 아동이나 청소년이 사망을 할 경우 검시배심원단(coroner's jury)이 구성된다. 만일 '공장주의 중대한 태만으로 인하여 사고사가 발생'한 것으로 검시배심원단이 평결하는 경우 공장주는 과실치사(manslaughter) 혐의로 기소된다. 또한 만일 노동자가 더 이상 노동에 종사할 수 없는 상황이 되면 치안판사(Justice of the Peace)는 공장주에게 50파운드 이상 200파운드 이하의 보상금 지급을 명할 수 있다.[42]

그런데 이 법안은 위에서 지적한 것과 같이 의회에서 강력한 반대에 직면하였다. 의회는 공장의 상황에 대해 보다 자세한 조사를 하도록 왕립위원회(Royal Commission)를 구성하였다. 통상 이 왕립위원회의 구성은 새들러의 1831-1832년 보고서를 무력화하기 위한 시간끌기 전략이라고 이해되어 왔다. 그런데 흥미롭게도 왕립위원회가 완성한 보고서에는 공장의 안전 문제에 대해 비판적으로 다루는 내용도 들어있었다. 또한 수석중앙공장위원(Chief Central Factory Commissioner)이었던 채드윅(Edwin Chadwick)은 공장주에게 방책을 세우고 감독을 받도록 의무화함으로써 안전 문제를 개선할 수 있을 것이라고 주장하였다. 그는 더 나아가 공장감독관이 기계에 대한 세부 지식이 부족할 것이므로 사고의 금전적 부담을 공장주가 지도록 하는 것이 현실적이라고 말하였다. 구체적으로는,[43]

> 14세 미만의 아동에게 발생하는 기계로 인한 어떤 종류의 사고이건 간에 기계의 소유자는 더 이상 치료가 필요 없게 되는 시점까지 해당 아동의 의료비와 다른 모든 치료비를 지불해야 한다. 그리고 사고가 발생한 시점에 받던 임금의 절반을 해당 기간 내내 지급하여야 한다.

채드윅의 제안은 경제적 부담을 고용주에게 부과함으로써 산업재해를 줄인다는 인식을 반영한 최초의 주장이었다. 이렇듯 산업안

42 Bartrip and Burman(1983), 15-16쪽.

43 Bartrip and Burman(1983), 17쪽에서 재인용.

전 문제가 어느 정도 부각되는 분위기 속에서 애쉴리 경은 안전 조항을 담은 법안을 다시 의회에 제출하였다. 그러나 앨토프 경은 이 조항이 제조업 지역에 재앙에 가까운 결과를 가져올 것이라면서 반대를 하였다.[44] 다른 휘그 의원들도 격렬히 반대를 표명하였다. 공업 지역에서도 대규모의 반발이 잇달았다. 결국 애쉴리 경은 자신의 법안을 철회할 수밖에 없었고, 앨토프 경이 마련한 1833년 공장법을 수용하는 것으로 만족해야 하였다. 1833년 공장법은 안전에 관한 조항은 없었지만, 공장감독관의 역할을 통해 안전 문제에 대해 최소한의 접근을 할 수 있게 만들었다.

1840년대에 들어서 안전규정에 대한 관심이 다시 고조되었다. 1833년 공장법에 따라 임명된 공장감독관들이 안전에 관한 입법의 필요성을 강조한 것이 큰 역할을 하였다. 1840-1843년의 입법 시도는 마침내 1844년에 성공적 입법으로 결실을 맺었다.[45] 1844년의 공장법이 산업재해에 관한 최초의 본격적 조항을 담고 있다는 점을 우리는 위에서 논의하였다. 즉, 위험하다고 여겨지는 기계에 대해 공장감독관이 공장주에게 안전을 위한 방책 설치를 강제할 수 있도록 규정한 것이다. 그리고 이를 지키지 않으면 공장주는 기소되어 5-20파운드의 벌금형에 처해질 수 있었다. 또한 방책을 설치하지 않아 실제로 사고가 발생하여 사망자나 부상자가 생기면 10-100파운드의 벌금형을 받게 되었다. 다른 조항에서는 아동을 직물공장의 동력전달 장치 청소에 투입하거나, 기계식 동력으로 작동하는 자동기계의 고정 및 이동 장치에서 작업하는 것을 금지하였다. 1844년 법에는 공장 설비에 의

44 Hansard 19(1833년 7월 5일), c. 221.
45 Bartrip and Burman(1983), 20-21쪽.

해 사고를 당한 노동자의 보상에 대한 규정도 마련되었다. 공장감독관이 권고하는 경우 정부는 피해자를 대신해 고용주에게 보상을 요구할 수 있었다. 특히, 기억할 만한 점은 부상을 입은 노동자가 성인 남성인 경우에도 그를 대신하여 정부가 고용주를 기소할 수 있게 되었다는 사실이다. 고용주와 노동자의 계약을 자유의지에 따른 '신성한' 행위로 이해하였던 관행에 균열이 생긴 것이다. 사고의 책임을 고용주에게 물을 수 있다는 인식이 1830년대 후반에 가서야 본격적으로 등장하기 시작하였다는 점에 비추어볼 때, 1844년 공장법의 조항은 거의 '혁명적'이라고 평가할 만한 의미를 지녔다.[46]

이런 공장법 규정이 곧바로 현실에서 힘을 발휘하였는가는 별도의 논의를 필요로 한다. 공장입법이 얼마나 잘 집행되었는지에 대해서는 치열한 논쟁이 전개된 바 있다. 논쟁의 불을 당긴 것은 피코크(A. E. Peacock)였다. 기존의 연구들은 공장법에 따라 치안판사가 실제로 안전법규를 위반한 공장주에 대해 성공적으로 기소를 한 사례는 드물다고 보아왔다.[47] 피코크는 이런 전통적 견해가 근거가 없다고 주장하였다. 그는 1834-1855년 랭커셔와 웨스트라이딩(West Riding)의 기소 자료를 이용하여 이를 설명하였다.[48]

〈표 4-10〉에 제시한 것처럼, 공장법이 본격적으로 시행되기 시작한 1835년 이래 치안판사는 지속적으로 위반자를 법정에 세웠고, 그 중에서 유죄로 판결되는 비율이 76.6% 내지 98.1%나 되었다고 그는 분석하였다. 또한 기소건수는 1836-1838년에 최고 수준을 기록하였고, 이후 이 수준에는 다시 도달하지 못하였다고 밝혔다.[49]

46 Bartrip and Burman(1983), 54-55쪽.
47 대표적으로 MacDonagh(1977), 49쪽.
48 Peacock(1984), 197-210쪽.

표 4-10 공장법 위반 기소와 유죄선고 추이, 1834-1855년

연도	위반자 수	기소건수	유죄선고율(%)
1834	9	19	68.4
1835	151	279	76.6
1836	220	792	89.7
1837	295	765	88.8
1838	351	777	86.1
1839	170	307	85.4
1840	109	155	94.1
1841	124	173	88.3
1842	42	70	92.8
1843	90	151	92.8
1844	82	128	93.7
1845	204	458	96.8
1846	207	502	92.0
1847	57	135	94.8
1848	64	227	85.5
1849	85	235	77.3
1850	88	471	87.0
1851	98	468	95.5
1852	67	299	95.7
1853	98	406	97.0
1854	81	317	98.1
1855	70	263	94.7

주: 유죄선고율은 유죄 판결, 피의자가 비용 지불 후 치안판사가 기소 취하, 다른 위반자가 유죄선고 받은 사례를 모두 포함.
자료: Peacock(1984), 198쪽.

피코크의 수정주의적 해석에 대해 바트립(Peter Bartrip)은 비판의 날을 날카롭게 세웠다. 기소건수는 실제 위반이 얼마나 발생하였는

49 Peacock(1984), 207-208쪽.

가에 대해 아무런 증거도 될 수 없다고 그는 지적하였다. 그는 공장감독관이 업무 수행에 필요한 인적 · 물적 자원의 부족을 경험하였다고 지적하였다.[50] 그런 제약 속에서 법규를 위반한 고용주를 기소하는 데에 소극적이었다는 점을 강조하였다.[51] 여기에는 이 시기에 치안판사들이 노동자나 공장감독관보다는 고용주에 더 강한 친밀성을 보였다는 상황이 작용하였다. 치안판사 중에는 스스로가 공장주인 경우가 많았고 다양한 인적 네트워크를 통해 공장주와 연결되는 사례가 다반사였다.[52] 기소된 소수의 사례에서도 벌금은 대부분 최소액인 10파운드에 그쳤고, 그나마 소송비용과 의사의 진단서 발급비용을 제하고 부과되곤 하였다.[53] 이런 분위기에서 공장감독관은 위반 사례를 치안판사에게 전달해 법정으로 끌고 가는 것이 반드시 최선은 아니라고 보았을 것이라고 바트립은 주장하였다. 고용주에게 직간접적인 방법으로 압력을 가해 일정한 수준의 보상을 이끌어내는 방식을 공장감독관이 선호하였고, 유죄선고가 확실해 보이는 사례들 – 반복적 위반, 악의적 위반, 피해가 큰 위반 등 – 만을 기소하려 했을리라는 것이다.[54] 이런 전략적 선택을 그는 다른 논문에서 '협상된 준수'(negotiated compliance)라고 명명하였다.[55] 1836-1838년에 안전사고 위반 사례가 절정에 이르렀다는 피코크의 주장도 근거가 약하다. 시간이

50 1835년 4인의 공장감독관과 7인의 보조인력이 4,000여 개 공장에서 일하는 35만 4,684명의 직물노동자를 담당하였고, 1861년에는 3인의 공장감독관과 15인의 보조인력이 6,378개 공장의 77만 5,534명의 노동자를 관리하였다. Bartrip(1983), 209쪽.

51 Bartrip(1985b), 423-427쪽.

52 예를 들어, 치안판사를 임명하고 지방 통치와 관련된 여러 사항에 대해 의견을 조율하는 기구인 치안위원회(Commission of the Peace)에는 다수의 공장주들이 포함되어 있었다.

53 1844-1864년 동안에 치안판사는 전체 안전 조항 위반 사건의 75%에 대해 최소 벌금을 부과하였다.

54 Bartrip(1985b).

55 Bartrip and Fenn(1983), 208쪽.

그림 4-19 보고된 위반건수와 유죄 선고건수, 1834-1876년

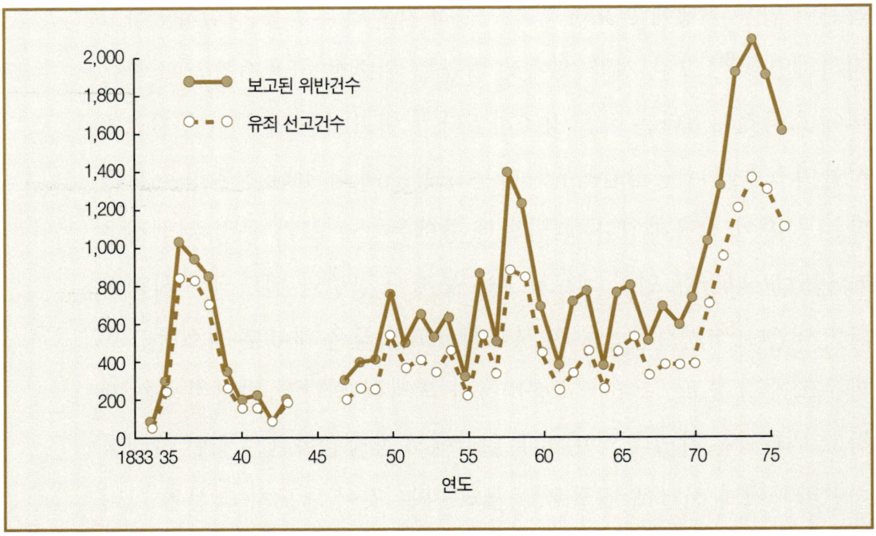

자료: Bartrip and Fenn(1983), 205쪽.

흐를수록 공장감독관이 선택적 기소를 강화하였다면, 실제 안전사고 위반 사례는 1830년대 이후에 더 빈번하였을 수 있는 것이다.[56]

시계열 자료를 통해 이 이슈를 더 자세히 살펴보자. 〈그림 4-19〉는 바트립이 수집한 통계로, 공장감독관이 치안판사에게 보고한 안전 위반건수와 재판에서 유죄로 선고된 건수를 기록하고 있다. 1834-1876년의 추세를 보여주는 이 자료에 따르면, 보고된 건수는 1850년대 후반을 제외하고는 1860년대 말까지 별다른 증가를 보이지 않았고, 유죄 선고건수도 비슷한 양상을 보였다.

56 1856년에 제정된 새 공장법은 '여성, 아동, 청소년'이 작업하는 장소의 동력전달 장치를 방책으로 두르라고 규정하였는데, 이 조항도 사고 피해를 입은 성인남성의 구제 가능성을 낮추는 역할을 하였을 수 있다. 그러나 이 규정의 정확한 효과는 파악하기 어렵다. Bartrip and Burman(1983), 65-66쪽.

1860년대 후반부터의 통계에 대해서는 주의를 기울일 필요가 있다. 1860년대의 공장입법들은 기존에 직물공업에 머물렀던 규제를 다른 부문까지 확장하였기 때문이다. 공장제가 실시된 초기에는 감독대상인 공장이 4,000개에 불과하였다가, 1870년대에는 공장 30만 개, 작업장 11만 개가 감독의 대상이었다는 사실을 상기할 필요가 있다. 따라서 〈그림 4-19〉에서 1870년대 이후에 위반건수와 유죄 선고건수에서 눈에 띄는 증가세가 발생하였지만, 이는 직물공업을 벗어나 다양한 종류의 공장과 작업장을 포함한 수치라는 점을 기억해야 한다.

바트립의 논의와 일맥상통하는 주장으로 당시에 공장법 위반 사례가 점차 '관행화'(conventionalization)되는 분위기였다는 주장도 있다. 즉, 안전규정 위반은 처벌이 필요한 심각한 위법행위가 아니라 관행적으로 용인되고 타협적으로 해결책을 찾을 수 있는 수준의 중산층 행동양식이라고 공장감독관이 인식하게 되었다는 것이다.[57]

한편, 나르디넬리(C. Nardinelli)는 피코크의 견해를 마블(H. P. Marvel)의 주장과 결부시켜 설명하고자 하였다. 즉, 치안판사가 동류의식을 느낀 대상은 소공장주와 구분되는 대공장주였는데, 기계화가 진전된 대공장은 공장법을 통해 기계화가 덜 진전된 소공장을 경쟁에서 몰아내는 수단으로 생각하였다는 것이다. 따라서 치안판사는 소공장주 – 특히, 수력방적기를 사용하는 시골의 소규모 공장의 소유자 – 의 안전법규 위반을 강력하게 다루는 것이 전혀 부담스럽지 않았을 것이라고 나르디넬리는 주장하였다.[58]

이런 논박에 대해 피코크는 반박을 가하면서 자신의 주장을 견지

57 이에 대한 논의는 Carson(1979), Bartrip and Fenn(1980)도 참조할 것.
58 Nardinelli(1985), 428-430쪽.

하였다.[59] 이 논쟁의 명확한 승자를 판별하기는 어렵다. 안전법규를 위반한 사례에 대한 통계가 존재하지 않는 상황에서 기소건수와 유죄선고율만 가지고 시간적 추이를 확인할 수는 없다. 또한 제5장과 제6장에서 살펴볼 석탄업과 철도업의 경우에는 산업재해 사망자의 시계열 통계가 뚜렷한 감소 추세를 보이지만, 직물공업의 경우 사망자 수가 전반적으로 많지 않아 추세를 파악하기 어렵다. 신뢰할 만한 부상자 시계열 자료는 존재하지 않는다.[60]

공장법이 직물공업을 벗어나 다양한 업종을 포괄하게 된 1860년대 이후에는 직물공업에서 산업재해가 얼마나 줄어들었는지를 현실적으로 파악하기 어렵다. 그렇지만 공장법의 영향이 충분하지 않다는 인식 자체는 계속된 것으로 보인다. 이런 인식이 사고의 책임을 노동자로부터 고용주로 옮겨가는 개혁 압력으로 이어졌고, 마침내 1880년에 '고용주책임법'(Employers' Liability Act)이 제정되어 산업재해 보상에 대해 획기적 전기가 마련되었다. 또한 1897년에는 '노동자보상법'(Workmen's Compensation Act)이 마련되면서, 산업재해 보상에 관한 규정이 더욱 완비되었다. 이 법률들은 직물공장만이 아니라 다른 업종의 공장 및 작업장에까지 광범위하게 적용되었다. 이들의 즉각적 효과에 대해서는 이견이 있지만, 이들이 영국 복지국가의 중요한 초석이 되었다는 데에는 대다수의 역사가들이 동의한다.

59 Peacock(1985), 431-436쪽.
60 제5, 6장 참조.

결론

직물공업은 산업혁명이 초래한 변화를 상징적으로 보여주는 산업이었다. 모직, 마직, 견직과 같은 전통적 직물업이 존재하는 한편, 새로운 기술진보를 업고 등장한 면직공업이 시장을 혁명적으로 변화시켰다. 아크라이트를 비롯한 여러 발명가들이 개발한 새로운 기계들은 새로운 노동환경으로 공장이 등장하게 만든 주역이었다. 한동안 새 생산 형태와 전통적 생산 형태가 공존하였지만, 시간이 흐르면서 공장제의 비중은 눈에 띄게 증가하였다. 면직물 이외에 모직물, 마직물, 견직물을 생산하는 방식도 공장 중심으로 변모하였다.

직물공업, 특히 면직공업에서는 작업의 특성상 성인남성 노동자 이외에 많은 수의 여성과 아동 인력이 요구되었다. 특히, 초기 면직공장에서 이들은 필수불가결한 노동력이었다. 동시대의 통념에 따르면, 성인남성과 달리 여성과 아동은 온전히 '자유노동'을 할 수 있는 주체가 아니었다. 초기 공장법 개혁이 이들의 노동시간 감축과 노동조건 개선, 교육 의무화 등을 내건 것은 바로 이런 인식에 기초해서였다. 1830년대부터 공장법의 제정과 개정을 통해 이들의 노동환경은 점차 개선되었다.

그에 비해 공장의 안전에 대한 개혁은 매우 더디게 진행되었다. 공장감독관은 안전 방책을 갖추지 않는 고용주를 법정에 세우기를 주저하였고, 승소 가능성이 높은 종류의 위반 사례만을 선택하는 양상을 보여주었다. 산업안전의 개선에 관한 한 공장법의 효과가 컸다고 볼 증거는 불충분해보인다.

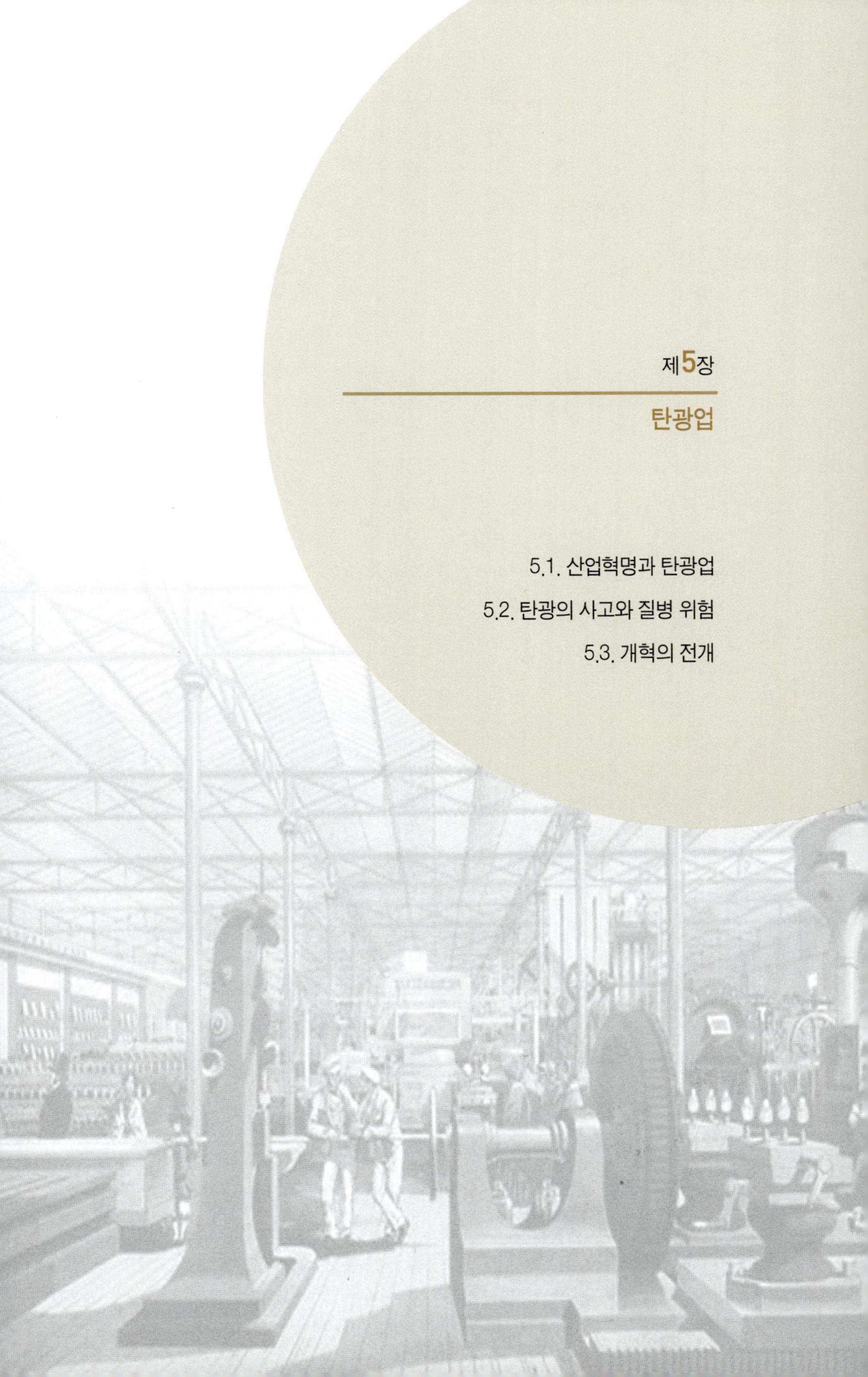

제 5 장

탄광업

5.1. 산업혁명과 탄광업

5.2. 탄광의 사고와 질병 위험

5.3. 개혁의 전개

5.1. 산업혁명과 탄광업

산업혁명과 석탄

영국이 최초의 공업국이 될 수 있었던 요인에 대해 학자들은 그동안 설명을 제시해왔다. 영국에 석탄이 풍부하게 매장되어 있었기 때문이라는 주장이 그 중 하나이다. 이 주장은 한때 천연자원과 경제발전의 인과관계가 뚜렷하지 않다는 논리에 밀려 힘을 잃는 듯하였다. 그러나 포메란츠(K. Pomeranz) 등이 근래에 새로운 해석을 제시하면서 생명력을 다시 얻게 되었다. 포메란츠는 19세기 이전에 유럽의 선진 지역인 영국의 정치적, 경제적 상황이 지구상의 다른 지역, 특히 중국의 양쯔 강 델타 지역, 일본, 인도 등 아시아의 선진 지역과 별로 다르지 않았다고 보았다. 인구, 기술 수준, 법적 기반 등 여러 측면에서 영국이 산업혁명에 특별히 유리한 위치에 놓여 있지 않았던 것으로 그는 평가하였다. 18세기에 이 지역들은 공통적으로 인구압력에 직면하였다. 경지를 확대하는 것이 더 이상 어렵게 되었고, 목재와 여타 천원자원에 대한 수요를 감당할 지속 가능한(sustainable) 방안을 찾지 못하고 있었다. 노동의 한계생산성이 계속 하락하였기 때문에 더 이상의 경제성장을 이룩하지 못하고 이른바 맬서스트랩에 갇히게 될 가능성이 높은 것으로 여겨졌다.[1]

이렇듯 인구 증가가 초래한 자원 – 혹은 생태계 – 에 대한 압력은 유럽과 아시아의 여러 국가에서 공통적으로 나타났는데, 그 중에서 오로지 영국만이 맬서스트랩을 벗어나 지속적인 인구 증가와 경제성

1 포메란츠(2003).

그림 5-1 영국은 석탄이 풍부하였기 때문에 맬서스트랩에 빠지지 않고 경제발전을 지속할 수 있었다. 그러나 이 과정에서 채탄 노동자들은 열악한 근무환경에서 사고 위험에 상시적으로 노출된 채로 힘들게 작업을 하였다.

장을 동시에 이룰 수 있게 된 이유는 무엇일까? 포메란츠는 영국이 두 가지 강점을 보유하고 있었다고 주장하였다. 첫째는 국제무역의 주도권을 쥐고 있었고, 해외 식민지도 많았다는 점이다. 인구부양과 공업화는 식량과 원료 등 많은 자원을 필요로 하는데, 영국은 국제적 무역망을 통해 이런 자원을 해외에서 조달할 수 있었다는 것이다. 대표적으로 대서양 횡단무역이 번영하면서 감자, 설탕 등 새로운 작물이 공급되었을 뿐만 아니라, 청어, 대구 등의 수입도 크게 증가하였다. 아마도 가장 중요한 사례는 산업혁명 시기 최대 산업이었던 면공업의 원료가 전량 해외로부터 들어왔다는 사실일 것이다. 한편, 교통수단의 발달은 면화의 공급이 탄력적으로 이루어질 수 있게 하였다는 점에서 중요하였다. 영국이 지닌 둘째 강점은 석탄을 저렴하게 획득할 수 있다는 부존조건이라고 그는 주장하였다. 비교 대상인 다른 지역들이 에너지원의 확보에 어려움을 겪었던 것과 달리, 영국에서는 그 동안 사용되지 않았던 새로운 에너지원을 찾았고 이를 널리 활용할 수 있도록 하는 동력기술을 효과적으로 개발함으로써 생태학적 압박을 피할 수 있었다는 것이다.[2]

그의 주장에 따르면, 영국이 맬서스트랩을 벗어나 세계 최초로

2 포메란츠(2003).

근대적 경제성장을 이룰 수 있었던 것은, 석탄이 영국에 대량 매장되어 있었다는 우연적 요인과 영국이 국제무역을 주도하게 되었다는 수세기에 걸친 역사적 성과가 결합한 결과였다. 이런 측면에서 보면, 대항해 시대 이후 유럽 국가들 간의 치열한 중상주의적 경쟁 과정에서 영국이 우위를 차지하였다는 사실 – 여기에는 군사적 우위, 보호무역주의 정책, 의회의 정치력 등 다양한 요인들이 작용하였다 – 이 산업혁명의 성공적 수행에 핵심적인 역할을 하였다고 볼 수 있다. 포메란츠와 그의 주장과 궤를 같이 하는 이른바 캘리포니아학파(California School)에 따르면 석탄의 가용성은 영국 산업혁명을 가능하게 한 핵심적 요인이었다.

탄광업의 발달

탄광업은 영국의 산업혁명을 상징하는 산업 중 하나이다. 이미 튜더왕조 때에도 잉글랜드 북동부 지방과 스코틀랜드를 중심으로 석탄의 채굴이 이루어졌다. 그러나 깊은 갱도를 건설하여 본격적인 채탄작업이 이루어진 것은 18세기 후반부터의 일이었다. 잉글랜드 북부의 랭커셔, 요크셔, 더럼, 노섬벌랜드, 그리고 남부 웨일스에서 대규모로 탄광이 개발되면서 석탄은 영국이 '세계의 공장'이라는 위상을 차지하는 데에 결정적인 역할을 하였다.

그림 5-2 1908년에 스코틀랜드의 일부 탄광에서는 여전히 뉴커먼 엔진이 사용되고 있었다.

그림 5-3 18세기에 탄광에서 널리 사용되던 뉴커먼의 기압기관 모습.

석탄 채굴 기술은 18세기부터 지속적으로 발달하였다. 채굴량이 증가하면서 갱도가 깊어져야만 하는 문제가 발생하였는데, 이에 따라 갱도에 고인 물을 퍼내야 하는 기술적 장애에 봉착하였다. 배수 문제에 대한 해결책은 증기기관을 이용한 펌프의 사용에 있었다. 뉴커먼(Thomas Newcomen)이 개발한 기압기관은 이런 목적으로 18세기 전반에 영국 전역으로 널리 보급되었다. 그렇지만 기압기관은 연료의 투입량에 비해 효율이 낮다는 취약점을 안고 있었다. 보일러를 가열하고 냉각하는 작업을 반복하는 방식으로 작동하였기 때문이다. 많은 양의 석탄이 필요한 탓에 기압기관은 탄광지대 이외에서는 사용되기가 어려웠다.

와트(James Watt)는 낮은 효율의 문제를 극복하는 방안으로 보일러 옆에 독립된 응축기(condenser)를 설치하는 방식을 고안하였다. 기압기관에 비해 효율을 네 배나 증진시킨 새 엔진이 제작되었다. 기술자 출신의 투자가 볼튼(Matthew Boulton)이 제공한 자본력에 힘을 입어 새 기술을 개발한 와트는 신기술이 빨리 확산될 수 있도록 새로운 판매 방식도 도입하였다. 뉴커먼 엔진이나 말(馬)을 와트의 엔진으로 교체하는 경우 발생하는 비용 감소 이익의 1/3을 특허가 만료되는 시점까지 로열티로 지불하도록 하였던 것이다. 이런 장기분할 방식의 판매 전략은 큰 성공을 거두었다.[3]

3 송병건(2014b), 368-369쪽.

탄광업이 해결해야 하는 또 하나의 문제점은 폭발성 가스였다. 갱내에서 발생하는 메탄가스 – 당시 사람들은 '불습기'(firedamp)라고 불렀다 – 가 폭발하지 않고 연소하도록 만드는 기술 개발이 필요하였다. 데이비(Humphrey Davy)는 1815년에 램프 내에 폭발성 기체를 차단하는 막을 설치한 안전램프 – 일명 데이비램프(Davy Lamp) –를 개발하였다. 이듬해 헤번 탄광(Hebburn Colliery)에서 첫 시연회를 가졌다.[4] 역설적이게도 데이비의 안전램프가 도입된 후에 탄광에서의 폭발사고는 더 증가하였다. 과거에 안전사고의 우려로 폐쇄시켜 놓았던 갱도들이 다시 채굴의 대상이 되었기 때문이다.[5] 하지만 사고의 유형에는 변화가 발생하였다. 메탄가스를 탐지하고 제거할 기술적 능력이 없었던 과거와는 달리 이제는 광부들이 안전램프를 사용하지 않거나 부주의로 인해 안전램프가 제대로 작동하지 않는 것이 주요 사고 원인이 되었다.

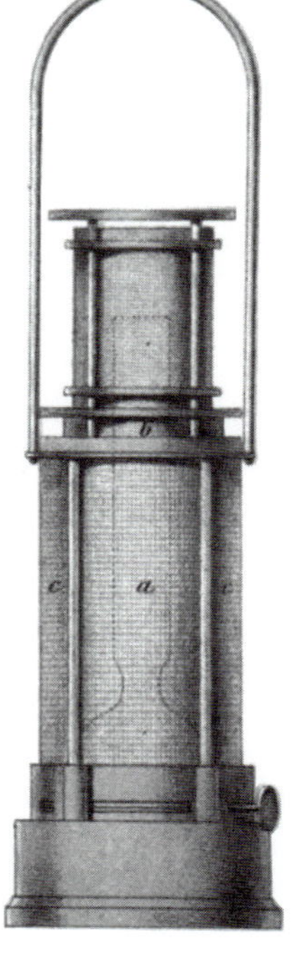

그림 5-4 데이비가 개발한 안전램프. 비슷한 시기에 개발된 다른 안전램프들과 함께 광산 내부의 폭발사고 위험을 줄이는 데에 중요한 기여를 하였다.

19세기에 들어서 탄광업에서 다른 기술진보도 발생하였다. 18세기까지 사용된 전통적인 채굴 방식으로는 광맥을 발견하더라도 많은 부분의 석탄을 갱내에 남겨두어야만 하였다. 1800년경에 갱목으로 천장을 떠받치는 방식이 개발되어 사용되기 시작함으로써 채탄이 가능한 깊이와 지형이 확대되었고 채탄작업의 효율성도 크게 증가하였다.

4 데이비가 안전램프를 개발한 1815년에 스티븐슨(George Stevenson)도 비슷한 기능을 하는 안전램프를 개발하였다. 이 램프는 조디램프(Geordie Lamp)라고 불렸다.

5 Lawrence(1990).

채탄량의 증가

채굴이 어렵지 않은 형태로 존재한 석탄의 매장량과 위에서 살펴본 기술진보에 힘입어 영국의 채탄량은 눈부시게 증가하였다. 1750년 이전에도 채탄은 이미 이루어지고 있었다. 1700년에 석탄 생산량은 약 261만 톤이었던 것으로 추정된다. 그렇지만 채탄량이 본격적으로 증가한 것은 18세기 후반부터의 일이었다.

〈표 5-1〉은 영국의 연간 석탄 생산량을 보여준다. 1750년대에 400여만 톤이었던 연간 석탄 생산량은 1790년대에 1,000만 톤을 넘어섰고, 다시 1820년대에는 2,000만 톤을 능가하였다. 이후로도 석탄 생산량은 계속 증가하여 1840년대에 5,000만 톤에 이르렀고, 1854년에는 6,500만 톤 가까운 숫자를 기록하였다.[6]

1860년에도 영국은 경쟁 산업국인 독일, 프랑스, 벨기에, 미국의 채탄량을 모두 합산한 것보다 거의 두 배나 많은 양의 석탄을 캐어 사용하였다. 1905년이 되면, 상대적인 우위는 과거에 비해 약해졌지만, 영국의 채탄량은 약 2억 3,600만 톤으로 여전히 독일, 프랑스, 벨기에의 채탄 총량과 비슷하였고, 자원대국 미국의 채탄량의 약 2/3에 이르렀다. 신흥 공업국 러시아의 약 12배, 일본의 약 23배, 캐나다의 약 31배에 해당하는 규모였다.[7]

방대한 양의 채탄은 산업혁명기 영국의 경제구조를 결정하는 중요한 요인이 되었다. 영국은 목탄에 비해 석탄의 가격이 상대적으로 낮은 국가가 되었고, 특히 노동자의 임금에 비해서는 석탄 가격이 매

6 Pollard(1980), 229쪽.

7 *Encyclopaedia Britannica*, 11th edn., 'Coal' 항목(http://www.1911encyclopedia.org/Coal).

표 5-1 영국 연간 석탄 생산량의 추이, 1750-1854년

시기	석탄 생산량(천 톤)
1750-1755	4,230
1756-1760	4,520
1761-1765	4,950
1766-1770	5,520
1771-1775	6,120
1776-1780	6,750
1781-1785	7,550
1786-1790	8,570
1791-1795	9,570
1796-1800	10,960
1801-1805	12,960
1806-1810	14,790
1811-1815	16,590
1816-1820	18,900
1821-1825	20,900
1826-1830	24,800
1831-1835	29,560
1836-1840	35,270
1841-1845	41,706
1846-1850	50,968
1854	64,513

자료: Pollard(1980), 229쪽.

우 낮은 나라였다. 이와 같은 생산요소의 상대가격상의 특징이 영국 경제를 노동절약적이고 석탄집약적인 방식의 기술진보를 빠르게 추진하게 된 배경이 되었다. 저가의 양질의 석탄이 대량으로 채굴될 수 있었다는 사실은 단지 생산비를 낮춘 것이 아니라, 생산요소의 상대가격을 채널로 해서 새로운 기술진보를 자극하였던 것이다.[8]

석탄 생산지

석탄이 생산된 지역은 영국 일부 지역에 몰려 있었다. 예를 들어, 1854-1855년을 기준으로 보면, 노댐프턴셔와 더럼은 합해서 1,500만 톤 이상의 석탄을 생산하였고, 랭커셔는 약 900만 톤, 웨일스 남부는 약 850만 톤, 그리고 요크셔와 스태퍼드셔와 스코틀랜드는 각각 700여만 톤을 생산하였다. 그러나 잉글랜드의 남부와 남서부의 여러 주에서는 석탄이 거의 생산되지 않았다.

〈표 5-2〉는 주요 석탄 산지의 채탄량을 시기적으로 보여준다. 1750년경에는 잉글랜드 북동부가 영국 전체 석탄 생산의 35.1%를 차지하였고, 다음으로 스코틀랜드가 20.7%, 그리고 요크셔가 11.2%를 기록하였다. 시간이 흐르면서 잉글랜드 북동부와 스코틀랜드의 비중은 점차 낮아졌다. 그리하여 1850년대에는 잉글랜드 북동부가 여전히 1위 생산지이기는 하였지만 그 비중은 23.9%로 낮아졌으며, 스코틀랜드의 비중은 11.5%가 되었다. 이와 대조적으로 웨일스 남부와 체셔는 1750년대에 석탄 생산량이 미미하였지만, 1세기 후에는 생산 비중이 각각 13.2%와 15.3%를 기록하게 되었다. 〈표 5-2〉에서 확인할 수 있듯이, 영국의 석탄 생산은 잉글랜드 북부와 스코틀랜드, 그리고 웨일스 남부 지방에 집중되어 있었다.

광산의 구조

채탄량의 증가는 갱도를 과거보다 깊이 파들어가야 한다는 것을

8 Allen(2009), 34, 95, 151-155쪽.

표 5-2 영국의 주요 지역별 석탄 생산 비율, 1750-1854년

(단위: %)

시기	잉글랜드 북동부	웨일스 남부	스코틀랜드	랭커셔와 체셔	요크셔
1750-1760	35.1	1.8	20.7	4.5	11.2
1761-1770	33.9	1.9	21.0	4.5	11.4
1771-1780	31.9	3.1	20.2	5.1	11.7
1781-1790	29.5	6.2	18.6	6.2	10.5
1791-1800	28.5	8.0	17.0	8.0	9.5
1801-1810	23.7	8.6	15.8	10.1	10.8
1811-1820	22.2	10.2	14.2	9.1	10.2
1821-1830	21.4	11.0	12.8	10.6	10.6
1831-1840	21.4	12.4	12.4	13.9	11.1
1841-1845	23.2	12.0	12.7	14.4	10.8
1846-1850	24.7	12.8	11.8	14.7	10.8
1854	23.9	13.2	11.5	15.3	11.3

자료: Pollard(1980), 19쪽.

의미하였고, 이는 광산의 구조가 점점 더 복잡하고 거대해진다는 것을 의미하였다. 갱도가 깊어질수록 채탄작업을 할 공간은 제한되었고, 캐낸 석탄을 옮기는 작업도 더욱 어려워졌으며, 기계의 사용도 쉽지 않았다. 그만큼 광부의 노동은 힘들어졌고, 재해의 위험은 증가하였다. 1842년 아동고용위원회(Children's Employment Commission)가 발간한 보고서에는 당시의 탄광구조를 알 수 있게 해주는 설명과 그림이 많이 포함되어 있다.[9] 이 그림들은 통계표와 증언이 제대로 보여주지 못하는 노동 상황을 매우 구체적이고 실감나게 우리에게 알려주는 매우 중요한 역사적 자료이다. 이 그림들을 통해 탄광의 구조를 알아보기로 하자.

9 이 보고서의 중요성에 대해서는 제5장 3절을 참조.

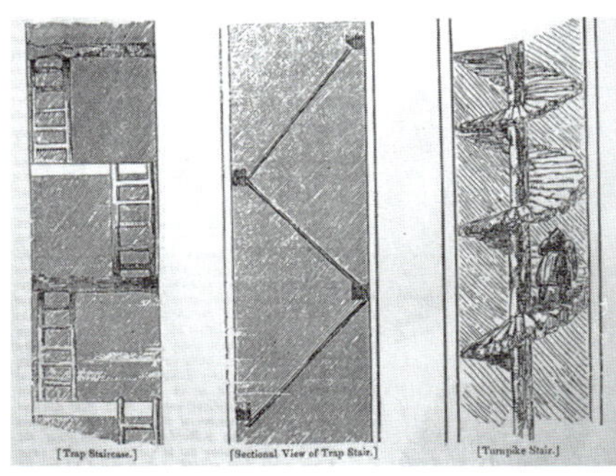

그림 5-5 탄광이 깊어지면서 가장 낮은 갱도에까지 이르는 과정이 길고 위험해졌다. 탄광 내부의 상황에 따라 사다리를 이어 설치하거나 나선형 계단을 만드는 방식이 많았다.
자료: PP(1842) [380], 91쪽.

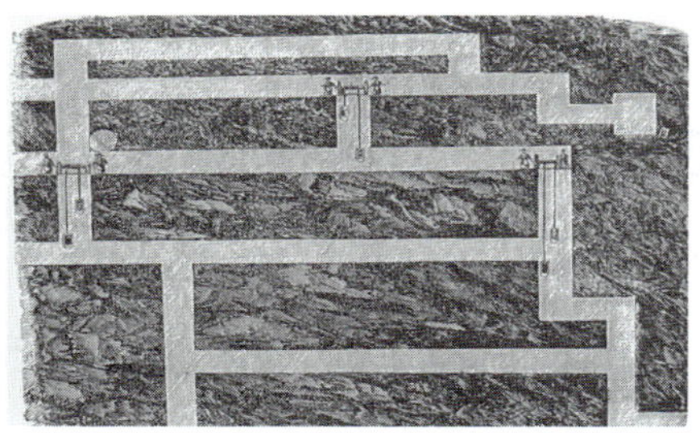

그림 5-6 탄광에는 복잡한 이동경로와 운반장치가 필요하였다. 그림에서 보는 것처럼 갱도로 광부와 짐을 올리고 내리는 장치가 곳곳에 설치되었다.
자료: PP(1842) [382], 476쪽.

그림 5-7 때로는 인력으로 채탄 인력을 갱도로 내려보냈다. 두 아이가 받침대에 앉아 허리에 밧줄을 묶은 채로 내려지고 있다.
자료: PP(1842) [382], 61쪽.

〈그림 5-5〉는 깊은 광산의 내부 모습을 보여준다. 낮은 갱도로 오르내리기 위해 연속적인 계단이 설치된 모습을 볼 수 있다. 광산 전체로 보면 〈그림 5-6〉에서 볼 수 있듯이, 광맥의 진행 방향에 맞추어 매우 복잡한 통로와 운반시설이 갖추어져야 하였다. 광부와 장비, 그리고 석탄덩이를 운반하기 위해서는 두 명이 한 조가 되어 밧줄을 작동시키는 방식이 사용되었다.

각 지점에서 사용된 운반장치의 자세한 모습은 〈그림 5-7〉에서 확인할 수 있다. 이 그림은 지상에서 자그마한 체구의 두 어린이 광부를 갱도로 내려보내는 작업을 보여주는데, 여기에서는 한 명이 이 작업을 수행하고 있다.[10] 입구 위쪽에 위치한 축에 밧줄을 감아 갱도 입구로 수직방향으로 내리고 여기에 광부를 묶어 아래쪽으로 천천히 내려보냈다. 이런 위험천만한 노동여건의 이미지는 동시대 여론이 개혁의

10 한 명이 작업을 할 경우 사고의 위험성이 높다고 보고서는 지적하고 있다.

필요성에 공감하는 방향으로 움직이게 하는 데에 중요한 기여를 하였다.

규모가 보다 큰 광산에서는 도르래 장치를 설치하고 말을 이용하여 밧줄을 감거나 푸는 방식을 이용하였다. 〈그림 5-8〉이 보여주듯이 말은 사람과 더불어 오랜 기간 광산작업에 필수적인 생산요소였다.

말은 지상에서만 사용된 것이 아니었다. 〈그림 5-9〉는 갱도 안에서 석탄덩이를 운반하는 데에 사용하기 위해 말을 묶어 아래로 내려보내는 모습을 보여준다. 어두운 갱도 안에서 말이 흥분하는 경우 함께 작업하는 광부들에게 위험이 초래되는 경우도 적지 않았다.

다시 광산의 구조로 돌아가 보자. 〈그림 5-10〉은 지상에서 광산 바닥까지 45도의 기울기를 가진 통로들이 나란하게 관통하고 있는 광산의 구조를 보여준다. 광

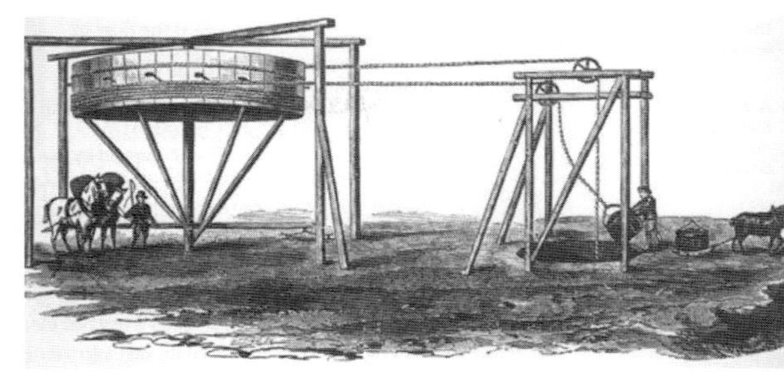

그림 5-8 말이 끄는 기계장치를 이용하여 탄광노동자와 석탄을 오르내리는 모습. 기계장치의 고장은 곧바로 노동자의 추락사고로 이어졌다.
자료: PP(1842) [382], 61쪽.

그림 5-9 갱내에서 말과 함께 작업을 해야 한다는 점은 사고 위험을 더욱 증대시켰다.

그림 5-10 기울기가 45도인 갱도가 나란히 구성된 광산의 내부 구조.
자료: PP(1842) [382], 477쪽.

그림 5-11 경사로를 따라 광부가 석탄이 가득한 용기를 온 몸으로 속도를 줄이며 이동시키고 있다.
자료: PP(1842) [382], 477쪽.

산 바닥의 주 통로에서는 그림에 나타난 것처럼 말이 궤도에 놓은 석탄 수레를 끌었다.

경사로를 따라 석탄을 운반하는 데에는 성인 광부의 힘과 숙달된 요령이 필요하였다. 〈그림 5-11〉은 이런 광부의 솜씨를 잘 보여준다.

그림 5-12 경사로에 도르래를 이용한 장치를 설치하여 여러 용기를 한꺼번에 옮기기도 하였다.
자료: PP(1842) [382], 477쪽.

경사로의 기울기가 급한 경우 사람의 힘으로 석탄덩이를 운반하는 것은 불가능하였다. 이런 광산에서는 〈그림 5-12〉에서처럼 경사로에 밧줄을 내려 여러 개의 석탄덩이 수레를 한꺼번에 견인하는 방식을 사용하였다. 〈그림 5-13〉에 보이는 것과 같이 궤도를 경사로에 설치하여 석탄의 운반을 용이하도록 한 기계화된 탄광도 존재하였다.

그림 5-13 사람의 힘만으로 석탄을 옮기기 힘든 경사로에서는 그림에서 보는 것과 같은 기계식 견인장치가 설치되기도 하였다.
자료: PP(1842) [382], 167쪽.

이상에서 본 탄광의 구조는 광산노동이 산업재해에 취약하였을 것이라는 인상을 강하게 준다. 광맥의 위치와 방향에 따라, 그리고 광산주의 경제적 상황과 시설 마련에 대한 의지에 따라 다양한 형태의 광산이 운영되었고, 그 속에서 광부들은 다양한 위험에 노출되었다. 극단적인 경우 〈그림 5-14〉에서처럼 수직 갱도가 만들어진 곳도 있었다. 이런 곳에서는 광부들이 이동하는 경로가 복잡하고 일방적이었기 때문에, 사고가 발생할 경우 큰 위험에 처하기 쉬웠다.

그림 5-14 수직 갱도가 있는 광산에서는 운송이 더 복잡하고 힘들었다.
자료: PP(1842) [382], 476쪽.

채탄작업의 실상

석탄 생산량 증가의 이면에는 산업재해의 위험과 노동조건의 악화라는 어두운 측면이 자리하고 있었다. 1842년 아동고용위원회에서 발간한 보고서만큼 당시의 탄광노동의 모습을 실감나게 전해주는 자료는 드물다. 이 보고서는 탄광노동에 종사하는 이들이 사고, 질병, 기형, 정신적 장애로 큰 고통을 입고 있다는 증거들을 제시하였다. 보고서에는 다량의 증언들이 수집되어 있는데, 이를 통해서 탄광에서 노동이 이루어지는 양상을 자세히 알 수 있다. 또한 이 보고서에는 탄광 내의 작업 방식에 대해 상당히 많은 그림 자료가 실려 있다. 이 그림들을 통해 광부들의 노동현장을 들여다보자.[11]

탄광노동의 가장 대표적인 이미지는 〈그림 5-15〉에 나오는 모습일 것이다. 광부가 가죽으로 만든 띠를 허리에 두르고 쇠사슬을 연결하여 허치(hutchie)라고 부르는 바퀴달린 수레를 이용하여 채굴한 석탄덩

11 PP(1842) [380].

그림 5-15 무거운 석탄수레를 옮기기 위해 허리에 가죽 띠를 묶고 쇠사슬로 수레에 연결하였다.
자료: PP(1842) [382], 65쪽.

그림 5-16 광부가 양손과 머리를 모두 이용하여 수레를 힘껏 뒤에서 밀고 있다. 최소한의 조명을 위해 촛불을 수레에 장착하였다.
자료: PP(1842) [382], 66쪽.

그림 5-17 촛불을 수레에 달고 쇠사슬을 이용하여 수레를 끌고 있는 광부의 모습.
자료: PP(1842) [382], 65쪽.

이를 운반하고 있다. 낮은 갱도를 갱목들이 받치고 있고, 광부는 거의 기다시피 하면서 무거운 허치를 끌고 있다.

수레를 끄는 것보다 미는 것이 나은 경우, 〈그림 5-16〉에서처럼 두 손과 머리를 함께 이용하여 수레를 뒤에서 밀었다. 칠흙과 같이 어두운 실내를 밝히기 위해 수레의 한 쪽 끝에 촛불을 달고 있다. 광부의 옷이 닳아 헤져서 누더기에 가깝다는 점도 보여준다.

다음으로 〈그림 5-16〉에 나온 갱도보다 천장이 약간 높은 갱도에서 일하는 광부를 묘사한다. 이 광부 역시 쇠사슬로 자신의 허리와 수레의 아랫부분을 묶고 있으며, 힘을 주어 수레를 끌고 있다.

이런 석탄덩이는 어떻게 캐내졌을까? 갱도가 좁고 갱도까지 접근하기가 어려운 경우가 많았으므로, 대부분의 경우 채탄작업은 광부의 손으로 이루어졌다. 갱도의 형태와 광맥의 위치에 따라 다양한 동작을 취하면서 광부는 곡괭이질을 통해 석탄을 캐냈다. 〈그림 5-18〉에서처럼 갱도가 기울어진 경우 공간의 형태에 맞게 몸의 위치를 조정하고 곡괭이를 움직였다.

〈그림 5-19〉는 채탄작업을 하는 공간이 극히 제한된 경우를 보여준다. 광부는 허리를 깊이 구부리고 다리를 교차한 채 곡괭이질을 하고 있다. 제한된 공간에서도 얼마나 석탄을 잘 캘 수 있느냐가 광부의 숙련도와 기술을 평가하는 척도였다.

갱도 안은 덥고 환기가 되지 않는 곳이 대부분이었다. 따라서 광부들은 때때로 옷을 모두 벗고서 작업을 하곤 하였다. 이런 광경은 동시대의 개혁가들에게 매우 큰 충격으로 다가왔다.

그림 5-18 경사진 갱도에 앉아 석탄을 캐는 광부의 모습. 천정을 받치는 갱목과 그 위쪽의 촛불이 아슬아슬한 느낌을 준다.
자료: PP(1842) [382], 158쪽.

그림 5-19 공간이 협소한 경우 광부는 매우 힘든 동작으로 채탄작업을 해야만 하였다. 허리를 펴지 못한 채 구부리고서 석탄을 캐는 모습.
자료: PP(1842) [382], 158쪽.

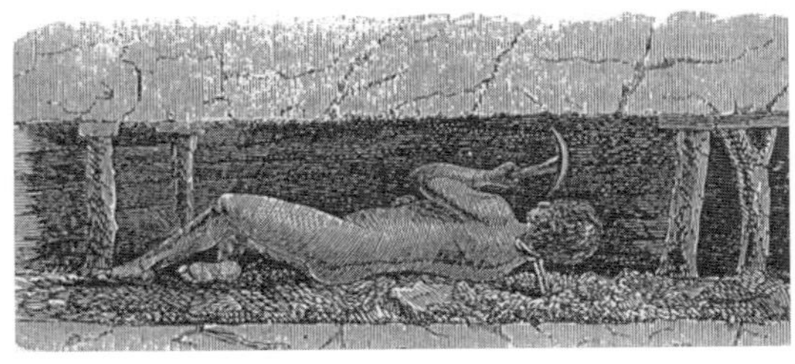

그림 5-20 때로는 광부가 눕다시피 한 채 채탄작업을 해야만 하는 경우도 있었다. 무더위와 탁한 공기 때문에 옷을 벗은 채 일하곤 하였다.
자료: PP(1842) [382], 63쪽.

〈그림 5-20〉과 〈그림 5-21〉은 벌거벗은 채로 채탄작업을 하는 노

그림 5-21 때로는 좁은 공간에서 몸을 잔뜩 구부린 채 곡괭이질을 해야 하였다.
자료: PP(1842) [382], 63쪽.

그림 5-22 때로는 두 광부가 짝을 이루어 작업을 하였다. 한 광부가 파낸 석탄을 다른 광부가 용기에 담고 있다.
자료: PP(1842) [382], 162쪽.

동자의 모습을 보여준다. 공간이 협소하였기 때문에, 몸을 펴지 못하고 구부린 채 오랜 시간 일을 해야만 하는 상황이기도 하였다. 이런 노동환경에서 근무하는 광부들이 좋은 건강을 유지할 것으로 기대하기는 어려웠다.

광부들이 모두 혼자서 채탄작업을 하였던 것은 아니다. 갱도가 상대적으로 높고 캘 수 있는 석탄의 양이 상대적으로 많은 경우 두 명의 광부가 짝을 이루어 작업을 하는 것이 효율적이었다. 〈그림 5-22〉가 이런 모습을 보여준다. 앞의 광부가 삽으로 석탄을 담아 뒤의 광부가 들고 있는 용기에 옮겨 담는 모습이다.

두 명의 광부로 이렇게 채굴하여 얻은 석탄은 큰 용기에 옮겨져 운반을 하게 된다. 기울어진 갱도에서 작업을 하기 위해서 두 광부의 허리로부터 용기로 연결한 끈이 보인다(〈그림 5-23〉).

용기를 운반하기 위해서는 갱도 바닥과의 마찰을 줄이는 것이 필요하였으므로, 〈그림 5-24〉에 보이는 것처럼 용기의 바닥에 날을 달았다. 경사진 갱도는 그림에서처럼 줄을 잡고 끌어서 이동을 해야만 하였다.

그림 5-23 석탄은 더욱 큰 용기로 옮겨지고 광부의 허리에 묶은 줄과 연결되었다.
자료: PP(1842) [382], 162쪽.

그림 5-24 용기 바닥에는 마찰을 줄이기 위해 미끄러지는 날이 장착되고, 광부들은 지형에 따라 석탄을 끌거나 밀면서 이동시켰다.
자료: PP(1842) [382], 163쪽.

여성노동과 아동노동

탄광에서는 성인남성만이 아니라 여성과 아동도 널리 고용되었다. 이들은 어떤 작업에 종사하였을까? 그리고 이들의 작업환경을 어떠하였을까? 스코틀랜드의 스털링셔(Stirlingshire)의 한 광산에서 일한 17세 소녀 힙스(Margaret Hipps)의 증언을 들어보자.[12]

> 내가 맡은 일은 갱도 맨 아래까지 내려가서 슬라이프(slype)에 $2\frac{1}{2}$cwt 내지 3cwt의 석탄을 싣는 것이다. 나는 그리고서 슬라이프를 내 쇠사슬에 묶고 통로 – 26인치에서 28인치 – 로 끌어 간선통로까지 끌고간다. 이것은 꽤 먼 거리로, 아마 200야드 내지 400야드가 된다. 바닥이 젖어 있어서 나는 줄곧 짐을 쇠사슬과 밧줄

12 PP(1842) [380], 95쪽. $2\frac{1}{2}$cwt은 약 127kg, 3cwt은 152kg이다. 26인치는 약 66cm이고, 28인치는 약 71cm이다. 200야드는 약 183미터, 400야드는 약 366미터이다.

로 묶고 손과 발을 써서 기어야만 한다. 이것은 슬프도록 땀이 나고 아프도록 힘든 작업이며, 여자들이 손발을 잘리는 경우도 많다.

그림 5-25 경사가 진 갱도에서는 바닥에 깐 나무판에 의지해 기어서 슬라이프(slype)라고 부르는 통을 끌어 석탄덩이를 옮겨야 하였다.
자료: PP(1842) [380], 95쪽.

그림 5-26 궤도를 설치할 수 있는 곳에서는 여성노동자가 허치라는 수레를 이용하여 채굴한 석탄을 날랐다.
자료: PP(1842) [380], 94쪽.

그림 5-27 궤도를 깔기 어려운 곳에서는 여성노동자가 허치를 아이들이 뒤에서 밀어 석탄을 운반하였다.
자료: PP(1842) [380], 94쪽.

〈그림 5-25〉는 슬라이프를 끌면서 경사진 갱도를 기어가는 여성광부의 모습을 보여준다. 이 그림은 같은 보고서에 실려 있다. 당시의 갱도 내 노동 상황에 대해 역사가들에게 이보다 더 생생한 자료는 없다. 이 그림들을 추려서 간단한 설명을 붙여보기로 하자.

〈그림 5-26〉은 이보다 상황이 나은 갱도를 보여준다. 이 갱도에는 궤도를 설치하는 것이 가능하였기 때문에, 광부는 슬라이프 대신에 허치라는 바퀴달린 수레를 이용할 수 있었다. 그러나 허치를 이용하는 광부라고 노동이 훨씬 수월하였던 것은 아니다. 허치는 슬라이프보다 훨씬 많은 양의 석탄덩이를 한 번에 나를 수 있었으므로, 이에 맞추어 운반해야 하는 석탄덩이의 양이 늘어났던 것이다.

〈그림 5-27〉은 궤도를 깔 수는 없지만 허치를 사용할 수는 있는 갱도를 보여준다. 이 경우 혼자서 석탄덩이를 운반하기 어려운 경우가 많아 그림에서 보듯이 여성광부가 허치를 앞에서 끌고 어린이들이 뒤에서 미는 방식으로 작업이 이루어졌다.

5.2. 탄광의 사고와 질병 위험

채탄과 운반작업의 사고 위험

이상에서 우리는 탄광의 구조가 얼마나 복잡한지, 구조 곳곳에 얼마나 많은 사고 위험이 도사리고 있는지, 탄광 안에서 노동을 하는 성인남성 광부와 여성 및 아동 광부가 얼마나 힘들고 거친 작업을 하였는지 살펴보았다. 지상에서 갱도로 내려오는 작업, 갱도에서 채탄을 하는 작업, 석탄더미를 옮겨 담는 작업, 석탄더미가 실린 용기를 운반하는 작업, 석탄더미와 광부가 지상으로 올라오는 작업이 모두 현저한 재해 위험을 안고 있었다. 개별적인 사고 유형을 좀더 살펴보자.

〈그림 5-28〉은 나이 어린 광부가 힘들고 위험한 노동을 하는 모습을 보여준다. 3피트(90cm) 높이의 갱도에서 한 아이가 석탄덩이를 실은 수레를 힘들여 밀고 있고, 몸집이 더 작은 다른 한 명(6세)은 문을 열어주는 역할을 하러 한쪽 구석에 몸을 웅크리고 있다. 문을 열어주는 아이는 트랩퍼(trapper)라고 불렸는데, 좁은 공간에 끼어 사고를 당하는 사례가 많은 것으로 보고서에 증언이 기록되어 있다. 수레에 치이는 사고도 빈도가 높은 종류의 재해였다.

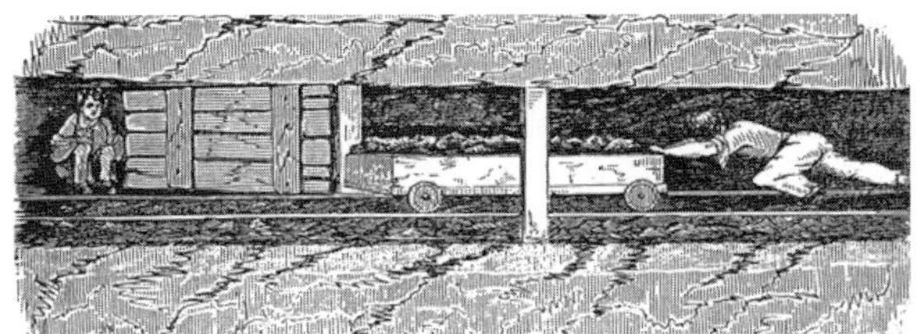

그림 5-28 어린 광부가 낮은 갱도에서 채탄된 석탄덩이를 옮기는 모습. 다른 아이는 문을 여닫는 역할을 하였다.
자료: PP(1842) [382], 166쪽.

그림 5-29 여성도 무거운 석탄덩이를 짊어지고 갱도를 오르내려야 하였다.
자료: PP(1842) [380], 93쪽.

그림 5-30 앞서 사다리를 올라가던 사람이 놓친 석탄덩이가 아래쪽에 있던 사람을 덮치는 것도 흔한 종류의 사고였다.
자료: PP(1842) [380], 93쪽.

경사가 많이 진 좁은 갱도에서는 광부가 직접 석탄덩이를 등에 지고 운반을 해야 하는 경우도 있었다. 〈그림 5-29〉가 이를 보여준다. 여성광부가 큰 석탄덩이를 등에 지고 비탈진 갱도를 오르는 모습이다. 머리로부터 끈을 내려 무거운 석탄덩이의 아래쪽을 받치고 있다.

이런 운반 과정에 또 다른 사고의 요인이 존재한다. 석탄덩이를 위로 옮기는 과정에서 석탄덩이가 아래로 떨어져 사고가 발생하는 것이다. 〈그림 5-30〉은 사다리를 타고 석탄덩이를 옮기던 아이가 위에 위치한 사람으로부터 떨어지는 물체에 사고를 당하는 모습이 묘사되어 있다.

갱도 천정이 무너져내리는 사고는 가장 빈번하게 발생한 재해였다. 특히, 갱도가 경사진 곳에서는 천정 붕괴사고가 자주 발생하였다. 사람과 짐을 끌어올리는 데 사용되는 밧줄이 끊어져 아래로 추락하는 사고도 흔히 보고되었다. 사다리가 부러져 사고가 나는 예도 많았다.

탄광에서 발생하는 재해 중에서 가장 극적인 종류는 폭발사고였다. 데이비의 안전램프와 같이 개선된 장비가 개발되었지만, 안전수칙은 엄격하게 지켜지지 않았고, 따라서 폭발사고로 이어지는 사례가 드물지 않았다. 또 폭약을 많이 사용하는 광업의 속성상 대규모의 화약 폭발사고도 피하기 어려웠다. 이런 사고들은 엄청난 피해를 낳았고, 당시 언론에 대서특필되기도 하였다. 폭발사고는 빈도가 잦고 규모가 컸던 것으로 알려져 있다. 1710-1849년 기간에 잉글랜드 북동부의 타인과 웨어(Tyne and Wear) 주에서만 최소한 120건의 폭발사고가 발생하여 1,813명의 광부가 목숨을 잃었다. 다른 연구는 1846-1852년 기간에 영국의 전역에서 발생한 90건의 대형 광산 폭발사고를 조사하여 총 1,084명, 즉 사고 건당 12명의 광부가 사망하였다고 집계하였다.[13]

그림 5-31 1866년 반슬리 탄광(Barnsley Colliery)에서 발생한 폭발사고로 무려 350명의 사망자가 발생하였다.

그러나 폭발사고가 가장 높은 빈도의 사고는 아니었다. 1850-1852년의 2년 동안 탄광사고를 조사한 매터(James Mather)의 추계에 따르면, 총 2,143명이 이 기간에 사망을 하였다. 그 가운데 645명이 폭발사고로 목숨을 잃었고, 744명이 천정 붕괴로 인해 사망하였다. 수직통로에서 발생한 사고로 죽은 광부가 457명이었고, 297명이 그 밖의 원인에 의해 숨을 거두었다.[14] 1849-1851년에 노샘프턴셔의 한스웰 탄광

13 PP(1852-1853) (254), 177-179쪽; Bronstein(2008), 11쪽.

14 Mather(1853), 4쪽.

(Hanswell Collier)과 이스트 홀리웰 탄광(East Holywell Collier)에서는 최소한 177명이 위에서 떨어지는 석탄이나 돌에 의해 부상을 입었고, 갱도 내에서의 운반 중 부상이 그 다음으로 빈번한 사고였다. 운반 장비와 도구, 석탄덩이를 담은 통이나 운반용 수레, 말 등에 의한 사고가 36건이었다. 폭발에 의한 사고는 단 한 건도 없었다. 맨체스터 인근의 위건(Wigan)에 위치한 한 탄광회사에도 1850-1852년 동안에 폭발사고는 전체 사고 44건 가운데 단 4에 머물렀다. 천정 붕괴와 운반용 통이 떨어져 발생하는 사고가 34건으로 압도적이었다.[15] 1840년에 의회에 보고된 94명의 사망 가운데 70건에 대해 원인이 기술되어 있는데, 운반 장비 사고 및 석탄통의 낙하에 의한 사고가 대부분이었고, 폭발에 의한 사고는 10%에 불과하였다.[16]

탄광에서 나는 사고를 신체 부위별로 보는 것도 흥미롭다. 한스웰 탄광과 이스트 홀리웰 탄광으로부터 보고된 내용을 보면 다리가 가장 많은 부상을 입는 부위였다. 다리 골절을 입은 광부는 평균 139.5일이 지나야 회복이 되었다.[17]

시력에 손상을 입는 것도 적지 않게 발생하는 재해였다. 앞서 의회 보고서에 수록된 그림들을 통해 보았듯이, 깜깜한 갱도를 밝히기 위해서 주로 촛불을 사용하였는데, 동시대의 의사들에 따르면 갑자기 밝은 불빛과 칠흙같이 어둠에 번갈아 노출되는 상황이 반복되면, 시력에 손상을 주기 쉽다고 하였다. 석탄가루와 먼지가 눈에 들어가고 환기가 되지 않는 갱도 안에서 땀이 비 오듯이 쏟아져도 현장에서

15 PP(1854) (169), 84쪽.
16 Bronstein(2008), 181쪽.
17 PP(1854) (258), 24-28쪽.

이를 씻어낼 수 없는 상황이었으므로 안과 건강에 매우 나빴다.[18] 광부 중에는 시력을 손상당한 사람이 많았는데, 일부는 폭발사고에 의해서, 일부는 어두운 실내에서 채탄장비나 석탄조각, 돌조각에 눈을 다쳐서, 그리고 일부는 분진이 눈을 자극해서 발생하였다.

육체적 특징

탄광에서 오랜 시간을 보내는 노동자는 이 직업 특유의 신체적 외향을 갖게 되었다고 한다. 1842년 의회 보고서에서 케네디(J. L. Kennedy)는 랭커셔 탄광노동자의 외모에서 발견되는 특징을 다음과 같이 묘사하였다.[19]

> 어른들은 가늘고 야위었으며, 그들의 근육은 육체노동을 하는 일의 속성을 미루어보아 기대할 수 있는 만큼 발달하지 않았다. 그렇지만 어린이와 젊은이들 가운데에는 어떤 근육들이 거의 기형이라고 할 수 있는 정도로 발달한 것을 보았다. 예를 들어, 등과 허리의 근육은 마치 피부 밑에 밧줄이 지나가는 것처럼 몸에서 돌출해 있었다.

그의 또 다른 묘사를 보면,[20]

> 한두 광부는 몸집이 다소 컸기 때문에 내 눈에 들어왔다. 그들이 옷을 벗은 채 일하는 것을 볼 기회가 자주 있었기에 나는 그

18 제7장 2절 시각장애에 관한 논의 참조.
19 PP(1842) [382], 188쪽.
20 PP(1842) [382], 188쪽.

그림 5-32 광부들은 낮은 갱도에서 장시간 일을 하였기 때문에, 구부정한 모습이 많았으며, 일부 근육만 많이 발달한 모습을 띠기도 하였다.
자료: PP(1842) [382], 158쪽.

들의 몸을 자세히 볼 수 있었는데, 그들의 복부는 놀랍도록 꺼져 있어서 마치 피부가 완전히 주름이 진 것처럼 보였다. 그들은 구부정하게 느릿느릿 걷는 걸음걸이를 보였는데, 이것은 분명히 광산의 낮은 갱도에서 얻은 자세이다. 그들은 얼굴을 씻고 나면 안색이 창백하였고, 어두운 황색에 가까웠다. 눈은 힘이 풀려 있었고 때로는 충혈되어 있었으며, 얼굴표정은 멍하였다.

그는 이런 특징이 탄광노동에만 전적으로 기인하는지 확신하지는 못하였다. 다른 직업, 특히 육체노동 직업에 종사하는 노동자와 얼마 차이가 나는지에 대해 조심스런 입장을 취하였다. 그렇지만 탄광노동의 특징이 노동자의 몸에 반영되어 나타난다는 점에 대해서는 확신을 가졌다.[21]

호흡기 질환

탄광에서 일한 노동자들이 가장 많이 경험하는 질병이 진폐증(pneumoconiosis)이었다. 진폐증은 폐에 분진이 침착하여 조직 반응이 일어나는 증상이다. 탄광에서 일을 하는 광부들은 석탄의 분진이 공

21 PP(1842) [382], 188쪽.

기 중으로 흩날리는 환경에서 오랜 시간 노동을 하는데, 이 결과로 폐의 하파꽈리에 도달해 침착하게 된 석탄 분진이 폐 세포에 염증과 섬유화를 유발하는 것이다.

진폐증이 발생하는 구체적 과정에 대해서는 다양한 견해가 존재해왔다. 한동안 통설의 지위를 누렸던 한 학설에 따르면, 분진이 허파꽈리에 도달하면 거기에 있는 대식세포막에 손상을 주어 세포막이 파열되는데, 이때 이전에 잡혔던 분진이 세포 밖으로 나오게 되어 다른 허파꽈리 대식세포에 손상을 입히는 과정이 증폭된다. 한편, 대식세포가 손상되는 과정이 계속되면서 리소좀 분해효소(lysosomal enzyme)의 분비가 촉진되는데, 이로 인해서 폐 조직에 섬유화가 발생한다는 설명이다. 근래에는 이 학설을 대신하는 새로운 견해가 널리 받아들여지고 있다. 이에 따르면, 분진에 의해 자극을 받은 허파꽈리 대식세포는 여러 종류의 면역학적 물질의 분비를 촉진 또는 억제하게 되는데, 이런 변화가 섬유화의 원인이라는 것이다. 진폐증에 걸린 환자는 호흡곤란, 기침, 다량의 담액, 배출곤란, 가슴통증 등의 증상을 보이게 된다.[22]

현대 산업의학적 연구에 따르면 진폐증의 발생에는 다수의 요인들이 복합적으로 작용한다. 분진의 크기, 분진의 농도, 분진의 독성 등이 작용을 하고, 노동의 강도, 호흡방법, 보호장구의 기능, 개인적 분진 여과능력의 차이 등이 영향을 끼치는 중요한 요인들이다. 진폐증을 일으키는 주요 분진에는 이산화규소, 규산염(석면), 베릴륨과 같은 금속류, 면가루나 곡물가루와 같은 유기물 등이 있다. 탄광노동자에게서 발견되는 진폐증은 '탄광부진폐증'(Coal Workers' Pneumoconiosis:

22 '진폐증' 항목(http://health.naver.com; 'penumoconoisis'), 항목(http://en.wikipedia.org).

CWP), 또는 '흑색폐병'(black lung disease)이라는 이름으로 구분되어 불리기도 한다.[23] 이들은 일반적으로는 '만성기관지염'에 포함된다. 만성기관지염은 2년 이상의 기간에 3개월 이상 기침을 하는 경우를 지칭한다. 비흡연 탄광부를 대상으로 한 오늘날의 연구에 따르면, 탄광부의 16% 내지 17%가 이에 해당하는 것으로 나타났다.[24]

오늘날에도 진폐증에는 효과적인 치료법이 존재하지 않는다. 그래서 대개 진폐증만 있고 다른 증상이 없을 때는 특별한 치료 없이 건강관리에 치중하게 된다. 그렇지만 다른 합병증이 발생하면 보다 집중적인 치료를 받게 된다. 현대에 비해 의학적 지식과 의료수단이 제한되었던 19세기에 진폐증에 걸린 광부가 치료를 위해 할 수 있는 일은 거의 없었다.[25] 최소한 탄광노동으로부터 분리되어 생활하는 것이 필요하였지만, 이마저도 경제적 요인 때문에 쉽지 않은 경우가 다반사였다.

규폐증(Silicosis)은 규산이 들어 있는 먼지가 폐에 쌓여 염증을 유발하는 질병이다. 탄광부를 포함한 광부들 및 도공, 세공업자에게서 많이 발생하는 직업병으로 알려져 있다. 현대적 연구를 정리한 〈표 5-3〉에 따르면, 규폐증은 먼지가 많은 환경에서 일한 노동자에게 장기간에 걸친 발생 위험을 가진다. 연구별 위험도의 차이는 연구방법론의 차이와 구체적인 노동환경의 차이에 의한 것으로 볼 수 있다.[26] 노동환경이 현대에 비해 훨씬 열악하였던 산업혁명 시기에 광부들이

23 분진의 종류에 따라 X-선 흉부 사진에서 차별적인 양상이 나타나지는 않는다. 탄광부진폐증은 다시 단순형과 복합형으로 구분된다.
24 Marine, Gurr and Jacobsen(1988), 106-112쪽; Seixas et al.(1992), 715-734쪽.
25 Oppert(1866).
26 Baxter et al.(2010), 1022쪽.

표 5-3 대표적 연구들에 나타난 규폐증의 생애 발병 위험도

번호	노동 후 추적 여부	연구종류	위험도(%)
1	미추적, 현 노동자 대상	종단 연구	2
2	소수의 은퇴자	횡단 연구	3
3	소수의 은퇴자	횡단 연구	15-20
4	추적	종단 연구	47
5	추적	종단 연구	77
6	추적	횡단 연구	92
7	추적	종단 연구	55
8	미추적	횡단 연구	95
9	추적	종단 연구	15-20

주: ILO 분류 1/1 이상, 위험도는 45년 노출시 0.1mg/m^3에 45년 노출시 예상 생애 발병 위험도.
자료: Baxter et al.(2010), 1022쪽.

처한 규폐증 위험도는 오늘날보다 크게 높았을 것이다.

현대의 산업의학에서는 폐암을 광업과 밀접한 관련이 있는 질병으로 여긴다. 직업성 암에 관한 최근의 한 연구에 따르면, 근래에 영국에서 보고된 모든 암에 의한 사망 중에서 3.6% – 남성만 보면 6% – 가 강력한 발암물질에 의해 발생하며, 4.9% – 남성은 8.0% – 는 강력한 또는 유발성 발암물질에 의해 발생하는 것으로 나타났다. 폐암의 경우에도 발암성 물질에 의한 발병이 큰 비중을 차지하는 것으로 나타났다.[27] 제4장에서 본 바와 같이 석탄

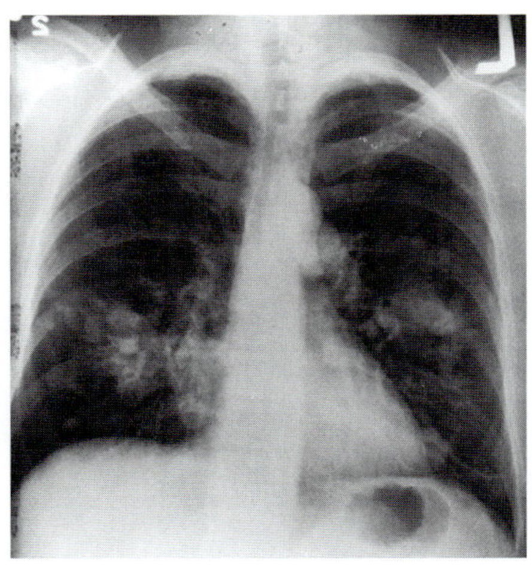

그림 5-33 폐암 환자의 흉부 엑스레이 사진.
자료: National Cancer Institute(http://visualsonline.cancer.gov/details. cfm?imageid=2343).

과 검댕은 발암을 유발하는 물질로 알려져 있다. 그렇지만 암은 위험도가 높은 물질에 노출된다고 반드시 곧바로 발병하지 않고, 오랜 기간이 경과한 후에 발병이 되는 경우가 많으므로, 19세기 탄광업이 폐암을 얼마나 유발하였는가를 정확하게 파악하기는 어렵다.

주거환경

광부들은 노동조건만 열악하였던 것이 아니었다. 그들이 거주하는 환경도 당대의 중산층 관찰자들을 경악하게 할 만큼 거칠고 비위생적이었다. 다시 의회 보고서에 실린 케네디의 보고 내용으로 돌아가보자.[28]

- 당신은 광부들이 사는 집의 여건을 많이 목격하였나요?
- 광부들의 집은 대부분 지극히 불결하였고 매우 비좁습니다. 많은 집들이 아래에 방 하나, 위에 방 하나를 가졌을 뿐입니다. 거기에서 온 가족이 잠을 자야 하며, 많은 수가 한 침대에 꽉 끼어 자기도 합니다. 젊은 남녀와 아버지가 모두 한 방에서 잡니다. 위건(Wigan)의 모든 거리에 있는 집들이 등을 맞대고 붙어 있습니다. 방이 하나고 문이 하나이기 때문에 환기는 전혀 될 수 없습니다. 이런 돼지우리같이 엉망인 집들 중에는 둘 또는 그 이상의 가족이 함께 뒤엉켜 사는 곳도 많습니다. 노동계급이 거주하는 거리들은 끔찍한 상태입니다. 큰 길을 제외하고는 하수시설이 전혀 없습니다. 오물과 동식물 찌꺼기가 섞인 물이 거

27 Rushton, Hutchings and Brown(2008), 핀란드의 남성 폐암에 대한 연구도 직업 관련성을 강력하게 보여주었다. Nurminen(2001).

28 PP(1842) [382], 189쪽.

리에 넘쳐 부패하면서 역겨운 악취를 뿜어냅니다. 이런 것들이 원인이 되어 열병을 일으킵니다. 열병은 1년 중에서 어떤 기간에 특별히 맹위를 떨치는데, 특히 경기가 변동해서 노동계급이 생계를 이어갈 적절한 수단을 거의 찾지 못하는 시기에 그렇습니다.

그는 성인 광부의 경우 하루의 2/3를 광산 밖에서 보내므로 광부의 건강 상태는 '광산 내의 환경만큼이나 광산 밖의 환경에 의해 강력하게 영향을 받는'다고 보았다.[29] 그의 지적에 오늘날 산업의학은 동의할 것이다.

사망률의 비교

탄광 지역에서 일하고 생활하는 인구가 건강상의 문제를 얼마나 지니고 있었는가를 당시의 자료를 통해 살펴보자. 우즈(Robert Woods)는 19세기 영국의 지역별 사망률 연구를 진행하였는데, 그로부터 통계를 가져온다.

〈표 5-4〉는 1849-1853년을 기준으로 하여, 잉글랜드와 웨일스 전역의 19개 지역의 노동자를 광부와 광부 이외로 구분하여 25-65세 시점의 부분기대여명을 추정하였다. 19개 지역 전체를 보면 광부의 부분기대여명은 23.60년인 데 비해 광부가 아닌 노동자의 부분기대여명은 26.58년으로 약 3.0년의 차이를 보였다. 지역별로 더 자세히 들여다보면, 콘월은 광부와 비광부 간의 차이가 약 4.2년으로 큰 편이었고,

29 PP(1842) [382], 188쪽.

표 5-4 잉글랜드와 웨일스의 광부와 이외 직업의 25-65세 시점 부분기대여명 추정치, 1849-1853년

지역	광부	광부 이외
19개 지역 전체	23.60	26.58
콘월	23.56	27.77
스태포드셔	22.23	25.64
더럼, 노섬벌랜드	27.49	26.01
메르털 티드빌(Merthyr Tydfil), 사우스 웨일스	20.40	21.91

주: 콘월의 여섯 지역 – Liskeard, St Austell, Truro, Helston, Redruth, Penzance; 스태포드셔의 여섯 지역 – Wolstanton, Stoke-on-Trent, Wolverhampton, Walsall, West Bromwich, Dudley; 더럼과 노섬벌랜드의 여섯 지역 – Auckland, Durham, Easington, Houghton-le-Spring, Chester-le-Street, Tynemouth.
자료: Woods(2000), 240쪽.

반면에 메르털 티드빌은 그 차이가 약 1.5년으로 상대적으로 작았다. 요약하자면, 지역별 차이는 존재하지만 이 시점에 광부가 다른 노동자에 비해 대체적으로 높은 산업재해율을 보였다고 볼 수 있다. 이 시기에 다른 직종의 노동자들도 특별히 산업재해로부터 안전하지 않았다는 점을 고려한다면, 광부의 산업재해 위험이 얼마나 더 심각하였는지를 판단할 수 있다.

5.3. 개혁의 전개

탄광의 규모가 커지고 내부 구조가 복잡해질수록 사고의 위험은 비례적으로 커졌다. 과거보다 많은 수의 광부들이 다양한 장비를 이용하면서 각자 맡은 일을 수행하게 되면서, 자신의 잘못이 아니라 타인의 실수 혹은 구조적 문제로 인해 재해를 입는 위험도 증대되었다. 1842년 의회 보고서에서 지적되었듯이, '탄광에 고용된 사람은 모두가 시시각각 너무도 많은 위험에 노출되어 있어서, 숙련과 끊임없는 주의에도 불구하고 위험은 늘 가까이에서 위협을 가한다.'[30] 탄광에서 빈발한 사고들은 많은 언론 보도를 통해 여론에 영향을 주었다. 사고로 목숨을 잃는 광부의 수가 많았고, 중상자도 대규모로 발생하였다. 회복에까지 걸리는 시간이 길었을 뿐만 아니라, 회복된 후에도 노동능력이 완전히 돌아오지 않는 경우가 빈번하였다. 또한 동일한 광부가 반복해서 부상을 입는 경우도 많았다. 1854년의 한 조사에 따르면 한스웰 탄광과 이스트 홀리웰 탄광에서 2년 내에 2번 이상 부상을 당한 광부가 전체의 17%에 이른 것으로 나타났다.[31]

탄광사고로 인한 경제적 비용도 매우 컸다. 이스트 홀리웰 탄광의 자료를 보면, 성인남성 광부는 평균적으로 매 52일 중 하루를 광산사고로 인해 쉬었으며, 남아는 77일 중 하루를 일하지 못하고 보냈다. 이어스든 탄광(Earsdon Colliery)에서는 성인남성 광부가 47일 중 하루를, 그리고 남아는 57일 중 하루를 부상으로 인해 쉬었다.[32]

그림 5-34 탄광에서의 폭발사고는 영국뿐 아니라 산업화된 모든 국가에서 공통적으로 발생하였다. 그림은 1892년 벨기에의 엥데를뤼(Anderlues)에서 발생한 사고 광경.

탄광에서 사고가 빈발하였다는 점, 그리고 탄광사고가 노동자에게 큰 물질적, 정신적, 경제적 고통을 안겼다는 점은 이해당사

30 PP(1842) [380] [381] [382], 147쪽.
31 PP(1854) (258), 24-28쪽.
32 PP(1842) [381], 552-554쪽.

자와 대중에게 해결책을 마련해야 한다는 경각심을 불러일으켰다. 이런 움직임은 네 방향으로 이루어졌다. 첫째는, 사고를 미연에 방지하기 위한 기술적 변화였다. 탄광사고의 유형에 따라 폭발사고에는 안전램프의 개발이 가장 유효할 것이었고, 추락이나 시설물 붕괴에 의한 사고에는 시설 확충이 중요하게 여겨졌다. 그러나 이런 기술개발과 새로운 장비의 도입에는 적지 않은 비용이 소요되었기 때문에, 탄광의 산업재해 위험은 쉽게 감소되기 어려웠다.

둘째로, 광부들이 장시간에 걸쳐 노동을 해야 하는 상황에서는 갱내 사고를 줄이기 어려웠다. 광부들이 수면과 휴식을 충분히 취할 수 없고 크고 작은 부상으로부터 회복할 시간을 가질 수 없는 현실에서 사고는 반복적으로 발생하기 십상이었다. 사고 방지를 위한 사전교육이 불비하거나 부실하였다는 점도 이와 무관하지 않다. 따라서 광부의 노동여건, 그리고 나아가서 생활환경에 개선이 이루어지지 않는다면, 단순한 기술혁신만 가지고 산업재해 문제를 근본적으로 해결할 수 없다는 주장이 점차 대중적 공감을 얻어갔다.

셋째로, 재해가 발생하였을 때 책임이 대부분 노동자에게 돌아가는 상황에서는 고용주가 재해를 줄이기 위한 노력을 게을리할 가능성이 높았다. 따라서 사고 발생시에 고용주가 담당해야 할 사회적, 경제적 부담을 늘리는 것이 재해를 줄이는 효과를 유발할 것이라는 주장이 점차 대두되었다. 그러나 현실에서 고용주가 자발적으로 자신의 책임을 가중시키리라고 기대하기는 어려웠다. 이런 방향의 변화는 결국 사회적 여론이 더 강해지고 노동자들의 이익을 대변하고 보호해줄 수 있는 노동조합의 성장이 있어야만 가능하였다. 특히, 사고의 책임을 둘러싼 법정에서의 공방이 변화의 핵심고리였다. 광부들

그림 5-35 탄광 내부에서는 각기 다른 작업을 하는 노동자들이 가까운 거리에서 함께 일하였기 때문에 불의의 사고가 발생하기 쉬웠다.

이 자신의 주장을 효과적으로 펼 기회를 가질 수 있는가, 배심원과 재판관의 의식이 얼마나 바뀌었는가, 그리고 검시와 관련된 논쟁이 어떤 방향으로 흘러가는가 등이 중요하였다.

마지막으로, 빅토리아 시대의 도덕심도 개혁 움직임을 자극하였다. 여성과 아동 노동의 실상은 많은 동시대인들에게 개혁의 필요성을 일깨워주었다. 특히, 옷을 제대로 챙겨 입지도 않은 채 일을 하는 여성광부에 대해서는 사회적 도덕 관념의 추락이란 관점에서 비판이 가해졌다. 탄광의 노동조건이 단지 육체적 사고를 야기할 뿐만 아니라 정신적 타락을 낳는다는 인식은 점차 광범위하게 공유되었고, 그에 따라 여성노동의 제한 내지 금지는 탄광 개혁의 중요한 일부분으로 이해되었다.

개혁의 전개

앞 장에서 살펴본 직물공업에서와 달리 탄광업에서 발생하는 사고는 세간의 관심이 되곤 하였다. 탄광에서 발생하는 사고가 극적인 양상을 띤 경우가 상대적으로 많았다는 점이 한 요인이었다. 그러나 이런 차이가 탄광업에서는 산업재해에 대한 제도적 대책이 일찍 마련되었음을 의미하는 것은 아니었다. 직물공업에서와 마찬가지로 탄광에서도 개혁의 필요성에 대한 목소리가 끊임없이 이어졌지만, 현실에서 개혁이 이루어지는 데에는 적지 않은 시간이 필요하였다.

최초로 탄광의 안전 문제를 의회에서 조사한 것은 1835년 특별위원회를 설립하면서였다.[33] 이 위원회는 탄광사고의 문제를 심각한 이슈로 강조하였지만, 의회 전반에 대해 폭넓은 설득력을 갖는 데에는 실패하였다. 사고의 실상을 체계적으로 보여주는 통계가 불비하여 폭발사고를 가장 빈번한 재해로 여겼을 뿐만 아니라, 안전램프나 환기시설의 중요성에 대해서도 의견이 분분하여 통일을 이루지 못하였기 때문이다. 본질적으로는 광업의 노동조건이 지닌 특성에 대해서 지식이 부족하였고 이해가 공유되지 않았다는 점이 작용하였다. 영국의 지질이 지방별로 차이가 크고 탄광마다 여건이 크게 달라 통일된 형태의 기준과 규칙을 만드는 것이 불가능하다고 위원회 스스로 인정하기까지 하였다.[34] 아마도 이 위원회의 최대 성과는 전국에서 발생한 탄광사고에 대해 체계적으로 자료를 수집하고 분석을 해야 한다고 강조한 점이라고 볼 수 있다.[35]

1835년 위원회의 활동은 탄광사고를 주제로 한 입법 노력으로 곧바로 이어지지 않았다. 공장법 개혁을 주도하였던 애쉴리 경이 공장법의 규제를 받지 않는 업종의 아동노동 실태를 조사할 위원회의 설

33 PP(1835) (603).
34 Bartrip and Burman(1983), 21-22쪽.
35 PP(1835) (603), 5-9쪽.

립을 주도한 1842년에 와서야 탄광사고의 문제가 재조명을 받게 되었다. 이 위원회는 공장감독관들과 과거 공장법 개혁에 앞장섰던 인사들로 구성되었다.[36] 이 위원회는 조사 내용을 종합하여 보고서로 발표하였는데, 이 보고서가 앞에서 자세히 살펴본 많은 그림들을 포함한 자료이다. 이 보고서의 조사 내용에 기초하여 1842년 광업법 – 이른바 '애쉴리 경의 광업법'(Lord Ashley's Mines Act) – 이 제정되었다.[37]

1842년 광업법은 공장법과 마찬가지로 아동노동의 규제에 대해 주된 관심을 보였다. 공장법과의 차이라면 여성노동이 탄광에 고용되는 것을 아예 금지하였다는 사실이다. 1842년 보고서가 여성노동 고용이 도덕적 타락을 초래한다고 강력하게 비판을 한 맥락에서 이 고용금지 규정을 이해해야 한다. 이 광업법에는 안전에 관한 조항이 일부 들어있기는 하였지만, 중요한 개혁이라고 보기는 어려웠고, 실제로 현실을 크게 바꾸지도 않았다.[38]

이 시기 이후에는 탄광업에 국한되지 않고 모든 산업을 대상으로 하는 입법이 이루어졌다. 1880년에는 '고용주책임법'(Employers' Liability Act)이 제정되어 이듬해 초에 발효되었다. 19세기가 저물 무렵인 1897년 '노동자보상법'(Workmen's Compensation Act)이 입법화되었고, 이듬해인 1898년 중순부터 실시가 되었다. 이 법률들이 제정됨으로써 산업재해 보상에 대해 제도적 기초가 확립되었다.

36 Leonard Horner, Robert Saunders, thomas Tooke, Southwood Smith가 구성원이었다.
37 PP(1842) [380] [381] [382].
38 Bartrip and Burman(1983), 22-23쪽.

개혁의 효과

19세기 중후반의 개혁은 산업재해를 얼마나 감소시켰을까? 1850년부터 광산감독관제도가 도입되었지만 재해가 바로 감소되지는 않았던 것으로 보인다. 1862년 9월에서 이듬해 7월까지 탄광업 관련 잡지 편집인인 타워스(John Towers)는 총 272명의 사고사에 대해 자료를 모았다. 이에 따르면, 51명(18%)이 천정 붕괴로 인해 사망하였고, 40명(14%)이 수직 추락에 의해 목숨을 잃었다. 다른 종류의 추락에 의해 5명이 추가로 숨졌다. 127명(46%)이나 되는 광부가 폭발사고에 의해 사망하였는데, 이는 1862년 12월에 에드먼즈 메인(Edmund's Main)에서 발생한 대규모 폭발사고에 주로 기인하였다. 20명(7%)은 수레나 석탄 통에 깔려 죽었으며, 그 밖에 5명이 안전철통에서 떨어져서, 3명이 물에 빠져서 죽었다. 2명이 안전철통에 깔려서, 다른 2명이 보일러가 터져서, 또 다른 2명이 수레와 나귀에서 떨어져서 사망하였으며, 1명이 바닥으로 밀려 떨어져서, 다른 1명이 석탄수레에 끌려가서, 또 다른 1명이 목재에 깔려, 그리고 또 다른 1명이 작업 중인 말로부터 전염된 마비저(馬鼻疽, glanders)라는 병으로 인해 사망하였다.[39] 이렇듯 탄광에서의 사고는 쉽사리 사라지지 않았다. 그러나 폭발사고를 제외하면 다른 사고는 과거보다 어느 정도 줄어든 양상이었다.

다음으로 사망률의 추이를 통해 탄광 개혁의 효과를 검토해보자. 앞서 제3장 5절의 표에 제시한 바와 같이, 남성 석탄 광부가 20세 시점에 예상하는 기대여명이 1860년대에 38.27년이었다가 1900년경에는 43.73년으로 증가하였다.[40] 이러한 증가율은 다른 직종에 비해 폭

39 Bronstein(2008), 12쪽.

이 상당히 큰 수준이었다. 71개 직업 전체를 보았을 때 기대여명이 40.31년에서 41.85년으로 약 1.5년의 연장을 나타냈다는 사실과 대조를 이루는 것이다. 석탄 운반부의 경우에도 35.33년에서 39.26년으로 기대여명이 증가하였다. 다른 일부 광업 종사자도 기대여명의 증가를 경험하였다. 철광석 광부의 기대여명은 37.47년에서 45.32년으로 증가하였다. 그러나 주석 광부의 기대여명은 33.96년에서 32.01년으로 오히려 짧아져, 개혁조치가 모든 광업 부문에 골고루 영향을 미치는 않았다는 사실을 보여주었다.[41]

그림 5-36 안전램프를 손에 들고 있는 웨일스 광부들의 모습. 20세기 초반에 촬영된 이 사진에는 검댕과 함께 하는 광산노동자의 모습이 잘 묘사되어 있다.

개혁이 얼마나 재해 감소효과를 유발하였는가에 대한 보다 정확한 분석은 집계된 통계를 통해 진행할 수 있다. 〈그림 5-37〉은 1851-1901년 동안에 사망한 탄광노동자의 수를 보여준다. 분석의 편의를 위해 이 기간 고용된 탄광노동자의 수와 석탄생산량도 함께 표시하였다. 철도사고의 특성상 사망자의 수는 연도별로 큰 편차를 보였다. 그럼에도 불구하고 전체 사망자의 수가 해당 기간 내내 거의 일정하게 유지되었다는 점을 확인할 수 있다. 그런데 이 기간 탄광에 고용된 노동자의 수와 석탄생산량이 모두 가파른 증가세를 보였으므로, 사망사고의 실제 비율은 지속적인 감소세를 나타냈다. 1880년 고용주책

40 1910년경에 이 수치는 44.83년으로 다시 증가하게 된다. 1860년대에서 1910년경까지의 기대여명 증가율은 17.12%에 이르렀다. Woods(2000), 225쪽.

41 Woods(2000), 226쪽.

그림 5-37 탄광노동자의 사망률 추이, 1851-1901년

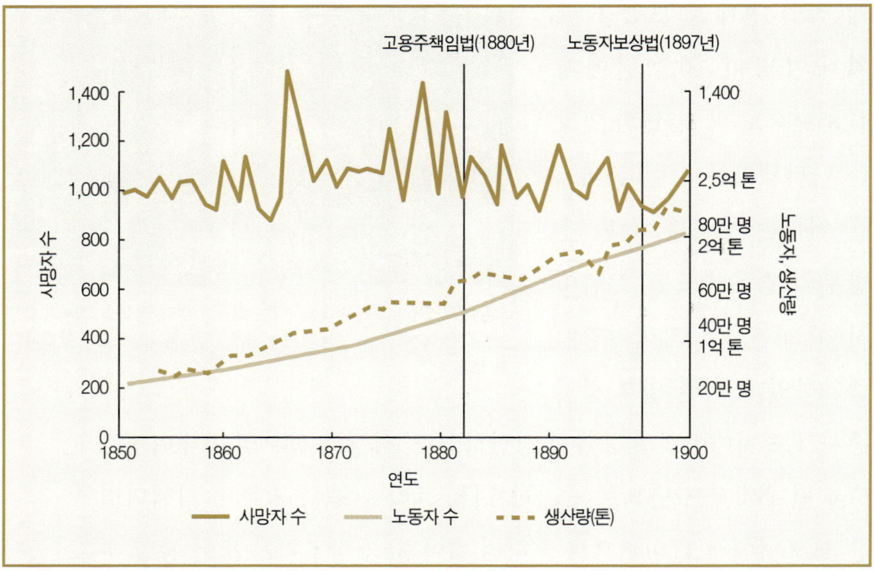

자료: Bartrip and Burman(1983), 50쪽.

임법이 제정된 이후 사망사고의 비율은 이전보다 빠르게 감소한 것으로 보인다. 그러나 1897년의 노동자보상법은 탄광업의 사망사고를 줄이는 데에 즉각적인 효과를 발생시키지는 않은 것으로 나타났다.[42]

결론

탄광업은 산업혁명에 필수불가결한 산업이었다. 산업혁명 연구자들이 거의 대부분 동의하듯이, 산업혁명의 중심에는 맬서스트랩을

42 그렇지만 1897년 법은 1898년 중순에 발효되었고, 이후 자료가 불충분해서 이 법률의 정확한 효과를 판정하기 어렵다.

벗어날 수 있게 해준 에너지 혁명이 있었고, 이런 에너지 혁명은 석탄을 사용한 증기기관의 발명과 개량으로 도달될 수 있었다. 영국은 석탄의 부존량이 풍부하였지만, 산업화가 진행되면서 더욱 많은 채탄량을 요구하게 되었다. 이에 따라 갱도가 깊어지고 광산의 구조가 복잡해졌는데, 이는 산업재해의 위험이 더 커졌음을 의미하였다.

동시대인에게 탄광노동의 고단함과 사고 위험, 탄광노동자들의 육체적 특징과 그들의 불결한 생활환경은 충격이었다. 특히, 여성과 아동노동이 광범위하게 고용되었고, 이들이 남성 못지않은 험한 환경에서 노동을 하였다는 사실이 여론을 자극하였다. 안전램프와 같이 사고를 줄일 수 있는 장비가 개발되기는 하였지만, 작업 중 안전에 항상 신경을 쓸 만큼 노동자들이 여유로운 상태는 아니었다. 저임금과 장시간 노동, 열악한 운반기구와 부족한 환기시설 등이 노동자들을 재해의 위험에 늘 직면하게 만들었다. 사고와는 달리 호흡기 질환과 같이 즉각적으로 질병이 발생하지 않고 서서히 증상이 나타나는 질병들도 광부들을 괴롭혔다. 더욱 발병이 늦은 폐암 등은 발견이 되기도 어렵고 직업과의 관련성도 입증하기 어려운 경우가 많았다.

사고를 개인의 책임으로 간주하는 사회적 인식도 개혁의 중대한 장애물이었다. 산업재해에 대해 고용주와 사회의 책임이 인정을 받기까지는 긴 기간이 소요되어야 하였다. 특히, 법정에서 통용되는 사법적 담론이 변화되는 데에는 수많은 장애와 지연요소들을 극복하는 과정이 필요하였다.

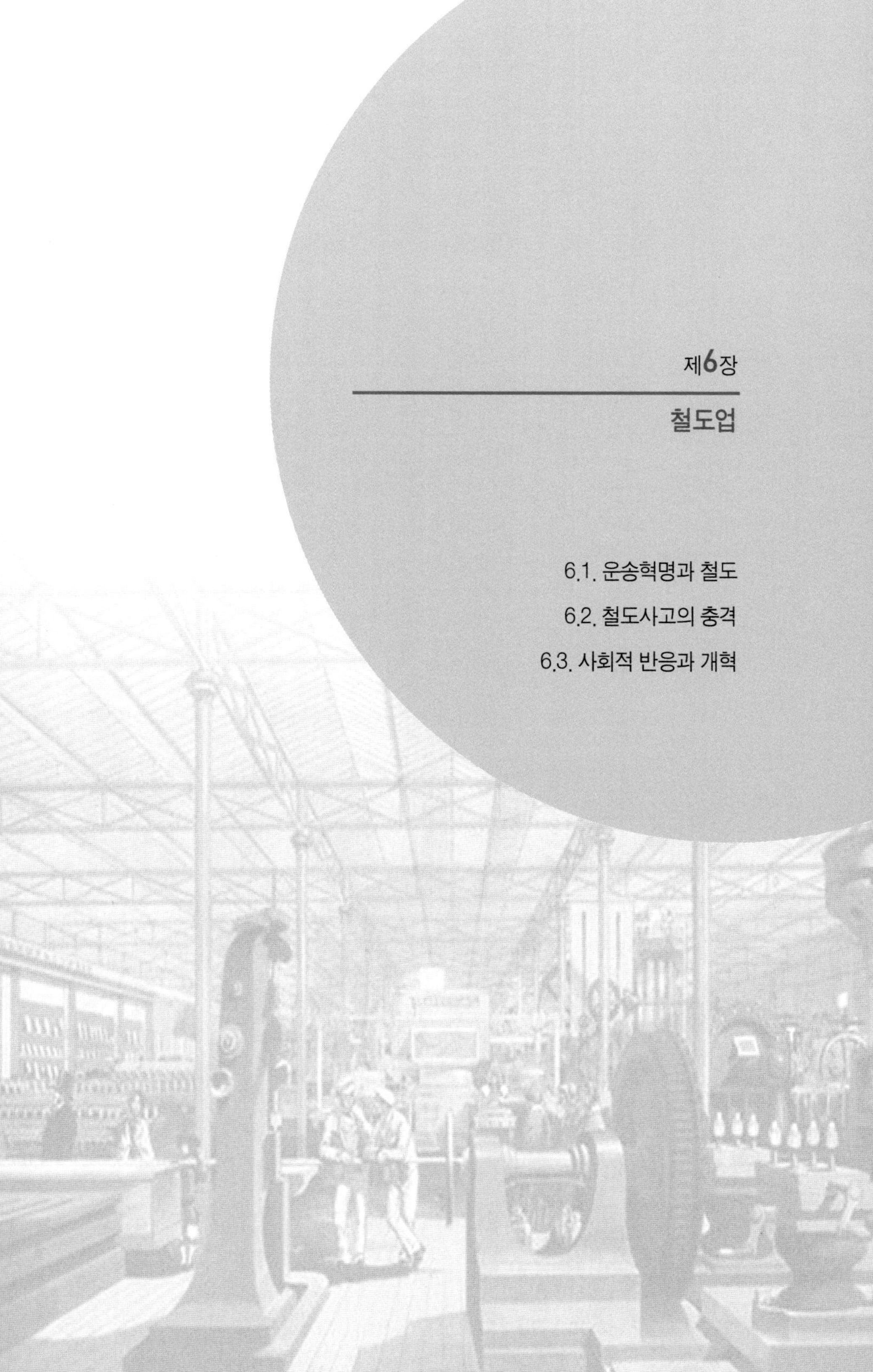

제6장

철도업

6.1. 운송혁명과 철도
6.2. 철도사고의 충격
6.3. 사회적 반응과 개혁

6.1. 운송혁명과 철도

운송수단의 발달

교통수단의 발달은 물자의 이동을 쉽게 함으로써 시장을 확대시키고 사람의 이동을 촉진함으로써 생산요소의 공급을 원활하게 한다. 교통수단의 확충 자체가 대규모 사업인 경우도 많다. 영국의 도로교통은 전통적으로 지방자치단체의 관리 하에 있었는데, 개별 지자체의 재정 상황에 따라 열악한 상황에 놓인 경우가 많았다. 18세기 중엽 이후 유료도로인 턴파이크가 곳곳에 건설되어, 1770년이 되면 2만 4,000km나 되는 유료도로가 전국을 연결하였다. 또한 새로운 도로포장법이 개발되어 무거운 하중을 견디는 양질의 도로가 건설됨으로써 육상교통을 발전시켰다. 도로의 개선은 편안한 여행을 가능하게 하여 역마차의 인기가 급상승하였으며, 우편마차제도를 발전시켜 정보의 이동속도를 획기적으로 향상시키는 효과를 가져왔다.

그림 6-1 턴파이크의 개통은 도로교통의 개선에 긍정적인 영향을 끼쳤다. 그림은 18세기 런던의 한 턴파이크의 차단문 주변 모습.

도로교통이 편리한 면을 많이 지니기는 하였지만, 중량이 큰 화물의 이동에는 도로를 통한 운송보다 수운이 더 경제적이었다. 18세기 후반에 발생한 운하건설 붐은 영국의 하천을 거의 모두 연결하는 내륙수로망의 구축을 가능하게 하였다. 운하를 통한 운송은 높은 경제성을 보였다. 예를 들어, 맨체스터와 리버풀을 연결하는 운하의 개통은 두 지점 사이의 운송비를 절반으로 축소시켰다. 영국 여러 지역에서 생산된 철, 석탄, 도자기, 곡물 등이 운하를 통해 값싸게 소비지로 수송되었다. 또한 운하건설 자체가 다수의 인력과 거액의 자본, 발달된 토목기술을 필요로 하였으므로, 경제 전반을 자극하는 역할을 하기도 하였다.

그림 6-2 스티븐슨이 제작한 로켓 호의 모습을 촬영한 1860년의 사진.

이 시기 교통수단 발달의 귀착점은 철도였다. 철도는 운하가 지닌 지리적, 계절적 취약점으로부터 자유로울 수 있었기 때문이다. 철도발달에 있어서 핵심적인 기술적 문제는 증기기관을 이용해 견인력을 확보하는 것이었다. 트레비식(Richard Trevithick)이 1801년에 최초로 증기차를 개발하면서 문제 해결의 길이 열렸다. 광산기사인 스티븐슨(George Stevenson)은 1810년대부터 증기기관차를 제작하기 시작하였는데, 1830년에는 리버풀과 맨체스터 간 50km를 평균시속 약 22km로 주행하여 기차가 말보다 빠른 운송수단이 될 것임을 입증하였다. 이후 철도망은 전국적으로 급속히 구축되면서 수송능력의 획기적 개선과 대규모 고용창출 등을 통해 영국의 경제성장에 중요한 역할을 하였다. 광업 분야에서는 이미 일찍부터 궤도차가 석탄을 실어 나르는 데에 사용이 되고 있었지만, 다른 화물을 취급하고 또한 한 걸음 나아가 승객을 실어 나르게 됨에 따라 본격적인 철도의 시대가 1830년을 전후하여 개막된 것이다.

그림 6-3 철도에 대해 때로는 이 프랑스 그림에 나온 것처럼 성직자의 축성이 행해지기도 하였다. 새 교통수단의 발달과 재난사고로부터의 안전을 바라는 마음의 반영이었다.

특히, 1825년 거품법이 철폐되어 주식회사 설립에 대한 규제가 풀리자, 1830년대에 철도에 대한 투자 열기가 달아올랐다. 1834-1837년의 경기호황 때에는 주식회사 붐이 일었다. '철도광'(Railway Mania) 시대로 알려진 이 시기에는 철도회사의 설립 붐이 투자 분위기를 이끌었다.

〈표 6-1〉에서 보여주듯이 철도는 1834-1837년 사이에 영국에 설립

표 6-1 1834-1837년에 영국에 설립된 기업들

업종	기업 수	자본금(파운드)
철도	88	69,666,000
은행	20	23,750,000
보험	11	7,600,000
광업	71	7,035,200
운하	4	3,655,000
증기운항	17	3,533,000
투자	5	1,730,000
가스	7	890,000
운송	9	500,000
장묘	7	435,000
신문	6	350,000
기타	55	16,104,500
합계	300	135,248,700

자료: PP(1844) (119).

된 전체 기업 300개 가운데 88개를 차지하였고, 자본금으로 보면 전체 금액인 1억 3,525만 파운드의 절반이 넘는 6,967억 파운드를 기록하였다. 결국 이런 과열은 거품 붕괴로 이어져 많은 투자가들에게 손실을 안겼고, 주식회사제도에 대한 여론이 다시 차가워졌다. 그렇지만 이런 과정을 거치면서 철도의 건설이 지속되어, 1840년에는 총연장이 2,400km, 1850년에는 1만km로 증가하였고, 1870년에는 2만 5,000km에 이르렀다. 1850년대부터는 주식회사제도를 둘러싼 의구심도 점차 해소되어, 철도업과 같이 대규모의 자본이 필요한 업종에서도 창업에 어려움이 감소되었다.[1]

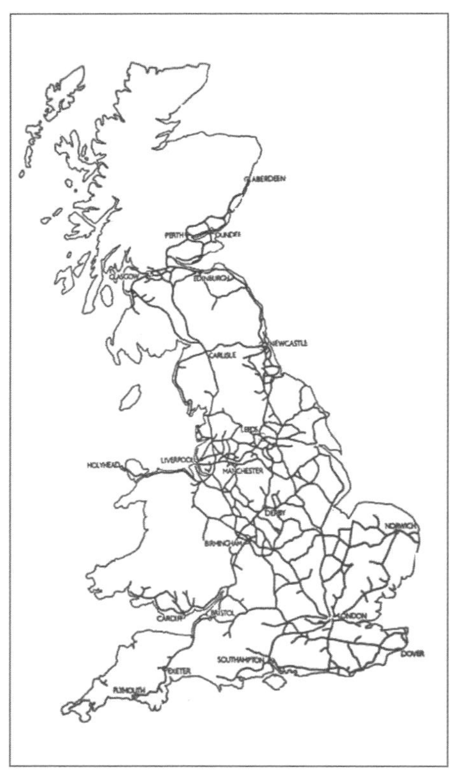

그림 6-4 1852년 영국 철도 부설 현황. 영국은 당시 세계에서 가장 촘촘한 철도망을 갖춘 국가였다.

〈그림 6-4〉는 1852년 당시 영국 전역의 철도 부설 현황을 보여준다. 런던에서 방사형으로 뻗어나가는 철도망과 북유럽 공업 지역의 높은 철도 밀도가 눈길을 끈다.

〈그림 6-5〉에 나타난 것과 같이 영국의 고정자본 중에서 교통수단이 차지하는 비중은 1830년대부터 비약적으로 증가하였다. 철도업의 중요성은 비단 자본구성에만 국한되지 않았다. 엄청난 규모의 노동력이 철도의 건설과 유지를 위해, 그리고 철도가 창출한 새 직종들에

1 주식회사제도를 둘러싼 사회적 논쟁에 관하여는 송병건(2008a) 참조.

그림 6-5 영국 고정자본 중 교통수단이 차지하는 비중

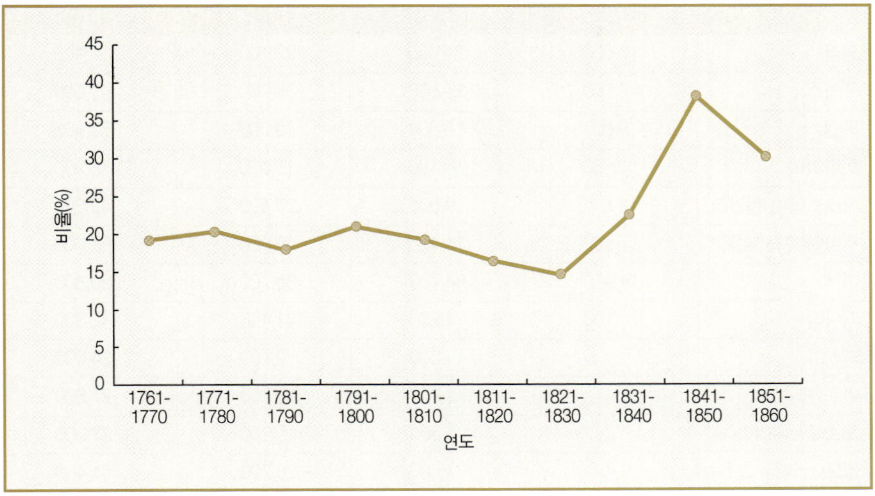

자료: Floud and Johnson(2004), 321쪽.

서 고용되었다. 철도는 영국 산업혁명을 촉진한 원동력이자 산업혁명의 위용을 전 세계에 알리는 대표적인 상징물이었다.

산업화와 근대화에 있어서 철도가 지니는 중요성은 19세기 후반에서 20세기 초반에 이르는 이른바 '1차 세계화 시대'에 후발공업국들이 앞을 다투어 철도를 부설하였다는 사실에서 확인된다. 산업화가 본격적으로 전개되지 않은 국가들 가운데 일부는 서구 열강의 식민지 체제 하에서

그림 6-6 철도는 산업사회의 결과물이자 사람들이 산업사회에 적응되게 만든 원동력이기도 하였다. 런던 킹스 크로스(King's Coss) 역의 승강장에 모여 있는 승객들의 모습.

표 6-2 국가별 철도 부설 길이(km)

국가	1850	1870	1890	1910
영국	10,600	24,900	32,100	37,400
프랑스	2,700	17,800	36,700	49,000
독일	5,800	18,800	40,700	57,800
이탈리아	400	6,100	13,000	16,900
오스트리아-헝가리	1,500	9,500	26,400	42,200
러시아(유럽 부분)	500	11,400	28,900	56,000
미국	14,400	84,700	186,700	399,800
캐나다	100	4,200	21,400	42,300
멕시코	-	300	9,700	24,600
아르헨티나	-	1,000	8,700	27,800
오스트레일리아	-	1,500	15,200	27,900
인도	-	7,600	26,200	51,400
중국	-	-	100	8,100
일본	-	-	1,800	8,200

자료: 송병건(2014b), 441쪽.

그림 6-7 철도는 노동자들의 이동범위를 크게 증가시켰다. 그림은 1865년 노동자들이 주 승객을 이루는 저가의 기차 - 이른바 '페니 트레인'(penny train) - 가 역사 안으로 들어오는 모습을 보여주고 있다. 곡괭이를 포함한 각종 작업도구를 든 채 열차로 향하는 노동자들의 모습이 잘 포착되어 있다.

철도를 부설하게 되었다.

〈표 6-2〉는 1850-1910년 동안 여러 국가들의 철도 부설 상황을 보여준다. 1830년경 영국에서 철도가 건설되었다는 소식은 전 세계로 파급되었고, 철도의 중요성을 인식한 국가들은 경쟁적으로 자국에 철도 부설을 계획하게 되었다. 1850년까

지 영국보다 더 긴 철도를 놓은 국가는 미국뿐이었다. 미국은 철도 연장에서 줄곧 선두를 차지한 것은 물론이고, 절대량과 성장률에서도 두드러진 양상을 보였다. 1910년에 무려 40만km에 육박하는 철도가 미국 각지를 동서 및 남북으로 연결되었다. 유럽에서는 프랑스와 독일이 빠르게 철도 연장을 늘려 1890년경이 되면 영국을 이미 능가하는 철도망을 보유하게 되었다. 반면에 철도의 건설이 제국의 안정적 통치에 유익하다고 판단하지 않은 오스트리아-헝가리와 러시아에서는 철도 부설이 지연되었다. 뒤를 이어 일본과 중국도 새로운 철도 부설국으로 이름을 올렸다.[2]

그림 6-8 철도의 부설은 당시의 기술과 자본력을 고려할 때 유례를 찾기 힘든 엄청난 대역사였다. 그림은 1831년 맨체스터와 리버풀을 연결하는 최초의 철도가 절개한 암벽 면을 통과하는 장면이다.

그림 6-9 세계 최초의 지하철이 1862년에 건설되어 영국 토목기술의 우위를 널리 알렸다. 재무장관이었던 글래드스턴(William E. Gladstone)이 탑승하고 있다.

2 애쓰모글루 · 로빈슨(2012), 12장.

6.2. 철도사고의 충격

철도를 둘러싼 사고들

산업혁명 시기에 많은 업종에서 사고가 발생하였지만, 특히 철도사고는 사람들의 관심을 특별히 모을 이유가 있었다. 철로와 화차는 산업혁명이 가져온 변화를 가장 뚜렷하게 상징하는 물체였고, 사고현장이 많은 목격자들의 눈앞에서 적나라하게 펼쳐지는 속성을 지녔기 때문이었다.

철도는 건설현장부터 사고가 발생하기 쉬운 환경이었다. 대표적인 사례로 1846년 철도건설 현장에서 발생한 사고를 조사한 하원의 특별위원회 자료를 보자. 철로는 2.5마일(4.0km) 뻗어 있었고 그 중간에 터널이 하나 건설되었는데, 2년의 공사기간에 여러 차례의 사고가 발생하였다. 그로 인해 네 명의 인부가 폭약이 터져서 목숨을 잃었고, 다른 한 명은 밧줄이 끊어져 사망하였다. 한 명은 철도를 놓기 위해 무너뜨릴 예정인 집으로부터 추락하였으며, 또 다른 한 명은 갱도에서 지상으로 끌어올려지는 받침대에서 떨어졌다.[3]

그림 6-10 철도를 부설 또는 운영하는 동안 터널에서 철도사고가 나는 일이 적지 않았다. 터널 내 사고는 치사율이 매우 높다는 오명을 떨치고 있었다.

1835-1839년에 런던과 버밍엄을 연결하는 철도를 부설하는 과정에서도 사고가 여러 차례 발생하였다. 노샘턴(Northampton)의 종합병원(General Infirmary)은 사고를 당

3 PP(1846) (530), 118-119쪽; Bronstein(2008), 9쪽.

한 인부 121명을 치료하였는데, 대부분은 골절상이었다. 이로 인해 총 852주 6일의 노동일 동안 환자들이 병원에 입원했어야 했다. 치료비로 총 597파운드가 소요되었는데, 이 중 철도회사가 부담한 비용은 115파운드 10실링에 불과하였다. 1845-1846년에 솔즈베리 병원(Salisbury Infirmary)에는 52명의 인부가 사고로 치료를 받았는데, 치료비 177파운드 가운데 철도회사가 지불한 금액은 11파운드 6실링뿐이었다.[4] 이 사례들로부터 우리는 두 가지 중요한 특징을 발견할 수 있다. 첫째는 철도 부설 현장에서 사고가 빈발하였다는 점이고, 둘째는 이런 재해에 대해 고용주가 부담하는 비용이 매우 제한적이었다는 점이다. 당시 사고가 개인의 책임으로 처리되는 경향이 강하였으며, 부분적으로는 그런 이유로 인해 사고에 대한 방지책이 제대로 마련되지 않아 사고가 계속해서 발생하였다고 유추할 근거가 된다.

철도 부설 과정에서는 특히 많은 수의 토목노동자 – 이들을 '나아비'(naavy)라고 불렀다 – 가 힘든 노역을 담당하였는데, 안전시설의 미비와 안전규칙의 부재, 노동자의 부주의와 개별 작업 간의 연계 부족 등이 결합되어 크고 작은 사고가 이어졌다. 각종 사고요소가 산재한 거친 일터에서 다수의 미숙련, 저임금 노동자들이 뒤섞여 일해야 하는 철도 부설 현장은 사고가 빈발하기로 악명이 높았다.[5] 그렇지만 철도가 완공되었다고 사고가 더 이상 발생하지 않은 것은 아니었다. 철로가 단선

그림 6-11 런던과 버밍엄을 잇는 철도공사에는 대규모 토목사업이 필수적이었다. 수많은 노동자가 철도공사에 참여하였고 그 중 재해를 입은 노동자도 적지 않았다.

4 PP(1846) (530), 120쪽; Bronstein(2008), 9쪽.

5 Bartrip and Burman(1983), 68쪽.

으로 놓인 경우는 사고가 나기 쉬운 구조였고, 복선인 경우에도 조금만 시간을 맞추지 못하면 추돌사고를 당하기 십상이었다. 자동 브레이크 장치가 개발되기 전까지 철도노동자들은 손으로 브레이크를 거는 작업을 수행하였는데, 이 작업에는 사고의 위험이 상존하였다. 또한 화차를 연결하고 분리시키는 작업을 하다가 부상을 입거나 사망을 당하는 사례도 많았다. 그 밖에도 보일러가 폭발하는 사고, 증기기관으로부터 불꽃이 튀어 발생하는 사고, 눈과 비로 인해 철로와 기차가 미끄럽게 되어 발생하는 사고 등이 빈도가 높은 사고 유형이었다. 1855년 7월에서 12월 사이에 철도업에서 재해 위험을 안고 있던 인력은 총 2만 2,300명이었던 것으로 정부는 추산하였다. 이 가운데 63명이 업무 중 사고로 목숨을 잃었고, 54명이 부상을 당하였다. 철도노동자 190명당 1명 꼴로 심각한 재해를 입었던 것이다.[6]

한 연구에 따르면 1847년에 철도사고는 250명당 1명에게 재해를 입혔는데, 이 비율이 1870년에는 1,125명당 1명으로 축소되었다. 이 비율은 다시 1876년에 167명당 1명으로 급상승하였다. 이런 반등을 순수한 사고의 증가로만 이해하기는 어렵다. 아마도 1872년에 철도종사자총연합회(Amalgamated Society of railway Servants)가 결성된 것이 영향을 끼친 것으로 보인다. 이전에는 철도사고 통계가 철도회사의 자료에

그림 6-12 1861년 영국 남동부 켄트 주에서 발생한 철도사고를 묘사한 당시의 그림. 궤도를 이탈하여 교량 아래로 추락하여 부서진 차량의 모습이다.

6 Bronstein(2008), 9-10쪽.

기초하였지만, 이 협회가 구성된 이후에는 협회가 사고 통계를 적극적으로 집계하였기 때문이라고 추정해볼 수 있다.[7]

철도사고 일지

1830년에 최초의 철도인 리버풀–맨체스터 철도에서 최초의 철도 사망사고가 발생한 이래 철도사고는 끊이지 않고 발생하였다. 철도는 계속 새로 건설되었고, 철도를 이용하는 승객도 폭발적으로 증가하였다. 이에 따라 철도노동자의 수도 급증하였고, 철도 네트워크는 점차 복잡해져 갔다. 안전대책이 변화의 속도를 따라가지 못하면서 수많은 철도사고가 발생하였다. 〈표 6-3〉을 통해 1830년 이래의 중요 철도사고를 정리해보자.

〈표 6-3〉은 1830-1890년 기간에 영국에서 발생한 주요 철도사고를 정리하고 있다. 초기에는 사고의 빈도와 규모가 제한적이었지만, 1850년대부터는 사고가 크게 증가한 것을 알 수 있다. 철도의 연장이 길어지고 승객과 화물이 많아지면서 발생한 자연스러운 결과라고 볼 수 있다. 몇 개의 철도사고를 뽑아 구체적인 사고 상황과 이후의 사건 전개를 들여다보자.

대표적인 사고들

먼저 1847년 5월 24일에 영국 북서부의 체스터(Chester)에 있는 디(Dee) 강에서 발생한 사고를 보자. 체스터와 홀리헤드 철도(Chester and

7 Kingsford(1970), 47쪽.

표 6-3 영국의 주요 철도사고, 1830-1890년

일자	사망자	부상자	사고 지점	사고 내용, 특이 사항
1830. 09. 15	1	-	Parkside	최초의 철도사고 스티븐의 '로켓'에 치어 사망
1836. 12. 03	3	?	Wether	탈선
1840. 08. 07	4	?	Howden	차량에서 떨어진 틀에 뒤에 오던 차량 부딪혀 탈선
1840. 10. 25	1	4	Faringdon Road	기관사 졸음운행으로 충돌
1841. 12. 24	8	17	Sonning Cutting	폭우로 산사태 난 곳으로 돌진
1847. 05. 24	5	16	Dee Bridge	체스터의 교량 붕괴. 그림 자료 참조
1848. 05. 10	6	13	Srivenham Station	말과 가축 탑재시설과 충돌
1851. 04. 30	8	30-40	Sutton Tunnel	체셔에서의 대규모 터널사고
1853. 10. 05	18	다수	Straffan	바퀴 고장으로 뒷 차량 추돌. 보상 £27,000
1857. 09. 12	7	7	Reading	기관차와 객차 정면 충돌
1857. 06. 28	11	30	Lewsham	두 기차가 충돌
1858. 08. 23	14	50	Round Oak	연결부위 고장으로 객차가 분리되어 후진
1860. 09. 04	11	100	Helmshore	브레이크 고장으로 차량 분리되어 뒷차와 충돌
1861. 08. 25	23	176	Clayton Tunnel	신호표시 실수로 터널에서 차량 충돌, 재판에서 무죄 판결
1861. 09. 02	16	?	Kentish Town	신호 오류로 객차와 화물차 충돌. 그림 자료 참조
1862. 10. 13	15	35	Winchburgh	곡선 궤도에서 정비 중인 차량과 객차 충돌
1865. 07. 07	11	30	Rednal	철로 정비 경고 사인을 보지 못해 차량끼리 충돌
1865. 07. 09	10	49	Staplehurst	철로 철거한 교량으로 기차 돌진 작가 디킨스 부상. 그림 자료 참조
1868. 08. 20	33	?	Abergele	역내에서 차량 충돌, 화재로 다수 사망. 그림 자료 참조
1870. 06. 20	18	?	Newark	차축 고장, 금속피로에 의한 파손
1870. 12. 12	15	59	Stairfoot	굄목이 빠져 경사로에 있던 차량들이 미끄러져 객차와 충돌
1873. 08. 03	13	30	Wigan	바퀴 고장으로 탈선하여 차량이 플랫폼에 충돌
1874. 09. 10	25	73	Thorpe	단선에서 두 열차가 정면 충돌
1874. 12. 24	34	69	Shipton	화물차량 타이어 파손과 브레이크 장애로 운하 위 교량에서 탈선. 그림 자료 참조
1876. 01. 21	14	?	Abbots Ripton	눈 때문에 표시등 고장나서 추돌사고
1876. 08. 07	15	?	Radstock	휴일 교통량 과다, 자격미달 철도원, 시설미비, 단선에서 정면 충돌
1879. 12. 28	약 75	0	Tay Bridge	강풍에 교량이 차량 위로 붕괴. 그림 자료 참조
1884. 06. 03	24	60	Penistone	차축 차량 파열로 탈선하여 둑으로 추락
1887. 09. 16	25	94	Hexthorpe	사인 착오로 역에 들어오는 차량이 정차한 차량과 충돌
1889. 06. 12	80	260	Armagh	분리해 놓은 화물칸이 미끄러져 위에서 오는 차량과 충돌

주: '그림 자료 참조'는 이 장에 사고에 관한 그림이 실려 있음을 의미.
자료: http://en.wikipedia.org/wiki/List_of_rail_accidents_in_the_United_Kingdom.

Holyhead Railway)는 강 위로 철도가 지나가도록 하기 위해 철교를 건설하였다. 1846년 9월에 완공된 이 교량은 주철(cast iron)로 만든 거더(girder)를 연결하여 제작되었다. 이 철도회사에는 저명한 철도 엔지니어 조지 스티븐슨의 아들인 로버트 스티븐슨(Robert Stevenson)이 선임 엔지니어로 근무하고 있었다. 사고 당일 철교를 지나가던 기차가 교량 아래로 추락하면서 다섯 명의 사망자가 발생하였다. 철도보호원, 화부(fireman), 그리고 세 명의 승객이었다. 그 밖에도 아홉 명이 중상을 입었다.

그림 6-13 1847년 디 강에서 철도 추락사고가 발생하여 5명이 목숨을 잃고 16명이 큰 부상을 당하였다.

교량을 설계하였던 로버트 스티븐슨은 과실 혐의로 기소되었는데, 그는 철로를 받치는 참나무로 된 빔이 불에 타지 않도록 궤도 밸러스트(track ballast)를 교량 바닥에 덧씌운 바 있었다. 얼마 전에 억스브리지(Uxbridge)에서 교량이 불에 타서 붕괴하였던 사건을 염두에 둔 조처였다. 새로 구성된 철도감독부(Railway Inspectorate)가 조사를 담당하였는데, 철도감독관은 거더의 강도가 약화된 것이 원인이었다고 결론을 내렸다. 오늘날의 용어로는 구조물의 '피로'(fatigue)가 주원인이었던 것이다. 철도감독관은 거더를 보강하기 위해 연철(wrought iron)로 트러스(truss)를 덧댔는데, 이 트러스가 거더에 연결되어 있어 사실상 힘을 받지 못하는 구조였다고 지적하였다. 스티븐슨의 설계에 근본적인 결함이 있었다는 말이었다. 스티븐슨은 차량이 먼저 탈선하여 추락하면서 그 충격으로 교량이 붕괴된 것이라고 주장하였지만, 목

그림 6-14 1865년 스테이플허스트에서 발생한 철도사고 현장. 철도원이 실수로 시간표를 잘못 읽고 철로를 제거하여 사고가 발생하였다.

격자들은 거더가 먼저 부서졌다고 증언하였다. 1849년의 왕립위원회는 교량의 구조와 주철 사용을 문제의 원인으로 지적하였다.[8]

1865년에는 영국 남부 켄트 주의 스테이플허스트(Staplehurst)에서는 열차가 탈선하는 사고가 발생하였다. 열차 시간표를 잘못 읽은 기술자가 철로를 제거하였기 때문에 발생한 사고였다. 규정에 따르면 작업현장 앞 910m에 붉은 깃발을 달아놓아야 하는데, 실제로는 약 510m 앞에 깃발을 두었던 것으로 나중에 확인되었다.

승객 중에는 동시대의 유명 작가 찰스 디킨스(Charles Dickens)가 포함되어 있었다. 가족과 함께 여행 중이던 디킨스는 큰 부상은 피하였지만, 사고의 충격으로 두 주 동안 목소리를 내지 못하였고, 이후 기차여행을 꺼렸다고 한다.[9]

다음으로 1868년 8월 20일에 웨일스 북부 해안의 애버질(Abergele)에서 발생한 철도사고를 살펴보자. 이 사고는 당시까지 영국에서 발생한 최악의 사고로 기록될 만큼 큰 피해를 낳았고, 또 그만큼 언론에 크게 보도가 되었다. 사고 당일, 8,000리터의 파라핀 기름을 담은 나무통을 실은 화물차량이 틀란둘라스(Llanddulas) 역에서 옆 철로로 이동해 있는 동안 승객과 화물을 실은 기차 아이리시 메일(Irish Mail)이

8 http://en.wikipedia.org/wiki/Dee_bridge_disaster.
9 http://en.wikipedia.org/wiki/Staplehurst_rail_crash.

지나가도록 예정되어 있었으나, 역에서 화물차량이 제대로 이동하지 못하고 일부 차량이 브레이크맨 없이 방치된 사이에 시속 약 50km로 달려오던 기차가 충돌하였다. 충돌의 충격으로 화물차량에 실린 파라핀 기름에 불이 붙으면서 참사가 발생하였다. 한 생존자의 증언을 들어보면,[10]

> 우리는 충돌과 충격에 깜짝 놀랐다. … 나는 객차 밖으로 재빨리 뛰어나갔는데, 그때 공포스러운 광경을 목격하였다. 우리 앞쪽에 있던 세 객차와 화물칸과 기관차는 이미 20피트나 솟아오르는 화염과 짙은 연기에 휩싸여 있었다. … 순식간에 발생한 일이었다. 폭발과 화재가 얼마나 빨리 일어났는지 어떤 말로도 표현할 수가 없다. 사실 나는 충돌의 충격이 거의 사라지기도 전에 밖으로 빠져나왔는데, 이미 내 앞에 이런 광경이 펼쳐져 있었다. 이 차량들에서는 아무런 소리도, 아무런 비명도, 탈출을 위한 아무런 몸부림도, 어떤 종류의 움직임도 없었다. 그것은 마치 모든 승객을 번갯불이 때려 단번에 마비시킨 것 같았다. 살아 있는 존재나 살기 위한 몸부림이 전혀 없었기 때문에 … 불타는 객차에 아무 승객도 없는 것 같다는 생각이 들었다.

그림 6-15 1868년 8월 애버질에서 발생한 철도사고 현장. 사고 직후 달려간 기자가 취재한 내용에 입각한 삽화이다.

동네 농민들과 채석장 노동자들이 줄을 지어 인근 바다로부터 물을 날라 불을 끄려고 하였지만, 이미 참화는 발생한 후였다. 이후 진행된 조사에서

10 해밀튼 후작(Marquess of Hamilton)의 증언, Illustrated London News, 1868년 8월 29일자.

그림 6-16 1877년 태이 만에 당시 최장(2km)의 교량이 건설되었다. 2년 후 이 교량에서 철도 붕괴사고가 발생하여 약 75명이 목숨을 잃었다.

역장은 기차들을 제대로 통제하지 못하였다는 지적을 받았다. 화물차량을 방치한 두 브레이크맨에게 살인 혐의가 적용되었지만, 재판 과정에서 무죄 선고를 받았다.[11]

마지막으로, 1879년에 스코틀랜드의 태이 만(Firth of Tay)에서 발생한 붕괴사고를 살펴보자. 유명 교량기술자 바우치(Thomas Bouch)가 2년 전에 완공한 태이교(Tay Bridge)는 당시 세계에서 가장 긴 교량으로 명성을 날렸다. 이 다리는 주철로 기둥을 박고 연철을 대각(cross-bracing) 재료로 사용하였으며, 격자무늬의 거더가 설치되어 있었다. 바우치의 이런 설계는 사고가 발생한 이후에 바람의 힘을 충분히 고려하지 않았고, 주철의 품질관리를 제대로 하지 못하였으며, 연철이 대각재로 적절하지 않았다는 비판을 받게 된다.

사고가 발생한 날은 보기 드문 강풍이 교량의 정면 방향으로 불던 날이었다. 글래스고(Glasgow)에서 측정한 풍속은 114km/h였고 사고 지점과 가까운 던디(Dundee)에서는 이보다 더 강하였다고 추정된다. 남쪽으로부터 교량에 들어선 기차는 바퀴에서 불꽃을 내더니 이내 거더에 박혔고, 곧이어 교량 구조물들과 함께 물속으로 빠졌다. 약 75명으로 추정되는 승객이 전원 사망하였다.[12]

11 http://en.wikipedia.org/wiki/Abergele_train_disaster.

12 http://en.wikipedia.org/wiki/Tay_Bridge_disaster.

철도업의 특수성

이상에서 살펴본 철도사고의 면면들은 철도사고가 빈번하게 발생하였으며 희생자도 많았다는 점을 입증하는 것으로 일견 보인다. 당시의 여론도 이에 동의하는 것처럼 표현되어 있곤 한다. 1860년대와 1870년대에도 신문, 잡지, 팸플릿, 의회 보고서 등에서 철도사고가 자주 발생하는 심각한 재난이라는 표현을 찾는 것은 어렵지 않다.

그러나 이와 달리 영국의 철도가 대체로 양호한 여건에서 운영되었다는 주장도 많다. 1840년대에 이미 60km/h 이상의 속도를 지닌 고속 기차가 정기적으로 운행되었으며, 일반 승객도 평균 30km/h 내지 45km/h의 속도로 달리는 객차에 몸을 실을 수 있었다. 1850년대에서 1870년대까지 중대사고는 매년 6.9건 꼴로 발생하였으며, 이 수치는 이후 지속적으로 감소하였다. 철도의 안전 수준이 계속 향상되었다는 뜻이다. 무역위원회(Board of Trade)의 공식 통계를 보면 1860년 한 해 동안 총 68건의 철도사고가 발생하여 37명이 사망하고 515명이 부상을 입었다.[13] 영국의 유명 의학저널 『랜싯』(*Lancet*)은 이 수치를 다른 교통수단과 비교하였다.[14]

> [런던에서만] 1859년 마차사고로 인해 70명이 목숨을 잃었고, 910명이 부상을 입었다. 파리에서는 1860년에 30명이 죽고 579명이 부상을 당하였다. 우리나라의 탄광에서 매년 평균 1,000명이 목숨을 잃는다. … 이것이 다른 이동수단이나 다른 생활조건에 … 비해서 얼마나 철도가 안전한지를 보여주는 충분한 증거이다.

13 Harrington(2003), 188-189쪽.

14 *Lancet*, 1862년 1월 4일; Harrington(2003), 189쪽에서 재인용.

1878년에 한 언론인은 이렇게 개탄하였다.[15]

> 평균을 인용하거나 '우리의 통제범위를 넘어서는 원인에 의한' 철도사고로 사망하고 팔다리를 잃는 승객이 1,100만 명 중 하나 꼴이라고 말해보아야 아무 소용이 없다. 철도사고의 끔찍한 공포가 어떤 종류의 논쟁도 무력화시켜 버린다. 대중의 마음은 수학자들의 계산으로부터 돌아서 수많은 희생자들 – 일부는 그 자리에서 죽음을 맞고, 다른 이들은 시신 옆이나 아래에서 아직 살아있으면서 알아들을 수 없는 신음을 흘리거나 하릴없이 절규를 한다 – 을 향한다.

철도사고가 빈발하지 않았다는 통계에도 불구하고 철도사고에 대한 대중의 우려는 쉽게 가라앉지 않았다. 안전시설에 비해 과도하게 기차를 운행하였다거나, 시설투자를 불충분하게 하였다거나, 새로운 장비의 도입에 미온적이었다거나, 충분한 인력을 확충하지 않았다거나, 기업 이윤과 주주의 배당을 안전보다 우선시하였다는 비판은 끊이지 않았다. 특히, 위에서 언급한 대형 철도사고들이 발생할 때마다 이런 비판은 재등장하였고, 여론은 급격하게 악화되기를 반복하였다. 통계와 여론 사이의 이런 불일치는 어디에서 오는 것인가?

첫째, 언론의 역할이 지적되곤 한다. 당시의 언론은 철도사고의 참상을 매우 상세하게 묘사하고 감정적인 표현을 자주 구사하였다. 독자의 마음속에 강한 인상을 남길 기사들이 19세기 중후반에 많았다는 데에 다수의 역사가들이 동의한다.[16]

15 'Railway accidents', *Quarterly Review* 145(1878), 170-171쪽.

16 Harrington(2003), 193-194쪽.

둘째, 다른 재해와 달리 철도사고는 많은 사람들에게 잠재적인 위협이 되었고, 또한 다수에게 쉽게 목격이 되는 속성이 있었다. 1868년 애버질에서 대형 철도사고가 발생하였을 때 나온 한 보도가 이 점을 잘 보여준다.[17]

> 탄광에서 갑자기 발생하는 대규모 폭발은 더 많은 사람을 희생시키고, 최종 정리도 마찬가지로 갑작스럽게 이루어진다. 선박의 좌초는 더 비장하며, 또한 동시에 더 안타깝고 비참하다. … [그러나] 우리들 중에서 광산이나 화약 공장이나 바다에 침몰한 배에 대해서 잘 아는 사람은 거의 없다. 이런 것들은 대부분의 사람들에게 아주 먼 이야기이며, 개인과 관련되지 않은 과거일 뿐이다. 그렇지만 우리는 모두 철도 여행자이다. 이 기차와 충돌, 이 역과 기관차, 그리고 다른 모든 것들이 흔히 사용되는 용어일 뿐만 아니라 우리의 일상사의 일부다.

대중의 눈에 보이지 않는 곳에서 발생하거나 대중에게 직접적 위험으로 다가오지 않는 종류의 재해에 대해서 느끼는 감정과 언제든지 자신에게 닥칠 수 있는 종류의 재해에 대해서 느끼는 감정을 다룰 수밖에 없었다.

셋째, 철도는 초기부터 규모나 복잡성 면에서 다른 산업과 차별화된 모습으로 대중들에게 인식되었다. 다른 산업들에 비해 엄청난 규모를 자랑하는 철도망과 역사와 차량들, 수많은 철로와 신호등과 장비들, 그리고 이를 사용하는 다양한 직책의 수많은 인력들이 보여주는 복잡성은 사람들로 하여금 철도업을 다른 산업과 뚜렷하게 구

17 'The railway calamity', *Saturday Review*, 1868년 8월 29일.

그림 6-17 영국의 북부 공업도시 리즈의 1868년 모습. 복잡하게 얽힌 철도선은 산업재해가 피해자 본인이 아니라 타인의 잘못으로 인해 발생하기 쉬운 상황이 되었음을 보여준다.

분짓게 하였다. 이에 따라 도로사고는 개인적 과실로 보지만 철도사고는 집단적 성격의 재해로 보는 경향이 철도 건설과 운영 초기 단계부터 강하게 존재하였다. 철도의 운행을 군대조직의 작전에 비유하는 동시대의 여러 표현들은 바로 이런 철도의 특수성을 반영한다.[18] 이는 철도사고에 대한 책임에 대해서도 중요한 시사점을 지닌다. 개인이 아니라 사회와 국가가 안전을 위해 철도업에 관여해야 한다는 사고가 다른 업종에서보다 훨씬 수월하게 등장할 수 있는 조건이 형성되어 있었다는 의미이다.

6.3. 사회적 반응과 개혁

개인과 국가

철도가 놓이기 시작할 때부터 사고는 끊이지 않고 발생하였지만, 초기에는 철도사고에 대한 사회적 인식이 높지 않았다. 철도사고가

18 Harrington(2003), 194-196쪽.

직물공장이나 탄광에서 발생하는 사고와 구분되는 가장 큰 차이점은 철도노동자뿐만 아니라 승객도 사고의 피해자가 된다는 사실이었다. 이런 특수성을 반영해서인지 철도업에서는 초기에 재해방지 노력이 노동자의 보호가 아니라 승객의 보호를 주된 목적으로 이루어졌다. 여기에는 정부의 담당부처가 어디었는가도 영향을 미친 것으로 보인다. 직물공업과 탄광업의 경우 내무부(Home Office)가 주관부서였는데, 이와 달리 철도업의 경우 무역위원회가 담당을 하였다. 내무부가 노동력의 보호에 일차적 관심을 둔 것과 대조적으로, 무역위원회는 영업규제와 같은 경제적 목적을 우선으로 하였다.[19]

사고를 줄이는 방법에는 여러 가지가 있는데, 그 중에서 고용주에게 금전적인 부담을 부과하는 방안이 특히 주목을 받았다. 채드윅(Edwin Chadwick)과 같은 개혁가들이 이 방안에 적극적이었다. 그들은 이 방안이 도덕적, 경제적 두 측면에서 모두 바람직하다고 말하였다. 이 방안이 강제되면 고용주들은 철도노동자의 안전을 개선하는 방향으로 태도를 바꿀 것이라는 주장이었다. 또한 재해를 입은 노동자와 가족이 생존을 위협받아 교구로부터 빈민구호를 받아 연명하는 문제 – 즉, 사고와 무관한 납세자들에게 경제적 부담이 돌아온다는 문제 – 도 해결할 수 있다고 보았다. 채드윅의 견해는 1833년 공장법의 연장선에 서 있는 주장이라고 볼 수 있었다.[20]

철도사고에 대한 사회적 인식의 변화를 배경으로 하여 1840년에 '철도규제법'(Regulation of Railways Act)이 제정되었다. 이 법은 무역위원회의 승인이 없이는 철도를 개설할 수 없으며, 철도회사들은 무역위

19 Bartrip and Burman(1983), 75-78쪽.

20 채드윅은 이미 프랑스에서 '무과실책임'(no-fault liability)의 원칙이 적용되고 있다고 지적하고, 이 방안이 효과가 클 것이라고 강조하였다. Barton and Burman(1983), 69-72쪽.

원회에 보고를 하도록 규정하였다. 그리고 무역위원회가 철도운영에 관련된 규정들을 감독하는 권한을 확립하였고, 그 밖에 철도원의 음주 금지와 철로 무단횡단 금지 등의 규정도 담았다. 이 입법 이후 정부의 개입이 바람직한가를 놓고 많은 사회적인 논의가 진행되었다.

한편에서는 규모와 복잡성 면에서 철도가 지닌 특성, 그리고 다수의 승객이 동시에 이용한다는 특성을 내세워 국가가 철도안전을 위해 철도의 운영에 여러 방식으로 규제를 해야 한다는 주장이 있었다. 다른 한편에서는 당시의 자유방임주의적 분위기를 반영하여 철도업도 다른 산업과 마찬가지로 자유롭게 개인이 영위하는 기업 활동이라는 주장이 완강하였다. 심지어 정부가 철도회사의 기업 활동에 개입을 하면 승객의 안전이 위협을 받을 수 있다는 주장도 제기되었다. 정부 개입이 '철도회사의 책임을 축소시킴으로써 회사의 노력을 마비시키고 철도 승객의 안전을 위험에 빠뜨리게' 된다는 논리였다.[21]

패리스(Henry Parris)는 1867년을 두 견해의 사회적 균형이 역전된 시점으로 보았다. 이 시점 이전에는 개인의 기업 활동의 자유라는 자유방임적 명제가 더 지배적이었던 데에 비해 1860년대 후반부터는 국가의 개입이 정당성을 지속적으로 확대하였다고 그는 지적하였다. 무역위원회의 관여가 이 시점부터 눈에 띄게 증가하였다는 점이 이런 변화를 보여주는 증거라고 그는 설명하였다.[22]

1860년대 내지 1870년대가 변화의 이정표라는 점에 동의하면서, 이를 기술적 개량과 연결시켜 해석하는 연구도 있다. 이 시기가 되면

21 1853년 Great Western Railway의 비서였던 C. A. Saunders가 의회 특별위원회에서 발언한 주장. Bartrip and Burman(1983)은 다른 업종보다 철도업에서 자유방임주의적 주장이 더 강하였다고 보았다. 79쪽.

22 Parris(1965), 212쪽.

철도안전에 필수적인 여러 장치들이 충분히 개량되어 현실에서 효과를 거둘 수 있게 되었다는 것이다. 이런 장치들 가운데 중요한 것들을 정리해보자. 블록 시스템(block system)은 한 철도차량이 철로 위에 있으면 다른 차량이 들어올 수 없도록 차단하는 장치였다. 연동장치(interlocking apparatus)는 신호장치와 철로설비가 서로 연동되어 상충하는 신호가 한꺼번에 들어와 사고를 유발하는 것을 방지하는 시설이었다. 브레이크 시스템(braking system)은 더 무겁고 빠른 차량을 단거리에서 제어할 수 있는 방향으로 성능개선이 이루어졌다. 이런 장치들이 개선되고, 특히 전신이 도입되면서 연락 체제가 긴밀해지면서, 철도운행에서 안전도를 향상시킬 수 있는 물적 기반이 대략 1860년대가 되면 갖추어졌다. 따라서 국가가 이와 같은 장치를 설치하도록 철도회사에 요구하는 것이 현실성이 있게 되었다는 것이다.[23]

19세기 중후반 노동조합의 성장도 산업재해와 안전조치를 둘러싼 고용자 및 국가와의 역학관계에 중대한 영향을 끼치는 요인이었다. 차티스트운동 이후에 영국의 노동조합은 개별 업종에서 실익을 증대시키는 방향으로 나아가는 경향이 강하였다. 철도 부문에서도 노동조합운동이 1870년대부터 대규모 노동조합의 형태로 결실을 맺기 시작하였다. 1872년에 자유당 의원 바스(Michael Bass)의 지지를 기반으로 철도노동자통합협회(Amalgamated Society of Railway Servants: ASRS)가 설립되었다. 뒤이어 기관사 · 화부연합협회(Associated Society of Locomotive Engineers and Firemen: ASLEEF)와 전철수 · 신호원통합협회(United Pointsmen and Signalmen's Society)가 설립되었다. 1889년에는 철도노동자산별노조(General Railway Workers' Union)가 결성되었다.

23 Harrington(2003), 202-203쪽.

노동조합이 성장하면서 노동자들은 노동환경의 개선 요구의 일환으로 안전시설의 확충을 요구하였고, 재해가 발생하였을 경우 노동조합의 보호와 지도를 통해 피해 보상을 적극적으로 요구할 수 있게 되었다. 또한 보상의 책임과 범위를 놓고 법적 분쟁이 발생하는 경우, 노동자는 노동조합으로부터 재정적 지원과 더불어 전문적 조언을 얻을 수 있었다. 이에 따라 고용주는 과거보다 낮은 승소 확률과 높은 보상비용에 직면하게 되었고, 그 결과 산업재해의 방지에 더 많은 노력을 기울이게 되었다.

노동자 세력의 성장은 국가에도 중대한 압력으로 작용하였다. 자유방임주의적인 사고에 기초한 경제적 · 사회적 정책은 노동자들의 마음을 살 수 없다는 점이 점차 명백해졌다. 보다 적극적인 정책을 마련해야만 끓어오르는 노동자의 요구를 부분적으로나마 충족시킬 수 있다는 인식이 확산되었다. 산업재해에 대해 개별 노동자가 아니라 고용주가 책임을 지는 방향으로 입법이 이루어지고, 나아가 산업재해보상보험과 같은 제도적 안전망이 마련된 데에는 이런 역할관계의 변화가 결정적인 영향을 미쳤다.

이상의 논의를 정리하자면, 철도시대 초기에는 노동자들의 재해가 사회적 관심을 얻지 못하였다가 서서히 주목을 받게 되었다. 많은 역사가들은 1870년대를 철도재해의 역사에서 중요한 이정표로 평가한다. 무엇보다 철도노동자들이 입는 사고 위험을 줄여야 한다는 인식이 높아졌다. 또한 기존의 자유방임적 관념을 대신해서 사회적 책임을 강조하는 분위기가 무르익은 점도 중요하였다. 다양한 안전기술의 발달로 현실에서 철도노동자의 안전을 담보할 수 있는 물적 기반이 형성된 점도 작용하였다. 마지막으로, 노동조합의 규모가 확대되고 기능이 발달하면서, 재해 문제를 두고 노동자의 목소리를 대변할 수 있는 제도적 기반이 마련되었다. 이런 요인들이 상호작용을 하면서 1870년대 이후 철도업은 복지국가형 체제를 향해 한 발짝 한 발짝 나아가게 되었다.

그림 6-18 철도노동자의 세력화는 이 분야의 산업재해에 중대한 변화를 가져왔다. 20세기 초 철도노동조합의 상징물에 단합된 노조가 빈곤과 자본주의를 무찌르는 모습이 묘사되어 있다.

개혁입법들

위에서 논의한 것과 같이 철도업의 개혁은 단지 산업재해의 측면에만 초점이 맞추어졌던 것은 아니다. 철도업의 특성상 사고는 곧바로 승객의 사망이나 부상으로 연결되기 쉬웠기 때문에, 산업재해의 방지는 업종 내부의 요구라기보다 전 사회적인 요구였던 셈이다. 이런 점에서 철도업의 개혁은 다른 업종에서의 개혁과 성격에 차이가 있었다. 이를 염두에 두고 입법적 변화를 살펴보자.

이미 언급하였던 1840년의 철도규제법은 무역위원회의 승인이 없이는 철도가 개설될 수 없도록 명시하였으며, 철도회사들에게 무역위원회에 보고하도록 의무화하였다. 또한 무역위원회가 철도감독관(railway inspector)을 임명하도록 하였으며, 각종 규칙도 무역위원회가 관리하도록 하였다.

이 철도규제법은 1842년에 이어 다시 1844년에 개정되었다. 개정된 법은 삼등칸 객차의 운영을 의무화하고 운임과 속도도 규정하였는데, 이를 탐탁지 않게 생각한 철도회사들은 새벽이나 한밤처럼 수요가 거의 없는 시간에 형식적으로 삼등칸을 편성하는 방식으로 대응하였다.[24] 이등칸 승객이 저렴한 삼등칸으로 옮겨가 회사 수입이 감소할 것을 우려한 기업주들의 반응이었다. 마침내 1875년에는 삼등칸의 시설을 개선하고 대신 이등칸을 없애는 일이 벌어졌다. 실제로는 이등칸을 삼등칸으로 이름만 바꾼 셈이었다. 이등칸과 삼등칸을 둘러싼 이런 논쟁이 당시에 중요하였던 이유는 빅토리아 시대에 계급적 구분이 뚜렷하였던 사회적 배경을 염두에 두어야만 이해를 할 수 있다.

1846년 철도규제법은 '게이지법'(Gauge)이라고도 불리는데, 영국과 아일랜드에 표준 게이지 크기를 의무적으로 적용하였다. 1868년 철도규제법은 입법이 이루어진 계기가 독특하였다. 1864년 철도에서 사상 최초의 살인사건이 발생하였는데, 이에 대한 대책으로 승객이 기관사와 연락을 할 수 있도록 해야 한다는 여론에 따라 개정법이 만들어졌다.

그림 6-19 1874년 쉽튼(Shipton)에서 발생한 철도사고. 운하 위로 지나는 철로에서 기차가 탈선하여 추락하였다. 1870년대부터 철도안전에 관한 입법이 본격적으로 이루어졌다.

본격적인 철도법의 개정이 이루어진 것은 1870년대부터였다. 1870년대와 1880년대에 개정된 다수의 철도법에 따라 철도안전설비의 설치와 운영, 사고 예방과 관련된 규정 보완, 고용주 책임의 범위와 한계 등에 대한 규정이 차곡차곡 마련되

24 이 삼등 객차를 의회의 법률제정에 따라 생긴 기차라는 의미에서 '의회 기차'(parliamentary train)라고 불렀다.

었다. 1871년에 제정된 '철도규제법'(Railway Regulation Act)은 같은 해 11월부터 시행되었다. 1880년에 제정되어 이듬해 초 발효된 '고용주책임법'(Employers' Liability Act)도 철도업에 영향을 주었다. 1897년에 제정된 '노동자보상법'(Workmen's Compensation Act)도 철도노동자를 보상 대상에 포함시켰으므로 철도재해에 영향을 끼쳤을 것이라고 추측할 수 있다.[25]

그림 6-20 1899년에 발표된 이 그림에는 전차사고로 인해 불구가 된 사람들이 행진하는 모습이 묘사되어 있다. 도시화와 산업화는 대규모 교통사고가 발생할 환경을 조성하였고 빈발하는 재해는 적극적인 사회적 대응을 요구하였다.

개혁의 성과

이 입법들은 산업재해를 줄이는 데에 어느 정도의 효과를 가져왔을까? 철도사고 사망자 수의 추이를 통해 살펴보자. 위에서 언급한 1870-1900년 사이의 철도법 개정이 논의의 중심이다.

〈그림 6-21〉은 철도 사망사고의 추이를 보여주는데, 비교의 편의를 위해 고용된 철도노동자의 수와 연간 승객마일(1년에 승객 한 명이 철도로 이동하는 거리)을 함께 나타냈다. 우선적으로 주목을 끄는 사실은 1871년의 철도규제법이 제정되면서 사망자의 수가 급증한 것으로 나타났다는 점이다. 이는 실제 사고사가 증가한 탓이 아니라 보고가

25 http://en.wikipedia.org/wiki/Railway_Regulation_Acts_1840_to_1893.

그림 6-21 **철도 사망사고의 추이, 1841-1901년**

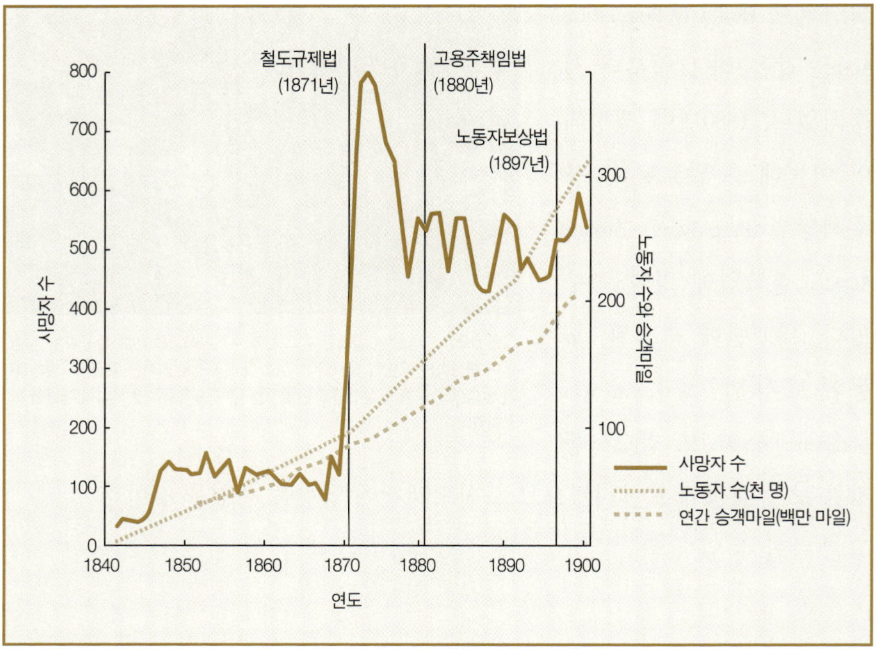

자료: Bartrip and Burman(1983), 48쪽.

충실해진 탓이라고 보아야 할 것이다. 이 시점을 기준으로 전체 기간을 둘로 나누면, 1840-1871년과 1871-1900년에 각각 사망자 수가 일정하거나 약간 줄어든 것으로 나타난다. 사망자 수를 고용된 철도노동자의 수나 승객마일과 비교해본다면, 사망사고의 비율은 지속적으로 감소하였다는 결론을 얻을 수 있다. 1880년 고용주책임법과 1897년 노동자보상법만을 따로 떼어서 놓을 경우, 눈에 띄는 사고사 감소 효과는 나타나지 않았다.[26]

26 Bartrip and Burman(1983).

표 6-4 철도사고를 당한 노동자의 추이, 1874-1884년

연도	열차사고		기타 사고	
	사망	부상	사망	부상
1874	46	271	742	2,544
1875	21	239	744	2,379
1876	28	236	645	2,364
1877	22	154	620	2,009
1878	15	156	529	1,847
1879	8	118	444	1,836
1880	23	118	523	1,962
1881	19	168	502	2,278
1882	21	153	532	2,423
1883	11	87	543	2,373
1884	23	115	523	2,204
합계	237	1,815	6,347	24,929

자료: Bartrip and Burmna(1983), 76쪽.

1870년대 이후에 대해서는 철도사고 부상자에 대한 통계도 구할 수 있다. 〈표 6-4〉는 1874-1884년 동안의 철도사고 노동자 통계인데, 열차사고와 기타 사고를 구분하여 보여준다. 열차사고의 피해자가 기타 사고의 피해자에 비해 약 1/15에 불과하다는 점이 눈에 들어온다. 특히, 사망자의 수는 열차사고가 기타 사고에 비해 훨씬 적었다. 시기적 추이를 보면 1874년에 비해 피해자가 가장 많았고, 이후 점차 감소하여 1879년에 최저를 기록하였다. 그러나 그 후 다시 피해자 수가 증가하였고, 두드러진 감소 추세를 찾기는 어렵다. 사망자뿐만 아니라 부상자에 있어서도 1880년 공장주책임법의 효과는 즉각적으로 나타나지 않았다. 그럼에도 불구하고 1870년대에 비해 1880년대에 사고 피해가 다소 줄어든 것은 확인할 수 있다. 이 기간에 철로가 더 많아지고 노동자의 수가 증가한 사실을 감안한다면, 분명 어느 정도의 개선은 있었다고 평가할 수 있다. 이와 같은 재해의 감소에는 법률적 규제의 강화도 영향을 주었지만, 안전기술의 도입, 감독의 실질적 강화, 교육의 향상, 인적 자본 투자의 증대와 같은 다른 요인들도 함께 영향을 끼쳤다.

결론

철도업은 산업혁명 시기 영국의 인프라 건설의 귀착점이었다. 철도업은 투자자본의 크기와 공사의 규모, 고용된 노동자의 수에서 동시대의 다른 업종들을 압도하였다. 또한 수많은 승객과 화물을 운송함으로써 산업화의 범위와 속도를 증대시켰다. 산업재해의 측면에서는 철도사고가 철도업 종사자만이 아니라 승객에게까지 바로 재난을 가져오는 속성이 있었기 때문에, 정부 개입에 대한 대중의 요구가 각별하게 컸다.

철도가 운영되기 시작한 1830년 무렵부터 철도사고는 지속적으로 발생하였다. 1870년대와 1880년대를 지나면서 승객 수 대비 사고의 빈도가 줄어든 것은 사실이지만, 사고의 규모가 크고 누구든 승객으로서 재난의 피해자가 될 수 있다는 심리적 부담 때문에 철도사고에 대한 사회적 우려는 가라앉지 않았다.

다른 업종에서와 마찬가지로 철도업에서도 자유방임주의적인 기업관이 초기에는 강하였지만, 1860년대와 1870년대를 거치면서 정부의 산업안전을 위한 개입을 정당화하는 주장이 점차 목소리를 높여갔다. 여기에 안전도 향상에 필수적인 기술과 설비가 하나씩 갖추어지고, 노동조합의 성장 속에서 고용주와 국가의 책임을 강조하는 여론이 확대되면서, 점차 철도업에서의 개혁도 여러 입법 과정을 거치면서 진행되었다.

그림 6-22 1852년 『펀치』에 묘사된 파업의 효과. 자본가는 별다른 영향을 받지 않지만 노동자는 큰 피해를 입게 된다는 메시지를 담고 있다.

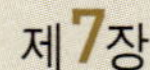

제 7장

질병과 공중보건

7.1. 직업센서스의 분류

7.2. 시각장애

7.3. 티푸스

7.4. 폐질환

7.5. 콜레라와 공중보건

7.6. 결론

7.1. 직업센서스의 분류

1851년 직업센서스

지난 20여 년 동안 산업혁명 시기 산업구조의 변화뿐만 아니라 개별 산업 내부의 구조 변화에도 주목하는 연구가 이루어지기 시작하였고, 이로써 산업혁명을 직종의 분화라는 측면에서 파악하는 접근법의 단초가 마련되었다. 그리하여 직업구조에 대한 정보를 담고 있는 여러 자료가 분석의 대상이 되었다. 19세기 중반 이래 작성된 직업센서스(occupational census)가 가장 대표적이고, 그 외에도 영업장명부(business inventory), 상속품목명세서(probate inventory), 도제계약서(apprentice indenture), 민병대명부(militia lists) 등을 분석하는 작업들도 진행되어 왔다.[1]

직업분화에 관한 연구가 지니는 학술적 중요성은 그간 다양하게 주장되어 왔지만, 구체적인 연구는 아직 충분히 다양한 분야에서 의미 있는 성과를 거두지 못한 상황이라 볼 수 있다. 자료 부족 등의 이유로 일부의 인구집단을 대상으로 한 연구에 국한될 수밖에 없었기 때문이다. 이에 따라 특정 질병 또는 재해에 관해 인구의 대다수를 아우르는 방식의 연구도 지금껏 이루어지기 어려웠다. 그렇기 때문에 특정 위험요소의 지형도를 전 직종에 대해 파악하는 일은 큰 의미를 지닌다.[2]

산업재해를 거시적 시각에서 파악하기 위해서는 노동시장 전체

1 Wrigley(1972), Elbaum(1989), Ben-Amos(1994), Higgs(1996), Lane(1996), Gibson and Medlycott(2000).
2 Hunt and Botham(1987), Mokyr(1987), Crafts(1997).

의 구조를 파악하는 작업이 필수적이다. 이를 위해서는 국가에 의해 체계적으로 진행된 직업센서스 자료에 의존하는 것이 바람직하다. 그러나 이런 이상적인 환경은 18세기나 19세기 전반에 대해서는 기대하기 어려웠다. 1851년이 되어서야 현대의 연구자들이 신뢰성을 갖고 전국적 노동시장의 구체적 양상을 파악할 수 있는 직업센서스가 발간되었다.

영국에서 처음 인구센서스가 이루어진 것은 19세기에 들어서였다. 1801년에서 1831년까지 10년 단위로 4차에 걸쳐 이루어진 인구센서스는 인구와 별도로 직업을 매우 단순히 분류하고 있으며 간략한 통계치를 담고 있다. 그러나 자료가 너무 단순해서 본격적인 직업구조를 파악하는 데에는 별 도움이 되지 못한다. 직업에 관한 본격적 센서스가 처음 이루어진 것은 1841년이었다. 이 센서스에서는 직업이 세분화되었고, 각 직업에 종사하는 인구가 주별, 성별 및 성년자 여부에 따라 조사되었다. 그러나 직업에 관한 첫 센서스인 탓에 분류법이나 정확도 등에 있어서 많은 문제점을 지닌 것으로 학자들은 평가하고 있다. 이에 대한 성찰을 담아 1851년 직업센서스는 보다 체계적인 방식으로 직업을 분류하였고, 각 직업에 종사하는 인구를 주별, 성별, 연령별로 기록하였다.

그림 7-1 이상적으로 보면 신흥 공장 지역은 사전 계획에 따라 노동자의 근무 및 생활 여건을 양호하게 관리할 수 있는 공간이었다. 그러나 이렇게 관리된 사례는 제한적이었고, 공장에 대해 부정적인 여론이 훨씬 지배적이었다.

그런데 1851년 직업센서스는 현대적 자료와는 다른 몇 가지 특성을 지닌다는 점에 주의해야 한다. 이런 특성에 대한 올바른 이해 없이는 부적절한 분석방법을 택하거나 연구 결과를 부적절하게 해석할 가능성이 있다. 1851년 직업센서스가 직업을 어떻게 구분하였는가를 살펴보는 것이 큰 도움이 된다.[3]

〈표 7-1〉은 이 센서스의 직업분류와 해당 직업에 종사하는 인구를 남녀 구분하여 보여준다. 이 표에서 전체 직업은 17종의 대분류 항목에 따라 구분되었고(a), 각 대분류 항목은 다시 여러 개의 소분류 항목으로 세분되었다(b). (c)열은 각 대분류 항목에 속하는 인구를 성별로 구분하여 기록하였다. (d)열은 이들 남녀 인구가 전체 인구 중에 차지하는 비율을 계산하였다. '자녀 또는 친척으로만 관련된 자 및 학생'의 비율이 전체 인구와 비교할 때 남성의 경우 19%, 그리고 여성의 경우 무려 66%에 이르렀다. 그 외에 '토지를 소유 또는 경작하여 곡물, 과일, 채소, 동물 등을 기르는 자'와 '동물을 다루는 자'에 속하는 남성인구가 남성 총인구 중 차지하는 비율이 17-18%로 상대적으로 높았고, 여성의 경우 '접대, 의상 마련 및 개인편의제공업무 종사자'의 비율이 전체 여성인구의 17%에 달하였다.

그림 7-2 직업센서스는 남녀 노동자의 고용구조를 알려주는 자료이다. 사진은 1880년대에 촬영된 성냥공장 노동자들. 여성노동이 주를 이룬 이 공장에서는 황을 원료로 사용한 탓에 중독과 폭발사고의 위험이 상존하였다.

이 분류가 보여주는 첫째 특징은 현재의 센서스와는 달리 산업을 분류의 기준으로 삼지 않고 있다는 점이다. 특히, 동물 재료를 다루는 자(항목 12)와 식물계에서 추출한 재료를 다루는 자(항목 13)의 구분은 현대적 관점에서 볼 때 매우 낯선 기준이다. 그러나 이러한 구분은 실제로

3 이하 송병건(2003)에 의존한다.

표 7-1 1851년 직업센서스의 분류

항목	(a) 대분류	(b) 소분류(구체적 내용)	(c) 인구 (남/여)	(d) 성별 총인구 대비 비율(%)
(1)	국가의 일반 및 지방정부 업무 종사자	중앙정부직, 지방정부직, 동인도정부직	64,479 2,245	0.7 0.0
(2)	국가방위 종사자	육군, 해군	85,818 0	0.9 0.0
(3)	지식직업(learned profession) 종사자	성직자, 법률가, 의사 등	96,358 1,381	1.1 0.0
(4)	문학, 미술, 과학 종사자	문인, 미술가, 과학자, 교사	38,785 67,569	0.4 0.7
(5)	자녀 또는 친척으로서만 관련된 자 및 학생	자녀, 손자손녀, 형제자매, 조카	1,702,231 5,995,654	18.6 65.6
(6)	접대, 의상 마련 및 개인편의 제공업무 종사자	숙박, 시중, 의상 공급	561,681 1,565,940	6.1 17.1
(7)	금전, 주택, 기타 재화의 거래, 유지, 임대업무 종사자	(중개인, 임대업자 등)	131,103 50,246	1.4 0.6
(8)	사람, 가축, 재화, 우편물의 운송업무 종사자	철도, 도로, 운하, 수로, 창고, 우편	335,743 11,507	3.7 0.1
(9)	토지를 소유 또는 경작하여 곡물, 과일, 채소, 동물 등을 기르는 자	경지와 초지, 삼림, 정원	1,559,762 451,685	17.1 4.9
(10)	동물을 다루는 자	(가축 거래, 수렵 등)	1,630,545 595	17.8 0.0
(11)	공예와 기구제작 종사자	도서, 음악, 조각, 공연, 설계, 주조, 운송수단 제작 등	648,834 15,245	7.1 0.2
(12)	동물 재료를 다루는 자	사료, 기름/뼈/뿔, 가죽, 깃털, 털, 양모, 실크 등	354,881 229,225	3.9 2.5
(13)	식물계에서 추출한 재료를 다루는 자	채식재료, 음료/주류, 기름, 목재, 목피, 가구, 짚, 삼, 면화 등	684,264 394,319	7.4 4.3
(14)	광물을 다루는 자	석탄, 석재/진흙, 도기, 유리, 소금, 물, 보석, 금/은, 동, 주석, 아연, 납, 황동, 철/강 등	773,623 57,037	8.5 0.6
(15)	노동자	노동자, 불특정한 일에 고용된 자	338,971 9,582	3.7 0.1
(16)	(타직업에 속하지 않은) 상층 및 자산가	(독립자산가, 연금수령인)	31,261 118,815	0.3 1.3
(17)	직업 언급 없으며 공공 지원을 받는 자	자발적 기금이나 세금에 의존하는 자, 수인, 부랑인	50,769 82,861	0.6 0.9
*	어디에도 속하지 않는 자		60,050 92,478	0.7 1.0
합계			9,149,158 9,146,384	100.0 100.0

주: 소분류항의 괄호에 표시된 구체적 내용은 당 센서스가 소분류를 하지 않았으나 본 논문이 내용설명의 편의상 대표적 사례를 제시한 것임.
자료: PP(1852-1853) [1691-I].

본 연구에 장애가 되지 않을 뿐 아니라 오히려 유익하다고까지 볼 수 있다. 왜냐하면 그 같은 구분은 당시의 기술 수준을 놓고 보았을 때 각 작업이 요구하는 숙련 및 기술상의 유사점을 상당한 정도 반영한다고 여겨지기 때문이다. 기계화가 충분히 진전되어 재료의 자연적 성질이 덜 중요해지기까지는 이러한 분류가 실제 생산현장의 모습에 더 가까웠을 것이다.[4]

직업센서스에서 도출되는 둘째 특징은 모든 인구가 적어도 한 가지의 분류 항목에 들어가도록 항목을 마련하였다는 점이다. 그 결과 일부 항목은 직업이 아닌 가족관계(항목 5)나 재산소유 여부(항목 16, 17)를 나타내는 종류였다. 항목 5가 보여주듯 다른 직업을 적시하지 않고 가족관계로만 대답한 인구는 매우 많아 약 770만 명, 즉 전체 인구의 42%에 이른다. 특히, 여성의 경우 이 범주에 속하는 인구가 무려 약 600만 명으로 전 여성인구의 66%를 차지한다. 이는 여성노동이 비교적 단기적이고 불규칙한 경우가 많았으며, 특히 가족과 공동노동 시 가장의 직업만을 명시하고 나머지 가계구성원은 가족관계로 처리한 경우가 많았음을 시사한다.

직업 이외의 항목을 마련한 것은 본 연구에 중대한 제약으로 작용하는데, 특히 이 범주에 드는 인구의 실명 여부가 조사되지 않았다는 점이 중요하다. 이 점은 이하에서 다시 논의하기로 한다. 그리고 모든 인구를 분류의 대상으로 삼고자 한 직업센서스의 시도에도 불구하고 약 15만 명이 어느 항목에도 속하지 않는 것으로 최종 보고된 점도 기억해야 한다(*항목).

셋째, 한 가지 직업 이상으로 답을 한 경우 센서스 담당자는 응답

4 MacRaild and Martin(2000), 20쪽.

자에게 어느 직업이 더 의미가 있을지 자의적으로 판단하여 단일직업으로 정리하였다. 당시에 많은 겸업인구가 존재하였고 또한 직업만이 아니라 가족관계나 재산소유 여부를 표시하는 항목이 동시에 존재하였다는 점에 비추어볼 때 이 자료정리 방식은 적지 않은 문제점을 안고 있다. 직업만을 조사한 경우를 가상할 때 센서스의 수치와 얼마나 큰 편차를 보였을 것인가를 판단하기는 쉽지 않다.

넷째, 어떤 직업에 종사한다는 응답이 조사시점을 기준으로 한 것인지 아니면 과거의 사실을 답한 것인가가 불확실하다. 특정 직업에서 근무하다가 과거 한 시점에서 일하기를 멈추었을 때 이 사람이 과거의 직업을 답하였을지 아니면 현재의 상황, 특히 가족관계나 재산소유 여부를 기준으로 대답을 하였을지 명확하지 않다. 예를 들어, 과거 행정관료로 근무하였던 경력을 가진 남성은 자신의 직업을 행정관료라고 답하였을 수도 있지만 지주나 자산가로 답하였을 가능성도 크다. 마찬가지로 방직업에 종사하였던 여성은 이를 자신의 직업으로 답하였을 수도 있지만 실직 후에는 자매 또는 피구호자라고 답하였을 가능성도 배제할 수 없다.

고용구조

〈표 7-1〉의 (c)열과 (d)열을 통해 1851년을 기준으로 한 영국 노동시장의 기본적 구조를 파악할 수 있다. 표에 등재된 총인구는 남성과 여성 각각 약 915만 명으로 총 1,895만 명에 이른다. 이 가운데 항목 (5), 즉 자녀 또는 친척으로서만 관련된 자 및 학생이 남성은 전체의 18.6%, 여성은 전체의 65.6%에 이른다. 현대적 구분으로 보면 직업을

갖지 않은 집단이다.

실질적으로 직업을 가진 인구를 보면, 가장 많은 인구가 종사한 직업은 항목 (6), 즉 접대, 의상 마련 및 개인편의제공업무 종사자였다. 이 범주에 속한 남성은 전체 남성의 6.1%이고 여성은 전체 여성의 17.1%로, 합하면 총 212만 명에 이르렀다. 다음으로는 항목 (9), 즉 토지를 소유 또는 경작하여 곡물, 과일, 채소, 동물 등을 기르는 자로, 남성은 전체 남성의 17.1%, 여성은 전체 여성의 4.9%를 기록하였다(총 201만 명). 세 번째로 인구가 많았던 직업은 항목 (10), 즉 동물을 다루는 자로 대부분이 남성이었는데, 전체 남성에 대한 비율이 17.8%에 달하였다.

여기에서 도출할 수 있는 중요한 사실은 산업혁명이 완숙기에 접어든 19세기 중반에조차 영국의 고용구조는 전통산업 중심이었다는 점이다. 산업혁명이 산업구조 및 직업구조에 중대한 변화를 가져온 것은 맞지만, 그 수준은 대부분의 학자들이 '혁명적'이라고 부르기에는 부족하였다. 산업혁명에 의해 직접적으로 영향을 받았을 직업군 – 대표적으로 (12) 동물 재료를 다루는 자, (13) 식물계에서 추출한 재료를 다루는 자, (14) 광물을 다루는 자 – 의 경우 1851년까지도 전체 인구에서 차지하는 비중이 제한적이었다.

그림 7-3 공업화가 신산업에서 진행되는 동안에도 재봉, 신발과 모자 제조 등 전통산업에서는 여전히 공장이 아니라 소규모 작업장에서 노동이 이루어졌다.

표 7-2 산업별 여성노동자의 비율, 1841, 1851년

(단위: %)

산업	1841	1851
농업	33.2	27.4
광업	0.3	0.3
건설업	0.1	0.0
제조업	28.0	39.4
운송업	0.1	0.4
상업	11.4	10.3
일반 노동자	0.7	0.3
공공서비스/전문직	2.7	3.8
가사서비스	23.4	17.9

주: 센서스 통계에 아내의 직업을 조정하여 추정한 비율임.
자료: Higgs(1987), 표 4와 표 5.

다음으로 고용구조에 나타난 성별 특징에 초점을 맞추어 보자. 많은 수의 여성이 속한 직업군은 (6) 접대, 의상 마련 및 개인편의제공업무 종사자(157만 명), (9) 토지를 소유 또는 경작하여 곡물, 과일, 채소, 동물 등을 기르는 자(45만 명), (13) 식물계에서 추출한 재료를 다루는 자(39만 명), (12) 동물 재료를 다루는 자 등이었다. 여성도 남성과 마찬가지로 전통산업에 종사하는 비중이 높았고, 산업혁명과 관련해서는 동물이나 식물 재료를 이용하여 생산을 하는 업종에 종사하는 비율이 비교적 높은 편이었다.

여성노동과 남성노동의 차이를 1841년과 1851년 자료를 대상으로 좀더 살펴보기로 하자. 히그스(E. Higgs)는 상이한 연도에 수집된 센서스 자료를 비교 가능하게 재조정하고 현대적 의미에 맞추어 재편성하는 작업을 해왔다. 그의 작업에 따라 새로 작성된 1841년과 1851년의 여성노동자 비율이 〈표 7-2〉에 담겨 있다.

농업의 경우 여성의 비율이 각각 33.2%와 27.4%를 기록하였다. 무거운 수도구와 농기계의 도입, 경작규모의 확대에 따라 농업 고용이 남성 중심으로 재편되는 과정에 있었다는 주장과 상통한다.[5] 다음으로 높은 비중을 보인 것은 가사서비스였는데, 그 비중도 23.4%에서 17.9%로 줄어든 것으로 나타났다. 광업과 건설업의 경우 두 연도에 모두 여성노동의 비중이 미미하였으며, 운송업의 경우 비중이 크게 증가하기는 하였지만 절대적 수치는 매우 낮은 편이었다. 가장 중요한 변화는 제조업에서 찾을 수 있다. 1841년 28.0%였던 것이 1851년에는 39.4%로 11.4%p의 상승을 보였다. 이 점에 주목한다면 산업혁명이 초래한 변화가 적지 않다고 판정할 수 있다. 면공업을 중심으로 여성노동의 고용 증가가 확연한 증가 추세를 보였던 것이다.

7.2. 시각장애[6]

시각장애 개관

산업재해에 대한 실증적 연구를 가능하게 하는 가장 정확한 자료를 확인할 수 있는 재해 분야는 시각장애이다. 특정한 재해나 질병이 직업별로 얼마나 상이한 위험도를 보였는가에 관한 구체적인 연구는 국내외를 막론하고 아직껏 미미하다. 직업별 위험도의 측정과 상호비교는 개별 직업의 생산 과정에 관한 우리의 이해를 넓혀줄 뿐 아니

5 송병건(2010).
6 이 절의 논의는 송병건(2003)에 크게 의존한다.

라 나아가 각 직업에 관한 당대인의 태도가 어떠하였나에 대해서도 추론을 할 근거를 마련해준다.

직업별 위험도 연구는 산업혁명의 사회적 결과를 둘러싼 이른바 '생활 수준 논쟁'과 관련해서도 중요한 시사점을 갖는다. 당시에 진행된 산업화가 일반민의 생활 수준을 향상시키는 결과를 낳았는지 아니면 그 반대의 결과를 낳았는지에 관하여 그간 임금, 비임금소득, 소비 수준, 신체 발달, 수명 등 여러 관점에서 논의가 이루어져 왔다. 직업과 관련한 질병 및 재해가 삶의 질에 영향을 크게 미치는 변수라는 점은 널리 인정되어 왔지만, 이에 관한 논의는 자료 부족 등의 이유로 일부의 인구집단을 대상으로 한 연구에 국한되어 왔다. 특정 질병 또는 재해에 관해 인구의 대다수를 아우르는 방식의 연구는 지금껏 이루어지지 않았다. 따라서 특정 재해가 보여주는 성별, 연령별, 직업별 분포를 파악하는 작업은 학술적 의의가 크다.

영국에서는 19세기 중반 활발하였던 사회입법운동과 관련하여 많은 보고서들이 발간되었다. 그 중 일부는 새로운 사회 문제로 부각된 일부 직업의 위험에 집중된 관심을 보였다. 굴뚝청소부의 폐질환, 모자 제조자의 수은중독, 그릇 생산자의 규폐증, 광부의 폭발사고 등이 이에 해당한다. 그러나 이런 자료들은 사회입법 필요성의 강조라는 정치적 동기에 따라 작성된 경우가 많아 내용상 과장 내지 왜곡의 가능성이 있다고 여겨질 뿐 아니라, 다양한 업종 간의 상호 비교라는 면에서는 도움이 되지 못한다. 본 절의 주제인 시각장애 문제는 대중적 관심에 있어서는 위에 예시된 재해들보다 약하였지만, 이를 언급한 몇 종의 보고서가 현재까지 전해지며 또한 무엇보다도 전 인구를 포괄하고 전 업종을 대상으로 하는 수량적 자료가 남아 있기 때문에 연구의 의미가 각별하다.

분석 자료의 특징

1851년의 직업센서스는 각 직업에 종사하는 실명자의 수를 성별 및 연령별로 제시하였다. 이 자료는 전체 인구와 실명자의 인구구성을 직업별로 구분하여 통계적으로 비교할 수 있게 해준다. 실명자가 어떻게 직업을 가질 수가 있을까? 우리의 자료가 보여주는 것은 정확히 말하자면 조사 당시 실명인 자가 바로 그 시점에서 종사하던 직업을 나타내는 것이 아니라, 조사당시 실명인 자가 시력을 상실하던 시기에 어떤 직업에 종사하고 있었는가를 나타낸다.

이러한 시차의 문제는 시각장애 문제를 분석하는 데에 중대한 장애물로 작용할 여지가 있다. 많은 응답자가 시력을 상실하기 전에 종사하였던 직업을 보고하였을 것으로 보이지만 일부는 센서스 조사 시점의 상황에 맞춰 – 특히, 가족관계나 재산 항목으로 – 답하였을 가능성이 있다. 특히, 규모가 엄청난 가족관계 항목의 경우 실명자의 통계가 센서스에 제시되지 않았다는 점이 큰 문제가 된다. 이러한 자료의 한계로 인해 얼마의 인구(특히, 여성인구)가 실명 후 과거 직업이 아닌 현재 가족관계로 대답하였을지 파악하는 것이 불가능해 보인다. 실명인구의 경우 시차는 일반 인구에 비해 컸으리라는 추정도 가능하다. 이 이전 보고 비율이 직업별로 상이하였을 가능성도 높다. 시차 존재의 개연성은 1851년 센서스의 내용이 엄밀히 말해 해당 연도의 상황을 말해주는 것이 아니라 정확한 시점을 알 수 없는 과거의 상황을 누적된 형태로 보여줌을 시사한다. 또한 실명 이후에 특정한 숙련을 새로 익힌 경우 – 거리의 악사 또는 한국의 안마사처럼 – 새 직업을 답한 경우도 있을 것이다.

마지막으로, 직업센서스가 어느 정도의 시력상실을 실명으로 정의하였는가도 불분명하다. 센서스 서문에 특별한 언급이 없는 점으로 볼 때 아마도 조사자가 별다른 기준을 제시하지 않고 실명 여부를 물어본 것이 아닌가 싶다. 따라서 개별 응답자에 따라 어느 수준의 시력상실을 실명으로 간주하였는지가 다양하였을 수 있다. 직업별 비교라는 본 연구의 목적은 큰 표본을 대상으로 함으로 상당한 정도 달성이 가능하다고 보인다. 그러나 이 자료를 다른 시기나 다른 나라의 자료와 단순 비교하여 전반적인 실명 수준을 판정하는 일은 불가능하다.[7]

이상에서 살펴본 자료상의 특징을 염두에 두고 본 절에서는 직업별 실명위험도를 측정하고 실명의 구체적 원인이 무엇이었는가를 논의한다. 수량적 자료가 갖는 한계를 보충하기 위해 1840년대에 작성된 여러 의회 보고서를 참조하는 것이 유익하다. 당시에 많은 환자를 접하였던 안과 의사들의 소견이 특히 관심을 끄는데, 이는 각 직업에서 시력을 손상케 한 주된 요인이 무엇이었나를 판단하는 데에 큰 도움이 된다.

그림 7-4 런던에 세워진 시각장애인을 위한 시설.

7 실명과 같은 장애가 실업보험 등 사회보장의 대상이 되는 사회와 그렇지 않은 사회와의 단순 비교는 매우 위험하다. 법적 실명(legal blindness)이라는 개념이 이 점에서 유용한 것으로 보인다. Sardegna and Paul(1991).

현대의 안과의학적 소견도 물론 중요하다.[8]

시각장애의 원인

산업혁명기에 의사들은 직업별 실명위험을 어떻게 인식하고 있었을까? 이미 1830년대의 의회보고서에서 이런 기록을 찾을 수 있지만, 보다 상세하고 본격적인 기록은 1840년대에 발간된 의회보고서, 특히 아동고용에 관련된 보고서에 담겨져 있다.[9]

1842년 광업 고용에 관한 의회 보고서는 갑자기 어두운 곳에서 밝은 곳으로 그리고 다시 어두운 곳으로 자주 이동해야 하는 업무상의 특징이 크게 작용하였고 여기에 분진을 많이 포함한 탁한 공기가 안질환의 악화를 초래하였다는 의사의 소견을 담고 있다. 또한 당시에 빈번하였던 것으로 보이는 갱내 폭발사고로 시력을 잃게 된 사례도 전한다.[10]

이 보고서들과 별도로 1843년 간행된 상업과 제조업에 관한 의회 보고서는 더욱 풍부한 정보를 제공한다. 안과 의사 타이렐(F. Tyrell)은 바느질에 종사하는 여성의 시력상실이 특히 젊은 층에게서 많이 발견되는데 이것이 비좁은 곳에 오래 앉아서 일하고 휴식을 취하기 힘든 작업환경 때문이라고 말하였다. 그리고 눈에 나타나는 증상이 어떻게 발전하는지를 자세히 묘사하였다. 신체의 기력이 부족할 경우 시력손상이 훨씬 빨리 진행된다고 지적하였다.[11]

8 질병과 시력상실에 관한 일반적 논의는 Jan, Freeman and Scott(1977)를 참조하라.
9 PP(1831-1832) (706), PP(1842) (6), PP(1843).
10 PP(1842) [382], 189, 198쪽.
11 PP(1842) [382], 234쪽.

처음에는 혈관이 충혈되는 상태가 된다. 이 때문에 시야가 일시적으로 흐려지고 눈알과 앞이마가 불편해지며, 눈에서 액체가 많이 나오는 경우가 자주 있다. 이런 변화와 함께 밝은 빛을 참지 못하는 경향이 다양한 정도로 나타난다. 두 번째 단계에서는 시력 악화가 지속되며 사물이 구멍을 통해 본 것처럼 보이게 된다. 그리고 빛에 노출되면 눈앞에 수많은 회색 및 검은색 점들이 떠다니는 것처럼 보인다. 눈알이 아파지고 물렁물렁해지며, 이마에 불편한 느낌이 커지는 것을 경험하게 된다. 세 번째 단계에서는 뿌연 현상이 점차 짙어지고 점들은 점점 많아지고 또 빽빽해진다. 그리고 환자는 이제 불빛이 스파크를 내고 번쩍이는 것을 경험하게 된다. 가끔은 아름다운 색깔들이 다양하게 나타나기도 하는데, 주로 원색인 빨강, 노랑, 파랑이다. 이것이 나타나고 나면 금방 시력의 전면적 손실이 찾아온다.

양재(dress-making)나 여성용 모자 제조(millinery)에 종사하는 20대 여성이 특히 취약하였는데, 이들은 가능한 한 많은 일을 좁은 곳에서 수행케 하는 고용주의 강요를 따를 수밖에 없는 계층이었기 때문이다. 상복(mourning)을 만드는 일을 하다가 실명을 하게 된 한 17세 여성도 제의 사례를 보면, 그녀는 9일 밤낮을 연이어 일해야 하였고, 단지 바닥에 놓인 매트리스 위에서 한 번에 한두 시간씩 자는 것만 허용되었으며, 심지어 음식물도 일하는 자리 옆에 놓아 식사시간을 최소화해야 하였다고 한다.[12]

당시에 지어진 시 한 편이 이들의 고단한 노동, 산업재해에 취약한 환경을 잘 말해준다.[13]

12 PP(1842) [382], 234-235쪽.
13 Thomas Hood(1799-1845)의 시.

손가락은 지치고 닳았으며
눈꺼풀은 무겁고 벌겋다.
한 여인이 여성스럽지 않은 남루한 천을 걸치고서
바늘과 실을 움직이고 있다.
꿰매라! 꿰매라! 꿰매라!

런던의 한 안과 병원에서 근무하는 달림플(J. Dalrymple)이라는 의사도 안과 질환의 진행에 대해 자세한 묘사를 남겼다.[14]

가장 일반적인 초기 증상은, 일을 시작할 때에는 시력이 완전히 좋은데, 몇 분이 지나면 눈이 점점 아파오고 통증이 퍼지며, 시야가 나빠지고 마치 바늘땀이 '이쪽에서 저쪽으로 날아다니는' 것처럼 느껴진다. 이런 초기 단계에서는 일시적인 휴식이 시력을 회복시켜 준다. 그러나 조금 후에는 기능적 불편함이 신체 장기의 변화로 바뀐다. 눈의 내막에 있는 섬세한 혈관들이 부어오르고, 신경구조가 압박을 받으며, 검은 점과 날아다니는 거미줄과 다양한 유령들로 인해 시야가 흐려진다. 이 단계에서 일을 계속하게 되면 신경구조에 더 치명적인 변화가 발생하여 돌이킬 수 없는 완전한 시력상실을 가져온다.

그림 7-5 바느질은 여성이 담당한 가장 전통적인 작업이었다. 어두운 실내조명과 탁한 공기, 장시간의 노동은 질병과 시력악화로 이어지기 쉬웠다.

달림플은 시력손상에 취약한 직업을 구체적으로 열거하였다. 남성의 경우 식자공(compositor)(특히, 신문사에서 일하는 경우와 의회 회기 중), 보

14 PP(1842) [382], 235쪽.

석세공인(jeweller), 구두수선공(boot-closer), 재단사(tailor), 방직공(weaver)이 이에 속하며, 여성의 경우 재봉사(seamstress), 여성용 모자 제조 도제 및 직공(milliners apprentice and workwomen), 신발수선공(shoe-binder), 그리고 방직공이 이에 속한다고 말하였다.[15] 이 직업들은 모두 실내에서 작업이 행해지며 작은 크기의 물체를 다룬다는 공통점이 있다. 실내조명이 좋지 않았던 당시의 환경을 고려할 때, 이들에게서 실명이 많이 발생하였을 것이라는 추측은 매우 정당하다.[16] 식자공의 경우 납을 다룬다는 점이 작용하였을 가능성도 크다. 이에 대해서는 현대 안과학적 판단이 요긴할 것이다.

이와 더불어 이 보고서는 또한 시력손상에 악영향을 끼치는 제도적 요인으로 도제제도를 들고 있다는 점이 주목을 끈다. 과도한 바느질 작업으로 시력을 상한 한 소녀의 사례가 보고되었는데, 그녀는 하루에 18시간씩 일을 하였고 식사를 수분 이내에 끝마쳐야 하였으며 그 결과 건강 상태가 악화되고 있었다. 그녀는 도제기간의 최종 연도에 이른 상태였는데, 그녀의 장인(mistress)은 그간 지도에 힘쓴 것에 대한 대가로 이제 그녀에게 그간 익힌 숙련을 최대로 발휘하여 노동하도록 요구하는 것이 정당하다고 주장하였다. 당시 도제 노동력에 대한 장인의 전형적인 태도를 보여주는 이 사례는 실명이 물리적인 환경뿐 아니라 사회적 제도와도 밀접히 관련되어 있음을 뚜렷하게 보여준다.[17]

지금까지 진행한 논의로부터 우리는 시각장애를 초래하는 대표

15 PP(1842) [382], 235-236쪽. 여기서 방직공은 전통적 수직이 아니라 공장에서 기계로 직조하는 자를 일컫는 것으로 보인다.

16 음악가나 교사의 경우도 이 부류에 속하였을 것으로 보인다.

17 PP(1842) [382], 235쪽.

표 7-3 시력손상의 요인들

요인	취약한 직업
1. 열악한 실내조명	재봉사, 방직공, 식자공, 보석세공사, 구두수선공, 음악가, 교사 등
2. 조도 차이	광부
3. 사고	광부, 운송업 종사자
4. 과로	재단사, 재봉사, 모자제조공 등, 특히 도제
5. 유독성 재료(중독)	식자공, 납광부
6. 영양 상태	불특정

자료: 본문 참조.

적 요인들을 도출할 수 있다. 〈표 7-3〉은 이를 정리하고 있다. 산업혁명이 시작되기 오래 전부터 많은 수의 노동자를 고용해온 전통산업들이 열악한 실내조명과 과로, 영양 상태 등으로 인해 시각손상의 위험을 안고 있었다. 여기에 탄광업과 납광업, 그리고 철도업 등 산업혁명과 함께 등장한 새로운 직업군에서는 사고를 통한 위험이 컸다.

직업센서스의 분석

본 연구는 1851년 센서스의 직업분류를 현대적인 것으로 재편하지 않고, 주어진 분류 그대로 분석하였다. 실명자 수가 너무 적은 경우 오차가 큰 결과치를 나타낼 수 있기 때문에, 총맹인이 30인 이상인 직업만을 추출하여 분석의 대상으로 삼았다. 〈표 7-4〉는 분석의 대상이 된 직업(b)의 대분류(a)와 직업별 구성인구(c), 15-45세 인구(d), 직업내 총실명자 수(e), 15-45세 실명자 수(f)를 보여준다. 이 변수들의 수치로부터 인구 1만명당으로 계산한 총실명자의 수(g), 전체 실명자 중 15-45세에 속하는 사람의 비율(h), 그리고 15-45세 인구 중 실명자의 비

표 7-4 직업별 실명자 비율

(a) 대분류	(b) 직업	(c) 총인구 (명)	(d) 15-45세 인구(명)	(e) 총실명자 (명)	(f) 15-45세 실명자 (명)	(g) 총실명률 (만명당) (e/c)	(h) 전체 실명자 중 15-45세 실명자 비율 (f/e)	(i) 15-45세 실명률 (만명당) (f/d)
11	약사	5,248	4,057	300	187	571.6	62.3	460.9
13	바구니제조공(남)	7,371	4,708	379	264	514.2	69.7	560.7
17	무직 피구호자	80,261	15,206	2,276	479	283.6	21.0	315.0
12	편물공	2,528	1,259	69	39	272.9	56.5	309.8
13	방직공(여)	3,749	2,788	55	11	146.7	20.0	39.5
4	음악교사	5,123	4,069	67	47	130.8	70.1	115.5
7	행상	9,230	5,970	46	21	49.8	45.7	35.2
14	동 광부(남)	18,449	13,138	50	28	27.1	56.0	21.3
9	농민	246,982	87,674	405	17	16.4	4.2	1.9
14	채석공	30,577	21,639	40	21	13.1	52.5	9.7
8	마부	43,710	30,387	48	22	11.0	45.8	7.2
14	석탄 광부(남)	183,389	130,751	180	57	9.8	31.7	4.4
14	대장장이	94,214	68,658	84	13	8.9	15.5	1.9
6	제화공	211,000	143,918	182	42	8.6	23.1	2.9
9	농업노동자	952,997	569,471	788	136	8.3	17.3	2.4
6	재봉사	59,403	40,202	48	22	8.1	45.8	5.5
6	재단사	132,715	96,779	95	20	7.2	21.1	2.1
4	교사	89,755	64,714	61	28	6.8	45.9	4.3
11	석공	77,688	54,895	52	13	6.7	25.0	2.4
11	목공	156,111	108,287	101	14	6.5	13.9	1.3
6	하인	816,854	671,641	395	73	4.8	18.5	1.1
12	모직의류공	122,256	76,551	49	13	4.0	26.5	1.7
13	면직공	176,867	117,987	36	13	2.0	36.1	1.1
6	여성모자제조공	234,340	209,128	41	16	1.7	39.0	0.8

자료: 본문 참조.

율(i)을 계산하였다. 이들 가운데 (g)의 크기가 큰 직업부터 순차적으로 주요 직업들을 정리하여 〈표 7-4〉에 제시하였다.

가장 핵심적인 과제는 실명의 척도로서 이들(g-i) 가운데 어느 지표를 택하는 것이 바람직한가를 결정하는 일이다. 첫째, 인구 1만명당으로 계산한 총실명자의 수(g)는 각 직업에서 실명자의 비율이 얼마인가를 보여준다. 이 비율을 채택할 때의 문제점은 센서스 서문에 잘 나타나 있다. 영국 전체를 놓고 보았을 때 실명자는 총 2만 1,487명으로 평균 975명당 1명에 해당한다. 지역별 통계를 보면 남부 농업 지역의 주들은 인구 665 내지 888명당 실명자 1명을 가진 것으로 나타난 반면 북부 공업 지역의 주들은 인구 1,082 내지 1,231명당 실명자 1명을 나타낸다.

노동 및 주거환경에서 상대적으로 유리하였을 남부 농업 지역이 높은 실명률을 보인 것은 다름이 아니라 수명의 차이에 주로 기인하였다. 전국적으로 실명자의 연령구조를 보면 20세 이하가 14%(2,929명), 20-60세가 39%(8,456명), 60세 이상이 47%를 차지한다. 따라서 고령에서 나타나는 시력상실을 분석에서 배제하지 않고서는 정확한 추정에 이르기 어렵다.

둘째, 전체 실명자 중 15-45세에 속하는 사람의 비율(h)은 실명자의 연령구조로부터 생산 활동에 종사하고 있는 연령층인 15-45세에 속하는 실명자의 비율을 도출한 것이다. 젊은 층의 실명 비율이 높다는 것은 이들의 시력상실이 노동 과정에서 발생하였을 개연성이 크다는 추론을 가능케 한다. 이 지표의 문제점은 연령별 전체 인구를 고려하지 않는다는 데에 있다. 예를 들어, 어느 직업에서 전체 맹인 중 20대가 차지하는 비율이 높다면 이는 20대가 실명위험에 더 크게 노출되었기 때문일 수도 있지만 20대가 해당 직업에 특별히 많이 고용되어 있기 때문일 가능성도 있다. 따라서 실명률을 추산하는 지표로 사용하기에 적당하지 않다.

셋째, 15-45세 인구 중 맹인의 비율(i)은 자료의 완전성이 높다는 전제하에서 유력한 지표가 될 수 있다. 생산 활동에 적극적으로 종사하는 연령층에 초점을 맞추어 실명 비율을 추산한다는 점에 큰 장점이 있다. 문제는 자료의 완전성이란 전제가 충족되지 않는다는 데에 있다. 위에서 살펴본 자료의 둘째 및 넷째 특징으로부터 우리는 일부 항목이 직업이 아닌 가족관계나 재산소유 여부로 편성되어 있고, 특히 전자의 경우 규모가 엄청나다는 것을 알았다. 또 과거에 실명한 사람 중 일부는 시력을 상실하기 전에 종사하였던 직업을 보고하였겠지만 일부는 센서스 조사시점의 가족관계나 재산소유 여부로 항목을 변경하여 응답하였을 것이라 추정할 수 있었다.

그런데 가족관계 항목의 경우 실명자의 통계가 부재하기 때문에 얼마나 많은 인구가 이렇게 항목을 변경시켜 보고하였는지를 파악할 수가 없다.[18] 직업별로 어느 규모의 맹인이 과거 직업이 아닌 타항목으로 변경보고를 하였는가는 알기 힘드나, 대체로 직업의 특이성(또는 전문성)이 높은 경우보다는 낮은 경우에 그 비율이 높을 것이라는 추측은 가능하다. 예를 들어, 여성용 모자제조공이 실명한 후 계속해서 이 직업으로 보고하는 비율은 음악교사가 실명한 후 음악교사로 직업을 보고하는 비율보다 낮았을 것이라 추측해볼 수 있

그림 7-6 1870년경 템스 강의 워털루 다리에서 성경을 낭독하고 있는 시각장애인.

18 어느 직업에도 포함시키지 못한 인구가 존재한다는 점도 동일한 효과를 갖는다.

표 7-5 지표들 간의 상관계수

		(f)	(g)	(h)	(i)
피어슨 상관계수	(g)	.513*			
	(h)	.977**	.532**		
	(i)	.640**	.802**	.714**	
스피어맨 상관계수	(g)	.394			
	(h)	.917**	.614**		
	(i)	.571**	.856**	.766**	

주: * 상관계수는 0.05 수준(양측)에서 유의, ** 상관계수는 0.01 수준(양측)에서 유의.

다. 이런 편차를 정확히 계측하기가 불가능하므로 15-45세 인구 중 맹인의 비율(i)은 최적의 지표라고 볼 수 없다.[19] 이 지표들 간의 상관계수는 〈표 7-4〉에 수록되어 있다.

시각장애인의 직업훈련

여기서 우리는 앞서 지적한 대로 시력을 상실하고 나서 새로 특정한 기술을 익혔을 가능성을 고찰할 필요가 있다. 어떤 직업이 이런 부류에 해당할까? 다행히 1851년 직업센서스는 맹인을 수용하는 기관에서 이들에게 가르친 기술이 어떤 종류였나를 제시하고 있다. 그에 따르면 바구니(basket), 자루(sack), 망(net)의 제작, 뜨개질(knitting), 그리고 음악(music)이 교육되었다고 한다.[20]

〈그림 7-7〉은 동시대 런던에서 이루어진 시각장애인 교육의 내용을 담고 있는데, 이 보고서의 자료와 일치하는 모습이다. 위에서 언급

19 다만 여기에는 개별 직업 내에서는 이 이전 비율이 상이한 연령대 간에 일정하다는 가정이 필요하다.
20 PP(1852-1853) [1691-I], 서문.

그림 7-7 시각장애인들이 각종 작업을 하고 있는 모습을 묘사한 그림. 1850년대에 제작된 이 그림에는 런던 유스턴 로드(Euston Road)에 있는 실명자 훈련학교에서 시각장애자들이 다양한 작업들을 익히고 있다.

한 작업들이 이루어지고 있는 것을 보여준다. 1872년에 출간된 『실명과 맹인』(*Blindness and the Blind*)이라는 책은 시각장애자가 훈련을 받고 고용될 수 있는 직업을 나열하고 있는데, 앞에 등장하는 직업들이 더 일반적인 업종이었다. 이들은 뜨개질, 바구니와 그물 제작, 부대, 매트리스와 침상 제작, 돗자리와 매트 제작, 솔과 빗자루와 자루걸레 제작 등이었다. 1851년의 직업센서스와 거의 일치된다는 것을 확인할 수 있다.[21]

실명자에게 얼마나 많은 직업훈련의 기회가 주어졌을까? 〈표 7-6〉은 1790년대부터 영국 전역에 설립된 실명자를 위한 직업훈련 기관들을 정리해 놓고 있다. 1790년대에 활발하였던 설립 움직임은 1800년대에 들어서 가라앉았다가, 다시 1830년대에 고조되었다. 1830년대와 1840년대에 9개의 직업훈련 기관이 설립되어 500명에 육박하는 실명자들이 각종 직업교육을 받았다. 이후 1860년대에 다시 실명자를 위한 직업훈련 기관의 설립이 이어졌다. 이런 공식적 기관 이외에도 소규모의 직업훈련은 곳곳에서 이루어졌던 것으로 보인다.

1889년의 의회 보고서에는 전국의 실명자를 대상으로 한 설문조사의 결과를 담고 있는데, 여기에서 실명자에게 주어진 훈련의 직종 분포를 찾아볼 수 있다. 우선 설문에 응답한 실명자는 5,848명이었는

21 Levy(1872).

표 7-6 잉글랜드와 웨일스의 실명자 직업훈련을 위한 주요 기관들의 설립연도와 수용자 수

설립연도	기관 명칭	수용자 수
1791	School for the Indigent Blind, Liverpool	70
1793	Bristol Asylum, or School of Industry for the Blind	52
1799	School for the Indigent Blind, Southwark, London	160
1800	Norwich Institution for the Indigent Blind	36
1833	Yorkshire School for the Blind, York	74
1838	London Society for Teaching the Blind to Read, and for Training them in Industrial Occupations, Regent's Park, London	54
1838	Royal Victoria Anylum for the Industrious Blind, Newcastle	44
1839	Henshaw's Blind Asylum, Manchester	85
1839	West of England Institution for the Instruction and Employment of the Blind, Exeter	59
1841	Catholic Blind Asylum, Liverpool	42
1842	Institution for the Blind, Brighton	13
1843	Institution for the Blind, Nottingham	64
1846	General Institution for the Blind, Birmingham	60
1860	South Devon and Cornwall Institution for the Employment and Instruction of the Blind, Plymouth	36
1861	Blind School, about Canterbury	6
1864	Hampshire and Isle of Wight School for the Blind, Southsea	23
1866	Hastings Society for the Instruction and Relief of the Blind	7
		946

자료: Levy(1872), 459-460쪽.

데, 그 가운데 4,605명은 자선기관의 도움 없이는 생활을 하기 어렵다고 대답하였고, 3,282명은 아무런 생계수단을 갖고 있지 못하다고 대답하였다. 959명만이 스스로 생활력을 지니고 있다고 대답하여, 실명자의 경제력에 한계가 크다는 점을 확인시켜 주었다. 일자리를 가지고 있는 실명자만을 보면, 가장 많은 실명자가 종사한 업종은 바구니 제작으로 전체의 21.5%를 차지하였다. 다음으로는 음악과 피아노 조율(8.5%), 매트 제작(2.75%), 매트리스 제작(2.5%), 밧줄 제작과 실잣기(1.5%)의 순서였다. 작업장에 출근하여 일하는 실명자가 1,549명이고 집에서 일하는 실명자가 789명, 그리고 109명은 두 곳에서 모두 일하는 것으로 집계되었다.[22]

1861년의 시각장애 통계

1861년에 실시된 센서스를 통해 이 시점의 실명인구의 전국적 규모를 파악할 수 있다. 〈표 7-7〉은 잉글랜드와 웨일스 전체 인구의 연령대별 분포와 실명자의 연령대별 분포를 비교해서 보여준다. 약 2,000만 명의 인구 가운데 1만 9,352명이 실명으로 조사되었다. 이 시점에 '실명'으로 분류된 사람의 시각장애가 어떤 수준인지, 지역적 균일성은 있는지, 그리고 1851년 조사와 일관성이 있는지 파악할 방법은 찾기 어렵다. 이런 한계를 전제조건으로 받아들이면서 통계를

표 7-7 1861년 잉글랜드와 웨일스의 연령대별 인구와 실명자 분포

연령대	전체 인구		실명자	
	인구	비율	인구	비율
20 미만	9,082,666	45.3	2,702	14.0
20-40	6,009,977	30.0	3,348	17.3
40-60	3,485,534	17.4	4,504	23.3
60-80	1,374,797	6.9	6,752	34.9
80 이상	113,250	0.6	2,046	10.6
합계	20,066,224	100.0	19,352	100.0

자료: Levy(1872), 451쪽.

22 PP(1889) [C.5781], xx쪽.

살펴보자.

전체 인구 중 20세 미만이 900만 명으로 45%를 차지하였는데, 실명자의 20세 미만 인구는 2,702명으로 전체 실명자의 14%에 불과하였다. 20-40세 연령대도 전체 인구의 30%를 차지하였지만, 실명자는 3,348명으로 전체 실명자의 17%에 머물렀다. 이런 불균형이 역전되는 모습이 40세 이상의 연령대에서 발견된다. 40-60세는 인구로는 17%이

표 7-8 1861년 실명자의 연령대별 및 성별 구조

연령대	남성	여성
5 미만	293	236
5-10	326	274
10-15	443	327
15-20	455	348
20-25	449	361
25-30	487	321
30-35	556	338
35-40	501	335
40-45	686	428
45-50	637	408
50-55	621	496
55-60	670	558
60-65	817	754
65-70	794	847
70-75	903	938
75-80	771	928
80-85	519	728
85-90	251	336
90 이상	70	142
합계	10,249	9,103

자료: Levy(1872), 452쪽.

지만 실명자는 전체 실명자의 23%에 이르렀고, 이 차이는 연령이 올라갈수록 더욱 확대되었다. 80세 이상만 보면 인구는 전체 인구의 1% 미만이었지만 실명자는 전체 실명자의 11%에 육박하였다.

〈표 7-8〉은 1861년 실명자의 연령대별 및 성별 구조를 보여준다. 전체적으로 남성이 여성보다 실명자의 수가 약 10% 많다. 그렇지만 65세 이상에서는 여성실명자가 남성실명자보다 많은데, 이것은 여성 고령자의 비율이 상대적으로 높은 데에 기인한다. 남녀를 불문하고 5세 미만의 연령대에서 실명자가 적지 않게 기록되어 있다. 유전적 질환이나 영유아 시기에 발생하는 시각장애 요인이 시력상실의 중요한 요인임을 보여준다. 연령이 높아질수록 사망자도 늘기 때문에 이 표만 가지고는 정확한 시각장애 추이를 추적하기 어렵다. 그럼에도 불구하고 5-15세에 실명자의 수가 크게 증가한다는 점과 40대 이상에서 실명자가 높은 비율로 발견된다는 점은 놓치기 어렵다. 이런 현상이 산업재해와 어떻게 연관되는지에 대해서는 알려진 바가 별로 없어서 앞으로 더 면밀한 연구가 필요할 것이다.

19세기 후반의 안과의학

다른 의학 분야와 마찬가지로 안과의학도 19세기 후반을 거치면서 상당한 지식과 치료법의 진전을 이루었다. 눈의 구조 및 눈 기능의 작동원리가 파악되었고, 안과 질환을 검사하고 치료하는 장비와 기술이 발달하였다. 또한 세균의 개념이 받아들여지면서 안과 질환의 원인에 대한 이해력이 크게 높아졌다. 그런 진보를 바탕으로 안과의학의 교육 내용이 달라졌고, 많은 안과의학 책이 출간되어 새 지식이 널리 보급되었다.

이 과정에서 산업재해로서의 안과사고와 질환에 대한 관심도 커졌다. 예를 들어, 오른쪽 그림은 1890년에 출간된 안과 질병에 관한 책에 실린 과립증(granular disease)에 대한 묘사이다. 저자는 만성적 과립증이 과밀한 환경에서의 생활 또는 '환기가 불량하고 습한 방에서 오래 거주'하면 잘 발생한다고 밝혔다. 또한 군대와 구빈원의 학교 등에서 빈번하게 발생하며 건강 상태가 나쁜 경우 병에 걸리기 쉽다고 기술하였다. 이런 설명을 통해 이 안과 질환이 환기가 잘 되지 않는 공장에 근무하고 비좁은 실내에 많은 수의 가족이 함께 거주하는 공업지대의 노동자들에게 쉽게 전염되리라는 것을 확인할 수 있다.[23]

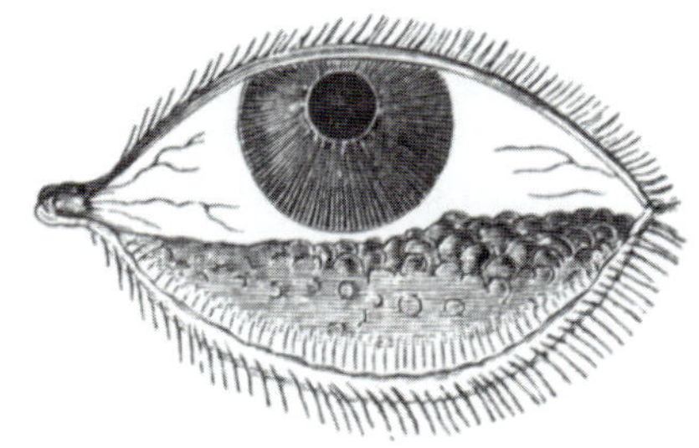

그림 7-8 결막염으로 인해 눈 아래쪽에 알갱이 모양의 조직이 오톨도톨하게 생긴 모습.

그러나 이 책에 나타나는 인종적 차이에 대한 강조는 당시의 의학지식이 제한적이었으며, 특히 인종에 관한 편견에 영향을 받았다는 점도 보여준다. 예를 들어, 위의 안과 질환에 아일랜드인과 유대인이 특히 취약하며 동유럽인과 일부 독일인, 프랑스인도 병에 걸릴 위험이 상대적으로 크다고 저자는 지목하였다. 더 나아가 아일랜드인과 유대인이 이 질병을 전 세계에 전파시키며, 또한 자손들에게 위험을 확산시킨다고 하였다. 아메리카 대륙의 흑인들은 이 질환에 걸리는 경우가 거의 없다고도 지적하였다. 그러나 다른 한편 이런 인종적 차이가 어쩌면 습기가 많은 기후에 기인하는 것일 수 있다고도 지적

23 Nettleship(1890), 88-91쪽.

하여, 현대의 환경의학 지식과 연결될 수 있는 가능성도 보여주었다.[24]

1889년 왕립위원회의 의회 보고서에는 이 과립안염(granular ophthalmia)이 높은 전염성을 지녔으며 시력 손실을 가져오는 흔한 질환이라고 보고되었다. 이 보고서에 따르면, 영국의 인구 100만명당 실명자는 1851년에 1,021명, 1861년에 964명, 1871년에 951명, 1881년에 879명으로 지속적인 감소를 기록하였다. 이런 감소의 원인으로 안과의학의 발전, 백신 접종의 증가, 작업장에서의 재해방지 노력을 꼽았다. 한편, 일부 업종에서는 실명자가 증가하였을 것이라고 추정하면서, 이런 직업으로 철공소에서 쇳물을 젓는 노동자, 유리를 불어 제작하는 노동자, 철도의 기관사 등을 지목하였다.[25]

소결론

이상에서 우리는 1851년 직업센서스의 실명 통계를 분석하여 직업별 위험도를 추정하였다. 1840년도에 작성된 의회 보고서 자료를 검토함으로써 직업별 위험도의 논의가 허구적 통계를 다루는 것이 아니라 실제 상황을 매우 잘 보여주는 것임도 보였다. 그리고 작업 자체의 물리적 위험도뿐 아니라 도제제도의 역할과 같은 제도적인 측면도 중요함을 지적하였다. 자료의 한계와 특성을 가장 잘 반영할 수 있는 지표가 무엇인가를 논의하고, 그 선택에 맞추어 직업센서스 자료를 분석한 결과로 직업별 실명위험도를 파악할 수 있었다. 그리고

24 Nettleship(1890), 91쪽.
25 PP(1889) [C.5781], xiv쪽, 의사 글래스콧(Dr Glascott)의 보고.

각 직업에서의 시력상실 원인에 대한 설명을 시도하였다. 19세기 후반의 시각장애 통계와 장애인들에게 제공된 직업교육, 안과의학 지식의 발달에 관해서도 논의를 하였다.

이 연구가 생활 수준 중 노동조건, 그 중에서도 실명만을 다루기 때문에 생활 수준 논쟁에 대해 성급한 재해석을 하는 것은 위험하지만, 보상적 임금 격차의 관점에서 볼 때 기존의 생활 수준 추계에 대해 다소의 비관론적 보정이 필요함을 시사하는 것으로 나타났다. 산업재해의 차원을 논의에 포함시킴으로써 산업화 당시의 노동계층에 대한 이해를 보다 현실화할 수 있었음을 확인할 수 있다.

7.3. 티푸스

영국의 질병 통계와 티푸스

티푸스는 19세기 중반 영국인들을 자주 괴롭힌 질병이었다. 이 질병이 특별히 사회적 우려를 자아낸 이유는 빠른 사회적 변화와 함께 확산되었기 때문이다. 산업화로 대도시가 엄청난 속도로 확대되고 저소득층이 열악한 주거지에 높은 밀도로 사는 모습이 많아지는 가운데, 정부의 상황파악 능력과 실효적 개입능력에 한계를 드러내는 상황이 전개되고 있었다. 그런데 바로 이런 혼란과 무기력증을 격화시킨 것이 바로 새로운 질병의 대두였다. 특히, 티푸스는 빈곤과 오염과 무질서에 대해 높은 친밀도를 가진 질병으로 알려졌다. 사회개혁가와 보건전문가들이 이 질병에 높은 관심을 보인 것은 바로 이 때

표 7-9 영국 지역별 인구, 인구밀도, 도시화율, 모든 요인에 의한 남녀 사망률, 1848-1854년

지역	인구	제곱마일당 인구	도시화율 (%)	남성사망률 (10만명당)	여성사망률 (10만명당)
전국	17,927,609	307	50	2,367	2,209
런던	2,362,236	19,375	100	2,740	2,353
남동부	1,628,386	256	44	2,071	1,960
남중부	1,234,332	247	28	2,135	2,075
동부	1,113,982	222	31	2,094	2,024
남서부	1,803,291	231	36	2,103	1,965
중서부	2,132,930	355	51	2,396	2,241
북중부	1,214,538	220	30	2,118	2,081
북서부	2,490,827	792	63	2,795	2,572
요크셔	1,789,047	313	45	2,444	2,321
북부	969,126	178	44	2,299	2,187
먼머스셔와 웨일스	1,188,914	146	29	2,222	2,100

주: 인구와 인구밀도, 도시화율은 1851년 통계에 기초함.
자료: PP(1857-1858) [2415], 26쪽 표 2, 99쪽 표 61.

그림 7-9 도시인구의 밀집화는 빈곤과 결합되면서 주거지를 질병과 사고의 온상으로 만드는 일이 비일비재하게 발생하였다.

문이었다.

〈표 7-9〉는 19세기 중반 영국을 11개 지역으로 구분한 자료이다. 각 지역의 인구와 인구밀도(제곱마일당 인구), 그리고 도시화율(도시에 거주하는 인구의 비율)이 실려 있다. 런던은 다른 지역과 뚜렷하게 구분되었다. 전체 인구인 1,800만 명 가운데 240만 명이 거주하는 대도시 런던은 제

곱마일당 1만 9,000명이 사는 매우 조밀한 도시였다. 다른 지역들은 100만 명 내지 250만 명의 인구를 보유하였으며, 제곱마일당 146명에서 797명에 이르는 범위의 인구밀도를 보였다. 런던 다음으로 인구밀도가 높은 지역은 공업도시가 밀집되어 있었던 북서부 지역이었다. 도시화율은 최저 29%에서 최고 63%까지 분포되어 있었고, 역시 북서부 지역이 가장 높은 수치를 보였다.

모든 요인에 의한 사망률을 종합하였을 때, 1만명당 사망률은 전국적으로 남성이 여성에 비해 7.2% 높았고, 비율에는 다소 차이가 있지만 이런 남초 추세는 전국의 모든 지역에서 확인되었다. 사망률이 높은 지역은 런던, 요크셔, 중서부, 북부의 순이었다. 사망의 원인이 다양하므로 질병별로 구체적인 분석이 있어야 하겠지만, 전체적으로 런던과 공업 지역이 농업 지역에 비해 높은 사망률을 기록하였다는 점은 확인할 수 있다.

티푸스의 병원체

그림 7-10 티푸스가 창궐하여 사회적 불안이 컸던 1850년대의 삽화. 값싼 숙박업소와 더러운 거리의 모습이 비위생적 환경을 시사해주고 있다.

19세기 영국인들의 사망과 질병, 위생 상태에 대해 관찰을 해온 당대인들이 주목하였던 또 하나의 질병이 티푸스였다. 그런데 티푸스라는 이름으로 매우 다양한 증상과 원인이 보고되어 왔기 때문에, 당시 티푸스라고 불렸던

표 7-10 티푸스의 분류

분류	박테리아	매개체
Epidemic typhus	*Rickettsia prowazekii*	사람 몸에 서식하는 이
Murine typhus (또는 endemic typhus)	*Rickettsia typhi*	쥐 몸에 서식하는 벼룩
Scrub typhus	*Orientia tsusugamushi*	사람과 쥐 몸에 서식하는 가을진드기
Queensland tick typhus (또는 Australian tick typhus)	*Rickettsia australis*	진드기

자료: http://en.wikipedia.org/wiki/Typhus.

질병이 정확히 무엇을 의미하는지, 그리고 한 가지 질병만을 의미하는지 아니면 유사한 증상의 복수의 질병을 총칭하는지에 대해서는 아직도 논의가 계속되고 있다. 현대의 학계에서 티푸스라고 부르는 질병은 크게 다음과 같이 구분된다.

〈표 7-10〉에 제시된 여러 종류 가운데 19세기 관찰자들이 티푸스로 부른 질병은 첫 번째, 즉 발진티푸스(Epidemic typhus)인 것으로 보인다. 발진티푸스 리케차(Rickettsia prowazekii)에 감염되어 발생하는 이 질병은 주로 냉대 및 온대 지역 중에서 이가 많이 서식하는 비위생적 환경에 거주하는 인구 가운데 발병한다. 역사적으로는 위생 상태가 열악한 기근이나 전쟁기에 많이 발생한 것으로 보고되고 있다. 구체적 감염경로를 보면, 이에 물려 발생한 사람의 상처에 이의 배설물에 들어 있는 병원균이 몸속으로 침투하여 감염을 시킨다. 때로는 병원균에 감염된 이의 배설물이 먼지에 섞여 흡입됨으로써 감염을 일으키

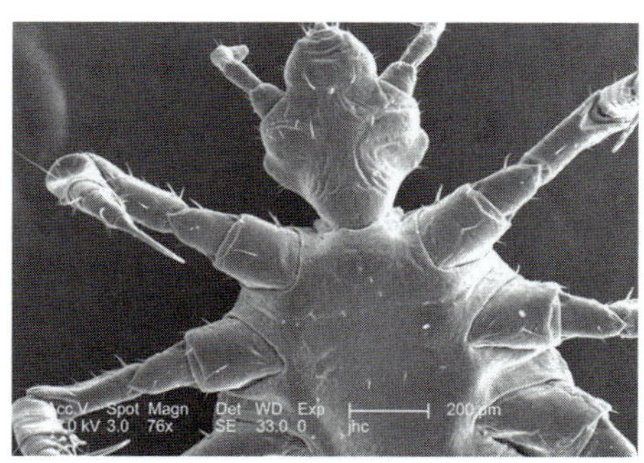

그림 7-11 티푸스를 매개하는 이를 76배 확대 촬영한 사진.
자료: CDC/ Joseph Strycharz; Kyong Sup Yoon; Frank Collins (http://phil.cdc.gov/phil/details.asp).

기도 한다. 감염된 사람은 1-2주의 잠복기를 거친 후 갑작스런 발열, 오한, 두통, 전신통증을 경험하게 되고, 발진이 전신으로 퍼지며, 의식장애 등 중추신경과 관련한 증상이 나타나기도 한다.[26]

현대에는 발진티푸스(이하 티푸스라고 부른다)를 주로 항생제로 치료한다. 병원균의 매개체인 이가 서식하지 않도록 위생관리를 철저히 하는 것이 좋은 예방책이다. 티푸스 백신은 제2차 세계대전 중에 개발되었다. 또한 제2차 세계대전에서 1970년대 초에 이르는 시기에는 DDT(dichloro-diphenyl-trichloroethane)가 이를 없애는 살충제로 널리 쓰였다. 레이첼 카슨(Rachel Carson)의 『침묵의 봄』이 발간되면서 이 살충제의 유해성이 널리 알려졌고, 그에 따라 1970년대부터 각국에서 DDT의 사용을 금지하게 되었다.

티푸스에는 수많은 별명이 따른다. 캠프열(camp fever), 감옥열(gaol fever), 병원열(hospital fever), 선박열(ship fever), 기근열(famine fever), 그리고 19세기 영국에 가장 걸맞는 공장열(factory fever)이다.[27] 이 별명들이 시사하는 것처럼 티푸스는 사람이 밀집해 거주하는 곳, 특히 위생환경이 나쁜 곳에서 쉽게 발생하며 기근과 같은 열악한 상황에서 발병하기 쉽다.

그림 7-12 DDT는 티푸스와 말라리아와 같은 질병의 퇴치에 효과적이라고 인식되어 1940년대부터 1970년대 초까지 널리 사용되었다. 그 후 유해성이 알려지면서 사용이 금지되었다.
자료: CDC(http://phil.cdc.gov/phil/details.asp).

26 http://terms.naver.com/entry.nhn?cid=866&docId=926593&mobile&categoryId=866.
27 http://en.wikipedia.org/wiki/Epidemic_typhus.

티푸스 발병의 역사

이와 같은 티푸스의 특성은 역사적 발병사례에 의해서도 확인된다. 기원전 430년 펠로폰네소스전쟁 시기에 이른바 '아테네 역병'(plague of Athenes)이 발생하여 페리클레스(Pericles) 등 수많은 인명을 앗아갔는데, 이 질병이 티푸스였을 것으로 추측하는 학자가 있다.[28] 1489년 이베리아 반도에서 기독교 재정복운동이 막바지로 치닫는 상황에서 그라나다에서도 유사한 질병이 발생하였던 것으로 보인다. 전쟁 상황과 발열과 반점 등의 증상으로 볼 때 티푸스가 의심되는데, 이 질병으로 인해 1만 7,000명이 목숨을 잃은 것으로 기록되어 있다.[29] 16세기 중반 이탈리아의 프라카스토로(G. Fracastoro)가 저작을 통해 티푸스에 대해 상세한 기술을 하였다.[30]

영국에서도 16세기에 티푸스로 의심되는 질병이 대규모로 유행하였다. 수감된 죄수가 순회재판 과정에서 이 '감옥열'을 확산시킨 것으로 추정된다. 그 후에도 불결한 환경의 감옥 – 가장 악명이 높았던 것은 뉴게이트 감옥(Newgate Gaol)이었다 – 에서 발병이 반복적으로 났다. 17세기 내전 시기도 티푸스가 유행하기에 좋은 환경을 제공하였다.[31] 한편, 아일랜드는 19세기 들어서 반복적으로 티푸스의 창궐을 경험하였다. 1816-1819년, 1830년대 말에 발병한 데 이어 1846-1849년 감자기근이 발생하자 티푸스가 대유행을 하였고, 곧 잉글랜드로 전

28 http://www.umm.edu/news/releases/athens.htm.
29 http://en.wikipedia.org/wiki/Epidemic_typhus.
30 본서 제1장 3절 참조.
31 유럽의 30년전쟁과 나폴레옹전쟁 때에도 티푸스가 창궐한 것으로 알려져 있다(http://en.wikipedia.org/wiki/Epidemic_typhus).

파되어 '기근열'이나 '아일랜드열'(Irish fever)이라는 이름을 얻었다.

1840년대에는 티푸스가 세계적 전염병으로서의 지위를 획득하였다. 티푸스는 아일랜드와 영국에 머무르지 않고, 이민행렬과 무역 증가의 환경 속에서 미국과 캐나다 등으로 널리 확산되었다. 미국에서 남북전쟁 때에서는 '캠프열'이라는 별칭을 얻었다. 20세기에 들어서 전대미문의 규모로 전쟁이 발생하자 티푸스에 의한 희생자도 기하급수적으로 증가하였다. 제1차 세계대전에서 수백만 명이 티푸스로 사망하였으며, 전후 러시아의 내전에서도 수백만 명이 목숨을 잃었다. 제2차 세계대전에서도 이 질병으로 인한 군인과 민간인 사망자가 엄청났는데, 『안네의 일기』로 유명한 안네 프랑크(Anne Frank)도 그 가운데 한 명이었다. 제2차 세계대전 중에 백신이 개발되면서 전후 희생자는 주로 동유럽과 아시아, 아프리카 등에서 집중적으로 발생하게 되었다.[32]

19세기 중반 영국의 티푸스

브론테(Charlotte Brontë)가 1847년 발표한 소설 『제인 에어』(*Jane Eyre*)에는 제인의 비위생적인 학교에서 티푸스가 발병하는 것으로 묘사되어 있다. 당시 티푸스는 영국인들에게 전혀 낯설지 않은 질병이었다. 1857-1858년에 작성된 의회 보고서에 따르면, 1848-1856년의 9년 동안에 156,340명이 티푸스로 사망하였다. 연평균 1만 7,371명이나 되는 인구가 이 질병으로 목숨을 잃었던 것이다.[33]

32 http://en.wikipedia.org/wiki/Epidemic_typhus.
33 PP(1857-1858) [2415], xv쪽.

표 7-11 영국 지역별 티푸스에 의한 사망률(10만명당), 1848-1854년

지역	남성	여성
전국 평균	100	99
런던	113	98
남동부	98	100
남중부	110	124
동부	100	98
남서부	89	95
중서부	97	102
북중부	84	91
북서부	110	106
요크셔	92	89
북부	77	77
먼머스셔와 웨일스	115	107

자료: PP(1857-1858) [2415], 99쪽 표 61.

〈표 7-11〉은 지역별, 성별 티푸스에 의한 사망률을 담고 있다. 전국적으로 10만명당 약 100명이 티푸스에 희생되었으며, 남녀의 차이는 거의 없었다. 티푸스 사망률이 가장 높은 지역은 남중부로 1만명당 117명이었고, 뒤를 이어 먼머스셔와 웨일스가 111명, 북서부가 108명, 런던이 108명의 순서로 나타났다. 사망률이 낮은 지역은 북부(77명), 요크셔(91명), 남서부(92명), 남동부(99명) 등이었다.

티푸스와 직업의 관련성을 보다 세부적으로 파악하기 위해 지역 단위 대신에 주(county) 단위로 분석범위를 좁혀보자. 〈표 7-12〉는 티푸스에 의한 여성사망률이 남성사망률보다 높은 특성을 보인 5개 주에 대한 자료를 담고 있다. 베드퍼드셔의 경우 1만명당 여성사망자가 153명으로 남성사망자 122명을 31명이나 상회하였다. 노샘프턴셔는

표 7-12 영국 일부 주의 성별 티푸스 발병 비율과 성별 제조업 종사자 비율, 1848-1854년

주	여성사망률	남성사망률	여성 제조업 종사자 비율(%)	남성 제조업 종사자 비율(%)
베드퍼드셔	153	122	33.2	5.7
노샘프턴셔	131	106	13.8*	12.6**
버킹엄셔	129	110	22.2	6.4
웨스트 라이딩	93	92	14.8	44.4
체셔	84	84	14.1	28.4

주: * 주로 레이스 제조업과 밀짚가공업, ** 모두 신발제조업.
자료: PP(1857-1858) [2415], 101쪽 표 62.

25명, 버킹엄셔는 19명의 차이를 보였다.

이들 세 주는 공통적으로 여성인구 중 제조업에 종사하는 비율이 남성인구 중 제조업에 종사하는 비율보다 눈에 띄게 높다는 특징을 지니고 있다. 베드퍼드셔의 경우 여성의 비율이 33%인 데 비해 남성의 비율은 6%에 불과하였다. 버킹엄셔도 여성의 제조업 종사자 비율이 남성의 그것을 크게 상회하였다. 노샘프턴셔에서도 여성이 남성보다 높은 비율을 나타냈지만 그 차이는 크지 않았다. 이 통계는 여성 티푸스 환자 가운데 많은 수가 작업장에서 질병을 얻었다는 점을 강력하게 시사한다. 노샘프턴셔에서 차이가 두드러지지 않았던 것은 이 주의 핵심 산업이 레이스가공업, 밀짚가공업, 신발제조업 등 모

그림 7-13 1850년경의 저소득노동자 가족의 모습. 비좁고 누추한 집안에서 노동과 휴식이 뒤섞여 이루지고 있어 전염성 질병에 취약한 모습이었다.

두 전통적인 농촌공업으로서 가내 수공업의 형태가 많았기 때문이라고 판단된다. 티푸스가 영국에서 '공장열'이라는 별칭을 얻게 된 데에는 타당한 이유가 있었던 것이다.

티푸스의 퇴치

티푸스를 퇴치하는 데에 가장 큰 걸림돌은 티푸스의 발병 원인과 전염경로를 정확히 알지 못한다는 점에 있었다. 세균에 대한 개념이 존재하지 않았던 시기에 최종적인 티푸스 해결책을 갖지 못한 것은 당연하였다. 그러나 당시에 살았던 사람들이 이 질병에 완전히 무력한 상태에 놓인 것은 아니었다. 면밀한 관찰과 직간접적 경험을 통해 티푸스의 발병과 전염을 약화시킬 수 있는 방안을 끊임없이 찾고자 하였다. 물론 이런 노력이 즉각적인 성공으로 이어지기는 어려웠다. 수많은 도전과 시행착오를 통해 티푸스의 파괴력을 제한하고자 하는 인간의 시도는 오랜 시간을 거쳐 점진적으로 결실을 거두어갈 수 있었다.

1857-1858년에 발간된 의회 보고서에 실린 티푸스에 대한 전문가적 견해를 살펴보자. 공중보건 개혁에 따라 임명된 의료직원(Medical Officer)이 작성한 내용이다.[34]

그것은 본질적으로 불결함의 질병이다. 사람들이 함께 모여 비좁게 사는 장소의 환기가 되지 않은 공기가 악취를 발산하고, 거주민의 숨과 땀으로부터 증기가 나와 정체된 – 즉, 증

34 PP(1857-1858) [2415], xv-xvi쪽.

기가 응결되어 유리판에 악취를 풍기는 방울로 맺히거나 종이로 도배가 되거나 회칠을 한 벽에 스미고 썩는 - 곳, 그리고 오수 구덩이나 더러운 하수구에 부패 물질이 쌓여 공기를 오염시키거나 사람들이 마시는 물에 스며드는 곳에서 이 질병은 이런 저런 형태로 확산된다.

티푸스가 불결한 장소에서 잘 퍼진다는 사실은 이미 당시에 알려져 있었지만, 불결한 장소에서 구체적으로 어떤 경로를 통해 질병이 전파되는가에 대해서는 정확한 지식을 갖지 못하였다는 것을 우리는 확인할 수 있다. 당시의 의학자들은 지속적 발열을 초래하는 질병이 하나가 아니라 여럿이었다고 의심하였다. 그 중 하나는 우리가 논의하고 있는 티푸스였고, 다른 하나는 장티푸스(Typhiod fever)였다.[35] 그들은 장티푸스가 물과 공기의 오염과 관련이 깊은 반면에 티푸스는 과밀한 거주환경과 관계된다고 보았다. 장티푸스는 설사를 동반하는 질병으로, 다음 절에서 살펴볼 대장배출 증상과 관련이 깊다. 이와 달리 티푸스는 대장에 영향을 주지 않으며 주로 신경계와 피부와 폐에 주로 작용한다. 그리고 정확한 이유를 대기는 어렵지만 빈곤과 기아가 만연한 곳에서 티푸스가 창궐하기 쉽다고 전해진다.[36] 현대 의학적 기준으로 보면 이런 주장은 아주 정확한 것이라고 볼 수는 없지만, 적어도 두 질병의 차이를 당시 의료계가 대체적으로는 파악하고 있었다고 볼 수 있다.

빈민의 밀집거주지, 병원, 구빈원, 군대 막사 등에서 자주 발병하며, 기근과 같은 상황에서 빠르게 확산된다는 당대인들의 관찰은 이

35 타이포이드(typhoid)는 '티푸스와 유사한' 이라는 뜻이다.
36 PP(1857-1858) [2415], xvi쪽.

질병에 대한 대비책을 마련하는 데에 중요한 기초로 작용하였다. 군대 막사 및 병동의 위생과 질병과의 관계에 대해 나이팅게일(Florence Nightingale)은 크림전쟁(Crimean War)에서의 경험을 바탕으로 다음과 같이 의회에서 보고를 하였다.[37]

> 개별 환자의 공간은 바람직한 수준의 1/4에 불과하다. … 막사병동의 공기 상태가 밤에 어떤지는 묘사하기가 불가능하다. 나는 유럽 대부분의 대도시에서 최악의 주거환경이 어떤지 잘 알고 있다. 그러나 막사병동의 공기와 비교할 만한 곳은 가보지 못하였다. … 하수구의 가스가 병동과 복도로 뿜어져 나왔다. 오물의 악취를 내보내야 할 바람은 오히려 환자들 사이에서 열병을 발생시키는 사례가 적지 않았다. … 식수도 유기물질로부터 자유롭지 못하였다. 한 번은 더러운 병원 옷들이 물을 공급하는 탱크에서 발견되었다. … 죽은 말이 수로에 몇 주 동안 놓여 있었던 적도 있다.

그림 7-14 크림전쟁에서 부상당한 환자를 돌보는 나이팅게일의 모습을 묘사한 1858년의 그림. 나이팅게일은 발병에 대한 통계적 분석과 개혁운동을 통해 병원시설의 위생 개선에 큰 기여를 하였다.

비록 티푸스에 대한 병리학적 이해가 충분하지는 않았지만, 이 질병이 빈곤 및 불결함과 긴밀한 연관성을 가지고 있다는 인식은 이 질병에 대한 사회적 해결책의 마련에 중요한 열쇠가 되었다. 주거환경을 청결하게 개선함으로써, 티푸

37 PP(1857-1858) [2415], xviii-xix쪽.

스를 원천적으로 없애지는 못해도 병마가 맹위를 떨치지 못하도록 통제를 할 수는 있었던 것이다.

7.4. 폐질환

호흡기 질환과 결핵

19세기 중반 호흡기 질환은 많은 환자와 사망자를 초래하였다. 인구 10만명당 평균 552명꼴로 호흡기 질환에 의한 사망자가 발생하였다.[38] 당시에 발간된 공중보건을 주제로 한 의회 보고서들이 호흡기 질환에 대해 많은 통계 자료를 수집하고 상세한 논의를 한 이유가 여기에 있었다. 1848-1854년의 자료를 통해 호흡기 질환의 규모를 살펴보자.

〈표 7-13〉은 잉글랜드와 웨일스 전역을 지역별로 구분하여 호흡기 질환에 의한 사망자를 표시하고 있다. 전국적으로는 10만명당 남성이 569명, 여성이 535명으로 남성이 다소 많았는데, 정도의 차이는 있지만 모든 지역에서 남초(男超) 현상이 유지되었다. 전국적 분포를 보면 런던이 가장 높은 수준을 기록하였으며, 다음으로 북서부, 중서부, 요크셔 등 대체로 북부 지방에서 호흡기 질환에 의한 사망률이 높은 것으로 나타났다. 전국을 628개 구역으로 구분하여 살펴보면 지역간의 격차는 더욱 크게 나타난다.

당시의 의회 보고서는 호흡기 질환을 결핵성과 비(非)결핵성으로

38 PP(1857-1858) [2415], xxii쪽.

표 7-13 영국 지역별 호흡기 질환에 의한 사망률(10만명당), 1848-1854년

지역	남성	여성
전국 평균	569	535
런던	758	593
북서부	694	674
중서부	586	547
요크셔	535	523
먼머스셔와 웨일스	526	491
남서부	509	459
남동부	498	475
동부	489	516
남중부	477	485
북부	469	457
북중부	465	500

자료: PP(1857-1858) [2415], 25쪽 표 1.

구분하였다. 그런데 경우에 따라서는 양자의 구분이 어려운 때도 있다고 보고서는 지적한다.[39] 양자를 합한 호흡기 질환 전체를 보면, 가장 사망률이 높은 두 구역은 10만명당 각각 1,440명과 1,298명의 사망자를 기록하였고, 가장 적은 두 구역은 각각 221명과 306명을 나타냈다. 최악인 두 구역은 공통적으로 납 광산이 있는 곳이었다. 이들 지역에서 남성사망자는 각각 10만명당 1,298명과 1,440명의 비율이었던 데에 반해 여성사망자는 각각 717명과 779명에 불과하였다. 이 현격한 차이는 호흡기 질환이 남성 중심의 고용구조를 보인 직업과 밀접하게 연관이 되어 있다는 점을 강력하게 시사한다.[40]

39 특히, 결핵이 청소년기 이후에 발병하는 경향성이 강하고, 남성의 경우 다른 질병이 결핵으로 오인되는 경우가 많기 때문에, 20세 이상 여성의 사망률이 가장 정확한 통계라고 지적하였다. PP(1857-1858) [2415], xxii쪽.

의회 보고서는 결핵성과 비결핵성 호흡기 질환을 구분하는 데에 많은 공을 들였다. 결핵성 질환의 경우 부모로부터 자식에게로 전염되는 경향이 강하다고 보아 특별히 관심을 기울일 대상으로 여겼기 때문이다. 폐결핵(phthisis)에 대한 추계를 보면, 잉글랜드에서 연평균 5만 명 이상이 이 질병으로 인해 사망한다고 밝혔다.[41] 그 밖에 연주창(scrofula)과 장간막 위축(tabes mesenterica)으로 인해 8,000명 이상이 사망하는 것으로 추계되었다.[42] 연주창은 림프샘의 결핵성 부종인 갑상선종이 헐어서 터지는 병으로 오늘날 림프선결핵이라고 진단되며, 장간막 위축은 오늘날 장결핵이라고 알려져 있다. 결핵균이 신체의 어느 부분에서 질병을 일으키느냐에 따라 각각 다른 이름이 붙는 것인데, 결핵균의 개념이 존재하지 않았던 당시에는 이들이 서로 연관성은 있지만 상이한 질병이라고 여겨졌던 것이다. 결핵균의 개념은 1882년 독일의 세균학자 코흐(Robert Koch)에 의해 발견되었고 그에 의해 'Mycobacterium tuberculosis'라고 명명되었다.[43]

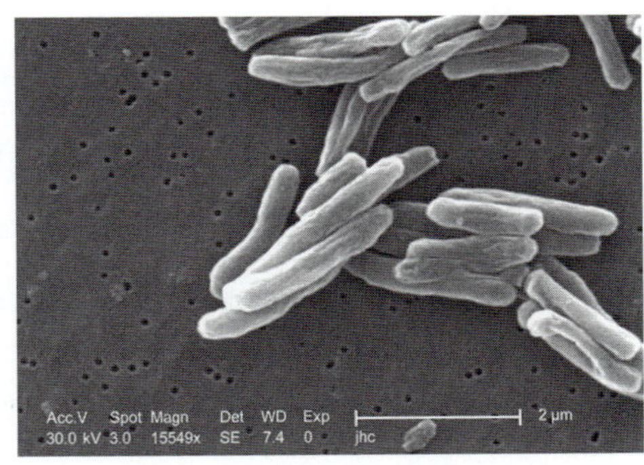

그림 7-15 결핵균을 확대 촬영한 사진. 보통 2-4마이크론의 길이로, 폐에 들어가면 조직에 구멍을 낸다.
자료: CDC/ Dr. Ray Butler(http://phil.cdc.gov/phil/details.asp).

40 PP(1857-1858) [2415], xxvi-xxvii쪽.

41 당시 결핵에 걸린 환자는 신체가 쇠약해지는 양상을 흔히 보였기 때문에 '소모성 질환'이라고 불렀다. 결핵 자체는 엄밀히 말해 호흡기 질환이 아니라 전신성 질환이다. 의회 보고서는 이 질병의 감염성에 대해 정확히 파악하지는 못한 것으로 보인다. PP(1857-1858) [2415], xxii쪽.

42 PP(1857-1858) [2415], xxii쪽.

43 http://www.pressian.com/article/article.asp?article_num=60100604095213.

호흡기 질환의 분포

위에서 우리는 호흡기 질환의 지역적 통계를 간략하게 살펴보았다. 지역적 통계는 너무 광역적이라 질병과 지역 여건에 대한 관계를 자세히 파악하기 어렵다는 약점을 지닌다. 〈표 7-14〉는 이런 약점을 보완하기 위해서 전국의 여러 주들 가운데 일부를 선택하여 이들의 호흡기 질환 사망률을 비교하였다. 다른 변수들도 고려하였는데, 여기에는 인구밀도, 도시화율, 성인남성의 직업구조가 포함되었다. 호흡기 질환으로 인한 사망률이 높은 지역은 인구밀도가 높고, 도시화율이 높으며, 농업의 비중이 낮은 대신 공업과 광업의 비중이 높은 것으로 나타났다.

위의 두 표로부터 파악할 수 있는 점은 북부 공업 지역과 남부 농업 지역 간에 두드러진 환경적 격차가 존재한다는 사실이다. 하지만 이 표들만 가지고는 호흡기 질환이 좁은 의미에서의 업무상 재해인지 자세하게 파악할 수 없다. 도시에 거주하는 인구의 비율이 높고 인

표 7-14 일부 주의 호흡기 질환 사망률과 인구밀도, 도시화율, 직업구조, 1848-1854년

지역	10만명당 사망자	제곱마일당 인구	도시화율 (%)	성인남성의 직업				
				농업	광업/채석업	직물공업	금속공업	기타 제조업
링컨셔	367	147	26	50.8	0.1	0.2	1.1	0.3
헤리퍼드셔	444	149	25	54.2	0.9	0.3	0.8	0.4
케임브리지셔	495	215	31	49.9	0.0	0.1	0.6	0.6
체셔	558	391	48	25.4	3.1	15.3	2.6	1.9
웨스트 라이딩	577	508	46	15.8	5.2	26.4	8.8	1.4
랭커셔	722	1,003	66	10.7	4.2	23.3	5.1	2.1
전국	569	307	50	26.5	4.4	7.1	4.4	2.2

자료: PP(1857-1858) [2415], 31쪽 표 7.

구의 밀집도가 높은 주거환경이 호흡기 질환을 일으킨 것인지, 공업과 광업이 지배적인 고용구조가 질병의 기본 원인인지 확정을 할 수 없는 것이다. 또한 공업과 광업의 여러 직업 중 어느 것이 더 호흡기 질환에 노출되어 있는지도 이 표만 가지고서는 확실하게 파악할 수 없다. 다만 북부 공업 지역이 남부 농업 지역에 비해 전반적으로 호흡기 질환에 취약하다는 점을 알 수 있을 뿐이다. 이 표가 지닌 또 하나의 한계는 주 단위의 자료라는 점이다. 북부 공업 지역에 위치한 주에서도 공업도시와 주변의 농촌 지역 간에는 큰 차이가 존재할 수 있다는 점을 놓칠 위험을 안고 있다.

〈표 7-15〉는 지역을 세분하여 전국을 628개 구역으로 구분한 분석을 보여준다. 도시 지역, 즉 도시화율이 최저 76%에서 최고 100%인 12개 구역을 선정한 후, 남성과 여성을 구분하여 호흡기 질환 사망률을 구역별로 보여준다. 어느 구역에서건 성별 차이는 남성이 여성보다 많은 공통적인 양상을 나타냈다. 남녀를 불문하고 리버풀이 가장 높은 사망률을 기록하였다. 구역별로 도시화율에 실질적 차이가 없으므로 다른 두 변수, 즉 인구밀도와 가옥당 거주자 수에 주목할 필요가 있다. 제곱마일당 인구는 조사된 도시 가운데 리버풀만이 압도적으로 높았고, 다른 도시들은 사망률과 일정한 관계를 나타내지 않았다. 가옥당 거주자 수는 사망률과 약간의 상관성을 보여주었다. 그러나 이 변수 역시 사망률의 확정적인 원인으로 보기에는 무리가 있다. 종합하자면, 인구밀도와 가옥당 거주자 수로 살펴본 주거환경은 호흡기 질환으로 인한 사망률에 약간의 영향을 미친다고 추측된다.

표 7-15 일부 구역의 남성과 여성의 호흡기 질환 사망률, 1848-1854년

구역	호흡기 질환 사망률(10만명당)		도시화율 (%)	제곱마일당 인구	가옥당 거주자
	남성	여성			
Hull	589	525	100	17,750	5.0
Plymouth	657	569	100	20,441	9.6
Portswa Island	678	558	100	5,914	5.6
Gravesend	684	516	100	6,908	6.0
Newcastle-on-Tyne	691	594	98	8,034	8.2
Ipswich	691	615	100	2,497	4.7
Stoke Damerel	704	525	100	10,266	9.8
West Derby	731	632	76	1,940	6.1
London	758	593	100	19,375	7.7
East Stonehouse	973	527	100	19,913	10.2
Bristol	979	742	100	22,858	7.1
Liverpool*	1,062	939	100	74,446	7.2
전국	569	535	50	307	5.5

주: *리버풀은 1849-1854년 자료.
자료: PP(1857-1858) [2415], 59쪽 표 28.

폐결핵, 비결핵성 폐질환과 직업

호흡기 질환, 특히 폐결핵이 직업과 관련되어 있다는 혐의는 광범위하게 받아들여졌다. 당시 지방위원회(Local Board)의 위원장으로서 공중보건 개혁에 적극적으로 나섰던 그린하우(Greenhow) 박사는 실내에서 작업을 하는 직업이 폐결핵에 취약하다고 주장하였다.[44] 교도소와 병영과 같이 많은 사람이 비좁은 실내공간을 사용하는 환경에서 이 질병에 걸리는 환자가 많다는 주장도 강력하게 제기되었다.

육군의 위생 상태를 조사하기 위해 조직된 위원회의 보고 내용을

44 PP(1857-1858) [2415], xxiii쪽.

사례로 들어보자. 병사들의 연령대에 속한 인구를 기준으로 할 때, 24개 대도시에서 폐질환으로 사망하는 사람은 1,000명당 6.3명이었는데, 이와 대조적으로 기병은 1,000명당 7.3명, 보병은 10.2명, 근위병은 13.8명을 기록하였다. 모든 질병에 의한 사망 가운데 폐질환에 의한 사망의 비율이 육군은 57%, 근위병은 68%를 나타냈다. 이 수치는 매우 놀라운 것이었다. 왜냐하면 대도시의 거주자에 비해 병사의 평균적 의식주 수준이 결코 낮지 않았기 때문이다. 이에 따라 환기가 잘되지 않는 비좁은 실내에서 활동하는 시간이 많다는 것이 병사들의 높은 폐질환 사망률의 원인이라는 추측이 설득력을 얻었다.[45]

1857-1858년의 의회 보고서에서는 프랑스의 저명한 내과의사 보들로크(Baudelocque)가 1832년에 이 질병이 거의 전적으로 환자 거주시설의 공기와 관련되어 있다고 주장하였음을 기술하였다. 즉, '햇볕이 들지 않거나 신선한 공기가 어렵지 않게 환기되지 못하도록 위치한' 주택, 달리 말하면 '작고, 낮고, 어둡고, 공기가 탁한' 주택이 발병에 좋은 조건이 된다고 밝혔다. 보들로크의 견해가 당시에 의학계에서 정설로 받아들여진 것으로 보이지는 않지만, 많은 저술에서 주거환경을 원인으로 지목하였다.[46]

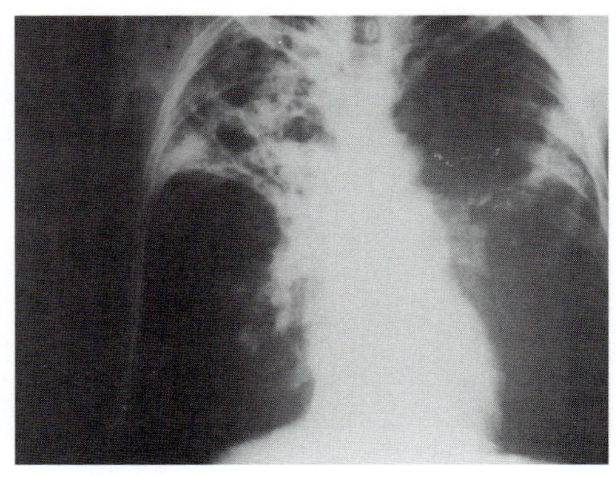

그림 7-16 폐결핵이 많이 진행된 환자의 흉부 엑스레이 사진. 오른쪽 상단에 동굴처럼 패인 부분이 보인다.
자료: CDC(http://phil.cdc.gov/phil/details.asp).

영국의 공장, 특히 공장법

45 PP(1857-1858) [2415], xxv쪽.
46 PP(1857-1858) [2415], xxv쪽.

개혁 이전의 면공장 환경이 교도소나 병영과 유사하다는 지적이 뒤를 이었고, 개선이 가져다 줄 이익에 대한 논의가 지속적으로 이루어졌다.[47]

> 공장제 하에서 남용이 만연한 상황에서 이런 해악은 휴일이 부족한 만큼, 그리고 하루의 노동시간이 긴 만큼 비례하여 무한정 커질 수 있다. 특히나 환기가 되지 않는 곳에서 장시간 일하는 사람들에게서 분명히 그러하다. 토요일에 반나절 근무가 일반화되면 언급한 해악을 줄이는 데에 크게 기여를 할 것이다. 일반적으로 말해, 노동자들에게 기분전환을 시켜주려는 고용주는, 특히 실외 운동이나 자연사를 추구할 수 있도록 해주는 고용주는 위생 개선의 위대한 후원자다.

폐결핵만이 노동자의 가슴을 아프게 하였던 것은 아니다. 비결핵성 폐질환들도 재해의 중요한 부분을 이루었다. 이에 대한 가장 정확한 척도는 20세 이상 남성의 폐병으로 인한 사망률인데, 이 수치는 10만명당 구역별로 최소 66명에서 최대 869명에 이르렀다. 이 항목의 폐질환은 직업과 가장 밀접하게 관련된 것으로 여겨졌다. 특히, 두 종류의 직업군이 비결핵성 폐질환 – 주로 폐렴 – 에 취약

그림 7-17 도기 제조업에 종사하는 노동자들은 분진을 흡입하고 온도차가 큰 환경에서 일을 하여 폐질환에 걸릴 위험이 높다고 인식되었다. 사진은 1930년대 미국의 한 도기공장에서 노동자들에 의해 그릇이 제작되는 모습.
자료: CDC/ Barbara Jenkins, NIOSH(http://phil.cdc.gov/phil/details.asp).

47 PP(1857-1858) [2415], xxiv쪽.

한 것으로 인식되었다. 첫째는 공기에 각종 분진이 섞이는 환경을 가진 직업군이고, 둘째는 기온이 갑작스럽게 변화하는 직업군이었다. 첫째 직업군에는 금속공업, 도기공업, 직물공업 등이 포함되며, 특히 납, 구리, 주석 등을 캐내는 광업이 가장 악명이 높았다. 둘째 직업군에 드는 대표적인 업종은 도기공업이었는데, 특히 겨울철에는 작업장 내의 고온과 작업장 바깥의 저온에 반복적으로 노출되면 폐렴에 걸리기 쉬웠다.[48]

폐질환의 쇠퇴

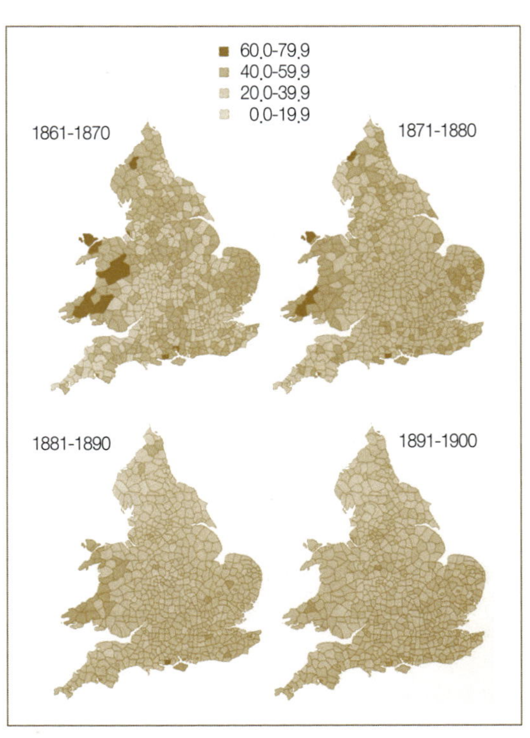

그림 7-18 25-34세의 구역별 폐결핵 사망률, 1861-1900년.
자료: Woods and Shelton(1997), 102쪽.

19세기 후반을 통해 노동자들을 고통스럽게 하였던 결핵성 및 비결핵성 폐질환은 점차 영향력이 감소되었다. 결핵균이 확인되고 그에 대한 백신이 개발되기까지는 긴 시간이 소요되어야 하였지만, 여러 제도적, 환경적, 교육적 개선을 통해 공중보건과 공장 내 위생 상태가 개선된 효과가 서서히 나타났다. 그리하여 19세기 말이 되면 과거에 비해 폐질

48 PP(1857-1858) [2415], xxvi쪽. 앞의 '호흡기 질환과 결핵' 부분도 참조하라.

환의 위험성은 과거에 비해 눈에 띄게 감소된 모습을 보이게 되었다.

〈그림 7-18〉은 1860년대에서 1890년대까지 영국의 각 구역에서 폐결핵에 의한 사망률이 어떻게 변화하였는가를 보여준다. 1860년대에는 전반적으로 사망률이 높게 유지되었고, 특히 잉글랜드 북부 지역과 웨일스에서 각별히 높은 사망률이 탐지되었다. 시간이 흐르면서 이 두 특징은 모두 약화되었다. 즉, 전국의 평균사망률은 점차 낮아졌으며, 지역 간 사망률의 차이도 줄어들어 19세기 말에는 실질적으로 지역별 격차를 찾아볼 수 없게 되었다.

7.5. 콜레라와 공중보건

콜레라의 특징과 창궐

콜레라는 엄밀한 의미에서 직업병은 아니다. 산업재해의 대상이 되는 업무상 질병은 주로 작업장 내부에서 발생하는 질병 혹은 작업 중 사고의 결과로 발생하는 질병을 주로 일컫는다. 오히려 콜레라의 발병과 확산에는 주거환경의 영향이 크다. 그러나 19세기에 노동환경과 주거환경은 서로 밀접하게 관련되어 있었으므로, 콜레라를 둘러싼 논의와 사회적 대응을 살펴보는 것은 의미가 있다.

콜레라가 영국에 처음 상륙한 것은 1831년이었다. 그 후 런던을 포함한 영국의 여러 지역에 콜레라가 빠르게 전파되었고, 이듬해에 병마가 잦아들 때까지 콜레라는 런던에서만 7,000명의 사망자가 발생하였다. 질병의 원인을 몰랐으므로 치료법과 예방법을 두고 온갖 종류의 억측과 상상이 난무하였다. 나쁜 공기와 냄새가 원인일 것이라는 추측이 많아 신선한 나뭇잎과 향이 강한 각종 허브, 향료가 들어간 차 등이 효과가 있을 것이라고 믿는 이가 많았다. 1854년이 되어서야 존 스노(John Snow)의 연구에 의해 오염된 물이 질병을 야기한다는 사실이 밝혀졌다. 그에 따라 질병의 발원지로 의심되는 우물들을 폐쇄하자 실제로 질병의 확산이 저지되는 것을 확인할 수 있었다. 최종적으로 콜레라의 원인균이 밝혀진 것은 1883년 코흐(Robert Koch)에 의해서였다.

콜레라의 원인균은 비브리오 콜레라(Vivrio Cholerae)로서, 이 균이 인체에 침입하면 16시간 내지 5일 간의 잠복기를 거쳐서 증상을 발생시킨다. 설사로 시작하여 구토, 발열, 복통이 일어나는 것이 전형적인 증상이다. 한 번 발병하면 치사율이 보통 50%를 상회한다. 콜레라가 발병하려면 1억 마리 이상의 균이 체내에 침투해야 한다는 것이 정설이다. 따라서 콜레라균으로 오염된 물이나 음식을 함께 섭취하는 것이 가장 흔한 전염경로이다.

그림 7-19 영국에 콜레라가 처음 상륙한 것은 1831년이었다. 이듬해 런던까지 질병이 확산되자 사람들은 공포에 빠졌고 온갖 종류의 반응이 나타났다. 이 그림은 각종 '보호장비'로 무장한 사람을 보여주는데, 보호장비에는 왼손에 쥔 아카시아나무, 오른손에 쥔 노간주나무, 입에 문 상수리나무, 주머니에 가득한 허브 등이다. '이런 모든 것들을 갖추면 콜레라가 제일 먼저 공격한다'고 이 풍자화의 문구에 적혀 있다.

CHOLERA.

THE
DUDLEY BOARD OF HEALTH,
HEREBY GIVE NOTICE, THAT IN CONSEQUENCE OF THE
Church-yards at Dudley
Being so full, no one who has died of the CHOLERA will be permitted to be buried after *SUNDAY* next, (To-morrow) in either of the Burial Grounds of *St. Thomas's*, or *St. Edmund's*, in this Town.

All Persons who die from CHOLERA, must for the future be buried in the Church-yard at Netherton.

BOARD of HEALTH, DUDLEY.
September 1st, 1832.

그림 7-20 교회 묘지가 가득 차서 콜레라로 사망한 시신을 받지 않겠다는 내용의 공고문. 이 공고문이 나붙은 1832년은 콜레라가 기승을 부린 해였다.

세계적으로 보면 19세기는 콜레라가 대유행을 한 시기였다. 무역과 인구의 국제적 이동이 증가하면서 주로 해로를 통해 질병이 전파되었던 것으로 이해되고 있다. 1817-1824년에는 인도와 동남아시아 및 동아시아의 중국, 한국, 일본에서 콜레라가 대규모로 창궐하여 수많은 사상자를 내었다. 1829-1837년에는 아프가니스탄, 페르시아와 유럽에서 콜레라가 크게 유행하였다. 영국도 바로 이 시기에 처음으로 이 질병의 대유행을 겪게 되었던 것이다. 다음으로 1840-1860년에도 세계 각지에서 콜레라의 대확산이 보고되었다. 1863-1875년에는 지리적으로 전 세계를 망라하는 질병으로서의 지위를 굳혔다.[49]

이렇듯 크게 본다면 1830년대에 시작된 영국에서의 콜레라 유행은 19세기 세계화의 부산물이라고 말할 수 있다. 사람과 재화와 원료와 식량의 국제적 이동이 증가하면서 병원균도 동시에 높은 이동성을 지니게 되는 것이다. 이렇게 등장한 콜레라는 영국 사회에 깊은 상처를 남겼다.

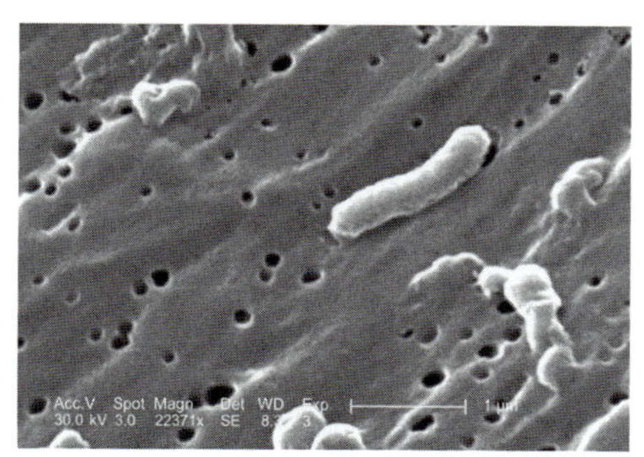

그림 7-21 2만여 배로 확대해 본 콜레라 균의 모습
자료: CDC/ Janice Carr(http://phil.cdc.gov/phil/details.asp).

콜레라의 지역적 분포

19세기 중반에 영국에서 유행한 콜레라도 티푸스와 마찬가지로 세균의 개념이 없었던 시기에는 원인 규명이 어려웠다. 1848년부터 영국 전역을 대상으로 본격적으로

49 네이버 지식백과, 질병의 사회사, 콜레라(http://terms.naver.com/ entry.nhn?cid= 204&docId= 1386868&mobile&categoryId=204).

작성된 사망 통계에는 콜레라 및 그와 비슷한 증상을 가진 이질(dysentery)과 설사(diarrhea)로 인한 사망률이 지역별로 조사되어 있다. 이 세 질병은 증상에 유사성이 많고 원인균 개념이 없던 시기였기 때문에, 개별 지역에서의 조사 과정에서 정확히 구분되지 않았을 가능성이 있다.[50] 당시의 자료도 이들 세 항목을 대장배출(alvine flux)이라는 명칭으로 합산하였다.[51] 콜레라는 연간 편차가 매우 큰 반면에 이질과 설사는 그 편차가 작았으며, 콜레라가 간헐적으로 발생하는 전염성 질병인 반면에 이질과 설사는 상시적인 풍토성 질병이었다.[52] 이런 특성을 염두에 두고 통계를 검토해보자.

1848-1856년에 대장배출로 사망한 사람은 총 23만 7,498명으로 연평균 2만 6,388명이었다. 그렇지만 이 기간 중에서 1849년과 1854년에 콜레라의 발병이 집중되어 11만 6,246명의 사망자가 발생하였다. 여름의 몇 주 동안에만 사망이 집중된 양상도 특징적이었다. 대장배출이 당대인들에게 특히 주목을 크게 받게 된 주된 이유는 1838-1842년 모든 사망 중에서 대장배출에 의한 사망이 차지하는 비중이 1.3%였다가 1847-1855년에는 다섯 배로 급증을 하였기 때문이다. 질병의 원인이 규명되지

그림 7-22 콜레라는 1830년대부터 대도시를 중심으로 주기적으로 창궐하곤 하였다. 수인성 전염병인 콜레라는 다수의 주민들이 우물을 공동으로 사용하는 지역에서 특히 발병률이 높았다.

50 그렇지만 1857-1858년의 의회 보고서에 실린 전문가의 견해를 보면, 이 세 질병을 상당한 정도 구분할 수 있었던 것으로 보인다. 예를 들어, 이 보고서에서는 설사를 감염이 없는 단순설사와 감염이 있는 특정 설사를 구분하고, 특정 설사는 콜레라와 장티푸스 등에 의한 것이라고 지적되어 있다. PP(1857-1858) [2415], xi쪽.

51 또는 설사성 질환(diarrhoeal disease)이라고 불렀다. PP(1857-1858) [2415].

52 PP(1857-1858) [2415], xii쪽.

표 7-16 영국 지역별 콜레라, 이질, 설사로 인한 사망률(10만명당), 1848-1854년

지역	남성				여성			
	콜레라	이질	설사	합계	콜레라	이질	설사	합계
전국 평균	67	14	89	170	66	13	81	160
런던	166	11	117	294	160	8	100	268
남동부	48	10	71	129	44	7	66	117
남중부	39	6	74	119	37	6	67	110
동부	29	5	70	104	24	4	60	88
남서부	43	8	46	97	40	8	41	89
중서부	45	12	108	105	42	11	97	150
북중부	15	8	66	89	13	8	61	82
북서부	67	30	149	246	70	27	136	233
요크셔	64	26	93	183	62	28	89	179
북부	100	10	71	181	107	8	68	183
먼머스셔와 웨일스	71	8	38	117	65	7	35	107

자료: PP(1857-1858) [2415], 94쪽 표 59.

않고 정확한 예방법이나 치료법이 제시되지 못한 상황에서 이 질병군의 급속한 확산은 사람들에게 큰 우려의 대상으로 다가왔다.

〈표 7-16〉을 보자. 전국적으로 콜레라는 10만명당 약 67명꼴로 발생하였으며, 남녀 사망률은 비슷하였다. 여기에 증상이 비슷한 이질과 설사까지 포함하면 전국적으로 10만명당 165명이 이 질병으로 사망하였다. 지역별로 보면 런던이 163명(이질과 설사를 포함하면 281명)으로 가장 많았고, 북부가 104명(이질과 설사를 포함하면 182명), 북서부가 69명(이질과 설사를 포함하면 240명), 그리고 요크셔가 63명(이질과 설사를 포함하면 181명)으로 뒤를 이었다. 콜레라로 인한 사망률이 가장 낮았던 순서로는 북중부의 14명(이질과 설사를 포함하면 74명), 동부의 27명(이질과 설사를 포함하면 79명), 남중부의 46명(이질과 설사를 포함하면 94명)

표 7-17 영국 구역별 콜레라, 이질, 설사의 사망률(10만명당), 1848-1854년

구역	남성				여성			
	콜레라	이질	설사	합계	콜레라	이질	설사	합계
Liverpool	330	43	267	640	385	31	269	685
Hull	375	59	149	583	335	49	151	535
Merthyr Tydfil	398	16	109	523	409	14	125	548
Leeds	200	73	216	489	230	74	193	497
Sculcoates	232	59	192	483	233	59	155	447
Coventry	93	80	303	476	78	56	251	385
Newcastle-on-Tyne	270	15	130	415	293	12	120	425
Wolverhampton	207	15	191	413	193	16	183	392
Plymouth	272	24	109	405	260	32	97	389
Manchester	57	45	288	390	67	37	236	340

자료: PP(1857-1858) [2415], 95쪽 표 60.

의 순이었다. 인구밀도가 높고 가옥이 밀집된 런던과 북부 공업 지역이 이 질병에 취약하고 농촌의 비중이 높은 남부 지역과 동부 지역, 그리고 일부 북부 지역에서 사망률이 낮았음을 확인할 수 있다.

지역별 구분은 콜레라 및 유사질병의 위험성이 심각하지 않다는 인상을 주기 쉽다. 지역을 세분하여 구역, 즉 개별 도시 단위로 살펴보면 상황은 달리 보이게 된다. 〈표 7-17〉은 콜레라, 이질, 설사의 사망률 합계가 영국에서 가장 높은 10개 구역의 자료를 보여준다. 가장 사망률이 높았던 도시는 리버풀이었다. 인구 10만명당 663명이 대장 배출 증상을 보인 후 사망하였는데, 그 가운데 콜레라로 확정된 수가 1만명당 358명이었다. 다음으로 잉글랜드 북부의 헐과 웨일스 남동부의 머서티드빌의 순이었다. 모두가 단기간 내에 빠르게 도시가 확장된 공업 지역이었다. 10위 안에 들어 있는 대부분의 도시도 공업 지역이라는 공통점을 보인다.

콜레라의 퇴치

콜레라의 궁극적인 퇴치는 콜라라 균이 확인된 1880년대 이후에야 가능하였다. 그러나 이 시점 이전에도 콜레라를 무력화하려는 시도는 다양하게 이루어졌다. 특히, 많은 시행착오를 통해 콜레라가 전염성이 큰 병이라는 점이 밝혀지고 1850년대에 수인성 전염병이라는 주장이 대두하면서, 콜레라에 대한 사회의 대응능력도 한결 높아졌다. 공중위생이 콜레라에 대한 최선의 방어책이라는 사실은 19세기 중반 영국의 지역들이 경험한 방역효과를 통해 확인할 수 있다.

1853년 콜레라가 영국의 여러 지역을 휩쓸었을 때 북부 지방 노섬벌랜드(Northumberland) 주의 소도시 타인머스(Tynemouth)는 병마로 인한 참화를 피할 수 있었다. 타인머스는 대도시인 뉴캐슬(Newcastle)에서 13km밖에 거리가 떨어지지 않았고, 철로와 수로로 연결되어 있고, 많은 사람이 두 도시를 오갔기 때문에, 타인머스의 사례는 우리에게 특별히 흥미로운 사례가 된다. 1853년 콜레라가 유행하자 뉴캐슬에서는 2,000명에 육박하는 주민이 목숨을 잃었지만, 타인머스에서는 4명만이 콜

그림 7-23 1860년대에 촬영된 스코틀랜드의 공업도시 글래스고(Glasgow)의 저소득층 거주지 모습. 좁은 골목과 낡은 담벼락과 창 밖으로 걸려 있는 빨래가 인상적이다.

레라에 희생되었다. 타인머스가 콜레라의 광풍을 피할 수 있었던 데에는 1851년부터 여관과 도살장의 규제 및 신규 도로와 가옥 건설에 대한 규제를 강력하게 실시하였기 때문이었다. 앞에서 언급하였던 그린하우(Greenhow) 박사의 묘사를 참조해보자.[53]

> 가옥을 새로 건축할 때에는 쾌적하고 환기가 잘 되도록 적절한 설비가 갖추어지는가에 대해 주의를 기울였다. 주택의 담벼락에 잿더미를 쌓지 못하도록 하였고, 적절한 문짝과 덮개가 갖추어지도록 하였다. 하수구가 있는 경우라면, 집에서 배출되는 오물은 하수구로 흘러들도록 하였다. 새로 길을 내는 사람들은 모두 집에 뒷문을 내도록 하였으며, 오수가 예전에는 지하로 흘러나가게 하였지만, 대신 이제는 집 뒤쪽으로 배수구를 내도록 하였다.

그림 7-24 도시의 저소득층은 오염에 취약한 공동우물에서 물을 길어다 먹어야 하였다. 이 그림에는 오염된 식수를 통해 죽음이 확산된다는 내용이 담겨 있다.

1853년 뉴캐슬에서 콜레라로 인한 첫 사망자가 발생하자 다시 한 번 타인머스에서는 엄격한 조치가 내려졌다.[54]

> 여러 사람이 사용하는 시내의 여관들에게 48시간 내에 회칠을 하고 청소를 하라는 명령

53 PP(1857-1858) [2415], xii-xiii쪽.
54 PP(1857-1858) [2415], xiii쪽.

이 떨어졌고, 모두 이 명령은 철저히 지켜졌다. 수많은 수레와 인력이 곧바로 동원되어 시내의 모든 마당, 골목길, 뒷길을 청소하였다. 거친 덩어리들을 치우고 나서는 강 위에 띄운 소방차를 이용하여 물줄기를 강력하게 뿌려 마무리를 하였다. 이렇게 모든 마당과 골목들이 깨끗하게 청소된 후에 회칠을 하였다. 빈민들이 사용할 수 있도록 생석회를 시내 곳곳의 편리한 지역에 쌓아두었다. 이 비용은 보건위원회(Board of Health)가 부담하였다. 지역 당국은 과거에 콜레라가 발병하였던 동네를 찾아가 주민들에게 생석회를 자유롭게 가져다 사용하라고 독려하였다. 부서진 통로는 수리하였고, 하수도 뚜껑이 잘 맞지 않으면 손질을 하였고, 염화석회를 넉넉하게 뿌려 … 소독을 하였다. 14일 동안에 주어진 상황에서 이룰 수 있는 가장 위생적인 도시 상태를 만들었다. 이 짧은 기간에 사람들의 거주지 인근으로부터 수레 1,500대분의 분뇨를 내갔다. 이 모든 작업에 든 비용은 230파운드였는데, 나중에 분뇨를 팔았으므로 결국 200파운드 이하가 되었다.

이런 규모의 예방비용은 콜레라가 유발한 사회적 비용에 비하면 무척 적었다. 콜레라가 기승을 부린 후 4년 동안 희생자의 유가족에게 생계를 위해 지급된 비용이 7,500파운드였다. 뉴캐슬과 게이츠헤드(Gateshead)에서는 콜레라가 초래한 직접적 및 간접적 비용이 4만 파운드였다고 추계되었다. 이 수치는 무역의 중단 등으로 발생한 엄청난 손실은 제외하고 산정한 수치였다.[55]

콜레라에 대한 최선의 대응책이 공중위생이라는 점에 점차 많은 사람들이 동의를 하게 되었다. 런던 남부의 두 지역에서 관찰된 양상도 이런 주장에 힘을 실어주었다. 특히, 콜레라가 식수와 밀접하게 관

55 PP(1857-1858) [2415], xii쪽.

련되어 발생한다는 사실이 확인된 계기이기도 하였다. 1853-1854년에 콜레라가 맹위를 떨쳤을 때에 이 두 지역은 상이한 품질의 식수를 공급받았다. 한 지역은 양질의 물을 식수로 이용할 수 있었던 반면에 다른 지역은 저급한 물을 공급받았다. 서로 인접해 있는 이 두 지역은 식수의 품질을 제외하고는 주거환경 및 사회적 여건이 거의 동일하였다. 당시의 통계는 저급 식수를 음용한 지역이 양질의 식수가 공급된 지역에 비해 3.5배의 사망률을 보여주었다(130명 대 37명).

이 수치가 놀라운 이유는 과거와 정반대의 양상이었기 때문이다. 1848-1849년 콜레라가 유행하였을 때에는 사망자가 611명 대 1,925명이었는데, 가장 중요한 이유는 1853-1854년에 양질의 물이 공급된 지역이 이 시기에는 저급한 물을 공급받았고, 1853-1854년에 하급수를 공급받은 지역이 이 시기에는 양질의 물을 공급받았기 때문이었다.[56]

두 사례를 통해 살펴본 것과 같이, 콜레라에 대한 이해가 깊어지면서 공중위생의 개선과, 특히 수도시설의 확충으로 콜레라의 확산을 크게 줄일 수 있다는 인식이 확산되었다. 개혁가들이 주도하여 제정한 공중위생 개혁입법은 각 지역에서 전염병에 취약한 지역을 실질적으로 줄일 수 있는 행정적, 재정적 기초를 마련해 주었다. 정부에 의해 임명된 해당 분야 관리들의 열성적 노력과 지방 당국의 협력이 결합한 경우 시너지 효과가 뚜렷하게 나타났다. 의학적으로는 병원균이 분리되고 백신이

그림 7-25 크룩생크의 그림에 나타난 것과 같이 템스 강은 오수들이 유입되어 심하게 오염되었다. 이 문제를 해결하기 위해 대규모 정화사업이 진행되어야만 하였다.

56 PP(1857-1858) [2415], xiv쪽.

개발되어야만 콜레라로부터 인류가 해방이 될 수 있었지만, 19세기 영국이라는 구체적인 역사 상황에서는 수많은 사람들의 경험과 관찰과 비교를 통해, 그리고 끊임없는 시행착오를 동반한 실험적 시도를 통해, 병마가 끼치는 사회적 비용을 크게 줄일 수 있었다.

공중위생과 사망률의 감소

19세기 중반 이후 영국 사회는 질병으로 인한 사망률의 장기적 감소를 이루었다. 이런 성과를 거둔 데에는 다양한 요인이 작용하였다. 질병에 대한 과학적 이해가 증가한 것, 시행착오를 통해 질병의 실질적 확산력을 약화시킨 것, 개혁입법과 같은 제도 개선을 통해 공중보건이 개선된 것, 사회구성원들의 방역에 관한 인식이 개선된 것, 소득의 증가에 따라 생활수준이 향상되어 면역력이 커진 것, 질병에 따라 치사율이 낮아진 현상이 발생한 것, 의료기술 발달의 혜택이 확산된 것 등이 모두 부분적으로 작용을 하였다. 어떤 요인이 더 큰 기여를 하였는가에 대해서는 논쟁이 여전히 진행 중이지만, 질병의 발생과 그로 인한 사망률이 눈

그림 7-26 1840년대 런던에서 하수관을 매설하는 작업이 직행되고 있다. 이런 개선을 통해 수인성 전염병의 발병이 크게 줄어들었다.

그림 7-27 영국 25-34세 인구의 질병별 사망률 변화, 1861-1900년

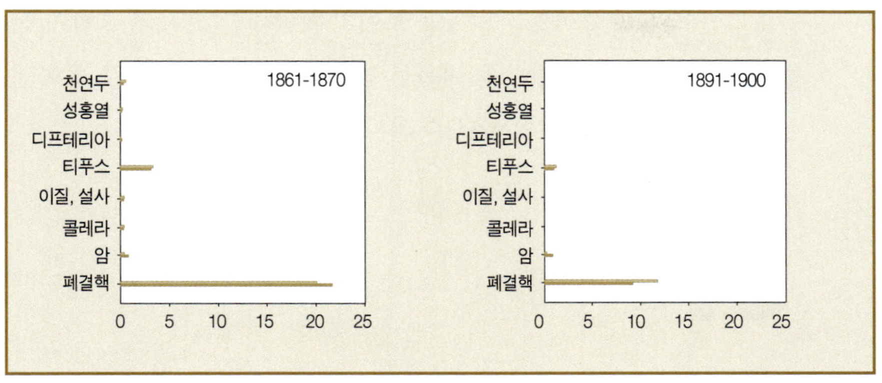

자료: Woods and Sheldon(1997), 35쪽.

에 띄게 낮아졌다는 데에는 이견이 없다.

〈그림 7-27〉은 1860년대에서 1890년대에 이르는 기간에 사망률의 감소 추세를 질병별로 보여준다. 이 책에서 우리가 주목해서 살펴본 질병들, 즉 티푸스, 이질과 설사, 폐결핵, 콜레라의 추세를 확인해보자. 티푸스는 1860년대까지 적지 않은 사망자를 냈지만 1890년대에는 실질적으로 사라졌다. 이질과 설사도 1860년대와 달리 1890년대에는 사망자를 찾기 어렵다. 폐결핵은 단일 질병으로는 1860년대에 가장 많은 사망자를 냈는데, 이런 사실은 1890년대에도 변함이 없다. 그렇지만 발병률 자체는 거의 절반으로 줄어들었음을 확인할 수 있다. 마지막으로 콜레라는 1860년대에 다소의 영향력을 발휘하고 있었으나, 1890년대에는 실질적으로 사라졌다.

정리하자면, 산업혁명의 시기에 맹위를 떨치고 19세기 중반까지도 많은 환자와 사망자를 냈던 질병들이 19세기 후반을 거치면서 다양한 요인에 의해 영향을 받아 역사 속으로 점차 사라져가게 되었다.

질병에 따라 소멸의 속도가 달랐고, 또 어떤 질병 – 예를 들어, 암 – 은 이 기간에 전혀 줄어드는 양상을 보이지 않았지만, 19세기 후반이 산업사회를 살아가는 인류를 괴롭힌 많은 질병을 성공적으로 몰아낸 시기라는 사실에는 이의를 달 수 없다.

7.6. 결론

앞 장들에서 우리가 굴뚝청소업, 직물공업, 탄광업, 철도업 등 업종 중심으로 산업재해와 그에 대한 대응방법의 진화 과정을 살펴보았다면, 이 장에서는 개별 질병을 기준으로 하여 산업재해 이슈를 논의하였다. 시각장애와 티푸스, 폐질환, 콜레라가 논의의 대상이었다. 질병에 따라 작업장 내의 노동 과정에서 질병이 주로 발생하는 경우도 있었고, 생활 여건과 생활 방식이 발병과 병의 확산에 큰 영향을 주는 것으로 나타난 경우도 있었다.

이 장에서 논의된 여러 질병들이 의학적으로는 병원균이 분리되고 백신이 개발되어야만 인류가 해방이 될 수 있었지만, 19세기 영국이라는 구체적인 시공간에서는 수많은 사람들의 경험과 관찰과 비교를 통해, 그리고 끊임없는 시행착오를 동반한 실험적 시도를 통해, 병마가 끼치는 사회적 비용을 크게 줄일 수 있었다. 단일한 방법으로 문제에 대한 해결책을 찾은 것이 아니라, 질병의 종류에 따라 그리고 발병의 원인과 발병량에 따라 다양한 접근방법이 존재하였다.

질병에 대한 대응은 의학적으로만 이루어진 것이 아니었다. 재해를 입은 노동자에게는 치료와 재활을 위해 재정적 지원책을 마련하

그림 7-28 시각장애아 교육을 위해 세워진 학교.

는 것이 필요하였고, 새로 직업훈련을 받을 수 있도록 해주는 것도 중요하였다. 특히, 공중보건의 개선은 현실에서 이 질병들의 전파력과 파괴력을 감소시키는 데에 결정적인 중요성을 가졌는데, 공중보건의 개선은 다양한 정치적, 사회적, 법률적, 문화적 요인들에 의해 영향을 받으면서 이루어질 수 있었다.

분석과 검토

제8장 산업재해의 탄생과 진화 과정
제9장 맺는 말

제8장

산업재해의 탄생과 진화 과정

8.1. 전통적 해석들

8.2. 법적 해석과 사회적 담론의 변화

8.3. 산재보험과 복지국가

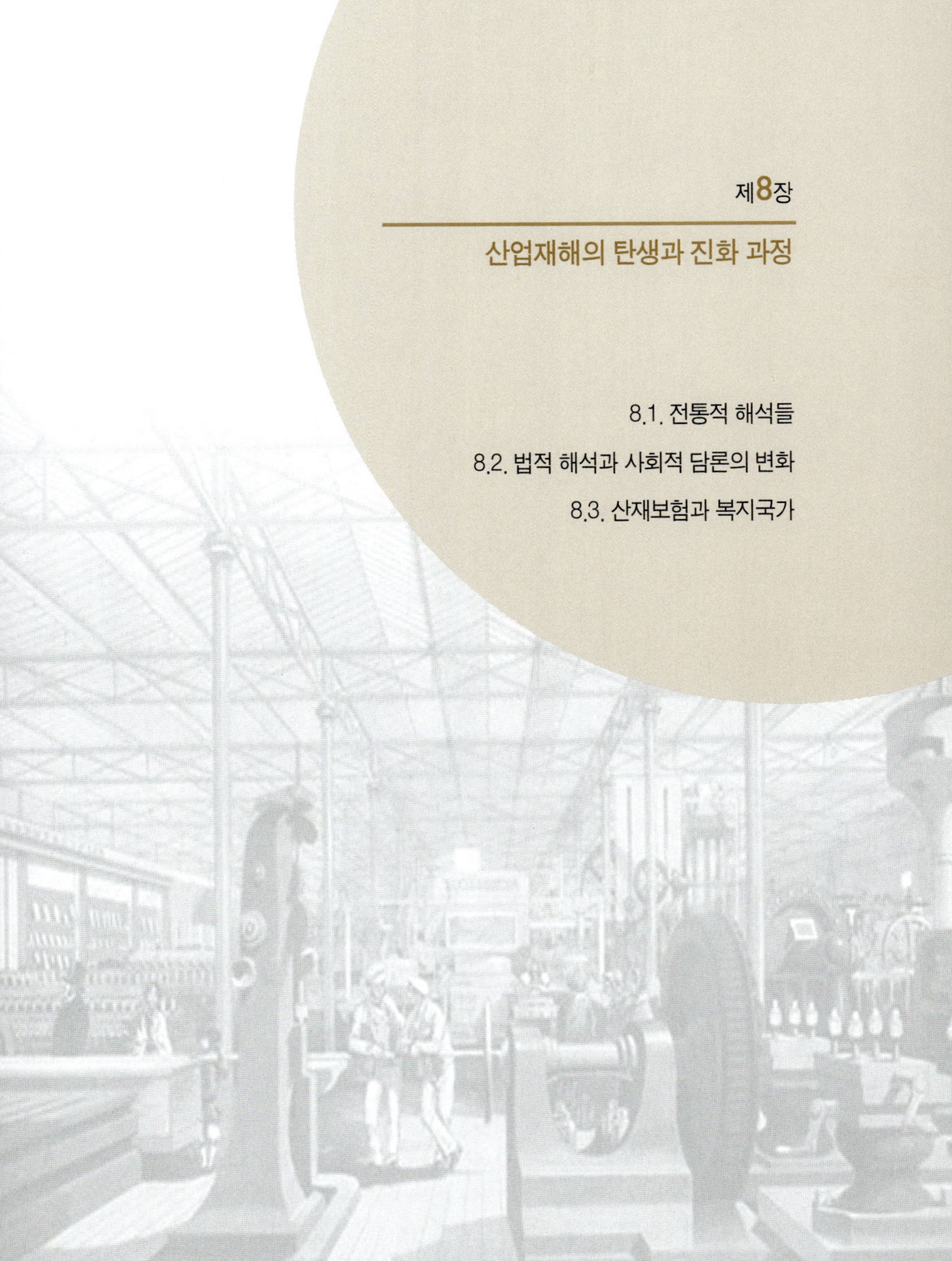

8.1. 전통적 해석들

휘그적 해석

작업 중 발생하는 사고와 질병을 노동자 개인의 책임으로 여기던 사회로부터 사회가 책임을 떠맡아야 할 산업재해의 문제로 인식하는 사회로의 전환은 역사적인 의미가 매우 큰 사건이었다. 이 전환으로 인해 수많은 노동자와 사회구성원의 후생에 변화가 발생하였고, 산업재해를 줄이고자 하는 사회적 노력도 지속적이고 체계적으로 바뀌었다. 전통적 사회에서 근대적 사회로의 변화가 무르익게 된 것을 상징하는 역사적 과정이라고 평가할 만한 대변화였다.

이 대변화가 발생한 과정을 어떻게 이해할 것인가? 이 문제는 단지 산업재해의 역사를 이해하는 시각에만 관련된 것이 아니라, 동시대에 발생한 일련의 변화, 즉 공장법 개혁, 빈민법 개혁, 공중보건 개혁, 사법행정 개혁, 경찰 개혁, 교육 개혁 등을 포함하는 사회적 및 정치적 제반 변화를 어떻게 이해할 것인가라는 문제와 맞닿아 있다. 동시에 정부 구성의 변화, 새로운 사상적 조류의 대두, 정부 운영 형태와 여론 형성 과정의 변화 등이 모두 관련되어 있다. 이 장에서는 산업재해의 탄생과 진화 과정에 대한 역사적 해석들을 재검토하기로 한다.

그림 8-1 휘그적 역사 해석은 탄광노동자의 노동조건 개선을 진보를 향한 개혁이라는 관점에서 보았다.

이 시기 영국 사회의 변화에 대한 가장 대표적인 해석은 이른바 '휘그적 역사 해석'이다. 이 견해는 영국 사회의 변화를 개인의 권리와 자유가 신장되는 방향으로 이루어진 진보의 과정이라고 본다. 복지정책의 발달사를 연구하는 학자들은 헨리크(Ursula Henrique)의 저술이 대표적으로 휘그적 해석을 담은 것으로 평가한다.[1] 그가 저작에서 표현한 바와 같이 휘그적 해석은 벤담주의(Benthamism) 관점에서 행정조직의 발달을 인식하고 있으며, 산업혁명이 제반 변화를 이끌게 된 핵심적 동력이라고 보았다. 보다 자세히 보자면, 1832년 의회개혁 이전의 영국 정치 체제는 새로 부각되기 시작한 사회적 문제에 대해 해결책을 제시할 능력을 보유하지 못하였으며 해결의 의지도 갖지 않았다. 산업혁명으로 인해 변화된 환경은 정치 체제에도 변화를 요구하게 되었고, 그에 따라 행정 체제의 개혁 문제가 정치 체제에 더 이상 보조적인 상태로 남지 않고, 본질적인 중요성을 지닌 문제로 부상하게 되었다. 공장법, 공중보건, 교육 등의 개혁은 이런 변화의 연장선에서 이해될 수 있다.[2]

그림 8-2 산업화 속에서 급변하는 사회는 수많은 사회적 갈등을 초래하였다. 그림은 1842년 스톡포트(Stockport) 폭동 때에 빈민들에게 빵을 나눠주는 모습.

헨리크의 이러한 역사 해석은 훗날 페이비언 역사가들에 의해 수용되었다.[3] 19세기 초중반을 '개혁의 시대'(Age of Reform), '근대국가의 기원'(Origin

1 Henrique(1979).
2 Henrique(1979), 5-6쪽. 또한 Mandler(1990), 110-199쪽도 참조.
3 대표적으로 Sidney Webb과 Beatrice Webb의 작업들.

of Modern State), '진보의 시대'(Era of Reform)로 보는 수많은 19세기 말과 20세기 역사 연구들과 궤를 같이 하는 것이다.[4] 휘그적 역사 해석의 이런 흐름은 프레이저(Derek Fraser)의 저서를 포함해 오늘날의 대표적인 사회보장사 교재로도 고스란히 전해 내려오고 있다.[5]

토리적 해석

'토리적 역사 해석'은 휘그적 역사 해석이 목적론적이고 일원론적이라고 비판을 가한다. 토리적 역사 해석에 따르면, 19세기 영국의 사회입법은 사회적 병폐를 해결해야 한다는 인도주의적인 사회 여론이 형성되고 확대된 결과였다고 본다. 즉, 사전에 기획되고 체계적으로 집행된 정책의 결과로 사회 개혁이 발생한 것이라고 볼 수 없으며, 당면한 현실적 문제를 극복하고자 하는 그때그때의 대응이 축적되어 만든 결과라는 것이다.[6]

토리당은 일정한 수준의 통일된 정치이념과 사회적 색채를 지니고 있었지만, 1830년대 이래 여러 분파가 각자의 차별성을 보여왔다. 산업재해와 관련된 개혁들은 전통적 토리와 급진파 토리 등 분파들의 이해가 일치되는 부문이었다고 역사가들은 밝혀왔다. 이에 따르면 온정주의(paternalism)를 강하게 보유하고 복음주의적 성향이 뚜렷한 전통적 토리와 반(反)공장 정서가 강한 급진파 토리가 새로 사회문제로 부각되고 있는 사안들을 해결해야 한다는 데에 의견을 모아

4 Eastwood(1994), 191-192쪽.
5 Fraser(2009). 이와 달리 근래의 연구들 가운데에는 18세기에도 이미 의회를 통해 개혁적 입법이 마련되고 있었다는 점을 강조하는 주장도 있다. 예를 들어, Innes(1990), Langford(1991).
6 토리적 역사 해석의 대표적 예로는 MacDonaugh(1958), Roberts(1959).

그림 8-3 1862년 그림에 공동우물에 물을 길기 위해 줄을 선 하층민들의 모습이 묘사되어 있다. 토리적 역사 해석은 공중위생 문제와 같은 현실적 사회 문제를 타개하기 위한 사회적 인식이 개혁을 가져온 원동력이라고 보았다.

개혁 법안에 지지를 보낸 결과였다. 예를 들어, 로버츠(David Roberts)는 공장법 개혁의 역사를 연구하고 '벤담주의자들은 1933년 공장법에 포함된 개혁을 주도하지 않았으며, 법의 개혁요소의 기원은 오슬러나 애쉴리(Anthony Ashley)와 같은 복음운동 또는 토리파 운동에 있었다'고 주장하였다.[7] 역사의 과정을 '진보'라고 규정하는 데에 거부감을 가진 토리적 해석은 개별적 개혁이 이루어진 상황적 및 진행 과정상의 특수성을 강조하는 경향이 강하였다.

마르크스적 해석과 이해집단 해석

휘그적 해석이나 토리적 해석과 노선을 달리하는 해석도 있다. 대표적으로 마르크스의 영향을 받아 산업재해 개혁에 대해 계급적인 해석을 제시하는 논자가 있다. 예를 들어, 공장법의 개혁에 대규모 공장의 소유주들이 찬성을 표한 사례가 많았다는 사실을 둘러싼 논의를 보자. 이에 대해 마블(H. P. Marvel)은 신형 방적기를 설치하고 증기력을 주로 사용한 대공장은 아동노동의 필요성이 작았는 데 반해서, 규모가 작은 전통적 면공장은 여전히 아동노동에 크게 의존하였다는 점에 주목하였다. 공장법 개혁이 아동노동의 고용을 제한함으로써 소공장주에게 타격을 입힐 수 있으리라 대공장주가 기대하였다고 마

7 이영석(1994), 184쪽. 또한 Roberts(1959).

블은 추정하였다.[8]

아마도 유사한 해석이 면공장 이외의 다른 업종의 개혁에 대해서도 응용될 수 있을 것이다. 탄광업에서도 기계화가 진전된 대탄광 소유자와 사람과 말에 많이 의존하는 소탄광 소유자 간에 이해관계의 차이가 존재하였을 수 있다. 이와 같은 설명은 업종 내에서 이해관계가 다른 집단들이 개혁에 대하여 어떤 의견을 보이고 구체적으로 어떤 방식으로 영향력을 행사하였으며 어떤 효과를 보았는지에 관심을 갖도록 하는 장점이 있다. 이익집단 간의 상호작용을 통해 사건의 진행을 분석하는 올슨(Mancur Olson)류의 연구와 통한다고 볼 수 있다.[9]

통계혁명

이상의 연구들과 다른 새로운 해석으로 19세기 전반에 정부가 운영되는 방식 내지 정부의 지식이 축적되는 방식의 변화에 주목하는 견해도 있다. 이에 따르면 19세기 전반을 거치면서 사회입법이 이루어지는 방식에 중대한 변화가 발생하였다. 이는 정부가 작동하는 통치 기제에 변화가 생겼다는 의미인데, 특히 의회가 활동력 자체를 증대시켰다기보다 왕립위원회와 자칭 관료집단의 활동력이 의회에서 압도적 영향력을 발휘하였다고 보는 것이 타당하다. 이들이 방대한 정보를 수집하고 의회에 이를 체계적으로 보고하는 조직과 기능이 확대되었다는 점을 강조한다.[10]

이 견해에 대해 자세히 살펴보자. 1800년 이전에도 의회가 특별

8 Marvel(1977), Nardinelli(1980).
9 Olson(1971).
10 Eastwood(1994), 192-193쪽.

위원회를 구성하여 자료를 수집한 사례가 없지 않았다. 이런 자료 수집은 주로 인구, 빈민법, 범죄 등 사회조사의 성격이 강하였다. 그렇지만 이렇게 수집된 자료는 입법 활동으로 직접 연결되지 않았다는 점에서 19세기와는 중요한 차이를 보였다. 1800년 이후가 되어서야 의회가 정기적으로 방대한 양의 사회 통계를 수집하게 되었다.[11] 특히, 1833년 릭만(John Rickman)의 주도로 무역위원회에 통계부가 설립되면서 통계 수집 작업은 체계화되었다.[12]

그림 8-4 1820년 롤랜드슨의 그림에 굴뚝 청소 아동이 상류층 여인에게 구걸을 하는 모습이 묘사되어 있다. 빈곤과 빈부격차는 19세기 영국 사회를 뜨겁게 달군 사회적 이슈였다.

변화는 개혁 주도 세력의 특성에서도 찾아볼 수 있다. 1820년 이전에는 개혁 이슈를 공론화하고 입법으로 이끄는 데에 있어서 자발적 조직과 개별 개혁가의 역할 그리고 일반 의원의 입법 노력이 주된 동력으로 작용하였다. 그렇지만 1830년 이후에는 개혁 에너지가 훨씬 폭이 좁은 준관료적 엘리트로부터, 공식적 보고서를 매개로, 의회 지도자의 주도에 의해 전달되는 방식이 자리를 잡았다.[13] 1830년대부터 준관료집단의 공식적 조사의 기제가 정치적 반대파를 무력화하고 정보에 대한 접근성을 확보함으로써 정부의 강력한 통치수단으로 등장하였던 것이다. 1832-1834년의 빈민법 개정이 가장 대표적인 사례라고 볼 수 있다.[14]

11 인구센서스가 1801년부터 10년 단위로 이루어진 사실도 기억하자.

12 Brown(1958), 27-29쪽.

13 이 새로운 유형의 관료층을 '은폐된 정치가'(statesmen in disguise)라고 부르기도 하였다.

14 Brundage(1978), 15-104쪽; Eastwood(1989), 277쪽; Song(1998).

앨토프 경은 1832년 빈민법 왕립위원회의 보고서와 이전의 보고서들을 비교하면서 중대한 차이점을 발견하였다. 이전에 간헐적으로 진행된 특별위원회 조사의 경우 대부분의 정보가 '증언을 하기 위해 통상 자발적으로 나온 신사들에 의해' 제공되었는데, 이런 정보는 '사실과 매우 다르고 [사적] 견해와 이론에 의해 크게 오염된' 것이었다. 이와 달리 빈민법 왕립위원회는 총 15권에 이르는 방대한 분량의 체계적이고 종합적인 증언과 주장들을 담고 있다고 보았다. 이후의 역사가들이 논쟁을 통해서 밝힌 사실은, 왕립위원회의 보고서 역시 위원들이 원하는 주장을 곳곳에 담고 있으며, 증언도 필요에 따라 선별되었고, 전체적으로 개혁 목표에 맞추어 종합적으로 조율되었다는 사실이었다. 그러나 당시에 왕립위원회의 보고서가 정책 결정에 결정적인 영향을 끼쳤다는 점에는 이론(異論)의 여지가 없다.[15]

다른 차이점들도 발견할 수 있다. 1800년 이전의 조사 활동은 중앙정부보다는 지방정부의 자원에 의존하는 경향이 컸다. 반면에 그 이후에는 중앙정부에서 대대적인 자원 조달이 이루어졌다. 사용된 비용에도 큰 차이가 있었다. 1760-1800년에 총 353개의 특별위원회가 의회에 설치되었지만 위원회들의 역할은 제한적이었다. 1790년대에 활동한 농업위원회(Board of Agriculture)는 초기에 중앙정부에서 상당한 지원을 받았지만 1800년대에 각 지역의 실태를 조사하려 하자 중앙정부가 상세한 보고를 요구하여 마찰이 발생하였다. 그에 따라 농업위원회가 의존한 재원도 부족하고 각 지역의 보고원도 다양해졌기 때문에, 지역별로 정보의 질에 편차가 크게 발생하는 결과를 초래하였다.[16]

15 송병건(2008b), 7-8장.

이와 대조적으로 1807-1826년에 38개의 왕립위원회가 조직되었는데, 이 기간에 왕립위원회의 유지에 든 비용은 연평균 3만 4,580파운드였으며, 그 후 10년 동안 유지비용은 177% 증가하여 6만 1,190파운드에 이르렀다. 이 추세는 1830년대 들어 개혁을 적극적으로 추진하는 휘그 정권이 집권하면서 더 강화되었고, 1830-1942년에 53개의 위원회가 들어섰고, 연간 비용은 8만 8,000파운드에 달하였다.[17]

1830년대 권력의 중앙 집중을 가져온 중요한 요인은 정보의 집중과 중앙정부가 임명한 위원들의 역할이었다. 정부는 과거의 위원회들이 비효율적이고 전문성도 부족한 경우가 많았다고 판단하였다. 이 문제에 대한 해답은 비정규 관료제의 창설이었다. 조사를 담당한 주체로 국가는 왕립위원회의 승인 하에 보조위원(assistant commissioner)을 임명하였다. 1830년대 보조위원의 대다수는 법정 변호사로, 기존의 신사 아마추어 조사관과 차이를 보였다. 점차 자의식이 강한 관료적인 부르주아 계급의 행정가들이 주류를 이룬 것이다. 공중보건 개혁가로 앞에서 여러 차례 등장하였던 채드윅이 보조위원에서 1833년 빈민법 위원으로 승격하였고 동시에 아동고용위원회(Commission on the Employment of Children)의 위원으로 임명된 것은 젠트리 중심의 명예직에 대한 부르주아의 효율적 관료제의 승리를 상징하는 사건이었다.[18]

자료의 내용에서도 괄목할 만한 차이가 나타났다. 19세기 초반 이전에 조사된 자료는 주로 정치산술(political arithmetic)의 용도로 활용

16 Eastwood(1989), 280-285쪽.

17 Eastwood(1989), 279, 286쪽.

18 Perkin(2002). 1818년 자선위원회(Charity Commission)에서부터 변화가 뚜렷하게 나타났다. 이 위원회의 설계자인 브로엄 경(Lord Brougham)은 변호사로 위원회를 구성하는 것이 필수적이라고 언급하였다. Eastwood(1989), 287쪽.

되었는데, 대개 특정 시점의 상황을 보여주는 자료였다. 빈민법 자료의 예를 들어보자. 1748-1750년, 1776년, 1783-1785년, 1802-1803년에 빈민법 자료가 수집되었는데, 이들은 모두 해당 연도의 빈민법 운영사례를 보여주는 자료였다. 이와 달리 1930년대부터 작성된 자료는 각종 사회 문제의 시기적 추이를 보여줌으로써 입법을 추진하는 주요 무기가 될 수 있었다. 1834년의 빈민법 보고서는 1813년 이래 구빈지출 통계를 집적함으로써 구빈 부담이 가중되고 있는 추이를 제시하여 설득력을 높였다.[19]

사상적으로는 정치경제학(political economy)의 대두도 의미가 컸다. 1810년대부터 맬서스와 리카도의 이론을 실증적으로 입증하려는 조사가 이루어지기 시작하였다. 주로 빈민구호와 노동자의 임금 등이 관심의 초점이었다. 바로 이런 통계 수집과 분석의 과정이 고전파 경제학이 실제 정치무대에 등장하는 과정이었다.[20] 한편, 정치경제학적 입장을 비판하는 주장도 사회조사의 발달에 기여하였다. 특히, 벤담주의에 입각한 개혁 움직임은 '정부의 혁명'(Revolution in Government) 논쟁에서 많이 논의된 것처럼 상당히 중요한 요인으로 작용하였다. 채드윅의 경우 정치경제학과 벤담주의의 영향을 한꺼번에 받은 것으로 이해할 수 있다.[21]

그림 8-5 1856년 증기식 해머가 작동하고 있는 공장을 묘사한 내스미스(James Nasmyth)의 그림. 기계의 엄청난 규모와 공장을 가득 메운 뜨거운 열기가 강렬한 인상을 준다.

19 18세기 말부터는 정치산술과 사회조사를 연계하려는 시도가 일부 등장하기도 하였다. 그 대표적 성과가 1801년에 시작된 인구센서스였다. 그러나 이 조사는 특정 정책으로 직결되지는 않았다.
20 Cowherd(1977), 139-146쪽.
21 Goldman(1983); Eastwood(1989), 291쪽.

종합하자면, 1830년대에 정보 수집이 전례 없는 규모로 이루어졌는데, 여기에는 한 사상적 조류의 영향만이 있었던 것이 아니었다. 따라서 사상적 원류를 찾는 것보다는 중앙정부가 사회조사에 필요한 자원을 지방정부에 의존하지 않고 새로운 기구를 통해 준관료적 전문가를 활용하였다는 점, 그리하여 정보가 지방정부에서 중앙정부로 옮겨 축적되었다는 점, 이렇게 모인 정보가 입법의 추진동력으로 적극적으로 사용되었다는 점, 그리하여 의회를 포함하여 정부가 작동하는 방식이 본질적으로 변화하였다는 점이 더 중요하였다. 이를 통해 입법 과정의 중앙화가 이루어졌던 것이다.[22] 밀(John Stuart Mill)이 날카롭게 지적한 대로 '권력은 지방화될 수 있지만 지식은 – 가장 유용하게 쓰이기 위해서는 – 반드시 중앙화(中央化)되어야만 하였던 것이다.'[23] 1830년대에 지식이 중앙화되고 이를 동반하여 새로운 부르주아 전문 관료층이 등장한 것이 이 시기에 나타난 중대한 변화이고, 이것이 19세기 후반 산업재해 및 공중보건과 관련하여 개혁이 추진될 수 있는 정부 측면의 원동력이었다. 교육 개혁, 공장 개혁, 교도소 개혁, 경찰 개혁, 공중보건 개혁도 모두 비슷한 양상을 보였다.

그림 8-6 1870년대 런던에서 방역을 담당한 차량. 지방정부의 책임하에 전염병이 확산된 지역에 대해 공중 방역이 이루어졌다.

22 Eastwood(1989), 292쪽.
23 Mill(1861).

8.2. 법적 해석과 사회적 담론의 변화

재해책임의 기준

사고가 발생하였을 때 누구에게 책임을 물을 것인가라는 문제는 사람들에게 늘 첨예한 관심사였다. 재해로 피해를 입은 노동자가 피해보상을 받기 위해 민사재판에 들어갈 경우 제2장에서 논의한 세 원칙 – 기여부주의의 원칙, 동료책임의 원칙, 위험전제의 원칙 – 이 발목을 잡곤 하였다.[24] 첫째, 기여부주의의 원칙은 피해를 입는 노동자 측에서 부주의나 과실을 범하였는가를 보았다. 만일 노동자의 부주의나 과실이 있었다고 인정되면 노동자는 피해보상을 받을 자격을 상실하게 된다. 둘째는 동료책임의 원칙이었다. 함께 작업하는 동료 노동자의 부주의나 과실로 인해 사고가 발생하였다면 피해 노동자는 보상을 받지 못한다는 내용이다. 마지막으로, 위험전제의 원칙은 노동자가 업무에 내재된 위험을 얼마나 사전에 인지하고 있었는가에 관한 기준이다. 만일 노동자가 자신이 담당하는 업무에 고유한 위험을 미리 알고 있었던 것으로 인정되면 노동자는 보상을 받을 수 없다는 것이 그 내용이다.

그림 8-7 여성은 사회적 약자라는 사회적 인식이 남성에 비해 일찍 제도적 보호조치를 갖게 한 요인이었다. 이와 대조적으로 남성은 독립적인 활동 주체이기 때문에 재해에 대해서도 자신이 책임을 져야 한다는 견해가 오래 존속하였다.

산업혁명 초기부터 이 세 원칙은 중층적으로 노동자가

24 〈표 2-11〉 참조.

재해보상을 받을 가능성을 차단하였다. 노동조건이나 안전에 대해 규제가 거의 없었던 시기에 노동자들은 산업재해를 당하면 개인적으로 모든 신체적, 정신적 고통을 감내해야 하였을 뿐만 아니라, 노동능력의 항구적 혹은 일시적 손실로 인한 경제적 피해에 대해서도 공적으로 보상을 기대할 곳이 없었다. 그저 경제적 어려움이 심각한 구성원을 대상으로 하는 지방자치단체의 구호가 유일한 공적 보호막이었는데, 이에 기초가 되는 빈민법은 1834년의 개정에 의해 구호 대상과 방식에 있어서 이전보다 인색해졌다.[25] 그 밖에는 노동자 본인이 사적으로 경제적 문제를 해결해야만 하였다. 예를 들어, 자구책으로 가입한 각종 상호부조 단체로부터 약간의 금전적 원조를 얻을 수 있었다. 또는 친척이나 이웃으로부터 경제적 도움을 받았다. 일부 고용주들은 피해 노동자에게 치료비를 대주거나, 치료기간에 임금의 일부를 지불하거나, 영구적 장애를 입은 경우 다른 가족구성원을 고용하거나 하는 방식으로 도움을 베풀었다. 그러나 이는 고용주 개인의 자선일 뿐이어서 고용주에 따라 편차가 컸고, 일정한 수준의 보상을 예측할 수도 없었다. 여기에서 보상이 노동자의 '권리'로 인정될 여지는 없었다.[26]

그림 8-8 탄광 내부에서는 많은 노동자들의 움직임이 겹쳤고, 때로는 상이한 상관으로부터 업무지시를 받았다. 따라서 재해의 책임을 따지는 것이 쉽지 않았다.

앞에서 살펴본 것처럼 초기 공장법의 제정과 개정은 기본적으로 여성과 아동을 보호하는 것을 목

25 송병건(2008), 219-244쪽.

26 Bartrip and Fenn(1983), Bronstein(2008).

적으로 하였고, 산업안전에 대한 고려는 부차적이었다. 탄광업에서의 개혁운동도 마찬가지였다. 거친 노동조건이 가져오는 육체적, 정신적 해악으로부터 여성과 아동을 보호하는 것이 필요하다는 인식은 일찍부터 사회적으로 공유되었다. 이와 대조적으로 성인남성의 경우에는 이런 보호막을 제공해야 한다는 여론이 형성되지 않았다. 이는 산업재해에 대한 보상에 있어서도 마찬가지였다. 여성과 아동의 경우 피해보상을 판결하는 사례가 비교적 이른 시기부터 나타났지만, 성인남성의 경우에는 이런 판결을 기대할 수 없었다. 여성과 아동은 계약을 맺거나 작업을 하는 데 있어서 완전히 자유롭게 스스로 판단하고 선택하지 못하는 상태에 있다는 것이 당시의 통념이었다. 따라서 연약하고 보호를 필요로 하는 이들에게는 보상도 필요하다는 관념이 사회계층을 막론하고 두루 존재하였다. 이와 대조적으로 성인남성 노동은 자유로운 주체로 간주되어 모든 것을 자기 책임으로 감수해야만 하였다. 즉, 일의 종류와 위험도를 감안해 노동계약을 할 것인지 말 것이지 선택할 수 있으므로, 그에 따른 책임과 의무도 온전하게 자신이 짊어져야 한다는 것이었다.[27]

이와 같은 '자유노동'(free labor)의 관념이 영국에서 산업재해에 대한 보상을 제도적으로 마련하는 작업이 지연된 중요한 요인이었다고 볼 수 있다. 상황이 변화되기 위해서는 고용주의 인식 변화도

그림 8-9 1869년에 건설된 노동자용 주택. 위생시설이 잘 갖추어진 이런 주거시설에 수용될 수 있었던 노동자의 비율은 낮았다.

27 Bronstein(2008).

필요하였지만, 동시에 노동자도 자유노동의 관념을 벗어나는 것이 필요하였다. 그러나 더 직접적으로는 법정 공방의 과정이 누적되면서 사법적 담론이 변화하는 것이 가장 절실하였다. 19세기 중반을 거치면서 이어진 산업재해 보상을 둘러싼 재판에서 점차 자유노동의 논리가 약화되고, 현실적으로 성인남성 노동자도 완전한 자유노동을 누리는 위치에 있지 못하다는 인식이 이를 대체하였다. 이 사법적 담론의 변화가 산업재해의 책임과 보상 문제에 끼친 영향은 실로 막대하였다.[28]

동료책임의 원칙에 대해서도 노동현장의 실상과 괴리가 크다는 인식이 점차 확산되었다. 공장과 광산, 철로에서의 작업 규모가 커지고 작업 과정이 복잡해지면서 노동자 개인의 주의와 노력만으로는 사고를 막을 수 없다는 사실이 점차 널리 수용되었다. 노동 과정도 위계적인 지휘감독 체제를 통해 통제되었는데, 과연 어느 선까지를 동료로 볼 것인지 불분명하였다. 19세기 중후반에 누적되는 판례를 통해 사법적 담론은 점차 동료책임의 원칙을 좁게 해석하는 쪽으로 나아갔다. 여기에 기여부주의의 원칙에 대한 논의까지 합류하면서 법관 및 여론은 점차 세 원칙을 무효화하는 방향으로 통일되었다. 1897년 노동자보상법은 바로 이런 변화된 인식의 결과물이었다.

그림 8-10 선거권을 둘러싼 노동자들의 요구는 19세기 중반 및 후반 영국 사회를 뜨겁게 달구었다.

28 Bartrip and Burman(1983), Bronstein(2008).

8.3. 산재보험과 복지국가

공장 개혁의 효과

19세기를 통해 진행된 공장 개혁은 어떤 효과를 가져왔는가? 공장 개혁의 초점인 여성노동과 아동노동의 고용과 노동시간 및 노동조건을 보면, 개혁의 성과를 확인할 수 있다. 공장법의 제정과 개정이 이어지면서 초기에 빈약하고 허점이 많았던 조항들이 점차 짜임새를 갖추어 갔고, 법적용을 강제하고 결과를 감독할 수 있는 기반도 탄탄해져 갔다. 그 결과로 여성과 아동의 고용은 시간이 흐르면서 크게 줄어들었고, 이들의 노동조건과 교육은 눈에 띄게 개선되었다. 그리하여 1920년에 경제학자 마샬(Alfred Marshall)은 공장법이 '악습의 극단적인 면모를 제거'하였다고 긍정적으로 평가하였다.[29] 비록 공장 개혁이 수많은 시행착오를 거치면서 느리게 진행되었지만, 장기적으로 본다면 공장 개혁은 영국 사회를 복지국가의 길로 이끈 역사적 성과였다고 평가할 만하다.[30]

그러나 이런 긍정적 평가와 달리 공장 개혁의 성과나 목적을 차별적으로 보는 견해들도 있다. 나르디넬리(Clark Nardinelli)는 공장법이 제정되기 이전부터 아동노동과 여성노동은 이미 감소 추세에 들어서 있었으며, 공장입법은 추세를 가속화시켰을 뿐이라고 보았다. 한편, 마블(H. P. Marvel)은 공장 개혁이 기계화가 진전된 대공장이 기계화가 불충분한 소공장에게 타격을 입히는 수단으로 작용하였다고 주장하

29 Marshall(1920), 198쪽.
30 이런 해석의 대표로 Fraser(2009).

였다. 이런 수정주의적 해석은 부분적인 진실을 담고 있는 것으로 보인다. 그렇지만 공장 개혁을 이끈 개혁가들의 정치적, 사회적, 종교적 성향이나 의회에서 이루어진 조사 내용 및 입법 과정에서의 논쟁 등을 놓고 볼 때 전체적 진실이라고 보기는 어렵다.

공장 개혁이 산업안전에 끼친 영향에 대해서도 의견의 불일치가 존재한다. 긍정론을 펴는 역사가들은 공장입법이 안전설비 설치를 강화하고 재해 발생시에 고용주의 책임을 강조하는 방식으로 산업재해를 줄이는 효과를 가져왔다고 본다. 이와 달리 산업재해를 감소시키는 효과가 크지 않았다는 부정론도 있다. 예를 들어, 바트립(P. Bartrip)과 펜(P. T. Fenn)은 19세기에 공장입법이 작업장 내의 사고를 별로 줄이지 못하였다고 분석하였다. 공장감독관의 수가 적었고, 공장주가 법규를 위반하였을 경우에 부과되는 벌금이 크지 않았기 때문이라고 이들은 해석하였다.[31]

또한 치안판사들이 공장법 위반으로 얼마나 기소를 빈번하고 충실하게 하였는지에 대해서는 격렬한 논쟁이 이어졌다.[32] 이와 같은 논쟁과 의견의 불일치는 영국의 공장 개혁이 장기간에 걸쳐 점진적으로 이루어졌다는 특징을 반영하는 것으로 보인다. 수정주의적 논의들이 부분적인 설득력을 갖기는 하지만, 장기적으로 공장입법이 노동조건을 개선하고 산업재해의 위험을 감소시키는 방향으로 작용하였다는 주장을 뒤엎기는 어렵다고 생각된다.[33]

31 Bartrip and Fenn(1983), Bartrip and Fenn(1988).
32 Peacock(1984), Bartrip(1985), Nardinelli(1985), Peacock(1985).
33 제4장 참조.

재해 구호

19세기 이전까지 산업재해를 입은 피해자에게 공식적으로 제공된 구제는 없었다. 피해자들이 아무런 경제적 도움도 얻지 못하였다는 의미는 아니다. 예를 들어, 피해자가 자신과 가족을 부양할 능력을 상실하였다면, 빈민법에 따라 소속 교구가 피해자에게 구호를 해주는 것이 관례였다.[34] 그러나 이런 구호는 산업재해 피해를 입었는가와 무관하게 제공된 것이었다. 산업재해 피해자에게만 제공되는 구호가 있었는지, 그리고 있었다면 어떤 형태의 구호가 어느 수준으로 이루어졌는지 따져볼 필요가 있다.

당시의 자료들이 보여주는 모습은 일률적이지 않다. 어떤 자료는 구호가 거의 이루어지지 않았다고 기록한 반면에, 다른 기록들은 적지 않은 구호가 제공되었다고 적고 있다. 예를 들어, 18세기 말에 노팅햄셔(Nottinghamshire)의 직물공장에서 일하였던 교구도제 블링코(Robert Blincoe)는 자신의 회고록에서 친구인 열 살짜리 여자아이가 기계에 빨려들어가고도 기적적으로 살아남은 아이에 대해 다음과 같이 적고 있다.[35]

> 그녀는 척추도 부러지지 않았고, 머리에 부상을 입지도 않았다. 그녀는 짓이겨지고 끔찍한 상태였지만, 의사의 숙련된 솜씨와 그녀의 강인한 체력 덕분으로 살아나서 모두를 놀라게 하였다! 그런데 무엇을 위해 살아남았나? 철학자라면 질문을 던질지 모른다. 다니던 공장에 돌아가 목발을 짚고 일을 하러? 교구나 공장주

34 현실적으로는 소속 교구로부터 구호를 충분히 받지 못하는 경우가 많았다.
35 Brown(1932), 25-26쪽; Bartrip and Burman(1983), 29쪽에서 재인용.

로부터 한 푼의 보상금도 받지 못한 채 평생 불구로 살기 위해?

1830년대와 1840년대에도 산업재해 피해에 대해 별다른 보상을 기대하기 어려웠다는 기록이 많다. 심지어 던디의 한 직물공장에서는 기계에 끼이는 사고를 발생시켰다는 이유로 소녀가 처벌을 받았다는 기록까지 있다. 엥겔스(F. Engels)는 맨체스터에서 고용주가 치료비를 대주는 경우는 있어도, 치료기간에 임금을 보상해 주는 경우는 거의 없었다고 말하였다. 그러나 다른 기록에서는 고용주가 사고 피해자에게 상당한 수준의 보상을 해주었다고 나타난다. 어떤 고용주는 치료비를 전액 대주었으며, 자주 병문안을 가기도 하였다. 또 사고를 당한 다음 주에 피해자에게 임금을 지불한 사례도 있다. 따라서 구호가 이루어진 빈도와 구호 수준에 대해서는 지역별, 개인별 편차가 컸다고 보는 것이 타당할 것이다. 그러나 이 보상은 기본적으로 고용주의 개인적인 성향에 의해 결정되는 것이었을 뿐, 피해자 측과 고용주 측이 마땅히 인정하는 공적 보상 체계는 거의 존재하지 않았다. 보상을 지급해야 한다는 사회적인 압력도 극히 제한적이었던 것으로 보인다.[36]

전체적으로 평가하자면, 보상의 규모는 제한적이었고, 특히 사망이 아닌 부상의 경우 큰 보상을 기대하기 어려웠다는 판단이 현실

그림 8-11 19세기 초 스태포드셔(Saffordshire) 탄광에서 채탄작업이 이루어지는 광경. 오른편 건물에 설치된 엔진으로부터 발생한 동력을 벨트를 통해 왼편의 기중장치로 보내는 구조다.

36 Bartrip and Burman(1983), 29-30쪽.

적일 것이다. 노동자들이 자체적 구호 수단을 강구하였다는 사실이 이를 방증한다. 동료끼리 우애조합(friendly society)을 결성하거나, 병환 클럽(sick-club)에 가입하거나, 재해에 대비하여 공동기금을 마련하거나, 사적 보험에 들거나 하는 방법이 사용되었다. 때로는 사고 피해자를 위해 공공모금 활동을 벌이기도 하였다.

19세기 초중반에 모든 노동자들이 산업재해에 대해 아무런 보상을 받지 못한 것은 아니다. 그렇지만 평균적인 보상 수준은 낮았고, 업종과 공장과 고용주에 따라 보상의 편차가 무척 컸다. 보상이 사적으로 이루어지고 보상의 규모가 고용주의 개인적 성향에 따라 결정되는 상황을 극복하는 것이 과제였다. 보상을 운에 따르는 '복권'이 아니라 당연한 '권리'로 만드는 것이 복지국가를 만들어가는 데에 필수불가결한 조건이었다. 이런 변화는 19세기 후반을 거치면서 점진적으로 – 지극히 '영국적인 방식'으로 – 이루어졌다.

1830년대 공장법이 제정되기 시작하고, 1840년대에 안전에 관한 규정이 공장법에 들어오기 시작하면서, 산업안전 문제는 개인적인 차원을 넘어 사회적으로 풀어야할 과제로 인식되었다. 그렇지만 이 과정은 순탄하지 않았고, 공장법의 조항들이 실제 안전사고를 얼마나 줄였는지도 확실하지 않다. 19세기 중반까지 공장법이 얼마나 효과적으로 실시되었는가에 대한 논쟁은 바로 이런 불확실성을 기초로 한 것이었다.[37] 또한 산업에 따라 안전규제에 대한 관심의 수준과 초점에도 차이가 있었다. 굴뚝청소업과 직물공업과 탄광업에서는 여성과 아동노동의 보호에 관심이 집중되면서 이를 위해 개혁입법의 마련에 무게중심이 놓였다. 사고를 줄이기 위한 안전규제는 19세기 중

37 제4장 참조.

반부터 논의가 본격화되었다. 반면에 철도업에서는 노동자보다는 승객의 안전이 더 우선적인 이슈로 인식되면서, 노동자의 안전과 노동조건에 대한 개혁의 목소리가 더디게 현실화되었다.

이제 1870년대 이후의 모습을 살펴보자. 1878년 '공장및작업장법'(Factory and Workshop Act)은 기존의 법들을 수정하고 초기에 직물공업에만 집중되었던 관심을 다양한 산업들에게로 확대하였다. 또한 공장뿐 아니라 기계동력을 사용하지 않는 작업장에 대해서도 사망사고의 통계를 집계하도록 하였다.[38] 1897년 노동자보상법은 산업재해 보상에 관해 영국 역사상 처음으로 포괄적인 규정을 담았다. 특히, 재해 피해자와 가족은 고용주나 그의 대리인의 잘못으로 사고가 발생하였다는 점을 입증할 필요 없이 곧바로 재해에 대한 보상을 요구할 수 있게 되었다.

〈그림 8-12〉는 1878년 이후 공장과 작업장에서 발생한 사망사고 건수를 보여준다. 19세기 말 30년 동안의 사망과 질병을 연구한 라일리(James C. Riley)에 따르면, 이 기간 영국 사회는 전체적으로 사망률의 지속적인 감소를 경험하였다. 그렇지만 노동자들은 사고와 질병으로 인해 노동을 중단한 시간이 더 길어졌다고 분석하고, 이 시기에 산업재해가 증가하였다고 그는 지적하였다.[39] 〈그림 8-12〉를 보면 사망사고 건수는 전반적으로 증가 양상을 보였고, 특히 1890년대 후반에 급증한 것으로 나타났다. 이를 실제 산업재해의 증가로 이해할 수 있을까? 1878년 법은 의사에게 보고를 하도록 규정하였지만 확실한 성과를 거두지는 못하였다. 반면에 1897년의 법은 보상이라는 유인책이

38 1895년에 집계방법의 개선을 위하여 법률의 개정이 있었다.
39 Riley(1987).

그림 8-12 의사에게 보고된 공장과 작업장의 사망사고 건수, 1878-1913년

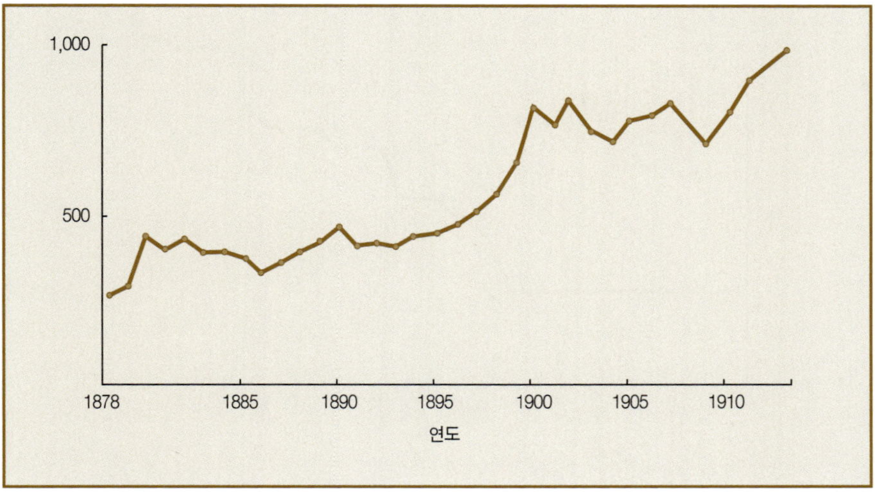

자료: Bartrip and Fenn(1988), 62쪽.

결부된 형태였기 때문에 사망사고의 보고가 훨씬 완전하게 이루어지는 효과를 가져왔다. 따라서 19세기 말의 사망사고 증가 양상은 실제 증가 때문이 아니라 이전 시기에 과소 보고되었던 것이 이때부터 제대로 보고된 때문이라고 보아야 할 것이다.[40]

〈그림 8-13〉은 공장과 작업장의 안전을 담당한 공장감독관이 얼마나 많이 고용되었나를 보여준다. 공장 문제를 담당하는 정부 부서인 내무부의 공장부(Factory Department)가 고용한 감독관 수는 1878년에 55명이었는데, 13년이 지난 후에도 57명에 불과하였다. 이들이 6만여 개의 공장과 10만 개 내지 20만 개였을 것으로 보이는 작업장을 담당하였다. 이 기간에 노동조합으로부터 감독관의 수를 늘려달라는 청원이 끊임없이 이어졌음에도 불구하고 공장부는 충원에 소극적 태도

40 Bartrip and Fenn(1988), 66쪽.

그림 8-13 공장부의 감독관 수, 1878-1913년

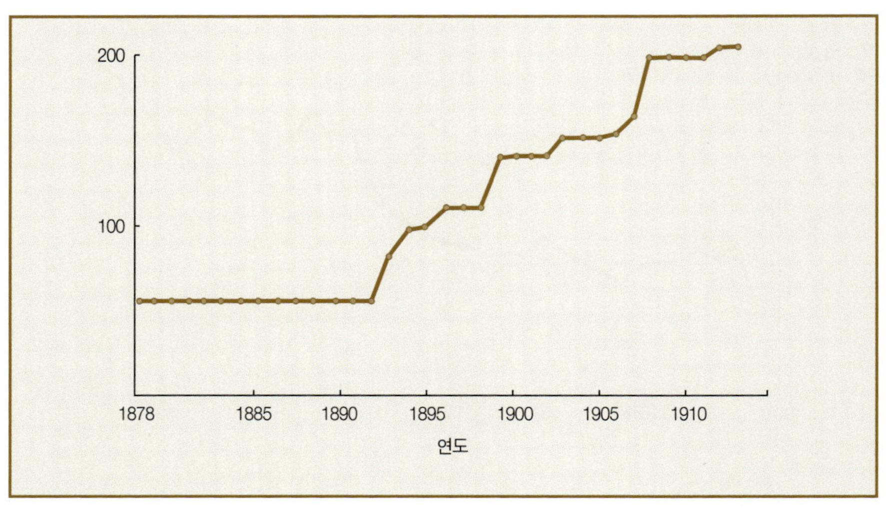

자료: Bartrip and Fenn(1988), 63쪽.

를 견지하였다. 이 시기는 공장 수석감독관으로 레드그레이브(Alexander Redgrave)가 재임하던 기간(1878-1891년)이었다. 그가 공장의 안전 개혁 문제에 큰 열정을 보이지 않았다고 역사가들은 지적해왔는데, 공장감독관의 정체된 숫자가 이런 주장을 지지해준다.[41] 레드그레이브가 물러난 후 감독관의 수는 급속히 증가하였다. 증가된 인력이 공장안전의 문제를 보다 적극적으로 다루었으리라는 점은 쉽게 상상할 수 있다.

〈그림 8-14〉는 방책을 설치하라는 공장감독관의 지시를 무시하여 기소가 된 건수를 보여준다. 예상대로 공장감독관의 수가 급증한 1890년대 초에 기소 건수가 급증한 것으로 나타났다. 그러나 1900년경부터는 공장감독관의 수에 비해 기소 건수가 늘지 않았다.

41 Pellow(1982), 151-154쪽.

그림 8-14 방책설치 미비로 기소된 건수, 1878-1913년

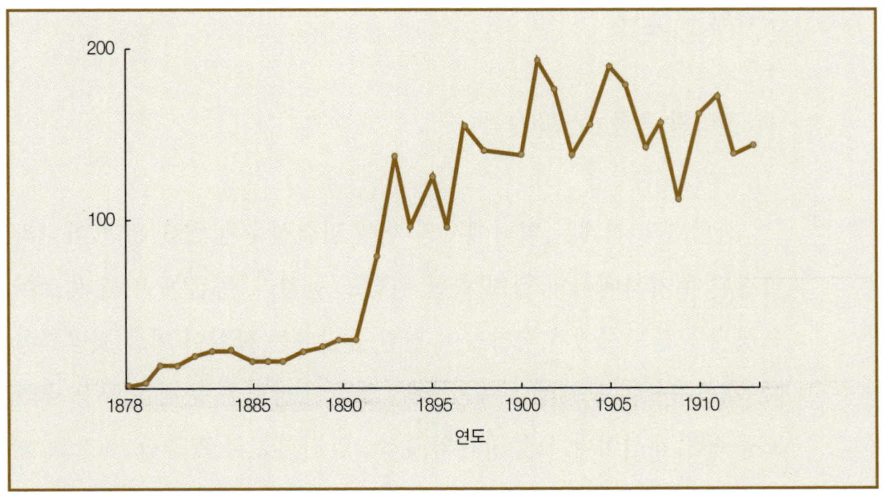

자료: Bartrip and Fenn(1988), 64쪽.

위에서 우리는 1878-1913년 동안에 산업재해로 인한 사망자 수가 증가하였다는 것을 그래프에서 확인할 수 있었다. 이 사망자 수의 추이는 어떻게 설명할 수 있을까? 한 연구에 따르면 사망률은 생산성이 높을수록, 그리고 실질임금이 낮을수록 높았고, 또한 1897년 법이 통과된 이후에 높았다. 생산성이 높다는 것은 노동강도가 높아졌음을 의미하는 것으로 해석되며, 실질임금이 낮은 시기에는 안전에 대한 고려도 적었던 것으로 이해할 수 있다. 1897년 법은 사망률을 높인 것이 분명한데, 이것이 이전보다 보고율이 높아졌기 때문인지 아니면 무조건적 보상으로 인해 산업재해에 무심해져 실제로 사고가 증가한 탓인지는 명백히 입증하기 어렵다.[42] 그러나 '역선택'(adverse selection)으로 인해 사고가 증가하였다고 볼 다른 증거가 없는 상황을 놓고 본

42 Bartrip and Fenn(1988), 70-71쪽.

다면, 그보다는 보고율의 개선이 미친 영향이 더 중요하였으리라고 추측할 수 있다.

질병과 공중보건의 개혁

산업화의 전개는 일터에서의 재해 위험성을 높였을 뿐만 아니라 밀집된 주거지에서의 질병 확산 위험도 높였다. 농촌에 비해 새로이 조성된 공장도시에서 사망률이 훨씬 높았다는 사실이 이를 뒷받침한다. 개혁가들이 보기에 19세기 중반 영국이 당면한 문제는 공장 내의 노동조건 개선이나 노동시간의 축소, 안전시설의 확충만 가지고 해결될 가능성이 없어 보였다. 노동자가 휴식을 취하고 재충전을 할 수 있는 주거환경이 마련되지 않고서는 사고와 질병에 효과적으로 대처할 수 없다는 데에 의견이 모아졌다. 열악한 주거환경을 개선해야만 폐결핵, 티푸스, 콜레라 등의 질병에 대처할 수 있다는 판단에 따라, 청소와 환기설비 개선, 공중목욕 시설 설치, 공중수도시설 확충 등 다양한 형태로 위생 상태를 개선하는 제도가 실시되었다. 비록 바이러스나 박테리아에 대한 이해가 결여된 시기였지만, 수많은 시행착오를 거쳐 축적된 경험적 대처 방식이 현실에서 큰 효과를 볼 수 있다는 사실이 확인되었다.

그림 8-15 1848년의 한 삽화에 돼지로 표현된 지방정부들에게 공중보건이라는 진주를 던져주는 당시 내무장관 모페스 경(Lord Morpeth)의 모습이 그려져 있다.

또한 질병의 경우 개인적인 위

생 개선 노력만으로는 감염의 확산을 막기 어렵고, 대다수의 도시구성원들이 참여하는 사회적인 통제가 필수적이라는 점을 이 시대 공중보건의 역사는 대중에게 각인시켰다. 공장과 작업장에서의 재해에 대한 대응책의 진화 과정에서 우리가 살펴본 바와 마찬가지로, 공중보건에 있어서도 개인이 아니라 사회가 예방과 치료의 책임을 지는 사회로 19세기 중후반 영국은 나아가고 있었다.

결론

산업재해에 대한 인식이 탄생하고 진화한 과정, 그리고 현실 사회에서 직업과 관련한 사고와 질병을 개인적 차원이 아니라 사회적 차원에서 다루는 제도가 마련되어 간 과정을 어떻게 이해할 것인가에 대해 다양한 견해가 존재한다. 우리는 대표적으로 토리적 역사 해석, 휘그적 역사 해석, 통계혁명의 시각에서 본 개혁을 살펴보았다.

그리고 법적인 해석이 어떤 요인들에 의해 영향을 받아 어느 시기에 어떻게 변화를 하였는지를 추적하였다. 그리고 이와 밀접하게 관련된 법적 및 사회적 담론의 변화도 논의하였다. 그리고 노동세력의 조직화가 중요한 사회적 압력 주체의 형성을 알렸다는 점과 실제 산업재해 보상을 둘러싸고 중요한 역할을 하였다는 점도 살펴보았다. 공장과 탄광, 철도에서 뿐만 아니라 주거환경에서도 개선이 필요하고, 이런 노력이 사회적 차원에서 이루어져

그림 8-16 20세기 초 런던의 한 우체국에서 연금을 수령하고 있는 고령 남성. 복지국가 체제가 무르익고 있는 시대였다.

야 효과가 있다는 점이 공중보건의 개혁 과정을 통해서 확인할 수 있었다.

이런 수많은 제도와 사회집단과 사회적 담론이 상호작용을 하면서 산업재해에 관한 현대적인 제도와 인식의 틀이 형성되었다. 산업재해보험제도가 보편적인 제도로서 채택되는 과정은 복지국가 체제로 나아가는 데에 중요한 디딤돌이 되었다. 그리고 현재에는 이념적으로 복지국가를 지향하지 않는 국가들조차도 이를 선진적 사회를 구성하는 필수요인으로 삼게 되었다.

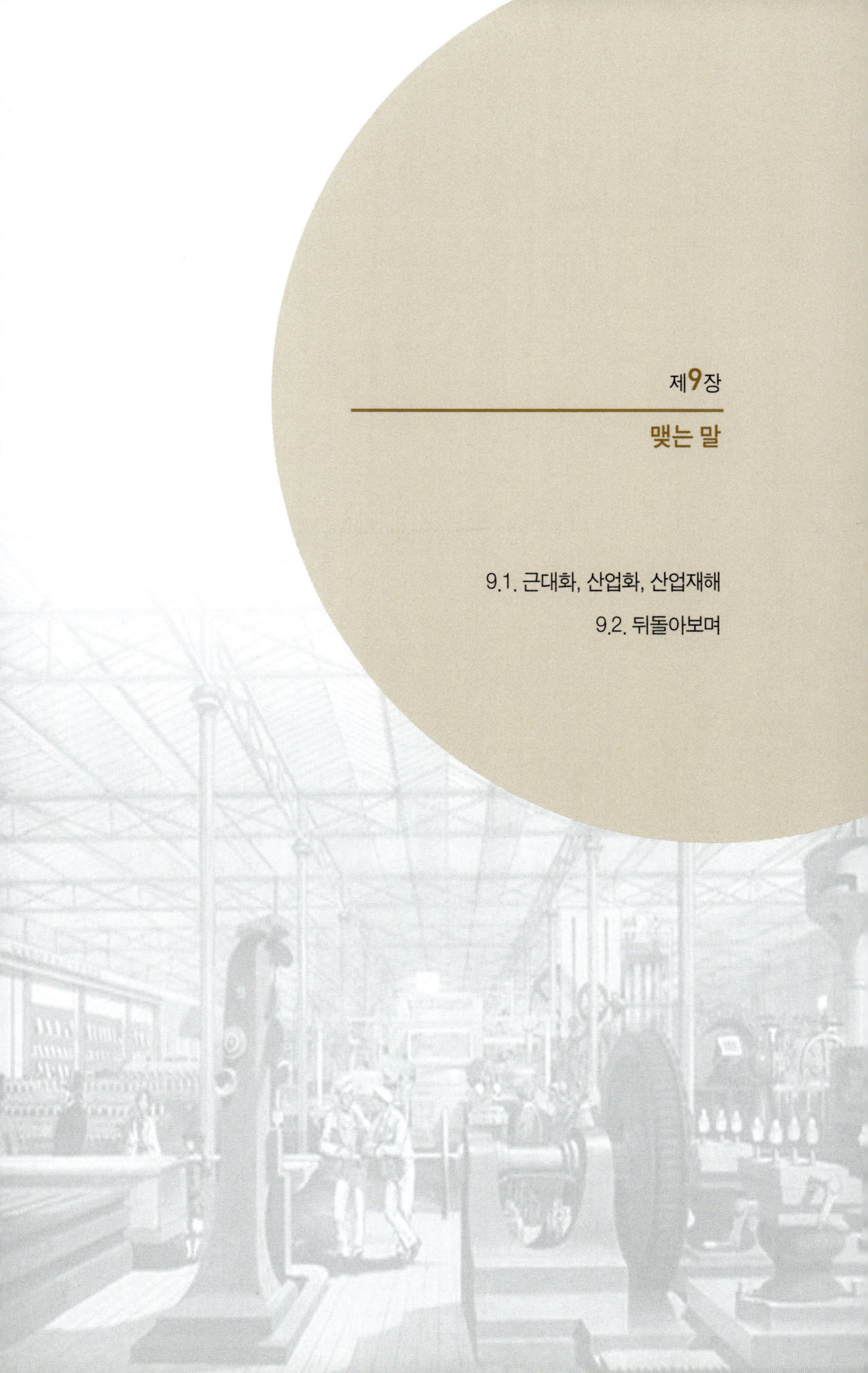

제9장

맺는 말

9.1. 근대화, 산업화, 산업재해

9.2. 뒤돌아보며

9.1. 근대화, 산업화, 산업재해

산업재해에 대한 관심

산업재해에 대한 올바른 대응을 위해서는 산업재해에 대한 사회적 인식의 변화와 제도적 장치의 마련이 필수적이다. 역사적으로 선진국들은 이런 변화들을 장기간에 걸쳐 경험하면서 오늘에 이르렀다. 이 책은 산업재해에 대한 개인과 사회와 국가의 태도와 사상이 역사적으로 어떻게 변화해왔으며, 이런 변화를 이끈 요인이 무엇인가를 탐구하려는 시도이다. 그리고 사회구성원들이 어떤 긴장과 갈등과 논의와 투쟁과 타협을 거쳐 오늘날의 법적, 사회적, 경제적, 행정적, 의료적 제도를 갖추게 되었는가를 논의하고자 한다.

이와 같은 목적에 맞추어 이 책은 영국을 연구의 대상으로 삼았다. 영국은 현재 세계에서 가장 높은 수준의 산업안전을 유지하고 있다. 선진국들 간의 비교에서도 산업재해에 있어서 영국의 우위는 두드러진 모습이다. 산업안전의 문제가 결코 일인당 소득 수준과 같은 변수와 당연하게 정비례하지는 않는다는 점을 우리는 확인할 수 있다.

연구 대상으로서 영국이 지닌 또 다른 장점은 산업화의 역사가 길고 산업화와 이후 역사 과정에 대한 논의와 분석의 역사가 길다는 점이다. 세계 최초로 산업혁명을 경험하면서 영국은 어느 국가보다도 일찍 공업화, 기계화, 도시화, 익명사회화를 겪었고, 또한 노동자와 사용자 간의 갈등의 역사, 노동자 세력화의 역사, 복지정책의 역사, 정치와 행정 개혁의 역사, 공중보건의 역사 면에서도 많은 논쟁과 갈등 과정을 거쳤다.

근대화와 산업화

근대화는 과거 사회와 질적으로 다른 사회가 형성되는 구조적 변화(structural change)의 과정을 의미한다. 근대화의 기준은 종교적인 세속화, 경제적인 산업화, 도시화, 공동체의 약화, 계약 중심의 사회화, 국민주권의 강화 등 다양하며, 이들이 모두 동시적으로 발생하는 것도 아니다. 그러나 역사적으로 개별 국가들 간의 차이에도 불구하고, 세계사적인 보편적 특징도 도출할 수 있는 것으로 생각된다.

영국을 연구주제로 하는 이 책에서 우리는 시민혁명의 전개 과정과 의의를 살펴보았고, 이것이 산업화에 어떤 기반을 제공하였는가를 논의하였다. 산업혁명은 다양한 역사적 중요성을 가졌는데, 이를 정리하고 산업혁명에 관한 그간의 역사적 논쟁들을 정리하여 산업혁명에 관한 이해를 높이고자 하였다. 특히, 산업별 변화와 공업 내부의 업종별 변화에 대해 자세히 살펴보았다.

이 논의는 자연스럽게 동시대 노동자들의 생활 수준과 노동조건에 관한 탐구로 이어졌다. 신흥 공업도시에서 발생하는 많은 위해요인들을 살펴보았고, 전통공업에서 발생한 변화에 대해서도 주목하였다. 이 시기는 성인남성만이 아니라 여성과 아동도 노동에 광범위하게 참여를 한 시기였다. 이들은 상대적으로 저임금을 받으면서 성인남성에 못지않은 고된 노동, 장시

그림 9-1 시민혁명을 통해 영국은 입헌군주국으로 재탄생하였다. 그림은 18세기 말 하원에서 총리 윌리엄 피트가 연설을 하는 모습.

간 근로, 사고와 직업병으로 시달렸다.

산업혁명이 만든 산업재해

전통시대에도 직업과 관련된 사고와 질병은 많이 있었다. 그러나 18세기에 시작된 경제적, 사회적 변화는 새로운 형태의 사고와 질병을 낳았다. 산업혁명의 시대에 노동자들은 공장이라는 공간에 모여 함께 일을 하게 되었다. 제한된 공장에서 여럿이 함께 일하는 상황은 예기치 않은 충돌과 부상의 위험을 동반하였다. 더욱 중요한 변화는 동력원과 동력전달 장치, 동력을 사용하는 기계가 가득 들어섰다는 점이었다. 무서운 속도로 돌아가는 기계 곁에서 작업을 하는 노동자는 순간의 실수만으로도 치명적인 사고를 당하기 쉬웠다. 더욱이 다른 노동자가 범한 잘못에 의해서 사고가 발생하는 경우도 다반사였다. 가공할 위험을 상시적으로 안은 채 작동되는 기계로부터 안전한 노동환경을 만들어야 한다는 인식은 그리 쉽게 나타나지 않았다. 이윤 추구의 냉혹한 논리가 어떤 완충장치를 거치지도 않고 거침없이 관철되던 시대였다.

그림 9-2 엄청난 규모의 잿더미가 쌓여 있는 모습. 산업사회는 산업폐기물과 공해라는 문제를 해결해야 하는 과제를 안았다.

1830년대부터 온정주의적 관점에서 공장법을 재정해야 한다는 목소리가 의회에서 힘을 모아갔다. 그러나 공장법 개혁의 초점은 여성과 아동을 보호하는 데에 맞추어져 있었다. 성인남성 노동자는 노동계약과 관련한 모든 판단과 결정을 온전히 할 수 있다는 자유노동 사상에 기초하여 재해의 모든 책임을 개인이 떠맡아야 하였다. 당시의 도덕적 기준과 경제적 사조가 이런 차별성을 규정하였다. 19세기 중반이 되면 공장과 다른 일터의 규모는 더욱 확대되었고, 기계시설은 더욱 많아졌고, 분업과 협업 체제는 더욱 복잡해졌다. 그만큼 사고를 개인적 차원이 아니라 사회적 차원에서 다루어야 한다는 인식이 설득력을 얻었다. 그렇지만 산업재해의 문제가 본격적으로 부상한 시점과 진화 형태는 산업에 따라 크게 차이가 있었다.

산업별 산업재해의 진화

굴뚝청소는 산업혁명이 시작되기 전부터 광범위하게 존재하던 전통업종이었다. 굴뚝의 청소는 대개 아동에게 맡겨졌다. 연통이 좁고, 구부러지고, 굴뚝의 구조가 약한 경우 아동노동의 투입은 필수적이라고 간주되어 왔다. 굴뚝청소 아동의 주된 공급원은 저소득층의 자녀, 중상류층의 혼외출산아, 그리고 교구도제였다. 그들은 만성적인 영양 부족에 직면해 있었고, 편안히 쉴 공간을 갖지 못하였고, 적절한 교육을 받지 못하였고, 휴식과 여가가 늘 부족하였다. 이들은 질식, 화상, 낙상 등의 재해에 지속적으로 노출되어 있었고, 가혹한 처우 탓에 사고와 질병에 더 취약했으며, 열악한 주거환경으로 인해 질병이 악화되는 사례가 비일비재하였다.

굴뚝청소 아동들이 경험한 질병들에 대해 당시 관찰자들, 의사들, 개혁가들이 내린 진단과 처방은 다양하였다. 현대 의학의 관점에서 본다면 부적합한 내용도 많았지만 공중위생의 개선과 같은 동시대인들의 권고는 일정한 수준의 효과를 거둘 수 있는 조치였다고 볼 수 있다.

개혁가들이 제시한 권고는 다음과 같았다. 굴뚝청소를 할 수 있는 노동자의 연령을 제한할 것, 굴뚝을 효과적으로 청소할 수 있는 기구를 개발하고 보급할 것, 건물과 굴뚝의 형태를 규제할 것, 공중목욕 시설을 건설하여 대중에게 개방할 것, 감독관이 굴뚝청소를 관리하도록 의무화할 것, 규정을 위반하는 굴뚝청소 장인과 청소 의뢰인에게 책임을 물을 것 등이었다. 개혁의 효과를 높이기 위하여 개혁가들은 언론 기고 서적과 팸플릿 발간, 협회 조직, 공공집회 개최 등의 활동을 하였다. 아동노동 고용의 전면 금지라는 이들의 궁극적 목표는 수많은 노력과 시행착오와 좌절의 과정을 통해 개혁운동이 시작된 후 1세기가 지난 1875년에 마침내 도달되었다.

직물공업은 산업혁명이 야기한 변화를 극명하게 보여주는 산업이었다. 모직, 마직, 견직과 같은 전통적 직물업이 차지하던 자리를 새로운 기술진보를 업고 등장한 면직공업이 빠르게 잠식하였다. 새로운 기계들이 발명되면서 사람들은 공장이라고 하는 새로운 공간에서 노동을 하게 되었다.

면직공업에서는 작업의 특성상 전통적인 노동집단인 성인남성 노동자 이외에 많은 수의 여성과 아동 인력이 필요하였다. 초기 면직공장에서 이들은 특히나 필수불가결한 노동력이었다. 그런데 당시 사람들의 인식에 따르면 성

그림 9-3 휴식을 취하는 굴뚝청소부의 모습. 그는 굴뚝청소 중에 발생하는 사고를 산업재해로 인식하였을까?

인남성과 달리 여성과 아동은 온전히 '자유노동'을 할 수 있는 주체가 아니었다. 초기 공장법 개혁이 여성과 아동의 노동시간 감축과 노동조건 개선, 교육 의무화 등을 내건 것은 바로 이런 인식에 기초해서였다. 1830년대부터 지속적으로 이루어진 공장법 제정과 개정을 통해 이들의 노동환경은 점차 나아졌다.

공장의 안전에 대한 개혁은 이와 달리 무척이나 더디게 진행되었다. 공장감독관은 안전 방책을 갖추지 않는 고용주를 좀처럼 법정에 세우지 못하였고, 승소 가능성이 높다고 예상되는 위반 사례만을 선택하는 모습이 흔하게 목격되었다. 산업안전의 개선에 관한 한 공장법의 효과가 컸다고 볼 증거는 부족해보인다.

다음은 산업혁명의 또 다른 핵심산업인 탄광업이다. 영국은 기본적으로 부존량이 풍부하였지만, 산업화가 본격화되면서 채탄량을 더욱 늘릴 필요가 생겼다. 그에 따라 갱도가 깊어지고 광산의 구조가 복잡해졌다. 이는 산업재해의 위험이 증대했음을 의미하였다.

탄광노동의 고단함과 사고 위험, 탄광노동자들의 육체적 특징과 그들의 불결한 생활환경은 동시대인들에게 충격을 주었다. 특히, 여성과 아동 노동이 많이 고용되었고, 이들이 남성 못지않게 험한 환경에서 일하고 생활하였다는 점이 충격의 깊이를 더하였다. 장시간 노동, 열악한 운반기구와 취약한 환기시설 등이 노동자들을 재해의 위험으로 몰아넣었다. 탄광 내에서의 사고와는 달리 호흡기 질환과 같이 증상이 긴 시차를 두고 나타나는 질병들도 광부들을 고통스럽게 하였다. 발병이 더 늦은 폐암 등은 발견이 되기도 어렵고 직업과의 관련성도 입증하기 어려웠다.

업무상 사고를 피해자 개인의 책임으로 여기는 사회적 인식도 개혁을 막는 중대한 장애물이었다. 고용주와 사회의 책임이 인정을 받기까지는 긴 기간이 소요되어야 하였다. 특히, 법정에서 통용되는 사법적 담론이 변화되는 데에는 수많은 지연요소들을 극복하는 지난한 과정이 필요하였다.

철도업은 산업혁명 시기 인프라 건설의 귀착점이었다. 투자자본의 규모 및 공사와 운영을 위하여, 고용하는 노동자의 수에서 철도업은 다른 업종들을 압도하였다. 철도업은 산업재해의 측면에서도 독특하였다. 철도사고가 철도업 종사자만이 아니라 승객에게까지 바로 피해를 가져오는 속성 탓에 정부가 재해 방지를 위해 적극적으로 개입해야 한다는 대중의 목소리가 일찍부터 높았다.

철도운영이 시작된 1830년 무렵부터 철도사고는 지속적으로 발생하였다. 1870년대와 1880년대를 지나면서 승객 수 대비 사고의 빈도가 줄어들기는 했지만, 사고의 규모가 크고 누구든 승객으로서 재난의 피해자가 될 수 있다는 심리적 부담 때문에 철도사고에 대한 사회적 우려는 가라앉지 않았다. 초기에는 다른 업종에서와 마찬가지로 철도업에서도 자유방임주의적 기업관이 강하였지만, 1860년대와 1870년대를 거치면서 산업안전을 위한 정부의 개입을 정당화하는 주장이 점차 힘을 얻어갔다. 여기에 현실적으로 안전도의 향상을 가져올 수 있는 기술과 설비가 하나씩 갖추어지고, 노동조합의 영향력이 확대되는 가운데 고용주와 국가의 책임을 강조하는 여론이 확대되었다. 이에 따라 점차 철도업에서도 개혁이 여러 입법 과정을 거치면서 진행되었다.

여타 질병에 대해서도 살펴보았는데, 시각장애와 티푸스, 폐질환, 콜레라가 논의의 주요 대상이었다. 질병에 따라 작업장 내의 노동

과정에서 질병이 주로 발생하는 경우도 있었고, 생활 여건과 생활 방식이 발병과 확산에 큰 영향을 주는 것으로 나타난 경우도 있었다.

의학적 관점에서 보면 이 질병들은 병원균이 분리되고 백신이 개발되는 19세기 말이 되어서야 극복의 기반이 마련되는 것이었지만 그 이전에도 수많은 사람들의 경험과 관찰과 비교를 통해, 그리고 시행착오를 동반한 꾸준한 실험적 시도를 통해, 병마로 인해 사회적 비용을 크게 줄일 수 있었다.

질병에 대한 대응은 의학적 차원을 넘어서도 이루어졌다. 질병에 걸린 노동자에게는 치료와 재활을 위해 재정적 지원책이 필요하였고, 새로 직업훈련을 받을 수 있도록 해주는 것도 중요하였다. 무엇보다도 공중보건의 개선은 현실에서 이 질병들의 전파력과 파괴력을 감소시키는 데에 결정적인 중요성을 가졌는데, 이런 개선은 다양한 정치적, 사회적, 법률적, 문화적 요인들에 의해 영향을 받으면서 이루어지는 것이었다. 특히, 산업재해를 개인의 잘못이 아니라 기업 혹은 사회가 부담해야 할 책무라고 생각하는 사회적 인식이 대두하여 제도적 결실을 거두기까지는 지나간 시간과 지난한 노력이 있어야 하였으며, 그 동안에 수많은 노동자들은 산업재해의 고통을 힘겹게 참아내야만 하였다.

산업재해 대응의 역사에 대한 이해

산업재해에 대한 인식이 탄생하고 진화한 과정, 그리고 현실사회에서 직업과 관련한 사고와 질병을 개인적 차원이 아니라 사회적 차원에서 다루는 제도가 마련되어 간 과정을 어떻게 이해할 것인가에 대해 다양한 견해가 존재한다. 우리는 대표적으로 토리적 역사 해석, 휘그적 역사 해석, 통계혁명의 시각에서 본 개혁을 살펴보았다.

그리고 법적인 해석이 어떤 요인들에 의해 영향을 받아 어느 시기에 어떻게 변화하였는지를 추적하였다. 그리고 이와 밀접하게 관련된 사회적 담론의 변화도 논의하였다. 특히, 노동세력의 조직화가 중요한 사회적 압력 주체의 형성을 알렸다는 점을 확인하였다.

이런 수많은 제도와 사회집단과 사회적 담론이 상호작용을 하면서 산업재해에 관한 현대적인 제도와 인식의 틀이 형성되었다. 산업재해보험제도가 보편적인 제도로서 채택되는 과정은 복지국가 체제로 나아가는 데에 중요한 디딤돌이 되었다. 그리고 현재에는 이념적으로 복지국가를 지향하지 않는 국가들조차도 이를 선진적 사회를 구성하는 필수요인으로 삼게 되었다.

9.2. 뒤돌아보며

이 책을 통해 우리는 산업혁명이 시작되기 이전부터 20세기가 시작되는 시점까지 영국에서 산업재해가 어떤 양상을 띠고 발생하였는지 살펴보았다. 굴뚝청소업에서 시작하여 직물공업, 탄광업, 철도업 등 영국의 산업혁명을 대표하는 주요 산업들에서 재해가 발생한 여건(기술, 조직, 노동 과정, 임금과 노동시간 등)을 살펴보았고, 재해의 피해자와 피해에 대한 보상에 대해서도 알아보았다. 그리고 산업재해에 대한 대중의 인식이 산업별로 어떻게 차이를 보였는지, 시간이 흐르면서 인식이 어떻게 변화하였는지, 인식 변화에 영향을 끼친 요인이 무엇이었는지에 대해 검토하였다. 또한 정부와 의회에서 산업재해의 방지와 피해자 보상을 위해 어떻게 정보를 수집하고, 논의를 전개하고, 법률로 만들었는지에 대해 살펴보았다. 법정에서 산업재해에 대한 담론은 애초에 어떤 구조였는지, 사법적 담론이 시간이 흐름에 따라 어떻게 변화하였는지, 그리고 이런 변화에 노동조합의 성장은 어떤 역할을 하였는지에 대해서도 탐구하였다. 우리는 또한 시각장애, 티푸스, 폐질환, 콜레라 등 동시대에 사람들을 괴롭힌 여타 질병들에 대해서도 살펴보았다. 그리고 공중보건의 개선 노력이 어떤 과정을 통해 효과를 가져오게 되었는지도 논의하였다.

18세기와 19세기는 산업사회가 등장하는 과정에서 노동과 관련하여 제대로 된 사회적 보호 시스템이 불비하였던 시기였다. 이윤극대화를 추구하는 공장주들의 비용 절감 욕구, 그리고 한계점이 많은 기술 수준이 노동자를 위험천만한 일터로 내몰았던 야만의 시대였다. 이해관계를 달리하는 세력 간에 정치적 갈등과 충돌이 계속되는 환경, 온갖 기술적 시행착오, 빈발하는 사고와 직업병에 노출된 노동환경, 사회적인 복지망이 부재한 상황 등이 뒤엉켜 사회 전반이 부글부글 끓어오르던 때였다. 그야말로 자본주의의 냉혹한 맨얼굴이 최소한의 화장조차 없이 그대로 드러났던 그런 시대였다. 이런 거친 시대를 통과하면서 산업재해에 대한 사회적 합의가 서서히 형성되어갔음을 역사는 말해준다. 사고와 직업병을 보는 관점을 개인의 책임에서 사회적 책임으로 전환하는 과정이 이 합의를 통해 진행되었다. 20세기에 들어서서 본격적으로 형성이 된 복지국가는 두 세기에 이르는 이런 역사적 변화의 토대 위에 서 있는 것이다.

우리나라는 영국에 비해 근대화와 산업화의 시기가 늦었다. 후발국으로서의 어려움을 딛고 우리는 경제성장과 민주화라는 두 지상과제를 세계적으로 유례를 찾기 힘든 수준의 속도로 이루어왔다. 그러나 이런 압축적 과정 속에서 우선순위에서 뒤로 밀렸던 문제점들이 있다. 시간이 흐르면 이 문제점들이 자동적으로 해결되리라 기대하는 것은 너무나 순진한 희망사항일 뿐이다. 앞만 보고 빠르게 달려가는 과정에서 시야에 온전하게 담지 못하였던 거칠고 어둡고 흉한 요소들은 여전히 그 자리에 그대로 남아 있다.

산업재해만큼 이를 잘 보여주는 사례가 있을까? 세계 굴지의 기업으로 꼽히는 사업체에서 중견기업, 영세기업을 가릴 것 없이, 또 산업의 종류와 고용 형태를 가릴 것 없이, 너무나도 많은 산업재해가 하루가 멀다 하고 발생하고 있다. 수많은 사람들이 사고와 직업병으로 육체적, 정신적 고통을 겪고 있으며, 가족에게 경제적 부담이라는 무거운 숙제를 물려주고 있다. 우리나라에서 산업재해로 인해 발생하는 근로손실일수가 무려 5,000만 일을 넘어 노사분규로 인한 근로손실일수의 100배나 되는 것이 우리의 현실이다. 사고와 질병 중에서 산업재해로 제대로 포착되지 않는 비율이 산업재해 선진국들에 비해 높다는 현실을 감안한다면, 실제 산업재해로 인한 사회적 손실은 이보다 훨씬 클 것이다. OECD에 이름을 건 선진국, 기술과 상품 경쟁력으로 일부 산업에서 세계시장을 이끄는 경제 강국, 일인당 국민소득 3만 달러에 도달한

그림 9-4 청소년과 아동에 대한 교육은 산업재해 문제 해결에 필수적인 요소다.

국가라는 지위와는 너무도 거리가 먼 우리의 초상이다.

우리는 이 책에서 영국이 200여 년의 역사를 통해 경험하였던 산업재해와 그에 대한 사회적 대응의 역사를 살펴보았다. 험악하기 짝이 없는 노동과 고용 상황, 이해관계를 달리하는 집단 간의 갈등과 충돌, 가치관이 다른 집단 간의 개혁의 속도와 방식을 둘러싼 논쟁, 자유방임주의와 정부 개입주의를 둘러싼 이념적 논란, 기술자 · 의사 · 법률가가 자신의 업종 내에서 겪은 수많은 시행착오와 이를 통해 이룩한 수많은 성과, 영국, 그리고 다른 선진국들이 장기간의 역사를 거치면서 치열하게 경험해온 이런 과정을 우리는 생략하고 넘어갈 뾰족한 수가 과연 있을 것인가? 안타깝지만 답은 부정적이다. 그저 산업재해 선진국들이 경험하였던 시행착오를 가능한 한 많이 줄이는 것을 현실적인 목표로 삼아야 할 것이다. 그리고 변화의 출발점은 우리의 산업재해의 현실을 감추거나 회피하려 하지말고 있는 그대로 받아들이는 것이다.

참고문헌

1. 의회 자료 (Parliamentary Papers)

(1) 굴뚝청소 관련 자료

PP(1817) (400), *Report from the Committee on Employment of Boys in Sweeping of Chimneys.*

PP(1840) (254), *Minutes of the Committee of Council on Education, Part II. 1839-40.*

PP(1842) (372), *Report from Select Committee on Buildings Regulation and Improvement of Boroughs.*

PP(1843) [430] [431] [432], *Children's Employment Commission. Second Report of the Commissioners. Trades and Manufactures.*

PP(1844) [572], *First Report of the Commissioners for Inquiring into the State of Large Towns and Populous Districts.*

PP(1845) [602] [610], *Reports from Commissioners on the State of Large Towns and Populous Districts.*

PP(1852) (402), *Second Report from the Select Committee on Ventilation and Lighting of the House.*

PP(1854) (90), *Chimney Sweepers. A Bill Intituled an Act for the Further Regulation of Chimney Sweepers.*

PP(1863) [3170], *Children's Employment Commission. 1862. First Report of the Commissioners.*

PP(1864) (148), *Chimney Sweepers Regulation. A bill Intituled an Act to Amend and Extend the Act for the Regulation of Chimney Sweepers.*

PP(1864) [3414] [3414-I], *Children's Employment Commission. 1862. Second Report of the Commissioners.*

PP(1866) [3678], *Children's Employment Commission. 1862. Fifth Report of the Commissioners.*

PP(1878) [C.1909], *Sixth Annual Report of the Local Government Board. 1876-77. Supplement Containing the Report of the Medical Officer for 1876.*

PP(1878-1879) [C.2452], *Eighth Annual Report of the Local Government Board 1878-79. Supplement Containing the Report of the Medical Officer for 1878.*

(2) 직물공업 관련 자료

PP(1816) (397), *Select Committee on the State of Children Employed in Manufactories in the Unite Kingdom.*

PP(1818) (90), *Minutes of Evidence on the Health and Morals of Apprentices and Others Employed in Cotton Mills and Factories, Appendix.*

PP(1819) (24), *House of Lords Report on the State and Conditions of the Children Employed in the Cotton Manufacturers of the United Kingdom.*

PP(1819) (108), *An Account of the Cotton and Woollen Mills and Factories.*

PP(1831-1832) (706), *Report of Select Committee on the Bill to Regulate the Labour of Children in the Mills and Factories*.

PP(1833) (450) (519), *Report of the Commissioners on Conditions on Factories*.

PP(1834) (167), *Factories Inquiry Commission Supplementary Report of the Factories Inquiry Commission, Pt I*.

PP(1835) (342), *Factory Inspectors' Reports*.

PP(1836) (254), *Factory Inspectors' Reports*.

PP(1837) (73), *Factory Inspectors' Reports*.

PP(1837-1838) (119), *Factory Inspectors' Reports*.

PP(1839) (159), *Factory Inspectors' Reports*.

PP(1840) (203), *First Report from Select Committee on the Regulation of Mills and Factories*.

PP(1841) (311), *Special Report of Factory Inspectors*.

PP(1842) (380), *Commission on the Employment and Condition of Children in Mines and Manufactories*.

PP(1842) (381) (382), *Appendices to First Report of the Commissioners*.

PP(1843) [431] [432], *Report on Children's Employment Commission*.

PP(1845) (609) (618) (641), *Royal Commissioners to Inquire into Conditions of Framework Knitters*.

PP(1876) (1433.I), *Royal Commission to Inquire into Working of Factory and Workshop Acts, Minutes of Evidence*.

(3) 탄광업 관련 자료

PP(1835) (603), *Report from the Select Committee on Accidents in Mines.*

PP(1842) [380] [381] [382], *Children's Employment Commission. First Report of the Commissioners. Mines.*

PP(1842) (393), *Poor Law Amendment Act. Copy of Circular Letter in the Coal Mining Districts, on Apprenticing Poor Children to Work in a Coal Mine.*

PP(1845) [602] [610], *Reports from Commissioners: 1845.*

PP(1847) (124 1-86), *Commercial Gas Light and Coke Company. Report of the Commissioners of Her Majesty's Woods, Forests, Land Revenues, Works and Buildings.*

PP(1849) (613), *Report from the Select Committee of the House of Lords to inquire into the Best Means of Preventing the Occurrence of Dangerous Accidents in Coal Mines.*

PP(1852) (402), *Second Report from the Select Committee on Ventilation and Lighting of the House.*

PP(1852) (509); (1856) (346); (1857) (241), *Report from the Select Committee on Coal Mines.*

PP(1852-1853) (254), *Coal Mines. Return of the Number of Accidents in Coal Mines During the Years 1850, 1851, and 1852.*

PP(1852-1853) (691), *First Report from the Select Committee on Accidents in Coal Mines.*

PP(1852-1853) (740), *Second Report from the Select Committee on*

Accidents in Coal Mines.

PP(1852-1853) (820), *Third Report from the Select Committee on Accidents in Coal Mines.*

PP(1854) (169), *First Report from the Select Committee on Accidents in Coal Mines.*

PP(1854) (258), *Second Report from the Select Committee on Accidents in Coal Mines.*

PP(1854) (325), *Third and Fourth Reports from the Select Committee on Accidents in Coal Mines.*

PP(1862) (4), *Coal Mine Accidents. Abstract of Return of the Number of Fatal Accidents.*

PP(1862) (183), *Mines. Copies of the Replies of the Inspectors of Mines to the Circular Letter.*

PP(1864) [3389], *Report of the Commissioners to Inquire into the Condition of All Mines.*

PP(1867) (62), *Coal Mines (Accidents and Explosions). Copy of a Circular Letter on the Recent Acidents and Explosions in Coal Mines.*

PP(1871) [C.435] [C.435-I] [C.435-II], *Report of the Commissioners to Inquire into the Several Matters Relating to Coal. Vol. I. General Report and Twenty-Two Sub-Reports.*

PP(1874) (279), *Dukinfield Colliery Explosion. Special Report of Thomas Wynne upon the Explosion at the Astley Deep Pit, Dukinfield.*

PP(1874) [C.1056]; (1875) [C.1216]; (1876) [C.1499]; (1877) [C.1734]; (1878) [C.2003]; (1878-1879) [C.2321]; (1880) [C.2604]; (1881) [C.2903]; (1882)

[C.3241]; (1883) [C.3621]; (1884) [C.4078]; (1884-1885) [C.4429]; (1887) [C.5090]; (1888) [C.5450], *Mines. Reports of the Inspectors of Mines, to Her Majesty's Secretary of State.*

PP(1878) [C.1909], *Sixth Annual Report of the Local Government Board. 1876-77.*

PP(1878) [C.1916], *Report on the Blantyre Colliery Explosion.*

PP(1878) [C.1948], *Home Farm Colliery Accident.*

PP(1878-1879) [C.2452], *Eighth Annual Report of the Local Government Board 1878-79.*

PP(1881) [C.2743], *Risca Colliery Explosion.*

PP(1881) [C.2924], *Seaham Colliery Explosion.*

PP(1884-1885) [C.4256], *Baddesley Colliery Accident. Two Reports.*

PP(1886) [C.4699], *Accidents in Mines. Final Report to Inquire into Accidents in Mines and the Possible Means of Preventing their Occurrence or Limiting their Disastrous Consequences.*

PP(1887) (130) (383), *Coal Mines Regulation. A Bill to Consolidate with Amendments of the Coal Mines Acts.*

PP(1889) [C.5780]; (1890) [C.6002]; (1890-1891) [C.6302]; (1892) [C.6610]; (1893-1894) [C.6939]; (1894) [C.7328]; (1895) [C.7666], *Mines. Summaries of the Statistical Information Contained in the Reports of Her Majesty's Inspectors of Mines.*

PP(1890) [C.6055], *Inquiry into the Fatal Accident at the Mauricewood Colliery, Supplementary Report.*

PP(1890-1891) [C.6543], *Royal Commission on Explosions from Coal Dust in Mines. First Report.*

PP(1893-1894) (359), *Colliery Accident Funds. Return Setting Forth the Particulars in Relation to the Colliery Accident Funds in Great Britain.*

PP(1893-1894) [C.6979], *Royal Commission on Mining Royalties. Fourth Report of the Royal Commission to Inquire into Mining Royalties.*

PP(1894) [C.7401] [C.7401-I], *Royal Commission on Explosions from Coal Dust in Mines. Second Report.*

PP(1896) [C.7955], *Kinneddar Colliery Accident.*

PP(1896) [C.8113], *Mines and Quarries. 1895. Summaries of Statistics Relating to the Mines and Quarries in the United Kingdom.*

(4) 철도 관련 자료

PP(1841) (354), *Report from the Select Committee on the Prevention of Accidents on Railways.*

PP(1846) (530) (614); (1847-1848) (234) (688); (1850) (197); (1851) (13) (274) (610); (1852) (335); (1852-1853) (170) (171) (424) (1010); (1854) [1722] [1824]; (1854-1855) [1883] [1951]; (1857-1858) [2320]; (1864) (20); (1866) (483); (1867) (516); (1868-1869) (291); (1870) (144); (1871) (77), *Railway Accidents. Return of the Number and Nature of Accidents and Injuries to Life and Limb Which Have Occurred on Railways.*

PP(1851) (416), *Railway Accident* (*Falmer Station*).

PP(1854) [1747] [1748] [1778] [1850]; (1854-1855) [1885] [1931] [1952] [1955] [1960]; (1856) (0.4) (0.8) (0.9); (1857) Session 2 [2288]; (1857-1858) [2303]

[2393] [2438] [2438-I]; (1859) Session 1 [2499] [2514]; (1860) [2600] [2646] [2665]; (1861) [2775] [2795]; (1862) [2922]; (1863) [3089]; (1864) [3297]; (1865) [3442]; (1866) [3609]; (1867) [3784]; (1867-1868) [3959] [3959-II], *Reports of the Inspecting Officers of the Railway Department to the Lords of the Committee of Privy Council for Trade.*

PP(1857-1858) (362), *Report from the Select Committee on Accidents on Railways.*

PP(1867-1868) [3959-V]; (1868-1869) [4120]; (1870) [C.42]; (1871) [C.293]; (1872) [C.484] [C.578]; (1873) [C.727] [C.730] [C.818] [C.854]; (1874) [C.934] [C.959] [C.973] [C.1015] [C.1053]; (1875) [C.1144] [C.1145] [C.1146] [C.1194] [C.1195] [C.1196] [C.1197] [C.1230] [C.1325] [C.1326] [C.1327]; (1876) [C.1490] [C.1511] [C.1577] [C.1611]; (1877) [C.1649] [C.1652], *Reports of the Inspecting Officers of the Railway Department to the Board of Trade.*

PP(1870) (341), *Report of the Select Committee on the Law of Compensation for Accidents.*

PP(1870) (341); (1873) [C.843]; (1874) [C.1036]; (1875) [C.1224] [C.1225] [C.1308] [C.1375]; (1876) [C.1460] [C.1501] [C.1612] [C.1613]; (1877) [C.1689]; (1878) [C.2035] [C.2101]; (1878-1879) [C.2192] [C.2261] [C.2313] [C.2383]; (1880) [C.2486] [C.2649]; (1881) [C.2877] [C.2947] [C.3063]; (1882) [C.3209] [C.3246] [C.3338] [C.3450]; (1883) [C.3506] [C.3606] [C.3737]; (1884) [C.3940] [C.4034] [C.4115]; (1884-1885) [C.4222] [C.4427] [C.4561]; (1886) [C.4683] [C.4749] [C.4872]; (1887) [C.4989] [C.5075] [C.5208]; (1888) [C.5360] [C.5402] [C.5527] [C.5587]; (1889) [C.5666]

[C.5746] [C.5885]; (1890) [C.6062]; (1890-1891) [C.6230] [C.6311] [C.6532] [C.6240] [C.6404]; (1892) [C.6603] [C.6771]; (1893-1894) [C.6944] [C.7057] [C.7194] [C.7245]; (1894) [C.7348] [C.7447] [C.7524]; (1895) [C.7603] [C.7683] [C.7809] [C.7903]; (1896) [C.8007] [C.8132] [C.8245]; (1897) [C.8410] [C.8527] [C.8631]; (1898) [C.8826] [C.8910] [C.8991]; (1899) [C.9260] [C.9378] [C.9484]; (1900) [Cd.41] [Cd.42] [Cd.169] [Cd.321] [Cd.322] [Cd.366], *Railway Accidents. Return of Accidents Reported to the Board of Trade by the Several Railway Companies.*

PP(1872) [C.622], *Railway Accidents. Return of Accidents Attended with Loss of Life and Personal Injury Reported to the Board of Trade.*

PP(1873) (148), *Report from the Select Committee of the House of Lords on the Regulation of Railways (Prevention of Accidents) Bill.*

PP(1874) (64), *Railway Companies. Copy of Board of Trade Circular to Railway Companies.*

PP(1877) [C.1637], *Report of the Commissioners on Railway Accidents.*

PP(1884) [C.4122], *Railway Accident. Report by Colonel Rich to the Board of Trade.*

PP(1889) [C.5690], *Railway Accidents (Excessive Hours of Work). Correspondence between the Board of Trade and the London, Brighton, and South Coast Railway Company.*

PP(1892) [C.6643], *Railway Accidents. Copy of the Report upon the Circumstances Attending the Fatal Accident.*

PP(1893-1894) (502); 1897 (65), *Railway Companies (Injuries to Servants). Return Showing the Number of Servants Killed and Injured by*

Accidents.

PP(1893-1894) [C.6946], *Railway Accidents. Copy of the Report on the Inquiry into the Circumstances Attending the Collision.*

PP(1894) [C.7385], *Railway Accidents. Highland Railway. Report to the Board of Trade upon the Circumstances Attending the Accident.*

(5) 기타 자료

PP(1803-1804) (175), *Abstracts of the Poor.*

PP(1818) (82), *Abstracts of the Poor.*

PP(1834) (44), *Report from His Majesty's Commissioners for Inquiring into the Administration and Practical Operation of the Poor Laws.*

PP(1835) (500), *First Annual Report of the Poor Law Commissioners.*

PP(1836) (595), *Second Annual Report of the Poor Law Commissioners.*

PP(1840) (384), *Report of Select Committee on Health of Towns.*

PP(1842) (6), *Report on the Sanitary Condition of the Labouring Population of Great Britain.*

PP(1843) [430] [431] [432], *Children's Employment Commission: Appendix to the Second Report of the Commissioners (Trades and Manufactures).*

PP(1844) (119), *Select Committee to Inquire into the State of the Laws Respecting Joint Stock Companies.*

PP(1845) (602) (610), *Report of Royal Commission on Health of Towns.*

PP(1852-1853) [1691-I], *Census of Great Britain, 1851. Population Tables. II. Ages, Civil Condition, Occupations and Birth-place of the People.*

PP(1857-1858) [2415], *Papers on the Sanitary State of the People in England*.

PP(1889) [C.5781], *Report of the Royal Commission on the Blind, the Deaf and Dumb*.

2. 저술 자료

(1) 국내 자료

강종구, 『산업재해 환자의 이해와 치료』, 학지사, 2009.

고용노동부, 「산업재해현황분석」, 2013.

그레고리 클라크 지음, 이은주 옮김, 『맬서스, 산업혁명, 그리고 이해할 수 없는 신세계』, 한스미디어, 2009(원저: G. Clark, *A Farewell to Alms*, Princeton: Princeton University Press, 2008).

김병석, 『산업재해분석론』, 형설출판사, 2010.

김수복, 『산업재해보상보험법』, 중앙경제, 2010.

김용하, 『사회보험론』, 문영사, 2008.

김종현, 『영국 산업혁명의 재조명』, 서울대학교출판부, 2006.

______, 『경제사』, 경문사, 2006.

디킨스, 찰스 지음, 장남수 옮김, 『어려운 시절』, 푸른산, 1989(원저: C. Dickins, *Hard Times*, 1854).

리비-바치, 마시모 지음, 송병건 · 허은경 옮김, 『세계인구의 역사』, 해남, 2009(원저: M. Livi-Bacci, *A Concise History of World*

Population, 4th edn., Oxford: Blackwell, 2007).
벡, 울리히 지음, 홍성태 옮김, 『위험사회』, 새물결, 2014(원저: Ulrich Beck, *Risk Society*, London: SAGE Publications, 1992).
송병건, 「영국 산업혁명기 직종의 분화와 직종별 위험도: 실명을 중심으로」, 『경제사학』 34, 2003, 117-133.
______, 「직종분화의 역사와 산업혁명의 재해석」, 『영국연구』 12, 2004a, 273-285.
______, 「영국 역사인구학의 성과와 한계 돌아보기」, 『대동문화연구』 46, 2004b, 1-25.
______, 『세계화시대에 돌아보는 세계경제사』, 도서출판 해남, 2005.
______, 「영국의 인구통제체제와 산업혁명」, 『영국연구』 18, 2007, 157-190.
______, 「19세기 주식회사제도 도입의 지연 요인」, 『영국연구』 19, 2008a, 187-211.
______, 『영국 근대화의 재구성』, 도서출판 해남, 2008b.
______, 「농업혁명, 의회 인클로저와 농촌사회의 변화, 1750-1850」, 『영국연구』 23, 2010.
______, 「굴뚝청소 아동의 재해와 사회적 대응, 영국 1750-1875」, 『영국연구』 32, 2014a.
______, 『경제사: 세계화와 세계경제의 역사』 2판, 도서출판 해남, 2014b.
______ · 김재호 · 리쇼테일러, 「영국 산업혁명기 직종구조와 노동이동성, 1750-1850」, 『경제사학』 42, 2007, 107-140.
신태식 · 김병석, 『산업재해 보상 및 방지론』, 형설출판사, 2008.

애쓰모글루, 대런 · 제임스 A. 로빈슨 지음, 최완규 옮김, 『국가는 왜 실패하는가』, 시공사, 2012(원저: D. Acemoglu and J. A. Robinson, *Why Nations Fail*, Crown House, 2012).

양동휴, 『경제사 산책』, 일조각, 2009.

______, 「산업혁명」, 양동휴 외, 『산업혁명과 기계문명: 19세기 영국 공장법 연구』, 서울대학교출판부, 1997, 5-62.

______, 「영국 산업혁명기의 연소노동」, 『외국문학』 6, 1985, 172-197.

______, 「아동노동과 영국의 산업혁명」, 『경제논집』 26(3), 1987, 349-374.

______ 외, 『산업혁명과 기계문명: 19세기 영국 공장법 연구』, 서울대학교출판부, 1997.

윤혜준, 「기계의 철학과 기계문명의 이상」, 양동휴 외, 『산업혁명과 기계문명: 19세기 영국 공장법 연구』, 서울대학교출판부, 1997, 91-124.

이영석, 『산업혁명과 노동정책』, 한울, 1994.

______, 『역사가가 그린 근대의 풍경』, 푸른역사, 2003.

______, 『공장의 역사』, 푸른역사, 2012.

이인재 · 류진석 · 권문일 · 김진구, 『사회보장론』 3판, 나남, 2010.

조용욱, 「영국의 노동귀족과 노동운동 그리고 노동사가」, 『한국학논총』 19, 1997, 227-268.

조원탁 · 김동원 · 김형수 · 박상하 · 안진, 『사회보장론』 3판, 형설출판사, 2008.

차봉석, 『직업병학』, 계축문화사, 2007.

포메란츠, 케네스 · 스티븐 토픽 지음, 박광식 옮김, 『설탕, 커피, 그리고 폭력』, 심산, 2003(원저: Kenneth Pomeranz and Steven

Topik, *The World that Trade Created*, M. E. Sharp, 2000).

한국보건사회연구원 편집부, 『주요국의 사회보장제도: 영국』, 한국보건사회연구원, 2012a.

______, 『주요국의 사회보장제도: 요약편』, 한국보건사회연구원, 2012b.

______, 『주요국의 사회보장제도: 한국』, 한국보건사회연구원, 2012c.

홍석철, 「생활수준 연구의 경제사적 조망」, 『경제사학』 55, 2013, 3-39.

(2) 국외 자료, 1920년 이전

Andrews, J., *Appeal to the Humane on Behalf of Climbing Boys*, 1788.

Blake, W., *Songs of Innocence*, London, 1789.

______, *Songs of Experience*, London, 1794.

Bogardus, Emory S., 'The relation of fatigue to industrial accidents', *American Journal of Sociology* 17, 1912.

Butlin, H. T., 'Cancer of the scrotum in chimney sweeps and others', *British Medical Journal* 1, 1892.

Chadwick, E., *Report on the Sanitary Condition of Labouring Population of Great Britain*, 1843.

Cooper, B., 'Chimney sweepers' cancer', *London Medical Gazette* 43, 1849, 530-533.

Dawson, W. H., *Social Insurance in Germany 1883-1911*, New York, 1911.

Defoe, D., *A Tour through the Whole Island of Great Britain (1724-26)*,

London: Cass, 1968.

Dickens, C., *Dombey and Son*, London, 1846-1848.

Earle H., 'On chimney-sweeper's cancer', *Medical and Surgical Journal* 1, 1832, 6-8.

Ellison, T., *The Cotton Trade of Great Britain*, London, 1886.

Flyzik, Martin J., 'Psychology of the causes and prevention of accidents', *Safety Engineering* 39, 1920.

Gaskel, P., *Artisans and Machinery*, London: Parker, 1836.

Goldmark, Josephine, *Fatigue and Efficiency: A Study in Industry*, New York: Charities Publication Committee, 1912.

Greenwood, Major and Hilda M. Woods, *A Report on the Incidence of Industrial Accidents upon Individuals, with Special Reference to Multiple Accidents*, Medical Research Council, Industrial Fatigue Research Board, Report 4, London: HMSO, 1919.

Hammond, J. L. and B. Hammond, *The Village Labourer*, London, 1911.

______, *The Town Labourer*, London, 1917.

Hanway, J., *State of Chimney Sweepers' Young Apprentices*, London, 1773.

______, *Sentimental History of Chimney Sweeps in London and Westminster*, London, 1785.

Harris, Henry J., 'The increase in industrial accidents', *American Statistical Society Publications* 13, 1912.

Hiort, J. W., *A Practical Treatise on the Construction of Chimneys*, London: Winchester & Varnham, 1826.

Hodder, E., *Life and Work of the Seventh Earl of Shaftesbury, K. G.*, 1886.

Hutchinson J., 'On some examples of arsenic-keratosis of the skin and arsenic cancer', *Transactions of the Pathological Society of London* 39, 1888, 356-361.

Jenkins, J. E., *Color-Vision and Color-Blindness: A Practical Manual for Railroad Surgeons,* 2nd edn., Philadelphia: F. A. Davis Company, 1905.

Kingsley, C., *Water Babies*, London, 1863.

Lawrence, C., *The Power and the Glory: Humphry Davy and Romanticism*, London: SAGE Publications, 1992.

Lawson, G., 'On the probable cause of the diminution of chimney-sweeps' cancer', *British Medical Journal* 2, 1878.

Legge, T. M., 'Industrial diseases in the middle ages', *Journal of Industrial Hygiene* 1 (1919-1920a).

______, 'Twenty years' experience of the notification of industrial diseases,' *Journal of Industrial Hygiene* 1, 1919-1920b.

Levy, W. H., *Blindness and the Blind*, London: Chapman and Hall, 1872.

Luck, A., *The Carcinogenic Effects of Polycyclic Aromatic Hydrocarbons*, London: Imperial College Press, 2005.

Marine, W. M., D. Gurr and M. Jacobsen, 'Clinically important respiratory effects of dust exposure and smoking in British coal miners', *American Review of Respiratory Disease* 137(1), 1988, 106-112.

Marshall, A., *Principles of Economics*, London, 1920.

Mather, J., *The Coal Mines: Their Dangers and Means of Safety*, London:

Longman, 1853.

Mayhew, H., *London Labour and the London Poor*, 1851.

McNeill, G. E., *A Study of Accidents and Accident Insurance*, Boston: Insurance Topics Co., 1900.

Metcalfe, R., *Sanitas Sanitatum et Omnia Sanitas*, London: Co-operative Printing Company, 1877.

Mill, J. S., *Considerations on Representative Government*, London, 1861.

Montgomery, J., *Chimney-Sweeper's Friend and Climbing Boy's Album*, 1824.

Myers, C. S., 'Psychology and industry', *British Journal of Psychology* 10, 1919.

Myers, G., 'A study of the causes of industrial accidents', *American Statistical Society Publications* 14, 1914.

Nettleship, E., *The Diseases of the Eye*, London: J. And A. Churchill, 1890.

OECD, 'Hours worked', *OECD Factbook 2013: Economic, Environmental and Social Statistics*, OECD Publishing, 2013.

Ogle, W., 'Supplement to 45th annual report of the registrar general', London: HMSO, 1885.

Oliver, T., *Diseases of Occupation*, London, 1908.

______, ed., *Dangerous Trades: The Historical, Social, and Legal Aspects of Industrial Occupations as Affecting Health*, London, 1902.

Oppert, F., *On Melanosis of the Lungs and Other Lung Diseases Arising from the Inhalation of Dust*, London: John Churchill and Sons, 1866.

Owen, R., *A New View of Society*, 1816.

______, *Threading My Way*, London, 1854.

Porter, D., *Considerations on the Present State of Chimney Sweepers*, 1792.

Pott P., *Chirurgical Observations*, Vol. 3, London: Hawes, Clark and Collins, 1775.

Rockwell, H. B., 'Why accidents happen', *Street Railway Journal* 26, 1905.

Seixas, N. S. et al., 'Exposure-response relationships for coal mine dust and obstructive lung disease following enactment of the Federal Coal Mine Health and Safety Act of 1969', *Amerian Journal of Industrial Medicine* 21(5), 1992, 715-734.

Shadwell, A., *Industrial Efficiency: A Comparative Study of Industrial Life in England, Germany and America*, London, 1909.

Tolman, W. H. and L. B. Kendall, *Safety: Methods for Preventing Occupational and Other Accidents and Diseases*, New York: Harper & Brothers, 1913.

Ure, A., *The Philosophy of Manufactures*, London: Chas. Knight, 1835.

Vernon, H. M., *An Investigation of the Factors Concerned in the Causation of Industrial Accidents*, Ministry of Munitions, Health of Munitions Workers Committee, Memorandum 21, London: HMSO, 1918.

______, 'The causation and prevention of industrial accidents', Lancet 196, 1919.

Villard, H. G. and P. T. Sherman, *German Experience in Accident Prevention*, New York: Workmen's Compensation Publicity

Bureau, 1914.

Webb, S. and B. Webb, *The History of English Local Government*, 9 Vols., London, 1906-1929.

Wilson, G., *Researches on Colour-Blindness, with a Supplement on the Danger Attending the Present System of Railway and Marine Coloured Signals*, Edinburgh: Sutherland & Knox, 1855.

(3) 국외 자료, 1920년 이후

Albert, D. M., 'The nut behind the wheel: shifting responsibilities for traffic safety since 1895', in John W. Ward and Christian Warren, eds., *Silent Victories: The History and Practice of Public Health in Twentieth-Century America*, Oxford: Oxford University Press, 2007.

Aldrich, M., *Safety First: Technology, Labor, and Business in the Building of American Work Safety*, 1870-1939, Baltimore: Johns Hopkins University Press, 1997.

______, *Death Rode the Rails: American Railroad Accidents and Safety*, 1828-1965, Baltimore: Johns Hopkins University Press, 2006.

Allen, R. C., *The British Industrial Revolution in Global Perspectives*, Cambridge: Cambridge University Press, 2009.

______, 'Engels' pause: technical change, capital accumulation, and inequality in the British industrial revolution', *Explorations in Economic History* 46, 2009, 418-435.

______ and J. L. Weisdorf, 'Was there an "industrious revolution" before', *Economic History Review* 64(3), 2011.

Alli, B. O., *Fundamental Principles of Occupational Health and Safety*, Geneva: International Labour Office, 2008.

Arlidge, J. T., *The Hygiene, Diseases and Mortality of Occupations*, London: Percival, 1982.

Bartip, P., 'British Government Inspection 1832-1875: some observations', *Historical Journal* 25, 1982, 605-626.

______, 'The rise and decline of workmen's compensation', in Paul Weindling, ed., *The Social History of Occupational Health*, London: Croom Helm, 1985a.

______, 'Success or failure? the prosecution of the early Factory Acts', *Economic History Review* 38(3), 1985b, 423-427.

______ and S. B. Burman, *The Wounded Soldiers of Industry: Industrial Compensation Policy 1833-1897*, Cambridge: Cambridge University Press, 1983.

______ and P. T. Fenn, 'The conventionalization of factory crime -a re-assessment', *International Journal of the Sociology of Law* 8, 1980, 175-186.

______, 'The evolution of regulatory style in the nineteenth century British factory inspectorate', *Journal of Law and Society* 10, 1983, 201-222.

______, 'Factory fatalities and regulation in Britain, 1787-1913', *Explorations in Economic History* 25(1), 1988, 60-74.

Baxter, P. J. et al., *Hunter's Diesases of Occupations,* 10th edn., London:

Hodder Arnold, 2010.

Beck, U., *Risk Society: Toward a New Modernity*, trans. Mark Ritter, London: Sage Publications, 1992.

Ben-Amos, I. K., *Adolescence and Youth in Early Modern England*, New Haven: Yale University Press, 1994.

Beniger, J. R., *The Control Revolution: Technological and Economic Origins of the Information Society*, Cambridge MA: Harvard University Press, 1986.

Benson, J., 'The compensation for English coal miners and their dependants for industrial accidents, 1860-1897' (unpublished Ph.D thesis, University of Leeds, 1974).

Berg, M., *The Machinery Question and the Making of political Economy 1815-1848*, Cambridge, 1980.

Berman, D. M., 'Why work kills: a brief history of occupational health and safety in the United States', *International Journal of Health Services* 7, 1977.

Boyland, E., 'Cancer at work', *Nature* 257, 1975, 170-171.

Brakeman, E. E. and C. S. Slocombe, 'A review of recent experimental results relevant to the study of individual accident susceptibility', *Psychological Bulletin* 26, 1929.

Broadberry, S., B. M. S. Campbell and B. van Leeuwen, 'When did Britain industrialise? The sectorial distribution of the labour force and labour productivity in Britain, 1381-1851', *Explorations in Economic History* 50(1), 16-27.

Bronstein, J. L., *Caught in the Machinery: Workplace Accidents and Injured Workers in Nineteenth-Century Britain*, Stanford CA: Stanford University Press, 2008.

Brown, C. L., *Moral Capital: Foundations of British Abolitionism*, Chapel Hill: University of North Carolina Press, 2006.

Brown, J., 'The condition of England and the standard of living: cotton textiles in the Northwest, 1806-1850', *Journal of Economic History* 50, 1990, 591-614.

Brown, L., *The Board of Trade and the Free-Trade Movement 1830-42*, Oxford, 1958.

Brundage, A., *The making of the New Poor Law 1832-39*, New brunswick NJ: Rutgers University Press, 1978.

Bryan, A., *The Evolution of Health and Safety in Mines*, Letchworth, 1975.

Burke, Gill, 'Disease, labour migration and technological change: the case of the Cornish miners,' in Paul Weindling, ed., *The Social History of Occupational Health*, London: Croom Helm, 1985.

Burnham, J. C., 'Accident proneness (Unfallneigung): a classical case of simultaneous discovery/construction in psychology', *Science in Context* 21, 2008a.

______, 'The syndrome of accident proneness (Unfallneigung): why psychiatrists did not adopt and medicalize it', *History of Phychiatry* 19, 2008b.

______, *Accident Prone: A History of Technology, Psychology, and Misfits of the Machine Age*, Chicago: University of Chicago Press, 2009.

Cameron, W. H., 'The personal factor in accident prevention', *Safety Engineering* 51, 1926.

Carson, W. G., 'The conventionalization of early factory crime', *International Journal of the Sociology of Law* 7, 1979, 37-60.

Cawton, A., *Job Accidents and the Law in England's Early Railway Age: Origins of Employer Liability and Workmen's Compensation*, Edwin Mellen Press, 1997.

Chambers, E. G., 'Personal qualities in accident causation', *Journal of Industrial Hygiene* 12, 1930.

Cherrie, J. W., M. van Tongeren and S. Semple, 'Exposure to occupational carcinogens in Great Britain', *Annual Occupational Hygiene* 51, 2007, 653-664.

Clark, G., 'The condition of the working class in England, 1209-2004', *Journal of Political Economy* 113(6), 2005.

______ and Y. van der Werf, 'Work in progress? The industrial revolution', *Journal of Economics History* 58(3), 1998.

Clegg, H. A., *A History of British Trade Unions Since 1889,* 3 vols., Oxford: Clarendon Press, 1964-1985.

Cooter, R. and B. Luckin, eds., *Accidents in History: Injuries, Fatalities and Social Relations*, Amsterdam: Rodopi, 1997.

Cowherd, R. G., *Political Economists and the English Poor Laws*, Athens, Ohio, 1977.

Crafts, N. F. R., *British Economic Growth during the Industrial Revolution*, Oxford: Clarendon Press, 1985.

______, 'The industrial revolution: economic growth in Britain, 1700-1860', in A. Digby and C. Feinstein, eds., *New Directions in Economic and Social History*, London: Macmillan, 1989.

______, 'Some dimensions of the Quality of life during the British Industrial Revolution', *Economic History Review* 50(4), 1997, 617-639.

Cuenca Esteban, J., 'British textile prices, 1770-1831: are British growth rates worth revising again?', *Economic History Review* 47(1), 66-105.

Cullen, J., *The Statistical Movement in Early Victorian Britain*, New York, 1975.

Cullingford, B., *Chimneys and Chimney Sweeps*, Princes Rosborough, Bucks.: Shire Book, 2003.

De Vocht, F. et al., 'Exposure to inhalable dust and its cyclohexane soluble fraction since the 1970s in the rubber manufacturing industry in the European Union', *Occupational and Environmental Medicine* 65, 2008.

De Vries, J., *The Industrious Revolution: Consumer Behaviour and the Household Economy, 1650 to the Present*, Cambridge: Cambridge University Press, 2008.

______ and A. van der Would, *The First Modern Economy: Success, Failure and Perseverance of the Dutch Economy, 1500-1815*, Cambridge: Cambridge University Press, 1997.

Delmas, R., 'Changes in the world work', (paper presented at the IT

Industry Symposium, Korea, 2004).

Dinsdale, W. A., *History of Accident Insurance in Great Britain*, London: Stone and Cox, 1955.

Drever, F. and M. Whitehead, eds., *Health Inequalities, Office of National Statistics*, London: The Stationery Office, 1997.

Driscoll, T. et al., 'The global burden of disease due to occupational carcinogens', *American Journal Industrial Medicine* 48, 2005, 419-431.

Eastwood, D., '"Amplifying the province of the legislature": the flow of information and the English state in the early nineteenth century', *Historical Research* 62, 1989, 276-294.

______, 'Men, morals and the machinery of social legislation', *Parliamentary History* 13(2), 1994, 190-205.

Eisinger, J., 'Lead and wine: Eberhard Gockel and the colica Piconum', *Medical History* 26(3), 1982, 279-302.

Elbaum, B., 'Why apprenticeship persisted in Britain but not in the United States', *Journal of Economic History* 49(2), 1989, 337-349.

Elling, R. H., 'Industialisation and occupational health in underdeveloped countries', in V. Navarro, ed., *Imperialism, Health and Medicine*, London: Pluto Press, 1982.

EU, 'Statistical analysis of socio-economic costs of accidents at work in the European Union' (Final report, 2004).

Evanoff, E. A., P. Gustavsson and C. Hogstedt, 'Mortality and incidence of cancer in a cohort of Swedish chimney sweeps: an extended follow up study', *British Journal of Industrial Medicine* 50, 1993, 450-459.

Evans, S. A., 'Banning the "a word": where's the evidence?', *Injury Prevention* 7, 2001.

Farmer, E., 'The method of grouping by differential tests in relation to accident proneness', in Industrial Fatigue Research Board, *Annual Report*, 1924.

______, 'The study of personal differences in accident liability', *Journal of the National Institute of Industrial Psychology* 3, 1927.

______, 'Psychological study of accident proneness', *Personnel Journal* 9, 1930.

______ and E. G. Chambers, *A Study of Personal Qualities in Accident Proneness and Proficiency*, Medical Research Council, Industrial Health Research Board Report 55, London: HMSO, 1929.

Feinstein, H. C., 'Pessimism perpetuated: real wages and the standard of living in Britain during and after the industrial revolution', *Journal of Economic History* 58(3), 1998, 625-658.

Figlio, K., 'How does illness mediate social relations? Workmen's compensation and medico-legal practices', in P. Wright and A. Treacher, eds., *The Problem of Medical Knowledge*, Edinburgh, 1982.

______, 'What is an accident?' in Paul Weindling, ed., *The Social History of Occupational Health*, London: Croom Helm, 1985.

Fishback, P. V. and S. E. Kantor, *A Prelude to the Welfare State: The*

Origins of Workers' Compensation, Chicago: University of Chicago Press, 2000.

Flinn, M. W., Introduction to Edwin Chadwick, *Report on the Sanitary Condition of the Labouring Population of Great Britain*, 1842, Edinburgh: Edinburgh University Press, 1965.

Floud, R. and P. Johnson, eds., *The Cambridge Economic History of Modern Britain*, 2 Vols., Cambridge: Cambridge University Press, 2004.

______, K. Wachter and A. Gregory, *Height, Health and History*, Cambridge: Cambridge University Press, 1990.

Fraser, D., *The Evolution of the British Welfare State: A History of Social Policy Since the Industrial Revolution,* 4th edn., Basingstoke: Palgrave Macmillan, 2009.

Freudenberger, H., F. J. Mather and C. Nardinelli, 'A new look at the early factory labor force', *Journal of Economic History* 44, 1984.

Friend, M. A. and J. P. Kohn, *Fundamentals of Occupational Safety and Health,* 4th ed., Lanham Md.: Government Institutes, 2007.

Fryer, D., 'Progress in Great Britain by the Industrial Fatigue Research Board', *Industrial Psychology Monthly* 3, 1928.

Gallop, A., *Victoria's Children of the Dark: Life and Death Underground in Victorian England*, History Press, 2010.

Gibson, J. S. W. and M. Medlycott, *Militia Lists and Musters, 1757-1876,* 4th edn., Bury: Federation of Family History Societies, 2000.

Girasek, D. C., 'How members of the public interpret the word accident',

Injury Prevention 5, 1999.

GMB, *Working Well Together: Health and Safety for Women*, London, 1998.

Go III, J., 'Inventing industrial accidents and their insurance', *Social Science History* 20, 1996.

Goldman, L., 'The origins of British "social science": political economy, natural science and statistics, 1830-5', *Historical Journal* 26, 1983, 587-616.

Green, J., *Risk and Misfortune: A Social Construction of Accidents*, London: UCL Press, 1997.

Grieco, A., *Origins of Occupational Health Associations in the World*, Amsterdam: Elsevier, 2003.

Gross, M. L., *The Psychological Society: A Critical Analysis of Psychiatry, Psychotherapy, Psychoanalysis and the Psychological Revolution*, New York: Random House, 1978.

Hague, W., *William Wilberforce: The Life of the Great Anti-Slave Trade Campaigner*, London: Harper Press, 2007.

Hamalainen P., J. Takala and K. L. Saarela, 'Global estimates of fatal work-related diseases', *American Journal of Industrial Medicine* 50, 2007, 28-41.

Hamlin, C., 'predisposing causes and public health in early-nineteenth century Medical thought,' *Social History of Medicine* 5(1), 1992, 43-70.

Hammond, J. L. and B. Hammond, *Lord Shaftesbury*, New York: Harcourt,

1923.

Hanes, D., *The First British Workmen's Compensation Act, 1897*, London, 1968.

Harley, C. K., 'Reassessing the Industrial Revolution: a macro view', in J. Mokyr, ed., *The British Industrial Revolaution: An Economic Perspective*, Oxford: Westview, 1993.

______, 'Cotton textile prices and the Industrial Revolution', *Economic History Review* 51(1), 1998, 49-83.

______, 'Was technological change in the early Industrial Revolution Schumpeterian? Evidence of cotton textile profitability', *Explorations in Economic History* 49(4), 2012, 516-527.

Harrington, R., 'Railway safety and railway slaughter: railway accidents, government and public in Victorian England', *Journal of Victorian Culture* 8(2), 2003, 187-207.

Harris, J., 'Political thought and the welfare state 1870-1940: an intellectual framework for British social policy', *Past and Present* 135, 1992, 116-141.

Hart, J., 'Nineteenth-century social reform: a Tory interpretation of history', *Past and Present* 31, 1965, 39-61.

Health and Safety Executive, *Annual Statistics Report, 2010/11* (2012), http://www.hse.gov.uk/statistics/overall/hssh1011.pdf.

Heasman, M. A., F. D. K. Liddell and D. D. Reid, 'The accuracy of occupational vital statistics', *British Journal of Industrial Medicine* 15, 1958.

Henrique, U., *Before the Welfare State: Social Administration in Early Industrial Britain*, Harlow: Longman, 1979.

Henry S. A., *Cancer of the Scrotum in Relation to Occupation*, Oxford: Oxford University Press, 1946.

Higgs, E., 'Counting heads and jobs: science as an occupation in the Victorian census', *History of Science* 23, 1985, 335-349.

______, 'Women, occupations and work in the nineteenth century censuses', *History Workshop Journal* 23, 1987, 59-80.

______, 'The struggle for the occupational census, 1841-1911', in R. MacLeod, ed., *Government and Expertise. Specialists, Administrators and Professionals, 1860-1919*, Cambridge: Cambridge University Press, 1988, 73-88.

______, *A Clearer Sense of the Census: the Victorian Census and Historical Research*, London: HMSO, 1996.

Hinde, A., *England's Population*, Oxford: Oxford University Press, 2003.

Hodgson, G. A., 'Dermatology and history in Wales', *British Journal of Dermatology* 90, 1974.

______, 'The history coal miners' skin diseases', in J. Cule, ed., *Wales and Medicine*, Llandysul, 1975.

Hodgson, J. T. et al., 'The expected burden of mesothelioma mortality in Great Britain from 2002 to 2050', *British Journal of Cancer* 92, 2005, 587-593.

Honeyman, K., *Child Workers in England, 1780-1820: Parish Apprentices and the Making of the Early Industrial Labour Force*, Farnham,

Surrey: Ashgate, 2007.

______, 'Compulsion, compassion and consent: parish apprenticeship in early-nineteenth century England', in N. Goose and K. Honeyman, eds., *Childhood and Child Labour in Industrial England*, Farnham, Surrey: Ashgate, 2013.

Howells, K., 'Victimisation, accidents and disease', in Davis B. Smith, ed., *A People and a Proletariat*, London: Pluto Press, 1980.

Huberman, M. and C. M. Meissner, 'Riding the wave of trade: the rise of labor regulation in the golden age of globalization', *Journal of Economic History* 70(3), 2010, 657-685.

Humphries, J., 'Short stature among coalmining children: a comment', *Economic History Review* 50(3), 1997, 531-537.

______, *Childhood and Child Labour in the British Industrial Revolution*, Cambridge: Cambridge University Press, 2010.

Hunt, E. H. and F. W. Botham, 'Wages in Britain during the Industrial Revolution', *Economic History Review* 40(3), 1987, 380-399.

Hunter, D., *Diseases of Occupations*, Oxford: Oxford University Press, 1962.

______, *Hunter's Diseases of Occupations, 9th edn.*, Oxford: Oxford University Press, 2000.

Innes, J., 'Parliament and the shaping of eighteenth-century English social policy', *Transactions of the Royal Historical Society,* 5th ser., 15, 1990, 63-92.

______, 'Origins of the Factory Acts: the Health and Morals of Apprentices

Act, 1802,' in N. Landau, ed., *Law, Crime and English Society, 1660-1830*, Cambridge: Cambridge University Press, 2002, 230-255.

Jan, J. E., R. D. Freeman and E. P. Scott, *Visual Impairment in Children and Adolescents*, New York: Gruns & Stratton, 1977.

Jordanova, L. J., 'Conceptualizing childhood in the eighteenth century: the problem of child labour', *Journal of Eighteenth-Century Studies* 10(2), 1987, 189-199.

Joyce, P., Work, Society and Politics, Brighton: Harvester, 1980.

Kauppinen, T. et al., 'Occupational exposure to carcinogens in the European Union', *Occupational Environmental Medicine* 57, 2000, 10-18.

Kingsford, P. W., *Victorian Railwaymen*, London: Frank Cass, 1970.

Kipling, M. D., R. Usherwood and R. Varley, 'A monstrous growth: an historical note on carcinoma of the scrotum', *British Journal of Industrial Medicine* 27, 1970, 382-384.

Kirby, P., 'Causes of short stature among coalmining children, 1823-1850', *Economic History Review* 48(4), 1995, 687-699.

______, 'Short stature among coalmining children: a rejoinder,' *Economic History Review* 50(3), 1997, 538-542.

______, *Child Labour in Britain, 1750-1870*, London: Palgrave Macmillan, 2003.

______, *Child Workers and Industrial Health in Britain, 1780-1850*, New York: Boydell Press, 2013a.

______, 'Victorian social investigation and the children's employment commission, 1840-1842', in N. Goose and K. Honeyman, eds., *Childhood and Child Labour in Industrial England*, Farnham, Surrey: Ashgate, 2013b.

Labisch, A., 'The social history of occupational medicine and factory health services in the Federal Republic of Germany', in Paul Weindling, ed., *The Social History of Occupational Health*, London: Croom Helm, 1985.

Landers, J., *Death and the Metropolis : Studies in the Demographic History of London, 1670-1830*, Cambridge: Cambridge University Press, 1993.

Lane, J., *Apprenticeship in England, 1600-1914*, London: UCL Press, 2007.

Langford, P., *Public Life and the Properties Englishman 1689-1798*, Oxford: Oxford University Press, 1991.

Langley, J. D., 'The need to discontinue the use of the term "accident" when referring to unintentional injury events', *Accident Analysis and Prevention* 20, 1988.

Lawrence, C., *The Power and the Glory: Humphry Davy and Romanticism*, Cambridge: Cambridge University Press, 1990.

Laybourn, K., *The Evolution of British Social Policy and the Welfare State, c. 1800-1993*, Keele: Keele University Press, 1995.

Lee, W. R., 'Emergence of occupational medicine in Victorian times', *British Journal of Industrial Medicine* 4, 1947.

______ and R. Baker, 'The first doctor in the factory Department', *British Journal of Industrial Medicine* 21, 1964.

Leigh, J. P. et al., *Costs of Occupational Injuries and Illness*, Ann Arbor: University of Michigan Press, 2000.

Levenstein, C., 'A brief history of occupational health in the United States', in B. S. Levy and D. H. Wegman, eds., *Occupational Health*, Boston, 1983.

Levy, B. S., *Occupational and Environmental Health: Recognizing and Preventing Disease and Injury*, Oxford: Oxford University Press, 2010.

Levy, H., 'The economic history of sickness and welfare benefit before the Puritan Revolution', *Economic History Review* 13, 1943.

______, 'The economic history of sickness and welfare benefit since the Puritan Revolution', *Economic History Review* 14, 1944-5.

Lewis, J., *Women in England 1870-1950*, Brighton, 1984.

Davies, T. A., 'Evolution of concepts in industrial medicine', *British Journal of Industrial Medicine* 23, 1966.

Lummis, T., *The Labour Aristocracy, 1851-1914*, Aldershot, Hants: Scolar Press.

MacDonagh, O., The nineteenth-century revolution in government: a reappraisal', *Historical journal* 1, 1958, 52-67.

______, *Early Victorian Government, 1830-1870*, London: Holmes & Meier, 1977.

MacRaild, D. M. and D. E. Martin, *Labour in British Society, 1830-1914*, London: Macmillan, 2000.

Mandler, P., *Arstocratic Government in the Age of Reform: Whigs and*

Liberals, 1830-52, Oxford: Oxford University Press, 1990.

Mappen, E., *Helping Women at Work: The Women's Industrial Health Council 1889-1914*, London, 1985.

Marmot, M. G., 'Social differentials in health within and between populations', *Daedalus* 123(4), 1994, 197-216.

Marvel, H. P., 'Factory regulation: a reinterpretation of early English experience', *Journal of Law and Economics* 20, 1977, 379-402.

McKeller, E., *The Birth of Modern London: The Development and Design of the City 1660-1720*, Manchester: Manchester University Press, 1999.

Meiklejohn, A., 'Health hazards in the North Staffordshire pottery workers in 1864', *Journal of the Royal Sanitary Institute* 66, 1946.

______, 'History of lung diseases of coal miners in Great Britain', *British Journal of Industrial Medicine* 8, 1951.

______, 'Outbreak of fever in Radcliffe cotton mills, 1784', *British Journal of Industrial Medicine* 16, 1959.

______, 'The history of occupational respiratory disease in the North Staffordshire pottery industry', in, C. N. Davies, ed., *Health Conditions in the Ceramic Industry*, Oxford, 1969.

Merewether, E. R. A., 'The British tradition in industrial health', *British Journal of Industrial Medicine* 5, 1948.

Midwinter, E., 'A Tory interpretation of history: some comments', *Past and Present* 34, 1966, 130-133.

Miles, D., 'From workmen's diseases to occupational diseases: the impact of experts' concepts on workers' attitudes', in Paul Weindling, ed., *The Social History of Occupational Health*, London: Croom Helm, 1985.

Miles, G. H., 'Economy and safety in transport', *Journal of National Institute of Industrial Psychology* 2, 1925.

______, 'The psychology of accidents', *Journal of the National Institute of Industrial Psychology* 5, 1930.

Mokyr, J., 'Is there still life in the pessimist case? Consumption during the Industrial Revolution, 1790-1850', *Journal of Economic History* 48(1), 1987, 69-92.

______, *The Lever of Riches: Technological Creativity and Economic Progress*, Oxford: Oxford University Press, 1990.

______, 'The new economic history and the Industrial Revolution', in J. Mokyr, ed., *The British Industrial Revolaution: An Economic Perspective*, Oxford: Westview, 1993.

______, 'Accounting for the Industrial Revolution', R. Floud and P. Johnson, eds., *The Cambridge Economic History of Modern Britain*, Vol. 1: *Industrialisation, 1700-1860*, Cambridge: Cambridge University Press, 2004, 1-27.

Mommsen, W. ed., *The Emergence of the Welfare State in Britain and Germany 1850-1950*, London, 1981.

Müller, R., 'A patient in need of care: German occupational health statistics', in Paul Weindling, ed., *The Social History of Occupational Health*, London: Croom Helm, 1985.

Nardinelli, C., 'Child labor and the Factory Acts', *Journal of Economic History* 4, 1980, 739-755.

______, 'The successful prosecution of the Factory Acts: a suggested explanation', *Economic History Review* 38(3), 1985, 428-430.

Navarro, V., *Medicine Under Capitalism*, London, 1976.

______, 'The labour process and health: a historical materialist interpretation', *International Journal of Health Services* 12, 1982.

Newbold, E. M., *A Contribution to the Study of the Human Factor in the Causation of Accidents*, Medical Research Council, Industrial Fatigue Research Board, Report 34, London: HMSO, 1926.

Noojin, R. O., 'Brief history of industrial dermatology', *Archives of Dermatology and Syphilology* 70, 1954.

Nugent, A., 'Fit for work: the introduction of physical examination in industry', *Bulletin of the History of Medicine* 57, 1983.

Nurminen, M. and A. Karjalainen, 'Epidemiologic estimate of the proportion of fatalities related to occupational factors in Finland', *Scandinavian Journal of Work Environment and Health* 27, 2001, 161-213.

Olson, M., *The Logic of Collective Action: Public Goods and the Theory of Groups*, 2nd edn., Cambridge MA: Harvard University Press, 1971.

Osborne, E. E. et al., *Two Contributions to the Study of Accident Causation*, Medical Research Council, Industrial Research Board Report 19, London: HMSO, 1922.

Parris, H., *Government and Railways in Nineteenth-century Britain*, London: Routledge, 1965.

Peacock, A. E., 'The successful prosecution of the Factory Acts, 1833-55', *Economic History Review* 37(2), 1984, 197-210.

______, 'Factory Act prosecutions: a hidden consensus?', *Economic History Review* 38(3), 1985, 431-436.

Peden, M. et al., ed., *World Report on Road Traffic Injury Prevention*, Geneva: World Health Organization, 2004.

Pellow, J., *The Home Office, 1848-1914: From Clerks to Bureaucrats*, London: Heinemann, 1982.

Perkin, H., *The Origins of Modern English Society 1780-1880,* 2nd edn., London: Routledge, 2002.

Phillips, G., 'The abolition of climbing boys', *American Journal of Economics and Sociology* 9(4), 1950, 445-462.

Pickstone, J. V., *Health, Disease and Medicine in Lanchashire*, Manchester: UMIST, 1980.

______ and S. V. F. Butler, 'the politics of medicine in Manchester, 1788-1792: hospital reform and public health services in the early industrial city', *Medical History* 28, 1984.

Pollard, S., 'A new estimate of British coal production, 1750-1850', *Economic History Review* 33(2), 1980, 212-234.

Pomeranz, K., *The Great Divergence: China, Europe, and the Making of the Modern World Economy*, Princeton: Princeton University Press, 2001.

Pope, N., 'Dickens's The Signalman and information problems in the railway age', Technology and Culture 42(3), 2001, 436-461.

Porter, S., *The Great Fire of London*, London: History Press, 2011.

Rabinbach, A., *The Human Motor: Energy, Fatigue, and the Origins of Modernity*, New York: Basic Books, 1990.

______, 'Social knowledge, social risk, and the politics of industrial accidents in Germany and France', in Dietrich Rueschemeyer and Theda Skocpol, eds., *States, Social Knowledge, and the Origins of Modern Social Policies*, Princeton: Princeton University Press, 1996.

Rejda, G. E., *Social Insurance and Economic Security,* 7th edn., New York: M. E. Sharpe, 2011.

Rieger, B., *Technology and the Culture of Modernity in Britain and Germany*, 1890-1915, Cambridge: Cambridge University Press, 2005.

Riley, J. C., *Sick, Not Dead: The Health of British Workingmen during the Mortality Decline*, Baltimore: Kohns Hopkins University Press, 1977.

______, 'Ill health during the English mortality decline: the friendly societies' experience', *Bulletin of the History of Medicine* 61(4), 1987, 563-588.

Roberts, D., 'Jeremy Bentham and the Victorian administrative state', *Victorian Studies* 2, 1959, 193-210.

Rooke, G. B., 'History of compensation for industrial lung disease',

Bulletin of the Society for the Social History of Medicine 16, 1975.

Rose, M. E., 'The doctor in the Industrial Revolution', *British Journal of Occupational Medicine* 23, 1971, 22-26.

Rosen, G., 'The miners' elbow', *Bulletin of the History of Medicine* 8, 1940.

______, *The History of Miners' Diseases: A Medical and Social Interpretation*, New York, 1943.

______, 'Occupational health problems of English painters and varnishers in 1825', *British Journal of Industrial Medicine* 10, 1953.

______, *A History of public Health*, New York: MD Publications, 1958.

______, *From Medical Police to Social Medicine*, New York, 1974.

Rothsterin, W. G., *Public Health and the Risk Factor: A History of an Uneven Medical Revolution*, Rochester: University of Rochester Press, 2003.

Rule, J., *The Experience of Labour in Eighteenth Century English Industry*, New York: St Martin's Press, 1981.

Rushton L., S. Hutchings and T. Brown, 'The burden of cancer at work: estimation as the first step to prevention', Occupational Environmental Medicine 65(12), 2008.

Sardegna, J. and T. O. Paul, *The Encyclopedia of Blindness and Vision Impairment*, New York: Facts on File, 1991.

Schofield, R., 'Dimensions of illiteracy, 1750-1850', *Explorations in Economic History* 10, 1973, 437-454.

Sellers, C. and J. Melling, eds., *Dangerous Trade: Histories of Industrial*

Hazard Across a Globalizing World, Philadelphia: Temple University Press, 2012.

Shaw-Taylor, L., 'The occupational structure of England and Wales, c. 1750-1911', Cambridge Group for the History of Population and Social Structure, Occupations Project Paper 19, 2009.

Sigerist, H. E., 'Historical background of industrial occupational diseases', *Bulletin of the New York Academy of Medicine* 12, 1936.

Simmons, J., *The Victorian Railway*, London: Thames and Hudson, 1991.

Snow, A. J., 'Reduction of automobile accidents by use of psychological tests', *Journal of the Society of Automotive Engineers* 17, 1925.

Society for Superseding the Necessity for Employing Climbing Boys, *Observations on the Cruelty of Employing Climbing Boys*, 1929.

Song, B. K., 'Landed interest, local government, and the labour market in England, 1750-1850', *Economic History Review* 51(3), 1998, 465-488.

Steenland, K. et al., 'Dying for work: the magnitude of US mortality from selected causes of death associated with occupation', *American Journal of Industrial Medicine* 43, 2003, 461-482.

Stephenson, A., 'Accidents in industry', *Journal of the National Institute of Industrial Psychology* 3, 1926.

Straif, K., 'The burden of occupational cancer', *Occupational and Environmental Medicine* 65(12), 2008, 787-788.

Straif, K. et al., 'Carcinogenicity of shift-work, painting, and firefighting', *Lancet Oncology* 8, 2007, 1065-1066.

Strange, K. H., *Climbing Boys: A Study of Sweeps' Apprentices 1773-1875*, London: Allison & Busby, 1982.

Strauss, F., 'The selection and training of locomotive staff as factors in accident prevention', *Industrial Safety Survey* 13, 1937.

Taylor, P. J. and J. Burridge, 'Trends in death, disablement, and sickness in the British post office since 1891', *British Journal of Industrial Medicine* 39, 1982.

Teleky, L., *History of Factory and Mine Hygiene*, New York, 1948.

Temin, P. and H.-J. Voth, *Prometheus Shackled: Goldsmith Banks and England's Financial Revolution after 1700*, Oxford: Oxford University Press, 2013.

The Acheson Report, *Independent Inquiry into Inequalities in Health*: Report, London: The Stationary Office, 1998.

Towner, E. and J. Towner, 'Developing the history of unintentional injury: the use of coroners' records in early modern England', *Injury Prevention* 6, 2000.

Townsend, P. and N. Davidson, eds., *Inequalities in Health*, London: Penguin, 1982.

Van Manen, N., 'Agency and reform: the regulation of chimney sweep apprentices, 1770-1840', in N. Goose and K. Honeyman, eds., *Childhood and Child Labour in Industrial England*, Farnham, Surrey: Ashgate, 2013.

Vernon, H. M., *Industrial Fatigue and Efficiency*, London: George Routledge & Sons, 1921.

______, 'The human factor and industrial accidents', *International Labour Review* 13, 1926.

______, 'The neglect of the human factor in the prevention of industrial accidents', *International Labour Review* 33, 1936a.

______, *Accidents and Their Prevention*, Cambridge: Cambridge University Press, 1936b.

______ et al., 'Accidents in industry and the human factor', in International Labour Office, *Occupation and Health: Encyclopaedia of Hygiene, Pathology and Social Welfare*, Geneva: International Labour Office, 1930.

Waldron, H. A., 'A brief history of scrotal cancer', *British Journal of Industrial Medicine* 40(4), 1983, 390-401.

Walters, D. et al., *Regulating Workplace Risks: A Comparative Study of Inspection Regimes in Times of Change*, Cheltenham: Edward Elgar, 2011.

Ward, J. L., *The Factory Movement*, London: Macmillan, 1962.

Weindling, P., 'Linking self help and medical science: the social history of occupational health', in Paul Weindling, ed., *The Social History of Occupational Health*, London: Croom Helm, 1985a.

______, ed., *The Social History of Occupational Health*, London: Croom Helm, 1985b.

Williamson, J. G., *Coping with City Growth during the British Industrial Revolution*, Cambridge: Cambridge University Press, 1990.

Woods, R., *The Demography of Victorian England and Wales*, Cambridge:

Cambridge University Press, 2000.

______ and N. Shelton, *Atlas of Victorian Mortality*, Diane Pub, 1997.

Wrigley, E. A. ed., *Nineteenth-century Society: Essays in the Use of Quantitative Methods for the Study of Social Data*, Cambridge: Cambridge University Press, 1972.

______, 'Urban growth and agricultural change: England and the Continent in the early modern period', *Journal of Interdisciplinary History* 15(4), 1985, 683-728.

______, *Continuity, Chance and Change*, Cambridge: Cambridge University Press, 1988.

______ et al., *English Population History from Family Reconstitution, 1580-1837*, Cambridge: Cambridge University Press, 1997.

찾아보기

ㄱ

감옥열 • 337, 338
개스컬(Peter Gaskel) • 68
건강 위험 • 25, 26
건물법 • 155, 164
검댕사마귀 • 147
검댕암 • 153
검시배심원단 • 140, 216
결사금지법 • 80
결핵 • 26, 202, 345, 347
게이지법 • 296
고용구조 • 76, 77, 78, 189, 193, 194, 195, 202, 310, 311, 312, 346, 349
고용주보상책임법 • 111
고용주책임법 • 111, 263, 265, 266, 297, 298
공장법 • 47, 48, 72, 90, 91, 92, 200, 220, 222, 291, 351, 403, 406
공장열 • 41, 337, 342
공중목욕탕과 세신소법 • 166
공중보건법 • 96
공중위생 • 94, 96, 166, 174, 360, 362, 363, 376, 404
교구도제 • 169, 404
과립안염 • 332
과립증 • 331
관행화 • 223
광업법 • 263
구조적 변화 • 402
국민보험법 • 114
국제노동기구 • 5
굴뚝청소 • 124, 130, 131, 366, 378, 404, 405
굴뚝청소부규제법 • 169
굴뚝청소부법 • 157
권리장전 • 55
규폐증 • 255
그래스(John Grass) • 131
근골격계 장애 • 18

근대화 • 1, 53, 275
근로기준법 • 120
근면혁명 • 199, 207, 208
기관사 · 화부연합협회 • 293
기근열 • 337, 339
기대여명 • 264, 265
기여부주의의 원칙 • 383, 386
길드 • 135

ㄴ

나르디넬리(C. Nardinelli) • 223
나이팅게일(Florence Nightingale) • 344
노동자보상법 • 224, 263, 266, 297, 298, 386, 392
노동자산별노조 • 293
노동조합 • 46, 393
농업위원회 379

ㄷ

다중요인이론 • 33
다환 방향족 탄화수소 • 150, 151
대분기 • 59, 60
대장배출 • 357, 359
대화재 • 129
도시화 • 47, 334, 335, 348
도제의 건강 및 덕성 보호법 • 208
도제제도 • 196, 209, 320, 332
동료 책임의 원칙 • 109, 110
DDT • 337
디킨스(Charles Dickens) • 23
딘(P. Deane) • 61

ㄹ

라마치니(Bernardino Ramazzini) • 39
랜디스(D. S. Landes) • 57
레드그레이브(Alexander Redgrave) • 394
로버츠(David Roberts) • 376
로스토(W. W. Rostow) • 58
로슨(George Lawson) • 148
리버풀 경(Lord Liverpool) • 92
림프선결핵 • 347

ㅁ

마르크스적 해석 • 376
마블(H. P. Marvel) • 223, 376, 387
마샬(Alfred Marshall) • 387
만성폐쇄성질환 • 17, 29
매이휴(Henry Mayhew) • 168
맨체스터법 • 178
맬서스트랩 • 58, 59
명반 • 85, 86
명예혁명 • 55
무과실책임주의 • 120
무역위원회 • 378
뮬방적기 • 83, 149
밀(John Stuart Mill) • 382

ㅂ

바트립(Peter Bartrip) • 220
발생이론 • 31, 34
발진티푸스 • 336, 337
버틀린(Henry Butlin) • 148
법치주의 • 135
베버리지보고서 • 113
병원열 • 337
병환클럽 • 391
보건위원회 • 362
복지국가 • 113, 224, 387, 391, 398, 409, 410
볼튼(Matthew Boulton) • 232
불습기 • 233
브론테(Charlotte Brontë) • 339
빈민법 • 155, 373, 378, 379, 380, 381, 389

ㅅ

사고경향성 • 46
사적 보험 • 104, 105, 106, 108, 112, 391
사회보장 • 316
사회보장기본법 • 104
사회보험 • 104, 113, 120
사회집단 • 98, 101, 103, 109, 398
산업안전 • 5, 7, 15, 16, 35, 44, 103, 217, 225, 300, 385, 388, 391, 401, 406, 407

산업재해 • 1, 3, 6, 7, 8, 9, 10, 11, 13, 14, 16, 142, 143, 195, 200, 202, 203, 206, 207, 208, 214, 216, 217, 218, 224, 240, 241, 258, 260, 264, 292, 294, 295, 300, 305, 330, 331, 366, 373, 375, 376, 382, 384, 385, 386, 388, 401, 403, 406, 409, 410, 411, 412
산업재해보상법 • 29, 120
산업재해보상보험 • 10, 27, 28, 294
산업재해보험제도 • 120, 398
산업혁명 • 1, 23, 40, 47, 48, 49, 174, 183, 191, 195, 206, 207, 208, 224, 300, 305, 311, 312, 313, 314, 321, 374, 383
새들러(Richard Sadler) • 211, 217
생활 수준 논쟁 • 314, 333
선대제 • 206
선박열 • 337
설사 • 343, 355, 357, 358
수력방적기 • 182, 183, 184
수직포 • 184
슈토크하우젠(S. Stockhausen) • 39
스마트(George Smart) • 131, 159
스트레스-불안-분노 • 17, 18, 19
스티븐슨(George Stevenson) • 272
스티븐슨(Robert Stevenson) • 283
슬라이프 • 246
시각장애 • 251, 313, 314, 315, 317, 320, 325, 326, 328, 333, 366
시민혁명 • 402
신도미노이론 • 32, 33

ㅇ

아그리콜라(Georgius Agricola) • 38
아동고용위원회 • 171
아동노동 • 36, 48, 174, 387, 391, 404, 405
아일랜드열 • 339
아크라이트(Richard Arkwright) • 182
아테네 역병 • 338
안과 • 316, 317, 319, 330, 331
안네 프랑크(Anne Frank) • 339

안전램프 • 265
애버질(Abergele) • 284
애쉴리 경(Lord Ashley) • 212
엥겔스(F. Engels) • 390
여성노동 • 307, 309, 312, 313
연동장치 • 293
연주창 • 347
역직기 • 182, 184, 188
오언(Robert Owen) • 200, 209
온정주의 • 375, 403
올리버 트위스트 • 185
올슨(Mancur Olson) • 377
왕립위원회 • 332, 377, 379, 380
우애조합 • 391
우즈(Robert Woods) • 257
운하 • 271, 272, 296, 308
위험전제의 원칙 • 383
윌버포스(William Wilberforce) • 159
음낭암 • 146, 147
이익집단 • 377
이질 • 357, 358, 359, 365
인구센서스 • 306, 378, 381
의회개혁 • 374

ㅈ

자유노동 • 225, 385, 386, 406
장간막 위축 • 347
장티푸스 • 343, 357
재해보상법 • 111
전철수 · 신호원통합협회 • 293
정치산술 • 381
제니방적기 • 182
조면기 • 183
조이스(Patrick Joyce) • 83
지방정부법 • 96
직업센서스 • 305, 306, 307, 315, 316, 332
직업훈련 • 196, 408
진폐증 • 252, 253, 254
질병보상금 • 105

ㅊ

차티스트운동 • 293
채드윅(Edwin Chadwick) • 217
철도광 • 273
철도규제법 • 291, 295, 296, 297,

298

철도 • 271, 272, 273, 274, 275

철도노동자통합협회 • 293

철도사고 • 278, 297, 299, 300, 407

철도종사자총연합회 • 280

ㅋ

카트라이트(Edmund Cartwright) • 182

캘리포니아학파 • 231

캠프열 • 337, 339

코흐(Robert Koch) • 347, 355

콜(A. Cole) • 61

콜레라 • 354, 355, 356, 357, 358, 359, 360, 361, 362, 363, 364, 365, 410

쿠퍼(Anthony Ashley Cooper) • 164

크롬프턴(Samuel Crompton) • 182

크룩섕크(Issac Cruikshank) • 24, 162

크림전쟁 • 344

ㅌ

태이 만(Firth of Tay) • 286

턴파이크 • 271

토리(Tory) • 211

토리적 해석 • 375, 376

통계혁명 • 377, 397

투크(William Took) • 133

트레비식(Richard Trevithick) • 272

티푸스 • 333, 335, 336, 337, 338, 339, 340, 396

ㅍ

패리스(Henry Parris) • 292

퍼킨(H. Perkin) • 58

페이비언협회 • 82

펜(P. T. Fenn) • 388

폐결핵 • 350, 351, 352, 354, 365, 396

폐암 • 255, 256

포메란츠(K. Pomeranz) • 229

포터(David Porter) • 133, 158

포트(Percivall Pott) • 146
프라카스토로(Girolamo Fracastoro) • 338
프레이저(Derek Fraser) • 375
플리니우스(Gaius Plinius Secundus) • 37
피라미드 • 85
피코크(A. E. Peacock) • 219
필든(John Fielden) • 214

ㅎ

하그리브스(James Hargreaves) • 182
할리(C. K. Harley) • 61
해밀턴(Alice Hamilton) • 43
허치 • 241, 242, 246, 247
헨리크(Ursula Henrique) • 374
협상된 준수 • 221
혼외출산아동 • 137
휘그(Whig) • 212
휘그적 해석 • 373, 374, 376
휘트니(Ely Whitney) • 182
히그스(E. Higgs) • 312
히포크라테스(Hippocrates) • 37